Il contesto

166

Colwill Brown

Noi bei pezzi di carne

Traduzione di
Benedetta Dazzi

Sellerio editore

2025 © Sellerio editore via Enzo ed Elvira Sellerio 50 Palermo
e-mail: info@sellerio.it
www.sellerio.it

Questo volume è stato stampato su carta Arena Ivory Smooth prodotta dalle Cartiere Fedrigoni con materie prime provenienti da gestione forestale sostenibile.

Brown, Colwill <1987>

Noi bei pezzi di carne / Colwill Brown ; traduzione dall'inglese di Benedetta Dazzi. – Palermo : Sellerio, 2025.
(Il contesto ; 166)
Tit. orig.: We pretty pieces of flesh.
EAN 978-88-389-4815-2
I. Dazzi, Benedetta.
823.92 CDD-23 SBN Pal0384002

CIP – *Biblioteca centrale della Regione siciliana «Alberto Bombace»*

Titolo originale: *We pretty pieces of flesh*

L'editore rimane a disposizione dei proprietari dell'immagine di copertina che non è stato possibile rintracciare.

Noi bei pezzi di carne

Ai miei amici del cuore, passati e presenti

Vittoria

Ma ve lo ricordate quando eravamo convinte che il mondo cominciava e finiva a Donny? Prima di scoprire di essere del nord, quando ci sembrava d'essere al centro, quando i paesi li creavamo noi nei campi, a suon di pedalate tra le piante di colza, tracciando piste. Schiacciavamo gli steli con le ruote, saliva un odore dolce di miele e marcio, il polline c'impolverava la pelle di giallo – giallo vespa. Le catene delle bici schioccavano, le cosce ci bruciavano, la sfida era andare senza mani. Era questione di testa, 'sta storia di andare senza mani – dovevi mollare la presa e crederci. Quando il dolce al cioccolato di Cooplands era una prelibatezza. Quando parlare di sesso era l'attività per eccellenza, ci si capiva con un semplice sguardo; quando si facevano sloggiare i ragazzini più piccoli dai posti in fondo all'autobus per professione. Quando romanticismo voleva dire sere d'estate passate a sbronzarsi di Smirnoff Ice vicino al canale con la sua stesa stagnante d'acqua marrone, oziare sull'erba finché calava la luce. Calava così tardi che smettevamo di crederci, alla faccenda del crepuscolo che scende a poco a poco. Quando ci prendevamo qualche birretta e ci ingozzavamo ai piedi di una torre di balle di fieno – a vederla stagliarsi lì, dietro le case a schiera, pareva l'albero di una nave, sembrava un uomo triste che si fissava i piedi. La volta che abbiamo tentato d'arrampicarci fino in cima, col fieno che ci s'infilava nel reggiseno e nei calzini, e per sbaglio abbiamo dato fuoco a quella cazzo di torre buttando via la mezza cicca che c'eravamo accese.

Chiedeteglielo a chi non è del nord, sì, se non ha sentito parlare di Donny solo perché compariva nella battuta finale di una barzelletta o perché ci ha preso la coincidenza una volta mentre andava a Londra in treno. Se lo ricorda, certo che se lo ricorda, il quarto d'ora passato al binario a crepare di freddo, nel pomeriggio, mentre si scaldava le mani con un cappuccino da asporto, mentre aspettava di farsi portare altrove dal treno, col dubbio di mettere il piede fuori dalla stazione per un secondo e poi sentirsi chiedere da cinque tizi – e almeno uno dei cinque l'avrebbe chiesto due volte – Ehilà, venti pence per fare uno squillo ce li hai? Inutile rischiarsela e andare a esplorare il centro di una città che quelli del posto chiamano, con affetto, «Donny la sporcacciona» e quelli delle città più fighette chiamano, con cattiveria, «ricettacolo di coatti», «covo di canaglie», «ammasso di ex paesucoli minerari che non la piantano di lamentarsi della Thatcher», oppure «sede della peggior squadra di calcio del paese». A detta di certa gente, Doncaster vanta il primato nazionale nel rapporto tra pub e popolazione, ma è un'onorificenza rivendicata anche dagli abitanti di qualsiasi altro posto sperduto dell'Inghilterra. Se un qualche pendolare ha fatto la sciocchezza di varcare la soglia della stazione, poi ha finito per fare marcia indietro alla svelta e tornarsene nell'atrio contando sulla promessa di un altrove, e porca troia, menomale che non ha finito per rimanerci, qui. Giusto perché ci passano i treni – questo il pensiero del pendolare –, sennò un posto come Doncaster non servirebbe nemmeno.

Non sapeva mica delle nostre dormite nei campi di cereali sotto le stelle, belle raggomitolate su letti improvvisati con gli steli, delle chiacchierate fino all'alba. Non sapeva mica dei falò che restavano accesi tutta la notte e dei nostri campeggi nei boschi antichi, né di noi che al mattino rientravamo in punta di piedi scansando i ciuffi di campanule che non avevamo il fegato di calpestare. Né dei weekend passati a costruire troni coi massi smussati trovati in riva al fiume, dove la cascata ruggisce e sfreccia. Né di noi tre appollaiate lì, su quei nostri troni, mentre – sudate, stanche morte, felici – giuravamo di esserci sempre l'una per l'altra.

Non sapeva mica dei nostri genitori, della volta che tra canzoni e abbracci e pianti hanno ballato sul divano fino alle quattro di notte, quando i laburisti di Tony Blair hanno vinto le elezioni. Che speravano in un futuro più roseo: può solo andare meglio.

Di tutti noi, di quanto sono sonore le nostre risate, quanto sono intense le nostre emozioni, quant'è feroce il nostro amore, ma quanta tenerezza.

E non sapeva mica di quel bel pezzo di fortificazione romana ancora visibile, ma a dire il vero non lo sapevamo manco noi. Non li vedevamo per quello che erano, quei cinque metri e mezzo di pietra erosa, piena di muschio e d'erba, più larga di una persona messa per il lungo. Quando ci siamo comprate due litri di sidro e abbiamo passato il pomeriggio sedute lì su quel muro a sbronzarci, vestite coi pantaloni dell'Adidas coi bottoni automatici lungo le gambe, non li sentivamo mica noi, i secoli, sotto le chiappe fredde. Non c'immaginavamo mica i soldati coi sandali di cuoio che combattevano armati di giavellotti dalla punta di ferro. Eravamo troppo prese a combattere le nostre, di battaglie.

Ma ve lo ricordate quand'eravamo così piccole che non potevamo ancora nemmeno girarla tutta, Donny, quando la scuola era il nostro universo, quando una vittoria da niente ci faceva sentire invincibili, tipo che finché restavamo unite potevamo affrontare qualsiasi battaglia e vincere? Tipo quella volta che l'insegnante di ginnastica ha detto che dovevamo giocare a calcio coi maschi, anche se di femmine c'eravamo solo noi tre e tra nevischio e vento che fischiava il campo sembrava invaso da uno sciame d'api arrabbiate. Ci sono venuti i brividi solo a guardare dalla finestra, anche al caldo negli spogliatoi. Per i maschi ormai era arrivata la pubertà; avevano i loro bei parastinchi e le loro belle scarpe chiodate. Per noi solo le Reebok ai piedi, calzoncini, niente stinchi riparati, le ginocchia nude. Quand'hanno sentito che pregavamo il prof di non farci giocare si sono messi a prenderci per il culo: Che vi piglia?, hanno detto. Che è, c'avete il mestruo? A noi, però, trattamenti speciali solo perché eravamo ragazze il prof non ne voleva riservare, no. Va' a capire perché toccava proprio a lui decidere se ci avrebbero buttato giù i denti. Va' a sapere perché non potevamo dire di no.

Abbiamo deciso di giocare in porta, tutt'e e tre insieme. Ma quando siamo arrivate a fondo campo, col vento che ci tempestava le guance di pallottole di ghiaccio, con la porta ingobbita su di noi simile a una gigantesca graffetta bianca, ci siamo accorte d'essere finite in un tirassegno con le nostre mani. Ci siamo prese sottobraccio, legate dai gomiti.

In campo, diciannove ragazzi e le loro cosce muscolose che scattavano nel pantano. Dal nulla, ecco un pallone diretto verso di noi, un missile che sfrecciava sotto il nevischio. Siamo scappate via come piccioni. Il pallone ha centrato una di noi su una tetta – colpita e al tappeto, senza fiato. Sulla t-shirt bianca un cerchio di fango simile a un bersaglio, un marchio.

Il tipo che ha segnato s'è tirato la maglietta sopra la testa, correva come una saetta per il campo, a braccia spalancate tipo Fabrizio Ravanelli.

«TESTA DI CAZZO!», abbiamo detto noi. Il vento ci ha preso le sillabe, ce le ha lanciate addosso.

Ginocchia graffiate, doloranti. Gomiti rosso fuoco e scorticati. Fitte di dolore miste alle raffiche gelide del vento. Un'occhiata per vedere se braccia e gambe sanguinavano, in cerca di ferite che sarebbero poi guarite e diventate cicatrici, ma quel giorno dai ragazzi ci siamo beccate solo qualche pallonata, colpi che poi sarebbero diventati lividi che poi sarebbero svaniti. Ci siamo rimesse in sesto, ci siamo riprese dal colpo, rieccoci a braccetto. Avevamo il respiro accelerato, i polmoni inceppati per via del freddo.

Il prof ha soffiato nel fischietto; i ragazzi sono ritornati di corsa nell'altra metà del campo, di nuovo schierati. Al secondo fischio, sono tornati piano verso di noi correndo a zig-zag. I loro corpi robusti sagome sfumate nella foschia. Ci siamo appiccicate l'una all'altra, con la paura di finire di nuovo sbaragliate.

S'erano avvicinati e ora vedevamo le loro t-shirt, striate di marrone, bagnate e incollate addosso. Il vento ci martellava i timpani. Le voci ci arrivavano a scatti, echi, contestavano contrasti violenti, richiami ingiusti: Sì, buonanotte! Ma da quando in qua? Noi lì, in silenzio, li guardavamo arrivare. S'avvicinavano e ora vedevamo le teste avvolte in nuvole di fiato.

Il pallone schizzava avanti e indietro per il campo. Più s'avvicinava, più era chiaro che ci toccava dividerci, cavarcela ognuna per conto suo. Con la pelle d'oca, coi brividi, aspettavamo il tonfo del pallone, seguito dall'immancabile dolore pesta-ossa.

Poi ecco che vedevamo i polpacci, i muscoli scolpiti. Arrivavano e, nella foga, le nostre braccia hanno allentato la presa, i gomiti erano liberi.

Poi ecco che vedevamo le facce stravolte dalla furia mentre come un'orda coprivano gli ultimi venti metri di campo, si schieravano come i caccia di sua maestà. Nel rombo dei loro passi, nel tambureggiare delle suole chiodate sul campo coperto di ghiaccio, ci siamo guardate.

Abbiamo detto: «Fanculo!».

Ci siamo messe a trafficare con le t-shirt. Poi ecco che vedevamo gli occhi, ci puntavano, socchiusi sotto il nevischio che scendeva fitto. Abbiamo stretto le dita attorno all'orlo della maglietta. Col piede in posizione, hanno preso la mira. Ci siamo tirate su la t-shirt, ci siamo tirate su il reggiseno.

Un brillare di tette sotto il nevischio.

Ecco il fischio del prof, lungo come lo strillo di un uccello stizzito. Il pallone ha deviato traiettoria, di scatto. I ragazzi hanno alzato le braccia al cielo, gridato: «Cazzofate?».

Il prof ci è corso incontro. «Oi, voialtre, filate dentro!».

Ci siamo tirate giù la maglietta e ci siamo allontanate, a braccetto, con la sensazione che saremmo state forti così per sempre, che niente ci avrebbe fatto a pezzi. Davanti a noi: spogliatoi, caldo e umido. Dietro di noi: un fischio, i ragazzi si schieravano di nuovo.

La leggenda di Simon Braccia-a-frusta

Simon Braccia-a-frusta è morto lo stesso weekend che io, Kel e Shaz siamo andate in treno a Sheff per fare serata, abbiamo provato a fare il viaggio a sbafo e ci hanno beccato. A sentire lei, Shaz conosceva il buttafuori del Gatecrasher, la megadiscoteca di Sheffield, e, sempre a sentire Shaz, lui ci avrebbe fatto entrare senza chiederci i documenti. Avevamo quindici anni, ma a Donny riuscivamo già a entrare quasi dappertutto sfoderando il nostro bel davanzale e il cerone, quindi abbiamo deciso di provarci, di vedere se riuscivamo a imbucarci. Quella sera Simon Braccia-a-frusta, che in realtà si chiamava Dave, ha fatto serata a Donny – noi eravamo in un'altra città, quindi mi posso basare solo sulle cose che ha detto chi c'era.

All'andata, Shaz ci ha insegnato a farci il viaggio a scrocco: trovi un posto libero nell'ultima carrozza, fai finta di dormire. Il controllore pensa che tu sia salita a Scunthorpe e se eviti di sbattere le palpebre, se ti togli il ghigno dalla faccia mentre lui fa avanti e indietro, con la voce che rimbalza come quando chiamano i numeri al bingo – Chi è salito a Doncaster? Biglietti, per favore –, se te ne stai lì ferma finché senti lo strascichio-risucchio della porta alle sue spalle, ti prende tutta una fiammata dentro, sei gasata perché hai fatto una cosa che non si fa, e poi gongoli perché sai che le tue belle quattro sterline e ottanta sono ancora nel borsello.

«Ve l'avevo detto, rinco», ha detto Shaz quand'ho aperto gli occhi e ho visto la carrozza vuota, dopo il mio esordio come criminale. Era scazzata perché secondo me non avrebbe funzionato e questo, a detta sua, voleva dire che non mi fidavo di lei. In effetti non mi fidavo di lei, ma non mi passava neanche per la testa di dirlo. A detta sua, Shaz l'aveva fatto una marea di volte; a detta sua gliel'aveva insegnato suo fratello – Kyle lo faceva tutti i sabato sera per andare da Goldthorpe a Rotherham, lui e i suoi amici si spendevano la disoccupazione all'Envy, entravi con ottanta pence, una ficata pazzesca ragazzi, ragazzi, ragazzi.

Risatine da giramento di testa. Sensazione alimentata da una bottiglia di Coca-Cola corretta alla vodka. A me girava ancora di più perché da poco uscivo con 'sto spilungone un anno più grande di noi. Uscivamo solo da due settimane e mi aveva già trovato un nomignolo. Scimmietta, così mi chiamava, e tutti i suoi messaggi finivano con punto e virgola, trattino, parentesi chiusa. *Mi manchi un sacco scimmietta ;-)*. Era il mio primo vero ragazzo – dopo quello psicopatico di Barnsley, che però non contava, ero stata alla larga dai ragazzi – e a Kel e Shaz non avevo ancora raccontato di lui. Volevo che fosse una cosa speciale; aspettavo il momento giusto da un po'. Scoppiavo dalla voglia di raccontarglielo direttamente lì sul treno, ma prima che potessi aprire il becco Kel ha dichiarato che quella era una «serata tra ragazze», vale a dire: divieto categorico di parlare di maschi.

Vabbè, meglio aspettare di arrivare in discoteca, così Kel sarebbe stata troppo ubriaca per ricordarsi la regola e avremmo potuto festeggiare a dovere.

A sorsi di vodka, piano piano ci lasciavamo andare, alzavamo la voce nello sferragliare dei binari, strillavamo e ridevamo. Parlavamo non stop chiedendoci se saremmo riuscite a entrare in discoteca. Al pensiero di imbucarmi in quel delirio di caldo e rumore mi prendeva la smania. Shaz poteva pure insistere a dire che avrebbe funzionato, perché Keith, il buttafuori suo amico, gliel'aveva promesso, ma io andavo in crisi lo stesso pensando al momento in cui saremmo arrivate all'ingresso, al momento dell'adesso o mai più. Le serate al Crasher erano leggendarie, persino per noialtre di Donny, che passavamo quasi tutte le settimane a un milione di chilometri da Sheffield. Avevamo i nostri club, ma non somigliavano per niente al Gatecrasher. Se il Gatecrasher era la Ibiza dello Yorkshire del Sud, Donny era roba da ricevimenti di nozze.

All'epoca non lo sapevo, né m'importava, ma una volta l'edificio che ospitava il Gatecrasher era parte di una fabbrica che si chiamava Roper & Wreaks. Durante la guerra, Roper e Wreaks facevano cartucce e proiettili per obici dentro quell'edificio di mattoni a due piani, rimasto operativo fino al 1989, che ha senso se pensi a quando la Thatcher l'ha messo in culo a noi, e come. Non so bene cosa intendo per «noi», sinceramente. Il mio «noi» è Donny, ma siamo giusti, i tory l'hanno messo in culo a Sheffield tanto quanto a noi – loro non sono una città dell'acciaio, come noi non siamo una città mineraria –, e a volte, quando mi prende il patema d'animo per i fighetti stronzi che stanno al sud e per quello che hanno fatto a questo paese, mi consola pensare a un «noi» più grande, anche se so che siamo sempre una piccola ferita nella storia di un corpo moribondo.

Kel e Shaz hanno aperto la cerniera dei loro borselli infilando le dita tra le banconote spiegazzate che avevano guadagnato lavorando di sabato da Home Bargains. Per la serata – o «*neet*», come diceva Shaz e come aveva iniziato a dire anche Kel appena avevamo conosciuto Shaz – eravamo d'accordo di portarci dietro trenta sterline. Hanno contato a voce alta: quindici per l'ingresso, dieci per bere, cinque per mangiare.

«E tu, Rach?», mi ha chiesto Shaz, visto che avevo ancora il borsello ficcato in borsa. «Ce l'hai le tue trenta?».

Avevo quaranta sterline, la paghetta che m'ero messa da parte, e le avevo portate tutte. L'idea era di lasciare le dieci in più a casa ma all'ultimo ero andata nel panico e le avevo prese al volo, pensando a mia mamma che diceva sempre di portarsene dietro di più, non si sa mai.

Non volevo mentire a Kel e Shaz. Ma col fatto che avevo più soldi di loro mi sentivo in colpa, o mi vergognavo, o mi sentivo esclusa, o chessò. Io e Kel eravamo sempre state uguali, nate nella stessa strada, stessa scuola elementare, stessa uniforme scolastica, stessi pantaloni della tuta nel weekend, stessa giacca della Kappa arancio fluo. Eravamo andate all'asilo insieme, dalla babysitter insieme, avevamo giocato fuori insieme ogni singolo giorno delle sei settimane di vacanza, scavalcando muri di pietra ed entrando nei cantieri e perdendoci nei boschi vicino al canale. Eravamo state io e Kel le prime a uscire di nascosto per andare in Sprotty Road a telefonare dalla cabina che puzzava di piscio, chiamavamo il centralino e il servizio dell'ora esatta solo per il brivido di farlo. Ce le eravamo legate noi le zeppe ai piedi a dieci anni per andare, traballando tutte, a comprarci venti Regal Superking dal tizio giallo di nicotina che stava dietro il bancone, che sì, ci aveva pensato su dandoci un barlume di speranza, ma poi ci aveva mandato via quando, la seconda volta che me l'aveva chiesta, mi ero impappinata dicendogli una data di nascita finta. Avevamo sgraffignato noi due sigarette More alla mamma di Kel – lunghe, sottili, marroni, non tozze e bianche come le cicche normali – e quattro fiammiferi Cook. Eravamo sgattaiolate fino all'Avvallamento, una vecchia linea ferroviaria a cui avevano tolto i binari, bazzicata, così ci avevano detto, da spacciatori d'erba e pedofili. Avevamo provato ad accenderci le sigarette sfregando la capocchia dei fiammiferi su un palo di cemento, finito i fiammiferi prima di riuscirci e c'eravamo dovute intrufolare di nuovo in casa e fregarne altri. Io avevo visto Kel aspirare per la prima volta, la mano sul fianco in posa, la cicca stretta fra due dita tese, una boccata veloce e poi il fumo soffiato verso il cielo, ciglia abbassate, come se in quel momento, di colpo, fosse diventata un'adulta.

Nel 1998, lo stesso anno che io e Kel avevamo iniziato la scuola secondaria, avevamo conosciuto Shaz ed eravamo diventate un trio, i miei avevano preso casa nella zona bene – nel Sobborgo –, una casa più grande con due garage, veranda a vetrate e fontana in giardino. Quella zona la chiamavano *il* Sobborgo, anche se di sobborghi ce n'erano tanti. Era oltre il ponte della A1 rispetto a dove abitava Kel e le case erano grandi il doppio. La gente del Sobborgo il posto dove abitava Kel lo chiamava «fogna». La gente della «fogna» quelli del Sobborgo li chiamava «stronzi».

Poi erano state Kel e Shaz a essere uguali, tutt'e due con la mamma single che chiamavano «ma'», tutt'e due con la stessa sterlina al giorno per la mensa pagata dallo Stato, tutt'e due senza un papà. Il suo, Shaz lo chiamava «pa'», troncando la parola, e a metà del primo quadrimestre di scuola anche Kel chiamava così il suo. Quello di Shaz era morto – antracosi –, quello di Kel se n'era solo andato. Mio papà giocava nella squadra locale di cricket, sabati di tè e sandwich nelle pause tra gli *inning*, mamme che portavano ai *fielders* piattate di arance a spicchi da succhiare, il succo che gli sgocciolava dalla bocca macchiando le tenute bianche che sempre le mogli passavano la domenica a lavare a mano. Volevo dirlo pure io «mio pa'», ma sapevo che in bocca a me non stava bene, in qualche modo sapevo, anche senza chiederlo, di non avere il permesso di dirlo.

Shaz è di Goldthorpe, come Simon Braccia-a-frusta. Ancora prima di andare a cena a casa sua, sapevo che Goldthorpe era diversa dal posto dove abitavo io. Tanto tempo fa era un piccolo villaggio medievale agricolo. Compare nel *Domesday Book*. Lì la miniera ha chiuso nel 1994. Se chiedi a chi ci vive ora, ti dicono che è roba di adolescenti che barcollano per strada strafatti di birra presa da Co-op; roba di code fuori dalla posta tutti i lunedì, giovedì e venerdì per la disoccupazione. Roba di tossici che dormono negli scatoloni, pestaggi al Rusty Dudley tutti i sabato sera. Ti dicono che arrivarci è difficile, andarsene è impossibile.

Quella sera andando a Sheffield il nostro treno avrebbe costeggiato Goldthorpe a tutta velocità, il quartiere delle case popolari un puntino oltre i campi. Dai finestrini, però, non si vedeva nulla, il tramonto li aveva tinti e fatti diventare lustre lastre nere, così io mi sentivo già stretta dalle quattro mura della discoteca.

Ho tirato fuori il borsello, ho fatto vedere a Shaz che dentro c'erano le mie dieci sterline in attesa. «Ne ho trenta, tranquille». Avevo piegato ben bene le dieci in più, me l'ero nascoste nel reggiseno. Erano conficcate nella carne della mia tetta sinistra.

Questa fabbrica sforna-artiglieria/magazzino/megadiscoteca s'era trasformata nel Gatecrasher nel 1997, cinque anni prima che noi tre ci presentassimo all'ingresso arrivando a passi pesanti e armate di scarpe da spogliarelliste. Le mie erano le più di classe perché non erano chiare, erano magenta iridescente. Comprate apposta da New Look. Me le sono messe solo quella volta, però, perché mi facevano troppo alta, le fasce mi segavano i piedi, e dopo quella sera non sono state più le stesse. Siamo arrivate a spalle all'indietro, tette in fuori, pronte per la serata della vita.

Siamo rimaste in coda una marea di tempo. Shaz aveva un sacchettino d'ecstasy, a detta sua gliel'aveva data sua mamma, e ha fatto le dosi. Le pasticche ci sono scivolate giù per la gola. Aspettavamo di sentir salire l'effetto mentre aspettavamo che quell'agonia di coda s'accorciasse, prese male all'idea che ci stavamo perdendo chissà quale meraviglia in atto di là dal muro.

L'edificio era diventato un palazzo di metallo, con la nuova facciata che svettava sopra il vecchio tetto del magazzino. Abbiamo alzato gli occhi, coi colli curvi, e guardato il leone inglese che faceva da logo al Gatecrasher, una sagoma d'acciaio gargantuesca su una facciata. Secondo Google, l'edificio aveva lo «stile frammentario di una geometria spezzata alla Gehry». Secondo Rachael Gifford, laureata, con diploma di specializzazione all'insegnamento, PRESENTE ALL'EPOCA DEI FATTI ARMATA DI ZEPPE D'ALTA CLASSE, era un villone distopico fatto di lastre d'acciaio e specchi balordi.

È sopravvissuto fino al 2007, morendo cinque anni dopo che noi avevamo fatto la nostra apparizione apposta per scatenarci. L'incendio è partito dalla postazione del dj, s'è diffuso al centro dell'edificio, l'ha reso pericolante a vita. A detta di quelli del posto, dovunque andassi sentivi in bocca il sapore del fumo. Nell'incendio non ha perso la vita nessuno, ma qualcuno ha lasciato un mazzo di fiori sugli scalini. Pinzato al cellofan un biglietto: «La musica, le luci, lo spirito della gente, ti ricorderemo per sempre».

Nessuno si ricorda se hanno lasciato fiori per Simon Braccia-a-frusta, almeno nessuno tra quelli a cui ho chiesto. Se proprio devo esprimermi, direi che non ce n'erano, no, perché non si poteva individuare il punto preciso in cui se n'era andato come si fa con gli incidenti d'auto – corone di fiori e orsetti di peluche ammucchiati contro cassette della posta e pali del telegrafo, a indicare dove l'asfalto ha spezzato la carne. Non saremmo riusciti a capire dove aveva perso conoscenza, quindi non avremmo potuto ammassare omaggi, lasciandoli sotto la pioggia a diventare umidicci e a marcire. Shaz ha detto che al funerale c'erano centocinquanta persone, e per una volta non ho pensato che stesse sparando cazzate. Braccia-a-frusta era famoso in tutta Donny come fattone felice, pasticcomane part-time, insigne filosofo della fermata dell'autobus, meglio noto per le sue mosse di repertorio, cavallo di battaglia in cui si lanciava dovunque ci fosse da fare festa: testa che si muoveva a ritmo coi bassi, braccia che mulinavano in ogni direzione, sforbiciate di gambe avanti e indietro. Portava sempre una fascia sulla fronte per asciugare il sudore e un fischietto di plastica. Nessuno sapeva dove dormisse.

Quando finalmente siamo arrivate alla porta, ci hanno detto che ci volevano i documenti, signore, prego, o smammate. Abbiamo appena fatto in tempo a lanciare uno sguardo pieno di desiderio dall'entrata prima che ci mandassero via, che ci costringessero a voltare le spalle allo splendore del Gatecrasher. Nel momento esatto in cui il buttafuori ci ha mandate via – o giù di lì, così ho racimolato dai vari resoconti, per quanto i testimoni fossero sballati –, Simon Braccia-a-frusta ha varcato la soglia del Warehouse, leggendario locale della scena *rave* cittadina dal 1989. Il Warehouse era un'altra rovina postindustriale diventata luogo di perdizione, stessa storia della discoteca a Sheffield, solo che a noi era mancata la fantasia di trovare un nome diverso da quello del luogo che era – un magazzino –, e alla nostra non avevano mai dato un milione e mezzo di sterline per un cambio look, né «alla Gehry» né alla niente.

Non sono mai riuscita a entrare in nessuna delle due discoteche. Mia mamma aveva cominciato a dirmi di stare alla larga dal Warehouse già quando ero piccola, ogni volta che ci passavamo davanti in macchina sul North Bridge mentre andavamo in centro. Diceva che la gente ci andava a fare brutte cose e a farsi di eroina. Ci vanno a bucarsi, tesoro, ci muoiono di overdose e nessuno li aiuta perché sono cose illegali, le fanno di nascosto. A vederlo dalla macchina di mamma sembrava sempre irrecuperabile, un ammasso di mattoni che torreggiava solitario, finestre fracassate, sui muri strisciate di materiale carbonizzato come se ci avessero appiccato un incendio e il fuoco l'avesse sventrato. M'immaginavo capannelli di gente che si scatenava in pista in mezzo ai vetri rotti tra colonne di cemento sgretolate. Mai vista l'entrata nuova, splendida, che sarà stata dall'altro lato rispetto al ponte, fatta a mo' di container e dipinta con un motivo a zig-zag nero e grigio. Il famoso autobus a due piani sarà ancora là dietro, anche se non so proprio dove possa esserci lo spazio. Dal finestrino della macchina vedevo solo lo spettro alto di un edificio strizzato fra binari, fiume e ponte.

Ci siamo allontanate dal Gatecrasher, camminavamo in un vicolo acciottolato, infreddolite per via di quei vestiti striminziti, le braccia strette in vita per ripararci dal vento.

Ho detto a Shaz: «Checcazzo si fa ora?». L'ultimo treno per Donny era già partito. Visto che il Gatecrasher era aperto fino alle sei, il programma era di stare fuori fino alle 05:24, quando partiva il primo treno per Scunthorpe.

Kel ha detto: «Datti una calmata, Rach, mica è colpa di Shaz».

Volevo dire *E allora di chi cazzo è la colpa?*

«Keith era in pausa, ci sta», ha detto Shaz.

Di solito, quando Shaz le sparava cercavo di starmene zitta, ma le scarpe mi strizzavano i piedi e avevo le dita addormentate, e poi erano passati quarantatré minuti da quando il mio ragazzo mi aveva mandato l'ultimo messaggio, faccina con l'occhiolino compresa.

Ho detto: «Assì, come no, *era in pausa*».

«Checcazzo vorrebbe dire?». Shaz s'è girata verso di me facendo perno sui tacchi, con tanto di raschio-schiocco, e ci siamo bloccate tutte. Ci siamo fermate vicino a un pub dove avevano messo a palla *Down with the sickness* in una pista vuota, dalle finestre usciva il frullio a colori primari di tre luci da discoteca.

Prendevo sempre con le pinze la versione di Shaz, le storie che raccontava m'insospettivano sempre – tutte queste irruzioni, tutti questi funerali, tutta questa gente incinta, tutte queste zuffe in strada, tutti questi pestaggi a colpi di bottiglie. Era troppo per essere vero, troppa roba successa tutta a una persona sola.

E Shaz «conosceva» sempre chi valeva la pena di conoscere. Conosceva tutti i buttafuori e i baristi, tutti i cocainomani e gli spacciatori d'erba, tutti i criminali, sia i pezzi grossi sia i delinquentelli. Conosceva tutte le ragazze e tutti i ragazzi di Donny morti troppo presto.

Conosceva Simon Braccia-a-frusta, a detta sua era amico di suo fratello Kyle, un fattone felice-ma-non-troppo che aveva da poco perso una nocca durante una rissa in prigione. Dopo il funerale di Braccia-a-frusta, Shaz non la finiva più di dire che era un grande, il ragazzo più dolce che avesse mai conosciuto, ma l'aveva già detto di diversi altri ragazzi delle sue parti che non l'avevano sfangata, che erano entrati e usciti da Doncatraz per aggressione, percosse, lesioni personali gravi. Che avevano avuto figli prima dei sedici anni. Braccia-a-frusta non aveva mai rubato, però, diceva Shaz – anche in astinenza, quando tremava e sudava, spolpato dai dolori, preferiva soffrire tutto appiccicaticcio nel marciume di una casa occupata che puntare il coltello alla gola di un poveraccio.

«Scherza», ha detto Kel a Shaz, ma il senso dell'occhiata rivolta a me era *Non cominciare*. M'è montato il nervoso: Kel prendeva le parti di Shaz, come al solito.

Shaz ha tirato fuori una paglia dal pacchetto che teneva nel reggiseno e se l'è accesa girandosi dall'altra parte, riparava la fiamma dal vento col corpo. Ha aspirato il fumo, s'è stuzzicata una crosta che aveva sul polso.

Ho detto: «Guarda che poi ti esce il sangue».

Continuava a stuzzicarsi, l'unghia dipinta di rosa perlato faceva leva sulla pelle per alzare il bordo della crosta.

«Quel tipo là si chiama Keith Pickering, c'ho il numero perché la settimana scorsa me lo sono chiavato, se proprio ci tieni a saperlo».

Potevo insistere per avere più dettagli su questo Keith, portarla a costruire tutto un castello di bugie che alla fine sarebbe crollato da solo, ma mi è suonato il telefono, era il mio ragazzo: *Ti amo più di 12.000 Fender Jazzmaster scimmietta ;-)*. Volevo far vedere il messaggio a Shaz e Kel. Però non era così che mi ero immaginata di raccontargli di lui, mentre schiantavamo di freddo all'angolo di una strada a caso. Avremmo dovuto scatenarci, fare baldoria, essere euforiche. Mi sono incamminata. S'è mossa pure Shaz, accelerando il passo per assicurarsi di stare in testa. Ci siamo fermate di nuovo – non sapevamo dove stavamo andando. L'ecstasy cominciava a fare effetto; saliva e noi eravamo in strada senza neanche una discoteca dove scatenarci.

«Ci tocca tornare a casa in taxi», ho detto.

«Ma ci vorrà un cinquantone», ha detto Shaz. «Io non la sgancio metà paga per un taxi del cazzo». Kel e Shaz avevano deciso che loro non riempivano scaffali tutti i sabati lavorando in nero per poi andare fino a Sheffield e non farsi manco due salti in pista. Ho pensato di tirare fuori le dieci sterline che avevo nascosto, di offrirmi di pagare per il taxi. Ma poi avrebbero saputo della mia bugia, che avevo fatto finta di essere più spiantata di quanto fossi in realtà.

Mentre eravamo appostate sotto l'insegna gialla illuminata di una pizzeria da asporto in West Street, con le punte dei piedi attaccate al marciapiede e con la sensazione di non avere una casa, Simon Braccia-a-frusta, così si racconta, ordinava la solita bottiglia di Evian al bar del Warehouse, diceva Oh, com'è? a una decina di altri habitué, poi se ne andava in bagno, si chiudeva a chiave nell'unico scomparto col water, tirava una striscia di coca stesa sulla cassetta dello sciacquone, si calava un paio di pasticche di ecstasy. Poi s'accaparrava il suo posticino preferito sulla pista, proprio attaccato alle sbarre sotto alla postazione del dj, alzava le braccia a disegnare una bella V ampia e dava il meglio di sé.

Abbiamo provato col Fez, col Leadmill e col Casbah prima di finire al Kingdom perché Shaz è andata con la tizia all'ingresso che ci ha fatto passare, siamo entrate nella sala centrale, con le luci al neon a forma di diamante, la pista grande sormontata da una balconata dove i ragazzi sorseggiavano birra e si guardavano attorno in cerca di conquiste. Dalle casse uscivano crepitando trombe da stadio, tastiere distorte, bassi così sordi che ti rimbombavano in corpo più che nelle orecchie, sentivo i tonfi nel plesso solare. Shaz e la tizia all'ingresso sono scomparse in bagno. Non sono mai riuscita a chiederle se la tizia le piaceva davvero o se l'aveva fatto solo perché così ci avrebbe fatto entrare. Erano tante, le cose che non mi sentivo di chiedere a Shaz. L'avevo sempre vista come una capace solo di sfoderare i denti. Vorrei aver capito all'epoca che era fatta di carne e ossa.

E la voglia di chiederlo c'era stata praticamente ogni volta che era andata così, già a partire dalla nostra prima serata in centro, quando a quattordici anni Shaz ci aveva portato allo Spider's Web perché a detta sua si vedeva col buttafuori, un ventunenne con la testa rasata e «Rovers» tatuato sul collo. Quand'eravamo arrivate le aveva detto Cia', e più tardi se n'erano andati nel parcheggio insieme, ma poi non avevamo più sentito parlare di lui. Volevo sapere fino a che punto era questione di «libidine». Volevo sapere se la libidine esisteva, non solo nei romanzi sconci che Kel leggeva ancora pensando che io non lo sapessi. Se in Shaz c'era un fondo di libidine che alimentava tutta 'sta storia di andare con chiunque in pubblico, allo scoperto – o se era solo una tattica, solo uno dei suoi trucchi.

Io e Kel siamo andate nella saletta dove il dj aveva messo del pop dozzinale e la zona bar sapeva di vomito. Per ordinare i VK Blue abbiamo dovuto trattenere il fiato. Dopo mezza bottiglia, Kel aveva la lingua viola e anche il suo alito sapeva di vomito, vale a dire che sapeva di vomito pure il mio. Mi sono sporta per dirle una cosa all'orecchio, provavo a strillare per farmi sentire senza alitarle addosso.

«Dov'è Shaz?».

Kel ha scrollato le spalle.

Shaz aveva finito di pomiciare in bagno con la tizia dell'ingresso ma era scappata via quasi all'istante. Eravamo lì solo da cinque minuti e l'avevamo già persa due volte. Quando noialtre uscivamo, per me e Kel era tutto un dare la caccia a Shaz, tutto un ripescarla contro un muro in un angolo buio, con le gambe arpionate attorno a un torso, il vestito che le saliva su per le cosce, la bocca che succhiava un'altra bocca, tanto che non sapevo più se volevo farla rinsavire a suon di sberle o pomiciarci io, giusto per farla smettere di andarsene in giro. Ma era sparita troppe volte anche per i suoi canoni. Di questo passo non sarei mai riuscita a dare l'annuncio sul mio ragazzo.

«Cos'ha stasera? Sembra quasi che si voglia far violentare».

«Oi!», Kel mi ha dato una sberla sul braccio. Quando Kel mi si rivolgeva con quell'Oi!, sapevo di aver detto una cosa inammissibile. Mi sentivo formicolare tutto, mi succede sempre quando sbaglio ma non so perché.

«Ma tu non sei stufa di salvarla?».

Il dj è passato da un medley degli Abba a *Jump around* degli House of Pain, e i fiati in apertura ululavano coprendo la risposta di Kel. Mi sono toccata l'orecchio e lei s'è sporta, ha gridato in un momento in cui il volume era più tranquillo: «Lo dici come se lei a noi non ci salvasse mai».

L'abbiamo trovata su un divanetto in un angolino sotto una rampa di scale, schiacciata fra due tizi. Tizio

Uno aveva un braccio appoggiato allo schienale del divano, dietro al collo di Shaz; Tizio Due le massaggiava la coscia con le dita. Kel li faceva chiacchierare mentre io prendevo Shaz per un braccio, la facevo alzare. Aveva un sorriso scemo, la faccia in *trance*, tanto che avrei voluto essere io fatta come lei. Non ero per niente fatta, o almeno così credevo, solo che sul suo polso minuscolo la mia mano grossa mi pareva buffa e simpatica.

Mi ha messo un braccio attorno al collo ed è rimasta aggrappata, stringendomi. Le ho messo il braccio attorno alle spalle, l'ho stretta anch'io. Sulla pelle aveva ancora l'odore del dopobarba di Tizio Due; sapeva di limoni e di allenamenti di boxe, di macho, di imprevedibilità, di distacco. Ha detto che dovevamo assolutamente andare a casa dei tizi perché avevano un tavolo da biliardo e un frigo pieno di birra. Le ho accarezzato il braccio, in alto, uno scampolo di pelle così morbida che mi pareva si sciogliesse sotto il mio dito.

Ho detto: «Stasera no, bimba».

M'ha appoggiato la testa sulla spalla. «Ti voglio bene, Rach». Ha chiuso gli occhi. Potevamo anche restare così tutta la notte, Shaz col mento conficcato nella mia clavicola, se non mi fosse suonato il telefono, un altro messaggio del mio ragazzo. Non ce l'ho fatta a non sciogliere l'abbraccio, a non tirare fuori il telefono, non ce l'ho fatta a non leggere – *Vorrei essere abbracciato con te, scimmietta ;-)* –, non ce l'ho fatta a non spalmarmi in faccia un sorriso scemo da estasi.

«Cos'è quel sorrisone?», ha detto Shaz.

«Ma quale sorrisone e sorrisone!», ho detto, tutta sorrisoni.

Shaz ha fatto per prendermi il telefono.

«Oi!». Ho alzato la mano e lei non ci arrivava. Mi ha fatto il solletico sotto l'ascella, io mi dimenavo tutta e alla fine ho abbassato il braccio stringendolo contro il corpo e lei è riuscita a fregarmelo. Ha letto il messaggio, m'ha ridato il telefono.

«Chi è, il tuo ragazzo?». Ha detto «ragazzo» come se anche solo l'idea che ne avessi uno fosse ridicola.

«E se anche fosse?».

S'è zittita, guardava sopra la mia spalla completamente andata, con una smorfiaccia, contraeva gli angoli della bocca, sembrava così impasticcata da aver dimenticato l'argomento. Non doveva mica andare così. Dov'erano risatine e urletti? Dov'erano gli Oh-mio-dio? Dov'era il Davvero, Rach, sono strafelice per te? Le ho dato un colpetto al braccio col gomito.

Ha detto: «Non ti merita mica, sai».

«Stazzitta». Ho sorriso, sono diventata tutta rossa, le ho di nuovo cinto le spalle col braccio.

«Sono seria». M'ha messo le mani sui fianchi, la fronte a qualche centimetro dalla mia. «Ti meriti di meglio, altroché». Le nostre fronti si sono toccate, la discoteca un contorno confuso.

«Cosa sai che io non so?».

Sembrava che Shaz stesse tornando in sé, a quel punto, a stordimento passato. Ha scosso la testa. Niente.

«Shaz, cosa sai?».

«Niente, è solo che...». Ha fatto un passo indietro, s'è frugata nel reggiseno finché ha trovato il sacchettino di plastica, apriva e chiudeva le dita a mo' di forbice cercando di prendere una pasticca. Ho stretto la mano attorno al sacchettino, le ho fermato le dita. Ha girato gli occhi da un'altra parte. «Niente, m'hanno detto che è uno che mette le corna».

«Chi?».

«Non lo posso dire».

«Sì che puoi, Shaz». Le ho preso le guance fra le mani, le tenevo la testa così era costretta a guardarmi negli occhi. «Sei la mia migliore amica».

«Ho promesso di non dirlo».

Le ho studiato la faccia. Quegli occhioni tondi mi dicevano che in realtà non aveva niente da rivelare. Quella bocca innocente, rilassata. Figuriamoci – lo conosceva appena, il mio ragazzo, e Shaz era una capace di spararne di ogni per tirare fuori uno scandalo, fare la prima donna. Per anni avevo fatto la parte dell'amica numero due, attrice non protagonista in ogni sceneggiata amorosa messa in piedi da Kel e Shaz. Finalmente ora ero io quella col ragazzo e lei non ce la faceva proprio a essere felice per me. Non ce la faceva a farmi stare al centro dell'attenzione. Era la prima volta che uscivo con uno da quando avevo tredici anni, la prima volta che uno mi diceva che gli piacevano le mie cosciotte, che gli piaceva riempirsene le mani. La rabbia sfrigolava sotto la cappa di calma che l'ecstasy aveva gettato sui miei nervi.

«Che è, te lo sei chiavato?».

Voleva essere scherzoso ma sapevo che mi era uscito male. Shaz aveva la bocca mezzo aperta, come se prima che la bloccassi stesse per dire qualcosa. L'ha chiusa, aveva una faccia indecifrabile, non c'era emozione, era un'espressione che non le avevo mai visto, gli occhi accesi dal sorriso ora si erano smorzati. Sembrava una sconosciuta, come se si fosse messa una maschera, o finalmente se la fosse tolta. Le ho mollato le guance, mi preparavo a un cazzotto sul naso.

«Stai strabene stasera, Rachael».

Guance e collo mi hanno preso fuoco. Shaz aveva passato in rassegna il suo arsenale di cattiverie, e aveva selezionato l'arma capace – e lo sapeva – di trafiggere la carne. Ogni volta che voleva umiliarmi faceva un commento strambo dicendo che ero un sacco più carina di lei. Era sempre stata come vorrebbero essere tutte: bassina e snella, capelli lunghi e lucenti, mento piccolo, grazioso e perfetto. I soldi della mensa non li spendeva mai per comparsi da mangiare; li metteva da parte, e ogni due o tre mesi se ne andava in centro, si comprava una giacca di jeans, un paio di cerchietti d'oro, così era sempre la più magra e la meglio vestita della scuola. Io ero alta trenta centimetri di troppo, tutta curve troppo presto, con i capelli troppo folti, gli occhi troppo piccoli. Non capivo perché doveva essere così crudele, perché doveva farmi male così.

Kel s'è infilata a forza nel piccolo spazio tra di noi, spingeva con le spalle tra le nostre, per riferirci che Tizio Uno le aveva appena toccato il culo, quindi era ora di spostarsi. Ci ha prese tutte e due sottobraccio, eravamo un'unica catena. Secondo me, sia io sia Shaz cercavamo sempre di diventare la preferita di Kel. Forse è per questo che io non dicevo niente sulle bugie di Shaz e Shaz non diceva niente sul fatto che l'accusavo di fare la zoccola – Kel si sarebbe incazzata con tutt'e due perché facevamo la spia. Ci siamo spostate dall'angolino sotto le scale, ognuna con una delle pasticche di Shaz sotto la lingua.

Non so quanta ecstasy avessimo preso, ma era abbastanza da non farmi notare il pavimento sporco del Kingdom e i ragazzi con le polo della Fred Perry e le camicie della Ben Sherman che facevano le ronde a bordo pista in cerca di una preda, le maniche corte che gli strizzavano i bicipiti, raggi viola rifranti sul ciuffo duro come un sasso che avevano in testa, il cipiglio, e le ragazze in bagno a trangugiare la vodka che s'erano portate di nascosto come noi, e Shaz avvinghiata a chissà chi che si divincolava, saltando giù da questo o quel lavandino su cui era seduta cavalcioni, col dietro del vestito bagnato, mentre passava a Kel un sacchettino di coca che s'era fatta dare da qualcuno. Era abbastanza da non farmi notare tutti quei segni neri che avevo sulle scarpe nuove, o lo smalto di Kel che luccicava mentre passava il sacchettino da sotto il divisorio tra gli scomparti in bagno, mi diceva di mettermene un pochino sull'unghia del pollice, tenere chiusa una narice, sniffare. Era abbastanza da non farmi notare i pezzi *happy hardcore* che venivano dalla prima sala, le frotte di gente che cantava *Angels* di Robbie Williams nell'altra e le mani fredde e umide che mi palpeggiavano le cosce mentre ero in coda al bar, in una stretta di corpi. Era abbastanza da farci continuare a ballare fino alle due, quando ci hanno cacciato, e poi era troppo: ci ha fatto comprare dei kebab schifosi che ci siamo sparate in bocca direttamente dai contenitori di polistirolo, le droghe più voraci delle pance, le pance piene fino a scoppiare, sporgenti sotto i vestiti. Ci ha fatto inciampare e prendere una storta mentre brancolavamo in discesa verso la stazione, dove ci siamo sedute strette strette su una panchina di metallo al binario, chiudendo gli occhi per ripararci dalle luci fluorescenti, ma troppo su di giri per dormire, tremanti nel blu che precede l'alba.

Anche Braccia-a-frusta s'è scatenato per tutta la notte, fermo al suo posto vicino alle sbarre, mulinava le braccia, apriva e chiudeva le gambe. Se ne sarebbe rimasto lì fino all'alba, dice chi ha visto, con la t-shirt tutta sudata, col fischietto di plastica penzoloni dalla bocca, non fosse stato per la tipa che gli s'è avvicinata. Se chiedete agli habitué che conoscevano Braccia-a-frusta da anni – «il mio Braccia-a-frusta», lo chiamano tutti –, vi diranno che non l'avevano mai visto vivo come quella sera: sarà stato per come la tipa l'ha scelto, è andata dritta da lui e imitava le sue mosse, roteava le braccia e scalciava. Ipnotico, vedere come i loro corpi strafatti si sono trovati, le silhouette create dalla strobo simili a sculture di due amanti. Ti veniva voglia di uscire dal tuo corpo e dissolverti dentro di loro. A volte l'amore fa così, vi diranno, ma non spesso, non da queste parti.

Certa gente l'ha raccontata diversa, diceva che i due avevano visto l'una i segni delle pere dell'altro e avevano capito di aver trovato una spalla, qualcuno con cui bucarsi più tardi sul retro, da cui farsi infilare l'ago tra le nocche e spingere dentro l'eroina. Una persona ha giurato che non c'era nessuna tipa, che Braccia-a-frusta aveva passato la sua ultima notte da solo.

Alle cinque eravamo gelate fino alle ossa e l'effetto dell'ecstasy cominciava a scendere. Mai caduta in paranoia così, e ero sicura che in stazione l'avevano capito – sicura che nelle mie retine riuscivano a leggere la parola «droga», sicura che avrebbero chiamato la polizia e m'avrebbero fatto la festa. Provavo a non gardare nessuno negli occhi, provavo a non guardare altro se non i binari, dove i ratti sfrecciavano, poi si fermavano, poi giravano il piccolo muso verso di me finché poi mi sono alzata e ho cominciato a fare la spola tra i bagni e l'orologio della stazione. Fissavo una macchia a forma d'uovo che avevo sulla scarpa sinistra, che poteva essere uno schizzo di birra lasciato da un tipo come poteva essere l'unto del kebab, provavo a non ascoltare l'eco degli spruzzi che faceva Shaz vomitando nel bagno dei disabili, o Kel che diceva che dovevamo entrare a tirarle indietro i capelli. Ero così in paranoia da cominciare a pensare che Shaz diceva la verità sul mio ragazzo, gli ho mandato una decina di messaggi che cominciavano con *Cazzo è 'sta storia*, e i messaggi erano così pieni zeppi di errori e di rabbia che quando quel giorno s'è svegliato è stato lì lì per scaricarmi – non capiva un'acca di quello che dicevo, con Shaz non aveva praticamente mai parlato in vita sua. È da quella sera che non mi faccio di coca. Nella mia testa insinua pensieri matti.

Shaz era sicura che potevamo rifarci il viaggio gratis e dormire, e io ero sicura di no. All'andata, non importava se il controllore ci avesse svegliato; avevamo i soldi per pagare. Non volevo far incazzare Shaz, quindi non ho detto cosa pensavo: il treno delle 05:24 per Scunthorpe partiva da Sheffield; non potevamo far finta di essere salite prima. E quello delle 05:24 era il primo treno della giornata, quindi a bordo non ci sarebbero state altrettante persone. In piedi a quell'ora c'erano solo gente di fuori e poco di buono, e a quel punto noi eravamo entrambe le cose – Kel aveva una strisciata di rossetto bordò sul mento e a Shaz era sanguinata la crosta sul polso come le avevo detto io, lasciandole tutti degli sprizzi color ruggine sul vestito. Non ho detto niente sul fatto che secondo me l'avremmo presa nel culo perché Shaz diceva che far finta di dormire avrebbe funzionato e Kel la spalleggiava, e in ogni caso non avevamo scelta perché loro erano proprio spiantate e io non potevo dire delle dieci sterline che tenevo ancora nascoste, morbide, ora, per via del calore del mio corpo.

Quand'è arrivato il treno delle 05:24 ci siamo sistemate nell'ultima carrozza, abbiamo scelto di sederci ognuna per conto suo. Il treno è partito sferragliando e noi ci siamo messe in posa, le teste che vibravano forte contro il finestrino, le braccia molli e a ciondoloni. Il caldo improvviso sul treno mi faceva bruciare le dita delle mani e dei piedi. Per lo sfinimento mi sentivo le viscere roventi, le vene arrostite. Al buio dietro le palpebre, nella testa mi pulsava il ricordo della pista al Kingdom, mi sembrava d'essermi infilata i bassi nel cranio e di sentirne i colpi sordi. Il mio cervello era troppo grosso. I pensieri saettavano di qua e di là come mosche. La stoffa ispida del sedile mi pizzicava le cosce nude, mi faceva scattare le gambe. Non riuscivo a star ferma lì ad aspettare che il controllore ci trovasse.

Ho sibilato: «Mi scappa una pipì...», e sono uscita sulla passerella tra le carrozze.

Più rumore, le pareti del treno più sottili, una striscia di sole filtrava lungo il bordo della porta. Ho superato il bagno, ho sbirciato dal vetro della carrozza dopo. Ecco in fondo il controllore, veniva verso di me. Alla terza fila s'è chinato su un tizio steso su due sedili. «Biglietti, prego». Il tizio non s'è mosso. Il controllore gli ha scosso la spalla. «BIGLIETTI, PREGO!».

Sono corsa indietro nella nostra carrozza. Shaz e Kel stavano ancora lì a fare le sognatrici ballonzolando contro il vetro. «Sveglia la gente», ho detto, e Kel ha aperto gli occhi di scatto. «Scuote la gente e la sveglia».

Le palpebre di Shaz sono diventate fessure da cui mi ha gettato uno sguardo indifferente. «Sì, buonanotte, col cazzo».

«Tiggiuro».

File di case a schiera fredde e spoglie ci correvano accanto. Calmare il cuore era dura. Non m'ero mai messa nei guai prima, non per davvero, non con la *legge*. Non me l'ero mai svignata come faceva Kel quando tutti i lunedì mattina si chiavava Ando dietro al fish & chips, non avevo mai sgraffignato un rossetto da Bargain Beauty come, a detta sua, Shaz faceva ogni due per tre. Con le mie dieci sterline non potevo pagare per tutte. Se avessi comprato il biglietto solo per me, le altre due non m'avrebbero mai più parlato.

«Maccheccazzo». Shaz s'è alzata vacillando. «Ci nascondiamo nel cesso fino a Donny e fine».

«È nella carrozza accanto, ci vedrà». Intorno a me tutto ronzava, oscillava.

Kel s'è alzata, ha stiracchiato le braccia sopra la testa. «Vai tranqui», ha detto. «Dai».

Nella passerella tra le carrozze, raffica di rumore e aria fredda, sotto di noi le ruote facevano *iatatatac*, il pavimento si spostava a sinistra e a destra. Serpeggiavamo fra i campi, felci e brughi orlavano i binari, annuivano verso di noi, allungavano le dita. Il vento sbatacchiava la porta d'uscita, ma la luce rossa e rotonda vicino al chiavistello m'assicurava che era chiusa.

Nella carrozza accanto, il berretto del controllore ballonzolava diretto verso di noi. Shaz ha aperto la porta del bagno ed è entrata a marcia indietro, ci ha fatto un cenno da capetta con la mano. Kel è sgusciata dentro con lei. Sulla passerella, a quel punto, solo io. Ero sveglia da così tanto che ormai ero trasognata, tipo che forse fluttuavo, tipo che forse finivo anche in un'altra vita. L'arancio dei sedili batteva come un cuore. Ma l'arancio, io, l'avevo mai visto prima?

«Un attimo», ho detto. «M'ero dimenticata, tengo sempre dieci sterline nel reggiseno».

Quando le ho tirate fuori e le ho fatte vedere a loro erano calde, seguivano la curva della mia tetta. Non ero pronta a quel cambio d'atmosfera, alla maretta che si preannunciava tra noi. Non ero pronta per gli occhi con cui poi mi avrebbero guardata.

Kel ha detto: «Sì, buonanotte, e da quando in qua?».

«Te l'eri dimenticato?», l'espressione di Shaz era difficile da decifrare, era come se all'improvviso la sua faccia fosse precipitata nell'ombra.

«Sì, le tengo sempre qui, me l'ero dimenticato».

«Sono quattro sterline e ottanta a testa», ha detto Shaz. «A matematica tocca proprio metterti tra i cazzo di fenomeni».

«Per due bastano».

«Eccerto». Ora la voce di Shaz aveva un tono inferocito. «Così tu e Kel siete belle tranquille e mi lasciate qui a prenderlo nel culo da sola?».

Il controllore: più vicino, col sole che gli rimbalzava sugli occhiali.

«Chi ha detto che sono per me e per Kel?».

«Vabbè, io resto qui con Shaz», ha detto Kel.

«Vai, oh, Rach». Shaz ha mostrato i denti. «Togliti dalle palle e vatti a sedere».

La stilettata della *v* quando ha detto «Vai» pensavo m'aprisse la guancia in due. Ma la *o* era lunga, proprio come la *o* di tutti quelli delle sue parti: «*V*ai ooh». Un'altra delle sue: quando sentiva dire una roba e non ci credeva diceva sempre «Eddai ooh». Eddai oh, tipo il raglio di un asino.

Una volta ho visto un programma, intervistavano una ragazza del sud. Parlando del suo ragazzo diceva «e io» poi «e lui», anziché «ho detto» e «ha detto». Del tipo: «E io: "Non so cosa sbaglio". E lui: "Non capisci niente, ecco il problema"». Bello da sentire, come se ogni volta che parli dicessi chi sei. Avrei voluto usarlo anch'io, incorporarlo ai miei discorsi come fosse mio, ma non potevo, non a Donny. Qui non possiamo parlare come se venissimo da un altro posto. Qui diciamo: «Poi io faccio, poi lui fa, poi ho fatto» – anzi, diciamo: «Poi gli faccio, poi lui mi fa, poi gli ho fatto» – come se dire una cosa equivalesse a farla.

Poi ho fatto che sono entrata nel gabinetto e ho chiuso la porta.

Se mi fossi fermata sulla passerella, Kel e Shaz sarebbero rimaste un duo a vita, stronzamiche del cuore, io tagliata fuori. M'avrebbero accusato di non essere leale. Negli anni era successo una marea di volte: quando l'esclusa era Kel, io e Shaz ci prendevamo sottobraccio, attraversavamo il campo a scuola a grandi passi. A volte il duo eravamo di nuovo io e Kel, Shaz veniva inghiottita dalla sua compagnia di Goldthorpe. A caccia della cattiva della situazione, sempre.

Ho fatto scorrere la sbarra del chiavistello, più piano che potevo, e dato le spalle alla porta. Ci siamo pigiate l'una contro l'altra fra il lavandino e il water, dondolavamo insieme al treno, compatte come un corpo di ballo.

La porta della carrozza s'è aperta frusciando. S'è sentito il calpestio del controllore sulla passerella. Non respiravamo. Ci lanciavamo occhiatacce.

Avevo il braccio sinistro attorno alla vita di Kel; il naso di Shaz era incastrato nella mia ascella destra. Mandavamo tutte un odore stantio di frutta fermentata e alcol, si raccoglieva sul soffitto come calore, si univa a quel sentore rancido che sa di mille azzardi. Oscillavamo, io che le sovrastavo, una lanciatrice del peso che dava riparo a due elfi. Ascoltavamo il calpestio.

Era così tanto che la mia mente non sprofondava nel sonno che mi sentivo fuori dal tempo. Mi sentivo in ammollo nell'eternità. E in quel silenzio di fiati sospesi ho pensato che poi magari basta stare unite, dimenticare tutte le litigate.

Abbiamo sentito frusciare la porta della carrozza accanto e abbiamo respirato, ci siamo disincagliate, cercavamo ognuna uno spazio per sé. Kel s'è seduta piano piano sul bordo di metallo del lavandino e s'è appollaiata lì, una gamba tesa, le dita dei piedi la ancoravano al pavimento, il collo piegato per non sbattere la testa contro lo specchio. Shaz s'è seduta sul water. Io mi sono abbassata alla meglio – il pavimento non era abbastanza largo per il mio culo – e mi sono accovacciata, con la schiena contro la porta, le ginocchia cavolfiori che riempivano lo spazio in mezzo. La porta ronzava per via dei movimenti del treno, mi faceva il solletico alle orecchie. L'effetto dell'ecstasy scendeva e cominciava a svuotarmi. Piano piano mi è venuta sete.

«Mi vieni addosso con le ginocchia», ha detto Shaz, spingendole con le sue, m'ha costretto ad appoggiarmi al lavandino, contro la gamba tesa di Kel, che ha ceduto e ha fatto scivolare Kel di lato. È finita contro la lastra di plastica bianca opaca sul muro che si spacciava per finestrino.

«Maccheccazzo, Rach», ha detto Kel.

«È colpa di Shaz».

«Mica è colpa mia se hai 'ste cazzo di gambe lunghe».

«Ma cos'avete voi due?», ha detto anche troppo forte Kel.

«Zitte», ho detto io. Il controllore era entrato nell'ultima carrozza, che era vuota. Sarebbe tornato da un momento all'altro. Mi sono alzata reggendomi al maniglione per i disabili.

«E scusa», ha detto Kel, sempre allo stesso volume rischioso.

Shaz ha detto: «Se facciamo troppo casino per i tuoi gusti, perché non vai fuori e ti togli dalle palle?».

Mentre la sua bocca dava forma a «fuori», la porta della carrozza s'è aperta. Ci siamo paralizzate. Il calpestio è passato oltre. Siamo rimaste in ascolto finché il rumore s'è perso nel rombo del treno.

«Come mai 'st'incazzatura tutte e due?», ha chiesto Kel.

Shaz s'è messa a braccia conserte, si guardava torva le ginocchia.

«Ho detto a Shaz che ho il ragazzo, ma lei non è capace di essere felice per me perché vuol dire che al centro dell'attenzione per una volta non c'è lei».

Kel ha guardato Shaz, che non guardava nessuno. «Sbaglio», ha detto Kel, «o doveva essere una serata tra ragazze? Non dovevamo mica parlare di maschi».

«Ossì, non esisterebbe nemmeno, la serata tra ragazze, se Ando non ti mollava – te ne staresti sempre appiccicata a lui».

«Guarda che Ando non mi ha mica mollato, cogliona che non sei altro». Kel ha girato la testa, guardava in cagnesco la lastra di plastica bianca.

Sapevo che stavo dicendo cose ingiuste, ma non riuscivo a trattenermi. Volevo solo cinque minuti di cagnara, vederle entusiaste e contente, lì a insistere per sapere se baciava bene e cos'aveva detto quando m'aveva chiesto di uscire. Non ero nemmeno sicura che Ando avesse davvero mollato Kel. Sapevo solo che, qualche mese prima, Kel era venuta a scuola con uno strano sfogo dappertutto. Non aveva voluto dire cos'era successo, ma poi Ando non s'era più visto.

«Perché sei qui dentro, Rach?», ha detto Kel. «Basta che esci e paghi, cosa vuoi dimostrare?».

«Lo sappiamo tutte che ti pagava il biglietto, quindi cosa ci fai qui dentro pure te?», ha detto Shaz rivolta alle sue ginocchia. Lo sapevo cosa ci faceva Kel lì dentro.

Dimostrava di essere leale, dimostrava di essere coraggiosa proprio quanto Shaz.

«Senti, hai ragione, non dovevo dire niente di Ando. È che mi girano perché questo è il mio primo ragazzo in assoluto e...».

«E lo psicopatico di Barnsley?», ha detto Shaz.

«Lo psicopatico di Barnsley non conta! Questo è il mio primo *vero* ragazzo, e pensavo solo che sareste state felici per me. Soprattutto tu, Shaz. Me l'hai detto tu per prima di mettermi con lui».

Shaz ha alzato la testa di scatto, m'ha puntato gli occhi addosso. «Col cazzo che te l'ho detto io di mettertici».

«Altroché se me l'hai detto. Settimana scorsa, all'after organizzato da Squiff». O mentiva o quella sera era troppo fusa per ricordarselo. «Dicevo come mai non piaccio mai a nessuno e tu hai detto che era solo perché ero stata alla larga dai ragazzi dai tempi dello psicopatico di...».

«Ho detto che devi flirtare se vuoi che uno ci prova con te. Mica t'ho detto di flirtare col primo cesso che capita».

Mi sono dovuta ficcare le unghie nel palmo per non piangere. Non avevo mai detto una cattiveria così su nessuno dei tipi con cui si vedeva Shaz.

«Quindi ora racconti puttanate proprio come prima ti sei inventata stronzate sul mio ragazzo».

«Mica mi sono inventata stronzate», Shaz ha sospirato. «Dovevo sbattermene, ecco. Magari volevi saperlo, tutto qui».

«Perché fai sempre così? Perché te ne viene sempre in mente una per metterti in mezzo anche quando non c'entri?».

Shaz è tornata a guardarsi le ginocchia, con occhi feroci e fissi. «Vatti a sedere, va', principessa. Tra un attimo torna il controllore».

È calato un silenzio in cui ronzava qualcosa che nessuna di noi sapeva decifrare. Senza scarpe mi bruciavano i piedi. Se quelle due non mi volevano lì, potevo anche bellamente andarmene. Cercavo a tastoni il chiavistello alle mie spalle, ho toccato la sbarra. Ho chiuso gli occhi cercando di sentire i passi. Ma non ce l'avevo, no, il fegato di far scorrere la sbarra. Invece, nella mia testa facevo il conto alla rovescia delle stazioni: Rotherham, Swinton, Mexborough. Poi Conisbrough, e dopo quella bellezza di Donny.

A un certo punto, dicono quasi tutte le persone presenti all'epoca, la tipa ha preso per mano Braccia-a-frusta, l'ha portato nella sala *chill-out*, dove la musica pulsava sommessa, *ambient*, le lucine sfavillavano di rosa, le poltrone erano basse e ampie e molli – di quelle in cui s'affonda, a sacco, avvolgenti come grembi. Si sono messi comodi e hanno guardato le luci e le loro dita si sono intrecciate, si sono detti stupidaggini felici da drogati, a ruota libera, finché poi si sono avvicinati e le loro labbra si sono trovate e si sono dimenticati tutto e i confini sono spariti e si sono lasciati cadere in un sì senza fine.

La persona secondo cui non c'era nessuna tipa ha detto che Braccia-a-frusta era da solo, parlava da solo, fissava il nulla, probabilmente stava lì a pensare a robe sconclusionate mentre l'effetto della droga saliva. Forse era tornato in bagno e s'era fatto troppa ero, o forse era rimasto in pista, ci aveva dato troppo dentro coi mulinelli, tanto che poi era svenuto per il caldo.

L'unico fatto che mette tutti d'accordo è che prima dell'alba, a un certo punto si è alzato da una poltrona a sacco e se n'è andato via da solo barcollando.

Col passare dei minuti, mentre tra Mexborough e Conisbrough il treno fischiava e tonfava facendomi sentire come intrappolata in un enorme serpente meccanico, mi sono resa conto che non avevamo parlato di cosa sarebbe successo una volta arrivate alla stazione di Donny. Come facevamo a uscire dal gabinetto, a scendere dal treno e a avviarci giù per le scale al binario senza farci vedere dal controllore?

Volevo chiedere cosa sarebbe successo se ci avessero beccate, ma loro due mi avrebbero solo dato addosso dicendomi di sparire. All'epoca non ero nemmeno sicura di andare poi all'università – quando mi chiedevano cosa volevo fare dicevo l'insegnante, ma non avevo pensato a cosa comportava, né se era davvero quello che volevo. Per lo più non pensavo di andarmene da Donny, non pensavo a granché a parte uscire e sbronzarmi. Ero innamorata della libertà che mi dava, la libertà di non appartenere a te stessa, di perdere la memoria e il controllo su muscoli e parole.

Mamma aveva minacciato di ripudiarmi, però, se non fossi andata all'università. Faceva la parrucchiera, ma avrebbe voluto fare altro. E al pensiero d'esser beccata mentre mi nascondevo nel gabinetto di un treno per Scunthorpe, d'essere trascinata fuori dagli sbirri, trascinata in tribunale, accusata di una roba che mi avrebbe bollata col marchio Donny a vita... Mi mancava l'aria. Mi sentivo i polmoni segati in due.

Il treno s'è inclinato e ci ha portato a Conisbrough. Mi sono immaginata il castello medievale, lì sulla sua collina simile a un animale a brandelli, mura e torrette arti squarciati, pietre esposte come squame di drago a crespe. Rannicchiati lì sotto, un dedalo di case a schiera, il fazzoletto verde di un campo da cricket e, vicino ai binari, un gruppetto di coatte che sbevazzavano Stella Artois, coronavano la loro serata alcolica come noi.

Si sono aperte le porte del treno, poi ecco dei passi, colpi di tosse e gente che tirava su col naso, una corrente d'aria fredda ha avvolto la porta del gabinetto mentre il fior fiore di Conisbrough faceva ressa per entrare. Parlare era più sicuro, ora che il treno si riempiva dello strascichio e del tonfo di tanti piedi, col *dat dat* della porta del bagno che entrava e usciva dal telaio ogni volta che passava qualcuno.

«E cosa facciamo quando arriviamo?», ho chiesto.

Shaz ha scrollato le spalle.

«Ma non l'avevi già fatto?».

«Ma le tue tette non starnutivano soldi?».

Ho stretto di nuovo le dita attorno al chiavistello. Potevo battermela ora, mescolarmi agli altri, fingere di essere salita a Conisbrough.

«Quant'è il biglietto da qui? Mi sa che riesco a pagare per tutte e tre».

Shaz ha riso come se avessi chiesto *Cos'è un pompino?* «Da te mica voglio niente».

«Kel, te lo pago io? Se usciamo ora, sembrerà che siamo appena salite».

«No, 'azie». Kel evitava il mio sguardo. «Non le mollo le mie amiche, io».

Forse avevo già perso Kel. Forse mi avrebbero odiato a prescindere.

«Fanculo», ho detto, e mi sono girata per andarmene.

Appena mi sono girata verso la porta, qualcuno dall'altra parte ha bussato, un *dap dap dap* forte sulla plastica.

«Apri la porta e esci, forza».

Ho fatto per aprire il chiavistello, ma Shaz s'è lanciata e m'ha preso per il polso, ci ha affondato le unghie. S'è messa un dito sulle labbra, ha scosso la testa. Ho provato a togliermela di dosso. Ha pizzicato più forte.

Ho sibilato: «Perché no?».

Shaz s'è alzata facendo leva sul mio braccio, mi ha messo l'altra mano sulla bocca. «Fidati», mi ha detto all'orecchio. «Stazzitta e non ti muovere». Le sue dita mi premevano contro i denti.

Il controllore ha bussato ancora. «In giornata, prego, o sarò costretto a buttare giù la porta».

«Provaci», ha gridato Shaz. «Ti denuncio per tentato stupro». Ha allentato la presa, ma io ero troppo presa male per muovermi. Sentivo solo il cuore che mi batteva. Ora sì che eravamo fottute.

«Mi stai minacciando, cara?».

«Ti porto in tribunale, pedofilo del cazzo. Sei qui che provi a guardarmi mentre caco, schifoso bastardo».

«Ma cazzo, Shaz», ho bisbigliato stridula io.

Shaz s'è di nuovo messa il dito sulle labbra.

Il treno faceva *tu-tun*, prendeva velocità. Provavo a respingere l'ondata di panico che m'istupidiva, abbagliandomi, come il cielo a mezzogiorno, coi profili sbiancati.

Il controllore ha detto: «Forza, vieni fuori e paga il biglietto».

«Shaz, per favore, fammi pagare. Dai, *per favore*. Non serve che mi ridai i soldi».

Shaz ha piegato la testa di lato, soppesava l'offerta. «Ti fidi di me?».

«Sì, apriamo la porta e paghiamo, dai».

«Caccia i soldi, allora».

Li ho presi dal reggiseno, glieli ho dati.

«'Azie».

«Apro la porta, allora». Ho guardato Kel in cerca di supporto. Kel osservava Shaz, che aveva tirato fuori un sacchettino di coca dal pacchetto delle paglie e ora versava la polvere bianca sul bordo del lavandino. Ha arrotolato le mie dieci sterline e c'ha fatto un cilindro.

«Vai vai», ha detto Shaz chinando la testa sulla striscia di coca, con le mie dieci sterline infilate nella narice. Ha tirato su, chiassosa.

In pancia un senso di vomito, di destino segnato. Ora non potevo aprire la porta senza rischiare che accusassero Shaz – me, noi – di detenzione di droga. Ecco come si riprendeva il controllo lei. Preferiva vederci colare a picco alle sue condizioni che vederci salvate alle mie.

«D'accordo, ora basta», ha detto il controllore. «Se non apri la porta e esci dalla toilette entro trenta secondi, sarà intesa violazione delle leggi ferroviarie locali secondo le quali viaggiare sprovvisti di biglietto è reato». Parlava col ritmo orgoglioso, allenato, di un bambino che ha appena imparato le tabelline. Lo sentivo respirare. A ogni respiro, pian piano, prendeva forma, come se potessi farmi un'idea del peso che aveva solo sentendo l'aria che immagazzinava. «Tale violazione è punibile per legge e, se riconosciuta colpevole, sarai soggetta a una multa che, ad oggi, ammonta fino a mille sterline».

Shaz s'è versata altra coca. «Multami pure, brutto degenerato, mica ce l'ho mille sterline».

«Un funzionario è inoltre nella posizione di procedere ai sensi di legge per omesso pagamento della tariffa di viaggio secondo quanto disposto dalla Legge Ferroviaria del 1889, nel qual caso potrai essere condannata a un periodo di reclusione anche di tre mesi».

Reclusione? Cazzo. Avevo il cuore in gola, un rospo rauco. Potevo aprire la porta, fare la finta tonta riguardo alla coca. Epperò potevano portarmi dentro e farmi un test antidroga, maccheccazzo. Ho chiuso gli occhi, speravo in una qualsiasi via di salvezza – qualcosa che frenasse la mia caduta libera in questo pozzo eterno. Spassarsela così a tempo perso era previsto, sì, ma dovevo uscirne indenne, per poi trovarmi un lavoro e fare un mutuo, dei figli e farmi le mie belle due settimane a Tenerife.

«Conterò fino a tre», ha detto il controllore.

Qualsiasi cosa, ho pensato, lo pensavo e ripensavo. Mi va bene *qualsiasi cosa*, basta che ci togli da 'sta situazione. Probabilmente parlavo con Dio, anche se sapevo che non c'era.

Shaz s'è chinata sulla polvere bianca. Il treno ha rallentato scagliandola in avanti. Ha sbattuto la testa contro lo specchio. La striscia di coca s'è sparsa come neve al vento. Ecco la stazione di Donny. Ecco gli agenti della polizia ferroviaria allineati al binario, in attesa di arrestarci.

Il treno ha rallentato, e s'è fermato, e ha ansato.

Silenzio.

Ho appoggiato l'orecchio alla porta. Niente stivali, niente fruscio di borse, niente vie aeree gracchianti, niente scarpe da ginnastica scricchiolanti. Niente. Troppo niente.

«S'è tolto dalle palle», ha detto Shaz.

«Ma no!», ho mosso le labbra senza suoni, come un mimo disperato.

Shaz ha strillato: «Ci sei, pervertito del cazzo?».

Abbiamo aspettato.

Niente.

Shaz ha allungato il braccio dietro di me, ha aperto il chiavistello. A momenti finivamo tutt'e due sulla passerella tra le carrozze.

Verde, tutt'intorno a noi. Non capivo cos'avevo davanti: i finestrini erano invasi di campi e boschi anziché dei mattoni e del viavai della stazione di Donny. Il treno doveva essersi fermato prima. Vicino alla porta, la luce rotonda era accesa del verde che diceva aperto.

Shaz ha premuto il pulsante. *Bip* della porta, s'è aperta. Subito è entrata l'aria frizzante del mattino. Shaz s'è lanciata fuori, è sparita oltre il terrapieno. Io e Kel ci siamo guardate, le paure erano le stesse: gamba rotta, scossa elettrica, decapitazione.

Abbiamo saltato anche noi, superando i binari, nell'erba alta e incolta. Siamo piombate a terra e ci siamo fatte male a ginocchia e palmi, rotolando giù, giù, fino in fondo alla discesa, coi polmoni senza più un alito di fiato. Eravamo stese a pancia in su, affannate. Aspettavamo di sentire un Oi!, di sentire un rumore di stivali strascicati dall'alto, qualcuno che ci dava la caccia. La porta s'è chiusa con un *bip*. Il treno stava lì, zitto e sereno, come se non ci avesse mai ospitato.

Abbiamo riso e riso e riso. Ci reggevamo la pancia dai dolori e ridevamo.

A risate finite, ci siamo allontanate zitte zitte dal terrapieno, ci siamo slacciate le scarpe da spogliarelliste tenendole poi appese alle dita, camminavamo passo passo a piedi nudi tra gli alberi. Odore di sottobosco e rugiada, di polline estivo, il sole limone del mattino lampeggiava tra gli alberi – e le sferzate del vento facevano applaudire rami e foglie, nostro personalissimo pubblico affascinato –, e tutto mi faceva sentire una libertà diversa da quella che ti dà l'alcol. Una libertà tersa, tipo pulita con l'olio di gomito.

Zoppicavamo, inciampavamo, danzavamo, coi sassolini tra le dita. A metà tra il miracolo e l'isterismo, a un certo punto l'odio che avevamo addosso s'è sciolto, s'è perso tra i rovi che ci arrivavano alle ginocchia. Quando a Kel hanno cominciato a far male i piedi, l'ho presa a cavalluccio, ho corso finché ha strillato. Di solito, Shaz mi pregava di prendere anche lei a cavalluccio. Stavolta camminava a grandi passi dietro di noi, pareva decisa a non aver mai più bisogno di me.

Mi sono inginocchiata davanti a lei, ho detto: «Essù».

Si teneva stretta al mio collo, respirava tra i miei capelli, pesava poco o niente. Ma non ha strillato, non ha riso. Stava lì abbarbicata, col suo silenzio mi faceva sapere che avevo detto una cosa che non m'avrebbe permesso di rimangiarmi. Era cambiato qualcosa pure per me. Dopo quella serata per me Shaz non è più stata la stessa.

Al limitare del bosco abbiamo trovato il Don, così ci siamo orientate. Abbiamo attraversato il ponticello, seguito il fiume fino alla curva di un *cul-de-sac* che conoscevamo.

Arrivate sulla strada principale, Kel e Shaz si sono incamminate con calma verso casa di Kel e io sono andata avanti fino alla zona bene, i piedi che mi prendevano fuoco sfregando sull'asfalto, le scarpe che mi sbattevano contro la coscia, la punta di plastica del tacco a spillo ormai ridotta a una scheggia aguzza. Avevo un filo di paura d'aver fatto troppo tardi e di non riuscire a sgattaiolare dentro casa prima che si svegliassero tutti.

Ma la sera mamma e papà erano usciti con gli amici del cricket, al barbecue di fine stagione. Dormivano ancora secco quando sono entrata dalla finestra del bagno al piano terra e l'ho richiusa.

Ho dormito tutto il giorno, mi sono svegliata che era già buio, col telefono che faceva *bip* dentro la borsa, per terra. Sette chiamate perse di Shaz, dodici messaggi non letti del mio ragazzo. Non ero pronta a dover affrontare lui, quindi ho richiamato Shaz. Ascoltavo gli squilli, il mio corpo gemeva in ogni punto dove sentivo dolore: gomiti graffiati, piante dei piedi tagliuzzate, ginocchia spellate.

«Braccia-a-frusta...», ha detto. «È morto stamattina». Piangeva, e lì ho capito che lo conosceva per davvero. «L'ha preso in pieno un treno, Rach. Il nostro treno».

Per anni, Simon Braccia-a-frusta aveva fatto l'altalena tra il centro d'accoglienza e la strada. Sua mamma non aveva i soldi per il funerale, quindi il consiglio comunale voleva metterlo in una fossa comune al cimitero, le sue ceneri mescolate alle ceneri di gente che non aveva mai conosciuto. Il Warehouse ha organizzato una festa di beneficenza. A Donny, tutti quelli del giro hanno dato un contributo, gli hanno regalato una tomba al St. John and St. Mary Magdalene, una bella bevuta al dopolavoro.

All'epoca non ho fatto domande, ho solo creduto a Shaz sulla parola. Non ho letto la cronaca sul *Free Press*, non ho partecipato alla gara podistica intitolata a lui organizzata l'anno dopo. Non sapevo cos'aveva detto il capo della polizia dello Yorkshire del Sud, né conoscevo i risultati dell'esame tossicologico di Braccia-a-frusta, e non ho mai saputo con certezza se il treno fosse davvero il nostro. Forse mi vergognavo del fatto che io ero al sicuro, che avevo la fedina penale pulita. Delle mie dieci materie d'esame, della mia prima macchina, comprata da mamma e papà appena compiuti diciassette anni.

Di recente, ho provato a cercare su Google tutto quello che non avevo mai chiesto. Google non mi diceva l'ora della morte, né quante ferite aveva riportato, né se era stato con una tipa. Google non mi diceva se il treno era il nostro.

Poi, settimana scorsa, io e Shaz ci siamo incrociate in centro, vicino al palazzo d'angolo con l'orologio, tutt'e due a braccia conserte, intirizzite dal vento. Erano anni che non la vedevo, eravamo passate da una bevuta a settimana a una al mese a praticamente mai. Al mio matrimonio s'era presentata, di nuovo troppo magra, con la faccia sofferente per tutta la sera come fosse stata una faticaccia vedermi felice. Non parlavamo dalla sera in cui l'avevano arrestata. Quella sera mio marito era in centro, aveva detto che era ubriaca fradicia, proprio uscita di testa, aveva aggredito il suo migliore amico senza motivo. M'aveva detto, Stai lontana da quella pazza, è squilibrata. Aveva detto, Ti perdi troppo dietro ai rapporti – è ora di staccarti.

Shaz sembrava triste e sfibrata e come la sabbia, disgregata. Il suo giubbotto pareva troppo leggero e noi stavamo lì a dirci, Ma ciao, cara, quanto tempo, quindi ho preso e sono entrata da Costa e ci siamo sedute davanti ai nostri caffè col cioccolato, ci scaldavamo le mani con le tazze. Abbiamo parlato un attimo di Kel, che se n'è andata da tanto, America, ci ha lasciate tutt'e due qui. C'è a chi va bene, eh, abbiamo detto. La bella vita tra gli Yankee. Abbiamo parlato un secondo della Brexit, ma solo per lamentarci e dire quant'eravamo stanche di sentire 'sta parola. Abbiamo evitato di chiederci cosa avevamo votato. Ho provato a non parlare troppo della mia carriera di insegnante o degli amici dell'università o del mio matrimonio, ho provato a non chiedere che lavoro fa lei. La conversazione languiva, andava a morire.

Ci pensavo da un po', quindi le ho chiesto di Braccia-a-frusta. Come faceva a sapere che il treno era il nostro?

«Mica ho mai detto che il treno era il nostro».

«Invece sì».

M'è uscito come un attacco, come un montante, Shaz ha fatto uno scatto all'indietro con la testa per lo shock o l'incredulità. Volevo ficcarmi di nuovo le parole in bocca, inghiottirle coi resti del caffè. Ha bevuto una lunga sorsata, mi squadrava a occhi sgranati da sopra l'orlo della tazza.

«Non me lo ricordo mica, io». Ha scrollato le spalle. «Se lo dici tu, sarà così».

Non era da lei. La mia Shaz non cedeva mai, non metteva mai in dubbio le cose che aveva detto. Era una combattente dentro, a prescindere. Mi son sentita la pancia sottosopra, a vederla così svuotata, così pronta alla resa. Cazzo se m'è mancata, a quel punto – m'è mancata la Shaz che conoscevo, volevo superare la distanza tra noi, cancellare gli anni persi, tornare a com'eravamo una volta, quando Shaz era un vento impetuoso, quando ti amava con la stessa ferocia con cui ti dava contro. Non ne ho più avute di amiche così.

Non sapevo come salvare il salvabile, quindi mi sono messa a raccontarle che avevo ripensato un sacco a Braccia-a-frusta, che mi ero sentita un sacco in colpa al pensiero...

Il palmo sollevato di Shaz m'ha fermato a metà discorso. La tazza ha sbattuto sul piattino. «Tu non c'entri, però, Rach», ha detto. «Non lo conoscevi neanche».

Eccola, la vecchia Shaz, che mi guardava di traverso lì seduta davanti a me, negli occhi un'ira così intensa che mi domandavo come avevo fatto a sbagliarmi tanto. A dire una cosa così imperdonabile. Aveva ragione, non lo conoscevo. Ma avrei voluto. Li avrei voluti conoscere tutti, quelli che aveva perso Shaz. Glielo volevo dire – boh, che forse ne aveva passate più di quelle che credevo io. Boh, che forse una volta m'arrabbiavo con lei perché avrei voluto essere interessante come lei, rivendicarle un po' io le cose che le erano successe. Toccare la tragedia con mano. Volevo dire *E se ricominciamo? Il passato è passato.* Ma Shaz aveva già finito il caffè, s'infilava il giubbotto, diceva che doveva andare a casa.

Nessuno ha mai voluto ammettere che era con Braccia-a-frusta quand'è morto. Tranne il macchinista - che, secondo le voci, tre mesi dopo ha provato a impiccarsi -, nessuno l'ha visto nel momento esatto in cui il corpo è finito sui binari, né ha visto come gli si sono spezzate le ossa, o la forma che braccia e gambe hanno disegnato in aria. Nessuno ha mai saputo dire fin dove è volato o i punti in cui s'è sparpagliato, o che pezzi sono rimasti a sua mamma.

Io me lo immagino che cammina nella bruma all'alba. Steso sull'erba, mentre contempla le nuvole bordate di un luccichio arancio. Probabilmente cercava solo un posto tranquillo per farsi una pisciatina. Probabilmente era strafatto e non distingueva la terra dal cielo. Probabilmente è soffocato nel suo vomito e gli sono venute le convulsioni, gli organi non gli funzionavano più già prima che arrivasse ai binari.

Non si può infilare un ago che si muove

Il giorno dopo fanno un salto a casa tua così sono sicuri che non dirai mai niente.

Ma mica dicono così quando apri la porta, te li trovi sullo scalino, due corpi scuri in controluce. Ti dicono, Cia', e li saluti anche tu, Com'è? Sono un anno avanti, il piccoletto coi capelli neri tinti che piace a tutte le darkettone e lo spilungone, che non sei sicura, ma secondo te si vede con Rach. Lo Spilungone è a posto, eh, ma secondo te Rach gli sbava dietro solo perché suona il basso nella band del Piccoletto. La sua bocca ti fa orrore, due grassi lumaconi rosa che dormono uno sotto l'altro. Le labbra, sempre umidicce, viscide di saliva. Come fa Rach a sbaciucchiarsi quella bocca non lo sai, se è vero che se la sbaciucchia. Che figo, però, il Piccoletto; praticamente non t'ha rivolto la parola fino a ieri: sul retro di casa tua a metà pomeriggio mentre tua mamma dormiva, tu e Kel e Rach stravaccate sull'erba assetata da troppo con su solo i bikini coi laccetti che siete andate a comprare tutte insieme da Primark. Bacardi Breezer al cocomero presi al negozio di liquori dietro l'angolo che vende da bere a tutti, se c'hai lo zaino e puoi nasconderci la roba. Risatina, bottiglia, tintinnio. Odore forte del liquido rosa, va giù liscio. Poi lo Spilungone e il Piccoletto son spuntati da dietro lo steccato, una comparsata nel bel mezzo della vostra abbronzatura alcolica.

Allora il Piccoletto fa un sorrisone. Ti scaldi tutta, dal culo alle tette.

Il Piccoletto dice: «Giretto?».

È estate, i giorni sono senza confini, i contorni scintillano col caldo. Oggi sa ancora di ieri, soprattutto visto che non ti ricordi di essere andata a dormire ieri sera. Esci di casa e passeggi in mezzo ai due per una vita, o mezz'ora, o cinque minuti, dici due stronzate, ballonzoli facendo leva sulle dita dei piedi mentre le ciabatte di plastica ciabattano, pensi Che fortunella, e ti tremano le gambe, e il Piccoletto ti fa un altro sorrisone. Ti scortano in una danza a tre troppo serpeggiante che s'infila nella stradina smilza dietro i capanni dei vicini. Tra le assi dello steccato sbucano ortiche e bocche di leone; nel naso senti un canto di umido e merda di cane. Ciarlano di quanta gente c'era a vedere lo Sheff Wednesday, allucinante, e del centrocampista mancino dei Rovers, del punk puro dei NOFX e del perché i Green Day sono dei venduti, le labbra allargate in sorrisi da guancia a guancia tipo elastici tra le dita.

Ti chiedi se le tette ti sporgono abbastanza, se dalla canottiera di Hello Kitty si vedono le sagome dei capezzoli, se il Piccoletto capirà che la canottiera è ironica, se il sudore caldo che senti tra le cosce vuol dire che t'è davvero venuto il ciclo, se ti si sta formando una pozza sul fondo degli shorts cortissimi, se ti cola giù per una gamba. Vorresti proprio un posticino in disparte per calarti le brache e controllare. Ti chiedi se gli shorts cortissimi fanno vedere troppo le chiappe. Se le chiappe non si vedono proprio. Vorresti esserti lavata i denti per toglierti quel fiato alcolico che c'hai da ieri sera, e vorresti esserti messa il wonderbra quando sei scesa dal letto, con la testa che ti scoppiava, per andare a aprire la porta, e non pensi a niente se non che le tue tette sembreranno sicuro piattissime senza quel reggiseno, finché noti un angolo di mattone che si sbriciola, penzola solitario dal muro del garage di qualcuno.

Ti ricorda i tempi andati, graffi, pelle scorticata, di corsa sopra sotto tra steccato cancello muro spezzato scassato. In fuga, spompata, oltre binari, cantieri, cumuli di macerie. Polmoni striduli, ferma di botto al morso di mattone cemento pietra ghiaia, ti stacca frammenti superficiali, ti lascia strisciate sulla pelle delle braccia, delle gambe, si smaglia tipo i collant.

Ora abbassi gli occhi e sul polso c'è un segno nuovo, sangue secco, traccia di pelle lacera. Ormai i graffi son resti di serate passate a sfondarsi, di bocce di vodka tracannate sulle balle di fieno e sulla panchina vicino al canale. Tonfi di braccia e gambe sull'erba di mezzanotte. Ormai ti svegli senza ricordarti di tagli e bozzi sulle dita, sugli stinchi. E questo come te lo sei fatto ieri sera? Erano mattoni, o cemento, o?

Vetro: il vostro trio arriva in fondo alla stradina, emerge sulla via, si sistema, si spande di lato nel nuovo spazio, come una concertina tra due palmi che s'allontanano, la fisarmonica che spunta tra le mani di tua mamma quando il gin scorre, suona *Gypsy maiden* e *Stone outside Dan Murphy's door*. Davanti a te c'è la vecchia cabina del telefono rossa, un pannello di vetro fracassato e una sputacchiata di rombi irregolari sull'asfalto. Il sole rimbalza sul vetro, sul vecchio muretto di pietra, sul campo di spighe dondolanti.

Voi tre vi sedete sul muretto. Ti prendono fuoco le chiappe, si ricordano 'sto disegno aguzzo, qui e là la carne è ammaccata per via di 'sta costellazione di spigoli di pietra.

«Bella serata ieri», dice il Piccoletto. Annuisci. T'accarezza il ginocchio e la passera t'impazzisce, ti formicola tra le gambe. Ti tocca come uno che ti conosce, e un po' ti rendi conto, un po' ti ricordi: ieri sera sarà successo qualcosa.

Da non crederci – tu e il Piccoletto! Non vedi l'ora di vantarti con Kel e Rach. Col Piccoletto sono tutte in fissa.

«Sei una a posto, tu», dice. «Sei fantastica. Una dea. E non lo capisce nessuno».

Lo Spilungone annuisce. Annuisci anche tu.

«Seriamente, Shaz». Il Piccoletto ti prende per le spalle, ti gira verso di lui. Occhi dolci nei tuoi, la faccia distesa e seria. «Potrei scriverne cento di canzoni sul tuo culo, su quelle due lentiggini che hai sulla guancia destra». Ci passa il pollice su quelle due lentiggini, chiude gli occhi, inspira a lungo dal naso, inala la tua aura. Espira, l'hai sopraffatto ma ora si riprende. «Ti conosco. Lo capisco chi sei davvero, sotto tutto il casino che fai per non farti vedere da loro». Fa un gesto verso la cabina del telefono col pannello rotto, ma lo sai che intende Kel e Rach. Forse intende pure la tua cricca di Goldthorpe. Forse intende tutto il mondo. Guardi il muretto, fai leva e ti sposti. «E se gli racconti di ieri sera, poi ti danno della zoccola, vero, Shaz? Ti danno della puttana».

Fissi il sassolino rotondo, grigiastro, infilato tra pietre aguzze e rosse, provi a ricostruire i fatti. Ora ti ricordi – tu e i ragazzi siete andati via da soli, siete venuti qui, ma non ti ricordi perché. La serata è ancora quasi tutta nera.

«Se racconti qualcosa resti senza amiche», dice il Piccoletto.

Lo Spilungone aggiunge: «Rach ti odierà – ti odierà per davvero», e da lì capisci che sì, si vede con Rach. E con chi si vede il Piccoletto? Se ti scappa detto qualcosa, poi da chi le prendi? Mica volevi confonderti col tipo di un'altra. Non sei mica così. Eppure ti etichettano sempre come una così, una che pugnala alle spalle e fa casini e sparla. Forse perché quando ridi sei sguaiata, o perché c'hai la sfacciataggine di un maschio, o perché se c'è una rissa non ti tiri mica indietro, o perché ti piace flirtare, sì, o senza perché.

Deglutisci, in gola c'hai ancora il gusto acido del Bacardi Breezer rosa che hai mandato giù, ti torna su e brucia. Hai vomitato davanti al Piccoletto? Gli hai vomitato sulle scarpe?

«Va' che non dico niente», dici.

Lo Spilungone arriccia le labbra, fa una smorfia dubbiosa e inzuppata.

«Perché 'sta faccia?», chiedi.

Gli occhi dello Spilungone dicono *Lo sai*, e capisci che sicuro Rach gli avrà detto che di te non c'è da fidarsi, forse gli ha addirittura detto la sua sulla volta che qualche mese fa quel rissaiolo del cazzo all'Ivanhoe t'ha dato del pagliaccio perché avevi l'ombretto rosa e un bel po' di eyeliner. Tu manco gli parlavi – eri semplicemente al bancone con Rach, aspettavi da bere –, ma lui la menava, chiedeva da cosa ti sei travestita, da Ronald McDonald? Era un habitué, quindi lo conoscevano tutti, e poco dopo si sono messi a prenderti in giro pure tutti i suoi amici. La scintilla della vergogna che avevi in bocca è scoccata e non ce l'hai fatta a tenere a freno la lingua, hai detto a tutti che aveva messo le corna alla sua fidanzata con Rach. Nel pub era piombato un silenzio di tomba. Poi ecco il Cosa cazzo hai fatto tu? di una tipa che, t'ha poi detto Rach, era la migliore amica di 'sta fidanzata. Rach t'ha preso per mano e ve la siete data a gambe, via dal pub e nella strada buia.

Avete corso per mezza Sprotbrough prima di azzardarvi a fermarvi. Rach non poteva avercela con te, però, perché non era mica vero – non s'era manco mai avvicinata a quel tizio; aveva raccontato balle su di lui perché era stufa di essere single, stufa di non aver mai aneddoti piccanti suoi da raccontare. Quindi lei ha chiesto scusa della bugia e tu hai chiesto scusa della spiata, e a sentir lei t'ha perdonato ma forse perdonato non ti ha.

«Abbiamo fatto una cosa bella», dice il Piccoletto facendo un gesto ampio col braccio verso il campo manco ci fosse successo un miracolo. «Roba divina – è il senso della vita. La tua sì che è *vita*, Shaz. Una vita vera. Ma le teste di cazzo che stanno qui non lo sanno cos'è la vita, non se ne accorgono nemmeno se gli ruba la disoccupazione sotto al naso, cazzo».

Hanno chiuso le labbra, un paio asciutte, un paio umide.

«Va' che non dico niente a nessuno, viggiuro».

E non dici niente. Non dici niente a nessuno mentre te ne torni a casa da solista, ripercorri la stradina, ti stuzzichi la crosta sul polso finché gocciola sangue fresco, e ti suona il cellulare: *Dove cazzo sei finita ieri sera?* Non dici niente quando rivedi la serata a sprazzi, come guardare un ricordo sotto la strobo in pista al Karisma. Cerchi proprio di non guardare, perché così si comportano le troie, eh, Shaz? Ti devi scordare che è successo. Quindi non dici niente il giorno dopo quando Kel dice, Ma cos'hai da star zitta così. Né il giorno dopo ancora quando cominci a pensare che alla fine forse Rach non ci si vede con lo Spilungone, forse *potresti* raccontarlo, forse le tue amiche dimostrano che i ragazzi si sbagliano – forse non ti giudicano.

Non dici niente una settimana dopo quando Rach ti racconta che sì, si vede con lo Spilungone. Quando ti rendi conto che non hai speranza di raccontarglielo senza poi farti odiare. Né quando ti rendi conto che deve essere stata Rach a invitare i ragazzi a venire a casa tua. Provi lo stesso a dirlo a Rach, senza *dirglielo*, che il suo nuovo ragazzo è uno che mette le corna, ma non puoi dire come fai a saperlo, e Rach non vuol sentire. È proprio innamorata cotta, eh, e tu sei proprio una zoccoletta che crea casini, eh?

Non dici niente quand'è passato un mese e il Piccoletto non t'ha guardato manco mezza volta, e un giorno siete addirittura lì nella zona bene che state per incrociarvi, la strada è vuota, e provi a catturare il suo sguardo, non per parlare, solo per guardarlo come si guardano due persone che hanno condiviso qualcosa – solo per fargli un cenno che dice *Tranquillo, lo mantengo, il nostro segreto*. Non sorride, non guarda, ti supera, fissa dritto.

Non dici niente quando Kel si mette col Piccoletto, si sente straspeciale – tipo che ha le scarpe da ginnastica nuove che vogliono tutti, sembra. Quando Kel e Rach si fanno sempre le loro uscite a quattro con lo Spilungone e il Piccoletto. Quando smetti di bazzicare Kel e Rach, e vabbè, cominci a uscire per farti una corsetta. Tutte le sere: otto chilometri, undici chilometri, sedici. Fai il giro delle strade del quartiere, dopo che viene buio quando non ti vede nessuno.

Né quando in classe cominci a perderti, non riesci a concentrarti, ti dimentichi dove sei. Né quando ti si blocca il ciclo, o quando quattro test di gravidanza dimostrano che gravida certo non sei. Né quando a ginnastica ti viene un collasso e ti stringi il petto, e il prof ti spedisce dall'infermiera, e l'infermiera ti spedisce dal medico, e il medico ti spedisce in un reparto apposta perché a detta sua la dieta t'è sfuggita di mano e ora c'hai un «disturbo».

Non dici un cazzo di niente per i tre mesi che stai in reparto, anche se ti mandano da un *counselor* che ti vuol far parlare del perché t'abbuffi, vomiti, non mangi. Sei a dieta da quando avevi undici anni, però, quindi non c'entra niente di niente. Non dici niente mentre gli infermieri ti dicono che la dieta t'indebolisce, ti danneggia l'intestino. Non te lo dicono, però, come mai tu non ti *senti* indebolita. Come mai ti fa sentire più forte, ti fa sentire una forza. Non dici niente mentre ti guardano bere la spremuta d'arancia e mangiare il formaggio che ti danno, mentre dopo ti tengono d'occhio per esser sicuri che non vomiti tutto. Mentre metti su abbastanza grasso così poi ti lasciano andare a casa, mentre ti prometti di darti una regolata così non ti ci possono più far tornare, in quel reparto.

Non dici niente quando rientri a scuola, quando ti senti persa perché sei mancata alle simulazioni d'esame e ora non sai come farai a passare quelli ufficiali. Quando ti senti persa perché mentre non c'eri Kel e Rach si sono trovate una compagnia nuova, stanno sempre in giro, ora, cogli amici dei loro ragazzi. Non dici niente a nessuno fino alla fine della scuola, manco quando in testa ti si piantano immagini che non riesci a mandar via – Casio verde fluo al polso dello Spilungone, coi peli del braccio che spuntano intorno al cinturino.

Non dici niente quando l'ultimo giorno di scuola a mezzogiorno tutti s'accalcano fuori in una nuvola di fumo e di profumo Charlie Red, le tue amiche agghindate coi boa di plastica al collo, coi cappelli a cilindro presi in affitto, sbronze, in posa. Né quando una squadra di tipe ti placca in pista al Karisma, la sera prima dell'esame finale di cucina e alimentazione. Sono di Adwick e non vengono manco a scuola con te. Una ragazzona ti dà una spallata mentre sei lì che scuoti le spalle e provi a fare lo *shimmy*, ti chiama «roito schifoso». Più tardi, dietro la discoteca, mentre ti fumi una paglia scroccata a una persona x, mentre cerchi di calmare i nervi, non dici niente quando la Ragazzona ti fa uscire il sangue dal naso.

E tieni la bocca chiusa mentre ognuno prende la sua strada e va verso il suo futuro, mentre gli intelligentoni studiano altri due anni per la maturità, i tonti si trovano un mestiere e fanno fortuna, mentre quelli che stanno nel mezzo vanno a imparare una professione e si prendono il diploma. La tieni chiusa mentre studi per diplomarti in Ristorazione, ritiri le tue venti cocuzze a settimana che ti danno perché continui a studiare, mentre le spendi in paglie e per aiutare tua mamma con la bolletta della luce.

Te la tappi bene mentre i ricordi spuntano tra i pensieri come cardi nell'erba: braccio col Casio che risale la tua coscia mentre lì dietro casa tutti chiacchierano, Rach che prova a accendere il barbecue. La mano s'accosta alle mutande del bikini, quella stoffa sottile, quella schifezza da due soldi in lycra. 'Sta scintilla che ti lasciano le sue dita sulla pelle. Vai da Texaco con la testa che ti gira camminando tra il Piccoletto e lo Spilungone in cerca di diavolina per accendere la brace, di una confezione di salsicce del Cumberland.

Mentre rifai l'ultimo anno, la sfanghi e ti diplomi, mentre aspetti in coda la disoccupazione, aspetti anni per uscirtene da casa di tua madre con più di dieci sterline e un pacchetto di cicche in tasca. Rach se ne va all'università, Kel se ne va in America e il Piccoletto se ne va a studiare arti tessili. La band del Piccoletto e dello Spilungone fa uscire un EP e Rach ci prova, a portarti al lancio in un pub in zona, e a detta di qualcuno viene un talent scout, e per un momento tutti credono che la band si farà un nome. Poi lo Spilungone trova lavoro in Comune e va a riempire moduli. Rach va a convivere con lo Spilungone dall'altra parte della città.

Tieni la bocca chiusa mentre la memoria non ti vuol far vedere perché non ci siete mai arrivati da Texaco per quella confezione di salsicce del Cumberland, perché avete deviato e preso la stradina, siete finiti al muretto davanti al campo di cereali. Scivoli sui vetri sparpagliati, cadi e ti reggi col palmo per terra, non t'accorgi del graffio che fa male. Ecco i ragazzi, ti tengono in piedi, ti mettono a sedere sul muretto, t'accarezzano capelli gambe braccio piedi mentre sei lì stesa in mezzo a loro, con la testa in grembo allo Spilungone. Quattro mani delicate ti calmano, ti placano, vagano in mezzo alle tue gambe, sotto il reggiseno del costume. Allora ti tiri su a sedere, non sei sicura. Sei in panne. Le parole non ti si formano per intero in bocca. Su a sedere e ecco il vomito tra le gambe, uno scroscio al cocomero tra le spighe.

Mentre pranzi a noodles istantanei e patatine fritte prese al fish & chips epperò ti sbronzi perché è giorno di paga e il tizio di turno spende e spande, mentre Ste e Azzer e Kev e Hirsty e Macca e Daz fanno dentro e fuori e dentro e ti guaiscono piano nell'orecchio sudati nella camera in più a casa di tua ma'. Mentre ti senti dentro che i doposbornia cominciano a sapere di sbagliato, cominciano a gorgogliare e a sapere di senso di colpa, cominciano a sapere del tuo primissimo doposbornia dopo la festa di Capodanno in strada quando avevi tredici anni, tu col vestito da sposa di tua mamma, anni Ottanta e gonfio, con scritto «2000» sulla fronte con la matita per gli occhi, e nessuno capiva da cos'eri travestita anche se era chiaro che eri la Fata del Nuovo Millennio. Gli adulti lo sapevano che voi ragazzini vi riempivate i bicchieri di plastica dal cartone di vino col rubinetto, ma non dicevano niente, e il vicino, ex Marine, sbronzo perso, s'improvvisava ballerino da sala con tutte le bimbe che abitavano lì, così volevi ballarci anche tu. Per svegliarti poi con su il vestito di tua mamma sgualcito, con la testa che ti batteva, con l'acido nella pancia, col fiato del tizio, che sapeva di pesce, ancora nel naso.

Non dici niente mentre il Piccoletto si mette addosso uno smoking, testimone di nozze dello Spilungone e di Rach. Sta bene, completo grigio antracite, cravatta azzurra che gli mette in risalto gli occhi. Occhi che s'accendono calorosi quando ti vedono. T'abbraccia come uno che t'ha perso di vista, profuma di uomo e di roba costosa e di classe lavoratrice come profumerà anche David Beckham. Dice, Com'è, carina?, e sembra il tuo nomignolo affettuoso di sempre, sembri sempre stata lì accoccolata nel cantuccio più speciale del suo cuore. Lo Spilungone ti saluta pugno contro pugno, ti chiama Bella, ti chiede se c'hai una paglia da scroccare. Rach regale nel suo abito senza spalline, gira maestosa per la sala col sorriso stampato in faccia. Vuoi parlare con lei, raccontare cose, abbracciarla, ma lo stesso vale per tutti quelli che conosce. Per un po' sei presa dal vortice, ti gira la testa, ti sembra di stare in mezzo agli amici, e te le ricordi, sì, tutte le risatine che vi siete fatte. Per un po' pensi che no, quella cosa non è successa, o, se è successa, sarebbe una cosa da riderci sopra.

Poi ecco la voce di Kel all'orecchio, è tornata per il matrimonio, sostiene che il Piccoletto chiava alla grande, e giusto perché si deve sposare anche lei, se no sta' pur certa che ci riproverebbe. Al matrimonio di Kel tu e Rach non siete invitate. A sentire Kel, è una cosetta veloce fatta apposta per il visto, e perché il suo fidanzato è un soldato americano, presto parte per l'Afghanistan. Ma secondo te è che non vuole farsi incasinare la sua nuova vita americana splendente dalle amiche di una volta. Kel non ha mai avuto bisogno di te come tu ne hai avuto di lei, ogni volta che entrava in scena un tizio nuovo lei spariva. Non la vedevi finché non andava tutto a rotoli e toccava rimetterla in sesto. Che poi non t'è mai dispiaciuto rimetterla in sesto.

Vuoi dirlo – lo *vuoi* dire – dopo il discorso del Piccoletto, con tutti lì che applaudono e fanno, Eh ma che ragazzo, questo, eh. Forse provi anche a accennare qualcosa a Kel, alticcia, dopo sei bicchieri di Pinot, ci siete solo voi due lì a fumarvi una paglia di straforo fuori dalla sala cerimonie, l'aria che sferza dopo il caldo che c'era in pista, i polpastrelli dei piedi che si rinfrescano sulle piastrelle, i tacchi mollati lì. Forse ti serve una versione capace di uscirti di bocca e scivolare nella notte. Te ne serve un pezzo capace di vivere fuori da te, di toglierti il peso dai polmoni. Forse ti serve una Kel capace di guardarti come ti guardava una volta, che si fida e ti crede in tutto e per tutto. Forse dici, Non è mica dolce come vuole far credere, sai, oppure, Una volta che ero ciucca è successa una cosa. Farfugli per trovare le parole giuste così Kel non ti guarda male – così non pensa che il problema ce l'hai tu.

Forse Kel dice una roba tipo, Con me è sempre stato carino, oppure dice, Se eri in coma, come fai a sapere cos'è successo? Forse provi a mettere insieme i dettagli nella tua testa – vetri, pietre aguzze, spighe che sfregano, Casio, graffio sul polso che ti sei stuzzicata fino a farti venir la cicatrice –, forse provi a pensare di dire a Kel una roba apposta perché almeno sta dalla tua parte, dove stava sempre una volta. Ma forse dice una roba tipo, Lo sappiamo tutti come sei da ubriaca, e forse lì te la tappi proprio la bocca.

Forse vorresti riuscire a dire, Perché non sei venuta con noi da Texaco? Perché mi hai fatto andar via con loro da sola?

Poi da dietro l'angolo spunta il Piccoletto, dicendo: «Cosa combinate voi due qui fuori?».

E lo sai che non riusciresti a dirlo a Kel manco a provarci tutta la sera. Non ce le hai, le parole per fare da ponte agli anni tra allora e adesso. Non lo sai come dire, Mi sa che è successo così, ma è passato tanto tempo, non so bene come perché se.

E lo sai che le perdi, Kel e Rach, se poi trovi le parole, se poi ti escono. E se le parole ti restano dentro, un giorno poi loro perderanno te.

Quindi non dici niente a nessuno, strofini orinatoi e lavi pavimenti al Leopard per due tre quattro anni, aspetti uno stipendio abbastanza decente per cominciare a metterti da parte i soldi per un appartamento tuo, aspetti e vedi se il capo decide che sei abbastanza carina per fare la barista. Non dici niente quando ti chiedi se fartela o no con uno di quei tonti che han fatto fortuna, solo per dormire sotto un tetto diverso da quello di tua sorella o di tua mamma. Quando cominci a portarti a casa tonti più ricchi per fare una prova, per vedere se quando fanno dentro e fuori sono più delicati degli altri. Quando smetti di comprare wonderbra. Quando smetti di preoccuparti delle tette ora che sono così piatte che nessuno le considererebbe tette. Quando ti preoccupi, invece, delle cosce, cosce che incorniciano i torsi degli amanti in piena notte, le ginocchia sulle spalle mentre loro spingono più a fondo. Ti becchi gli sputi dei ragazzetti mentre cammini in centro cogli shorts cortissimi, poi con gli shorts, poi coi jeans, copri il grasso a chiazze che non riesci a non far spargere a prescindere da quanti noodles istantanei non ti mangi.

Non dici niente quando pensi a come t'hanno messa a sedere sul muretto di pietra, ricordandoti come sei bella – Una stracazzo di figa, Shaz, seriamente – da quanto lo desideravano, che voglia avevano.

Tu e loro arrivate nel campo di cereali e vi mettete giù.

Tu e loro arrivate nel campo di cereali e vi mettete giù.

Tu e loro arrivate nel campo di cereali

Tu e loro vi mettete giù

Tu e loro vi mentite

Tu

Ma il pezzetto dopo non lo vedi: chi ha deciso cosa andava messo dove.

Non dici niente quando al pub spilli birre e pulisci il bancone, finalmente ti becchi i tuoi cinquantatré pence in più rispetto al salario minimo. Quando hai quasi raggranellato abbastanza soldi per prenderti un appartamento in affitto, cominci a pensare di metterti da parte qualcosa per una vacanza – forse a Las Vegas, perché Kel dice che è pazzesca, ma t'accontenteresti di Marbella o Magaluf. T'accontenteresti d'una vacanza in roulotte a Cleethorpes. Quando le altre cameriere del Leopard cominciano a sfornare bimbi, parlano di prendersi una casa popolare, parlano di sposarsi presto, ma perché no, siamo felici. Quando le mani ti sanno sempre di vomito e birra stantia, i jeans cominciano a starti larghi sui fianchi e hai finito i buchi alla cintura perché la vodka che ti scoli di straforo dietro il bancone durante il turno va giù meglio se non c'hai niente in pancia. Quando stringi stringi, la corda che ti cinghia la gola comincia a soffocarti nel sonno.

E ancora non dici niente, né quando sei sbronza da far schifo e le altre cameriere parlano di serate che preferirebbero dimenticare, giorni di gioventù guastati e diventati vergogna. Né quando giocano a Io non ho mai... e potresti bere e basta ma non bevi. Né quando non dire niente di niente a un cazzo di nessuno comincia a diventare un putridume che ti ricopre le viscere, acqua di scolo nelle vene.

Manco quando il cervello ti ripropone la scena, fresca e vivida: tu a quattro zampe, lo Spilungone che entra da dietro, una fitta di dolore mentre spinge, e le sue dita lunghe che s'infilano da sotto, ti dischiudono, sfregano forte, e non nel punto giusto. Mai nel punto giusto, cazzo. Il Piccoletto davanti a te, e tu con la bocca piena, piena che ti vengono i conati, e poi forse vomiti ancora – ma non vomiti, lo trattieni –, e le mani del Piccoletto sulle tue spalle, ti guidano, ti fanno dondolare avanti e indietro. Conato, dondolio, conato.

E il dopo – la cosa che continui a cercare di dimenticare.

Una sera, sei lì che ballonzoli sui tacchi in fondo alla sala dei live al Leopard, guardi le band locali che sistemano per il sound check. Raccogli resti di sottobicchieri a brandelli, sacchetti di noccioline e ciccioli vuoti. Su un vassoio carichi boccali di vetro, di quelli con le fossette, la fame ti frastorna e ti svuota e t'alleggerisce. Alzi gli occhi e vedi due corpi che conosci, uno basso, uno alto. Ti cingi le costole col braccio mentre salgono sul palco. Illuminate nel buio, due paia di labbra fanno un ghigno da veri punk. Strimpellano le chitarre, accompagnati da un tizio alla batteria. Ragazzi s'accalcano ai piedi del palco, un mix di truzzi e di emo. Al Piccoletto la frangia scende giù fin sopra un occhio. Lo Spilungone ha messo su la pancia. Le dita toccano le corde e il suono sega l'aria, il basso ti vibra nei piedi. Il Piccoletto s'avvicina al microfono, apre la bocca.

Poi vomita roba su di te su tutto il palco.

Eccoti lì, nel groviglio elettrico, a gambe aperte nel campo di cereali, a labbra asciutte, schiuse. Eccoti, ti apri a ritmo con la sua lingua, la tua grassa carne bianca gli esce tremolando dai denti, brucia, fino all'ultimo centimetro, e si fa sillaba. Eccoti, le cosce cellulitiche nei colpi della batteria, la pelle del rullante pulsa a tempo coi tuoi gemiti. Il rumore dei due che ti sbatacchiano gli organi, il chiasso che fanno ti riempie il cervello. 'Sto schifo è colpa tua. 'Sta vergogna da brutta troia è tua. Fatti una risata che sono ragazzi. Non farla lunga che noi qui siamo gli stalloni. Nella morsa dei suoi incisivi, aperta con le budella penzoloni, frutto spaccato a metà spruzzato sulle teste dei truzzi che tengono il tempo, sui pugni alzati degli emo.

Canta addirittura dell'ultima parte, del ricordo che da sempre cerchi di mandar via: lo schiocco, forte nel silenzio di tomba della sera, che risuona nel campo – due palmi che s'incontrano sopra la tua schiena. Tu, ferma in mezzo a loro, scossa, dimenticata.

Ti si rizzano tutti i peli del corpo, un'ondata come di piacere, come di rabbia. In mano c'hai ancora un boccale col fondo spesso. Poi eccolo che vola verso il palco passando sopra le teste del pubblico, una granata che fende l'aria. Prende il Piccoletto dritto sulla tempia, nel microfono l'eco del colpo sordo.

Il Piccoletto va a terra, gli scivolano le dita dalle corde. Il rumore della chitarra esplode, feedback delle frequenze alte che urlano, poi silenzio – c'è solo il batterista che continua con la grancassa, tiene il tempo, metti che magari poi il Piccoletto s'alza in piedi. Il Piccoletto è steso a terra, sanguina da una ferita alla testa.

Dentro di te qualcosa si stacca e si mette a fluttuare. Il cuore batte a ritmo con la batteria, ti riempie d'elio, un *dud dud* nelle orecchie, il cuore va forte per mettersi in pari coi fatti.

Lo Spilungone guarda cogli occhi socchiusi oltre le luci sul palco, prova a trovarti. Avvicina le labbra al microfono. «Maccheccazzo di motivo c'era? Troia schizzata che cazzo c'hai in testa?».

Il capo chiama forte il buttafuori. Qualche secondo e il buttafuori ti bloccherà i polsi dietro la schiena come fa con tutti gli stronzi bellicosi, ti farà filare fuori in attesa della polizia. Ci sarà un vento freddo tagliente, cogli ubriachi che passano e fanno, Oooh, cioè, cos'ha fatto? Lampi blu e rossi sulle finestre del bar, tutta la strada accesa per umiliarti. Lo sbirro avrà la sua espressione seria, la voce velata di soddisfazione perché ti può premere il palmo sul cranio, ti può ficcare in macchina. Ma a te manco frega niente, perché sarai ancora elettrica, ti starai ancora espandendo, coi pensieri che si librano seguendo l'arco disegnato dal boccale, col corpo dilatato per la liberazione.

Ci sarà un'accusa, una sentenza. Ti manderanno via dal Leopard, ti vieteranno d'entrare, t'infangheranno il nome così non t'assumono più da nessuna parte. Perderai Rach definitivamente, se già non l'hai persa. Puoi scordarti l'appartamento, scordarti Las Vegas, forza, su, cerca di scordarteli. Perché è così che finisce, 'sta sequenza di ricordi, coi due che si danno il cinque ma non lo danno a te. Non con te che ti rivesti, non con te che torni a casa barcollando, non con te che t'infili a letto. Niente fino al risveglio, con la testa che picchia, mamma che dice che c'è qualcuno alla porta.

La scuola dei grandi

Il primo giorno della secondaria, gli studenti di prima media hanno visto sesso e violenza in ogni dove. Una baraonda di corpi stipati sull'autobus, un parco giochi in movimento, due piani di puro caos. Gomitate a stomaci e gole, zaini in volo sopra le teste, lanciati in avanti dal fondo. Corpi che si sporgevano dal corrimano al piano di sopra, correvano su e giù per le scale, corpi che si scontravano quando l'autobus girava nella stradicciola sbalzando tutti di lato. All'orecchio uno sfrecciare di suoni nuovi – coglione, fichetta, ricottina, faccia di culo – che arrivavano a ritmo serrato. Ascoltavano concentrati, nella foga di memorizzare, finché si sono abbandonati alla corrente. Coglione, fichetta, ricottina, faccia di culo, scopatore, cazzone, marchetta, stronzodemente. Nell'aria un cocktail di ormoni, fumo, aggressività, libidine. Succhiamelo, allora! Togliti dal mio cazzo di posto! Un duellare di profumi volto al predominio, il Lynx Africa per i maschi contro l'Impulse delle Spice Girls per le femmine. I maschi facevano avanti e indietro improvvisandosi pugili mentre, sedute in fondo, le ragazze si davano il mascara calcolando le pause tra gli sbatacchiamenti dell'autobus.

Arrivati a scuola, ecco altri corpi ancora, corpi ammassati sotto la pensilina, davano un tiro alle prime cicche del mattino. Pomiciavano vicino al cancello e nel vialetto all'ingresso, e a un passo dalle finestre delle aule come per sfidare gli insegnanti a dire qualcosa.

Gli studenti di prima facevano appena caso a quant'era grosso quel posto, un garbuglio sterminato di edifici a uno, due, tre piani in cui per settimane avrebbero continuato a perdersi. Vedevano solo quant'erano grossi tutti, ragazze col petto gonfio tipo Barbie, ragazzi con 'ste manone capaci di strangolarli, i colli sottili.

Fino a quella mattina, la vita degli studenti di prima s'era svolta tutta nel loro spicchio di città, nel loro pezzetto speciale di Doncaster, un intrico di case a schiera e bifamiliari di tre stanze che fiancheggiavano i campi, *cul-de-sac* serpeggianti attaccati a una via principale. Avevano passato le vacanze estive a improvvisarsi pirati-ballerine, negozianti vampiri, a succhiare ghiaccioli al sidro, con le dita tutte appiccicose, fingendosi ubriachi, avevano vissuto nella loro fantasia così a lungo da dimenticarsi il loro sé di studenti, se n'erano spogliati come quando si fa la muta, le uniformi sgualcite e lasciate a far la muffa sul fondo dell'armadio.

Ora, tutta una quantità di ragazzini usciti dalle elementari e provenienti da cinque zone diverse convergeva in un unico istituto comprensivo, il loro universo si espandeva così in fretta che già s'allontanavano da loro stessi. Non si sentivano pronti per cominciare a ingrandirsi e diventare uno di questi corpi allungati, per cominciare a sapere cosa ci sarebbe stato dopo questi cinque anni, quando avrebbero dovuto scegliere se studiare per la maturità o imparare un mestiere o trovarsi un lavoro – e poi, e poi?

Non sapevano che forse qualcuno avrebbe scelto per loro, che forse avrebbero dovuto fare la coda per ritirare l'assegno di disoccupazione una volta ogni due settimane mentre il resto del paese li chiama scrocconi. Non sapevano che le abilità acquisite per sopravvivere a 'sto posto non sono trasferibili, che non puoi sfruttare livelli avanzati di sfacciataggine, punzecchiature e rozzezza per un impiego da dirigente con un salario competitivo. Non sapevano dei ragazzini bene, più ricchi, che da tutta l'Inghilterra arrivavano a scuole bene, più ricche, con un marchio sull'orecchio che contrassegnava un futuro più grande, più ricco. Non lo sentivano il rantolo del ventesimo secolo sotto di loro, né il rumore di sottofondo di un pianeta in pieno riscaldamento che si crepava. Non s'accorgevano di essere scagliati verso decenni di crolli, tagli, fratture. Sapevano a malapena che era il 1998.

Le femmine una cosa la sapevano – dovevano sbrigarsi a imparare come sopravvivere alla secondaria senza farsi sfondare la testa. Come mescolarsi, cavarsela, dimostrarsi degne del più grande plauso di Donny: È una a posto, lei. Non se la tira, non è una saputella, non è una secchiona né una fenomena né una piena di pretese né una spocchiosa né una troia frigida. *Una a posto*. Quello era l'obiettivo, quello era il sogno.

Kel e Rach non avevano idea che non sarebbero arrivate neanche alla fine della pausa pranzo prima che quel sogno venisse mandato in pezzi da un gruppetto di tipe col muso duro che avrebbero giurato d'ammazzarle di botte, cazzo. Quando quella mattina Kel e Rach sono entrate nell'aula magna, in processione con altri duecentonovantotto undicenni agitati, e sono arrivate strascicando i piedi fino all'ultima fila di sedie pieghevoli che scricchiolavano, la loro paura più grande era che le separassero. A furia di tenersi per mano avevano le mani viscide, le punte delle dita addormentate. Pregavano di finire in gruppo insieme. Lo dicevano in silenzio, telepaticamente: Ti prego fa' che ci mettono insieme!

A turno, gli insegnanti incaricati leggevano a voce alta una lista di nomi; chi veniva chiamato si staccava dagli amici, s'avviava in solitaria in avanti. Poi l'insegnante si metteva in testa alla sua nuova tribù, portava tutti in fila indiana fuori dall'aula magna e verso la loro nuova classe, la loro nuova vita.

Shaz era seduta in una delle file centrali, ultima di una serie di ragazzine con cui era andata alle elementari e che, l'ultimo giorno di scuola, avevano annunciato di non essere più sue amiche, e l'avevano dimostrato non facendosi sentire per tutta l'estate. Era seduta con le ginocchia rivolte verso lo spazio tra le file, di sghembo, fingeva di non sentire che la ragazzina accanto dava calci alla gamba della sua sedia – *bom bom*, le vibrava nella spina dorsale. Shaz non aveva ancora conosciuto Kel e Rach, ma sarebbero diventate amiche per la pelle e migliori nemiche entro fine giornata. Rientrando a casa in autobus, Rach avrebbe detto a Kel, Puoi essere o amica di Shaz o amica mia.

Per prima hanno chiamato Kel. Mentre ancora stringeva la mano di Rach, s'è caricata lo zaino in spalla col braccio libero, infilando solo una cinghia. Sull'autobus aveva già imparato che alla scuola dei grandi non puoi infilarle tutt'e due perché due cinghie le infilano gli sfigati. Ha liberato la mano dalla presa di Rach, sussurrato, Ai tavoli da picnic!, cioè dove s'erano promesse d'incontrarsi per pranzo se fosse successo l'impensabile e le avessero separate. La sorella maggiore di Rach, Louise, gli aveva detto che 'sti tavoli erano uno dei pochi posti su cui non affacciavano finestre a specchio, con gli insegnanti appostati dietro.

La classe di Rach era da qualche parte in quel groviglio di corridoi che componeva un edificio tozzo ma grande, a un piano, che odorava di gomma. Prima di fare entrare gli alunni uno alla volta, il prof li ha messi in fila in ordine d'altezza fuori dalla classe. Rach era l'ultima. Sulla soglia s'è fermata, non sapeva dove sedersi. La prima fila era occupata da ragazzine che sotto la camicia dell'uniforme portavano canottiere con le spalline sottili, le braccia piene di braccialetti trasparenti coi brillantini dentro. Ridevano come ridono le ragazze quando cercano di attirare l'attenzione, e Rach aveva già capito che l'attenzione che volevano era quella del prof, l'uomo in piedi alla lavagna con la frangia bionda a tendina stile boyband, col primo bottone della camicia slacciato. Rach era troppo imbarazzata per guardarlo. Era troppo giovane, troppo alla moda per essere il prof.

Ragazzine che erano state alle elementari con lei non ce n'erano, almeno nessuna che le avrebbe rivolto la parola, quindi s'è infilata tra i banchi, diretta in fondo. Tutti spettegolavano, ridevano, si parlavano forte da una parte all'altra dell'aula, già stringevano alleanze, intessevano reti di sostegno. Solo una ragazzina sedeva in silenzio, nella fila davanti a Rach, si staccava dei pezzetti di smalto blu metallizzato dall'unghia del pollice, sembrava annoiata, come se lei non avesse bisogno di fare tutto quel chiasso per provare a dimostrare di essere la più simpatica o quella che rideva di più o la più tosta; come se già sapesse che era un essere superiore.

La ragazzina era Shaz, e Shaz, stando a quanto vedeva Rach, era la più magra, la più bella della classe, cogli zigomi ossuti e una coda di cavallo biondo cenere, liscia e lucida, che le scendeva fino al sedere. Rach voleva passarci il palmo su quella coda, scoprire se era morbida come sembrava. La frangia le scendeva divisa in due fini ciuffi ingellati che sembravano le antenne di una formica. Rach non aveva mai visto una frangia così. Lei e Kel la portavano a semicerchio, asciugata col fon e messa in piega con una grossa spazzola rotonda, dura come un sasso grazie a una profusione di lacca Elnett. Pure l'elastico di stoffa di Shaz era il più grande che Rach avesse mai visto – anzi, gli elastici erano tre, uno più rigonfio dell'altro, il più grande sbocciava dalla coda ed era più grande della sua testa. Al cospetto di questa ragazzina, gli elastici di tutte erano troppo piccoli, le teste troppo grandi.

Mentre guardava Shaz stuzzicarsi l'unghia, immune al ronzio continuo di voci attorno, Rach ha sentito due verità nuove contemporaneamente: voleva piacere a 'sta ragazzina e 'sta ragazzina avrebbe pensato di essere troppo per Rach. Alle elementari con Rach e Kel ce n'erano di ragazzine così, ragazzine cogli elastici più grandi degli elastici di tutte le altre, code di cavallo più tirate, compattate col doppio della lacca. A Rach quelle ragazzine non avevano mai permesso di essere loro amica.

L'aria annoiata di Shaz non era una posa. Quand'era nervosa, la sua faccia prendeva semplicemente un'espressione annoiata, di disprezzo, tipo sono-troppo-per-te. Avrebbe scoperto di avere quell'aria solo anni e anni dopo, quando da adulta aveva finalmente chiesto alla sua ragazza perché tutte le avevano sempre detto che era una che intimoriva. Lei voleva sparire, scivolare nel taschino segreto di silenzio scoperto l'estate scorsa, subito dopo che era morto il suo pa', un'estate così lunga e limpida che ti vedevi anche troppo nei particolari. Ragazzini con nient'altro da fare se non correre ognuno nel giardinetto dietro casa dell'altro, giardini grandi quanto una tomba. Lungo giusto giusto per seppellirci qualcuno – era la battuta che sua mamma faceva sempre sul rettangolo di terra appena fuori dalla porta. La ragazzina che abitava vicino a Shaz le aveva insegnato a svenire a comando. Le aveva regalato un'uscita di sicurezza, una botola che s'apriva su un universo dove poteva cadere all'indietro ogni volta che voleva. Un posto dove il tempo si fermava, dove nulla la costringeva ad andare avanti. Giaceva in quel nero assoluto sperando che durasse per sempre. Ogni volta che si svegliava, dopo che per magia da in piedi che era si ritrovava stesa a pancia in su, il cranio che faceva un rumore sordo per l'impatto, il sole che le balenava rosso sulle palpebre, sentiva il morso della delusione, il desiderio forte di scappare di nuovo. Ora quel desiderio l'agguantava, il desiderio di fuggire da 'sti ragazzini che si pavoneggiavano, da come cercavano disperatamente d'aggrapparsi ai loro amici del cuore nuovi di zecca.

Teneva gli occhi sui resti di smalto blu così nessuno provava a farla parlare. L'avevano accusata di essere una chiacchierona – una delle ragioni per cui le sue ex amiche del cuore l'avevano piantata in asso l'ultimo giorno di scuola, il giorno che si andava a scuola senza l'uniforme, mentre tutti si firmavano le maglie a vicenda col pennarello grosso e lei si sarebbe dovuta sentire al top e importantissima. A quanto pareva, era pure troppo comandina. Ma era colpa di Shaz se non avevano mai idee buone? Il suo reato inappellabile: aveva puntato un coltellino contro l'amica della cugina di una di loro fuori dal corso di *line dance* nel salone della parrocchia. Ma come faceva a saperlo d'aver brandito un coltello contro l'amica della cugina di una? Il coltellino non era neanche il suo; era di Seany Gardiner. Lei stava solo lì a fare la scema, per vedere com'era puntare il coltello contro un cuore che batte. A detta di questa amica della cugina, la prossima volta che l'avesse vista gliele avrebbe suonate. Shaz era rimasta appiccicata a suo fratello maggiore Kyle per tutta l'estate. A Goldthorpe sapevano tutti che lui avrebbe dato un fracco di botte a chiunque la toccava. Oggi era la prima volta in sei settimane che non era né insieme a suo fratello Kyle né insieme a sua sorella Gemma, visto che nessuno dei due andava già più a scuola. Almeno nel suo gruppo non c'era nessuna delle sue nemiche. Almeno poteva respirare fino all'ora di pranzo.

Le addette alla mensa gestivano il flusso costringendo gli studenti di prima media a mettersi in coda fuori dallo stabile P, così poi avevano il privilegio di mettersi in coda fuori dallo stabile L, così poi avevano il privilegio di mettersi in coda fuori dalla mensa per poi, finalmente, avere il lusso di mettersi in coda dentro. Quelli che erano in coda con Rach hanno dovuto indietreggiare e indietreggiare finendo spiaccicati uno contro l'altro, braccia e gambe alla rinfusa, tutti che s'aggrappavano ai loro amici, cercavano di restare insieme. Rach era schiacciata contro la mantella impermeabile del tipo davanti a lei, le caviglie pizzicate dai piedi d'altra gente. Quando finalmente tutti si sono stancati e si sono messi in fila indiana, un corpicino spigoloso s'è infilato in coda proprio dietro Rach. Era la tipa bella e incazzosa che era nel gruppo con lei. S'è appoggiata al muro dello stabile P, incurante come fosse stata lì da tutto il giorno. Rach aspettava che quelli dietro le rompessero perché aveva saltato la coda – crimine imperdonabile –, ma hanno visto la faccia di pietra di Shaz, hanno tenuto la bocca chiusa. Shaz le arrivava solo alla spalla, ma dai modi che aveva pareva torreggiare sul ragazzo più alto della scuola.

Shaz ha dato un'occhiata a Rach sentendo, per la prima volta in tutto il giorno, l'impulso di rompere il silenzio. Era la tipa entrata per ultima in classe, era passata tra i banchi a grandi passi, col mento in su, pareva camminare al suono di una sigla tutta sua. Profumava di Violetta di Parma e pareva non le importasse di avere addosso un piumino brutto. La mamma di Shaz non poteva comprarle un giubbotto nuovo, e Shaz odiava quello che aveva, gliel'aveva dato sua sorella Gemma e ormai era passato di moda da almeno sette anni, quindi aveva deciso di non metterserlo proprio, il giubbotto. Per ora andava bene, più o meno il golf dell'uniforme la proteggeva dal freddo, ma l'arrivo dell'inverno non la entusiasmava.

Rach s'è girata, ha colto lo sguardo di Shaz, ha distolto in fretta il suo.

«Ce l'hai una gomma?», ha detto Shaz. «La mia non sa più di niente». Ha scoperto i denti, s'è vista la palletta grigia in mezzo agli incisivi.

Rach non ci credeva: masticare la gomma era contro le regole. Ma chi era questa, che aveva il coraggio di rischiarsela il primissimo giorno di scuola?

«No, mi disp. Domani però le porto». Rach s'è zittita, si era scandalizzata da sola. Aveva appena promesso di portare le gomme? Le sarebbe toccato andare a comprarle dopo la scuola, le sarebbe toccato mentire a sua mamma, cosa che aveva giurato di non fare mai, le sarebbe toccato nascondersele addosso per non farle trovare agli insegnanti, le sarebbe... aveva perso il controllo. Era come se Shaz le fosse entrata dentro, aprendo una cucitura d'energia nervosa. Rach si sentiva trepidante, elettrica, tipo che sarebbe anche stata tentata di tirarsi via la pelle e darla a Shaz, se gliel'avesse chiesto.

«Domani c'ho le mie», Shaz ha sputato la gomma, che si è unita all'ammasso di grumi calpestati che avevano trasformato i vialetti di scuola in sentieri d'arte astratta – strati di pallette bianche, marroni, grigio-sasso, piccoli lasciti di teenager che furono.

Il suo ardire ha lasciato senza parole Rach. L'addetta della mensa era *proprio* lì.

Shaz ha detto: «Se vuoi, quando entriamo mi siedo vicino a te».

«Grande».

«Bene». Shaz ha scrollato le spalle come se per lei non fosse importante, ma dentro di sé ha sentito un bel calore. Voleva restare ferma lì, a scaldarsi ben bene al fuoco dell'approvazione di Rach.

Fra il cicaleccio nella mensa e lo sbatacchiamento del mestolo contro i vassoi, Rach era così emozionata e presa da Shaz da dimenticarsi di cercare Kel. Ha aspettato mentre Shaz si metteva in coda per il suo pranzo da una sterlina, vale a dire, Rach lo sapeva, che il governo pagava per i suoi pasti perché sua mamma non poteva. A Rach la mamma aveva dato due sterline e cinquanta. Col resto ha comprato il dessert a Shaz, una bella fetta di dolce al cioccolato sommerso di crema rosa. Shaz s'è rifiutata di mangiarlo – sua ma' le aveva insegnato a non accettare mai l'elemosina da nessuno – ma Rach ci teneva a farti sapere che le piacevi, e la cosa le piaceva. Mica come le tipe della sua zona, che avevano imparato a star sempre in guardia, a tenersi stretto il potere che avevano.

Hanno mangiato chiacchierando, Rach guardava Shaz come si guarda una persona che vale la pena di ascoltare. Non troppo sguaiata, non troppo chiacchierona, non troppo. Shaz ha proposto di cominciare a chiamare tutti «Dave». Al ragazzo seduto di fronte a loro che s'era schizzato con la crema ha detto: «Oi, Dave, guarda che sei sporco di rosa». Rach ha detto forte a una ragazzina seduta al tavolo accanto: «Oi, Dave, passa un po' il sale».

Quando Rach s'è ricordata che doveva incontrarsi con Kel ai tavoli da picnic, Shaz ha detto che poteva anche andare con lei. I ragazzi più grandi facevano la spola lungo i vialetti come treni, bisonti che ti spiaccicavano se non schizzavi via. All'altezza dello stabile P hanno sbagliato a svoltare. Dietro l'angolo, un gruppo di ragazzi dell'ultimo anno delle superiori appoggiati al corrimano a destra e a sinistra degli scalini, ginocchia e piedi nel mezzo, ti sbarravano la strada, ti guardavano cogli occhi impassibili, sfidavano chi era più piccolo a provare a passare. Rach non osava – ma col cacchio.

Shaz era decisa a non sembrare spersa, manco per un secondo, ma manco per mai. È avanzata in mezzo ai ragazzi, gli ha fatto spostare le gambe, mentre passava ha fatto un cenno con la testa al più grosso: «Com'è, Dave?».

Hanno trovato i tavoli da picnic, erano dodici e fissati coi bulloni al cemento in un passaggio stretto tra i muri senza finestre di due edifici che ospitavano le aule. Le panche erano tutte piene di ragazzini tranne una, i tavoli una stesa di culi, zaini, golf, barrette di cioccolato, bottiglie di bibite gassate, riviste con le pagine a ventaglio che svolazzavano. Kel era seduta da sola, col sedere sul tavolo e i piedi sulla panca, rintanata nel giubbotto, sembrava piccola e preoccupata come l'ultima patatina fragile rimasta in fondo al pacchetto.

Era tutta abbacchiata per via delle prove della mattinata, passata seduta da sola in fondo all'aula, a guardare le ragazzine che si erano ritrovate in gruppo con le loro amiche abbracciarsi e strillare, il sollievo palpabile, sprizzavano un odore di latte acido dai pori. E tremolava ancora per come aveva tribolato a pranzo, la ricerca infruttuosa di Rach nello spingi e gira e corri. Arrivata ai tavoli, s'era seduta tutta bella composta, coi piedi per terra, lo zaino sul tavolo davanti a sé, il libro appoggiato allo zaino. Era assorta dal libro quand'era comparsa una ragazza più grande, che s'era sporta da dietro la sua spalla dicendo, Oi, questo è il mio posto. Dal basso, Kel vedeva solo dei peli fini che fremevano dentro due narici, un orecchino dorato che sbucava da sotto il bordo carnoso di un orecchio, una «K» bella marcata tatuata dietro il lobo. Kel s'era alzata di corsa e la tipa tatuata aveva piazzato il culo sul tavolo, i piedi sulla panca. Kel s'era messa al tavolo accanto, aveva copiato le mosse della tipa: piedi dove va il sedere, sedere sul tavolo dove dovrebbe stare il cibo, libro ficcato di nuovo nello zaino. Altre due si sono unite alla tatuata – chilometri più alte di Kel, con indosso Rockport color senape, i calzoni neri dell'uniforme attillatissimi –, ma non avevano fatto caso a Kel, ora che era seduta nella posizione corretta. Ecco la seconda lezione di sopravvivenza alla scuola dei grandi: mai usare i mobili come son stati pensati.

Rachel ha chiamato forte Kel: «Ciao, Dave!».

«Ma dov'eri?».

«Ci siamo perse». Rach ha fatto un gesto verso il branco di ragazzi che passavano correndo, grossi e veloci come una squadra di rugby, mentre sotto di loro una mattonella staccata oscillava con un rumore sordo.

«Be', la strada dovevi saperla». Kel non poteva spiegare che era in crisi perché Rach non era in gruppo con lei. E ora Rach s'era presentata con un rimpiazzo, una che sembrava gettonata. Che stile, eh? Bastava guardarla, una, per capire se poteva far parte di quelle gettonate.

Kel era decisa a non guardare Shaz. Invece, ha chiesto a Rach: «E lei chi sarebbe?».

«*Lei* chi? La mamma del gatto?», ha detto Shaz, con tutta la forza che riusciva a far entrare in otto sillabe.

Kel c'è rimasta di stucco e alla fine ha guardato Shaz, ha riso – che frase da vecchiette. Che buffo, una ragazza gettonata che diceva una cosa così da perbenino.

Shaz era galvanizzata; aveva fatto ridere Kel senza manco provarci. «Cioè no, ma chi sei *tu*», ha detto, «il buco del culo del gatto?». Ha dato il tocco finale mettendosi una mano sul fianco. Sua sorella Gemma si metteva in posa così davanti allo specchio: mano sull'anca, ginocchio teso così il fianco sporgeva. Shaz stava sempre lì a pregare di poterci stare un po' lei davanti a quello specchio a figura intera. Ogni volta che le veniva concesso un minuto col suo riflesso, si esercitava in quella posa.

Kel ha riso come se «buco del culo del gatto» fosse stata la battuta più divertente che avesse mai sentito.

«Ma non ha senso», ha detto Rach, che era scombussolata nel vedere che Kel e Shaz s'erano piaciute all'istante. Aveva pensato di diventare lei il collante che avrebbe unito il gruppo, un legamento indispensabile senza cui si sarebbe sfasciato tutto. Rach voleva tornare a quando c'erano solo lei e Shaz che sussurravano davanti ai loro bastoncini di pesce, a quando aveva avuto l'impressione che per la prima volta non s'era dovuta fare il mazzo per dimostrare di essere degna di una come Shaz. Doveva aspettarselo. Alle ragazze piaceva sempre di più Kel, perché Kel sapeva ridere alle battute anche quando non avevano senso, e rideva più a lungo e più forte di tutti. La sua risata ti faceva sentire benissimo. Era una vita che Rach si rimpinzava della risata di Kel come a un pranzo della domenica. Era un crescendo irresistibile, uno spanciarsi da testa all'indietro e singhiozzi, e, senza volerlo, anche Rach sentiva montare le risate, gli angoli della bocca lottavano per tirarsi su.

Kyle, il fratello di Shaz, aveva dato un nome a quel largo sorriso soffocato, a quello che succede quando la faccia lotta contro se stessa, cerca di non sembrare troppo contenta. Shaz ha indicato Rach e ha detto: «Sorriso assicurato!».

Kel non sapeva cosa volesse dire ma ha riso lo stesso, risatine strappate a forza, tanto che la tatuata e le sue amiche hanno smesso di parlare e si sono girate a guardare, fulminando Kel con tre sguardi impassibili. Kel s'è bloccata a metà risata, come se le si fosse incastrato qualcosa nella trachea.

«Che è, non si può ridere?», ha detto Shaz alle tipe. «Chevvifrega?».

La tatuata ha spostato gli occhi socchiusi su Shaz. «Ma chi è 'sta sfacciatella? Ti conosco?».

«No», ha detto Shaz.

«Sono sicura che la conosco», ha detto la tatuata alle sue amiche. Hanno borbottato, fatto *tch!* con la lingua sul palato, le hanno guardate di traverso, poi si sono rimesse a parlare per conto loro. Kel, Shaz e Rach si sono strette ancora di più attorno al loro tavolo, strette ancora di più l'una all'altra.

«Ma la conosci?», ha sussurrato Kel.

«Cioè, l'ho vista in giro per Goldthorpe, ma lei non mi *conosce*». Shaz ha dato di nuovo un'occhiata alle ragazze, per esser sicura che non fossero le sorelle maggiori delle sue ex amiche del cuore, o l'amica della cugina di una. Da quando aveva conosciuto Rach, Shaz quasi s'era dimenticata del suo vecchio gruppo, dei nomi che le avrebbero dato sull'autobus al rientro a casa. Ma nessuna di queste tipe più grandi, a quanto le sembrava, era imparentata con una di quelle che avevano deciso di non essere più sue amiche o promesso di suonargliele.

Rach giocherellava col bottone a olivetta che le pendeva dal cappuccio. Kel ha infilato il mento nel colletto del giubbotto, nascondendoci la bocca. In Shaz, le risatine di Kel avevano lasciato un vuoto, una brama. Voleva farle fare ancora quel suono. Ha tentato di spiegare quel gioco sul nome Dave, ma non sembrava tutto 'sto spasso. Come risollevarle dal clima che regnava ora? Come raggiungere i livelli di «buco del culo del gatto»?

«Sono magica, io. So svenire a comando».

«Sì, buonanotte, bugiarda», ha detto Rach. «Nessuno sa svenire *a comando*. Svieni solo se sei indisposta».

«Io sì».

«Fa' vedere, allora».

Addio alla Rach in coda per il pranzo, la Rach schietta, entusiasta. La Rach dei tavoli da picnic fissava Shaz con la mascella contratta, e Shaz lo vedeva che Rach era tipo da tenere il punto per tutto il tempo necessario – per tutta la vita, se serviva – a dimostrare che aveva ragione. Shaz era arrabbiata con se stessa per aver raccontato il suo segreto, che aveva promesso di tenere solo per sé. Voleva tornare a quando nessuno sapeva della sua uscita di sicurezza, a quando Rach sembrava emozionata, magari addirittura orgogliosa, di essere la sua nuova amica.

«E perché te lo devo far vedere?».

«Per dimostrare che non è una bugia». Rach aveva già in mente di dimostrare che quella di Shaz *era* una bugia. Se avesse finto un mancamento le si sarebbe seduta sopra, le avrebbe fatto il solletico finché non si fosse messa a ridere e si fosse tradita.

«Tra poco suona la campanella».

«No che non suona», ha detto Rach, anche se non aveva idea di che ora fosse. Alla scuola dei grandi il tempo funzionava in maniera diversa; le sfuggiva di mano. Tempo e spazio bastavano per perdersi.

Dai muri intorno s'è sentita uscire la caricatura elettronica di una campanella. Non era come lo scampanellio forte delle addette alla mensa della vecchia scuola di Rach e Kel, donne grinzose col grembiule che facevano avanti e indietro in cortile come banditori, sventolando campanelli a forma di tulipano.

«Ve l'avevo detto».

Rach non voleva ammettere che sì, Shaz gliel'aveva detto, che aveva afferrato la fisica della scuola dei grandi – quei suoi strani principi di tempo e spazio, i ritmi, le minacce – come fosse lì da anni, e non da mezza giornata come tutti gli altri.

Attorno a loro, gli studenti si staccavano dai tavoli, si cacciavano gli zaini in spalla, accartocciavano pacchetti di patatine, pestavano lattine di Coca-Cola vuote. Una voce ha penetrato il rumore: «Cazzo, la conosco, *lo sapevo*!».

Rach, Kel e Shaz hanno alzato gli occhi. Li hanno alzati tutti, rizzando le orecchie richiamati da un suono che prometteva tragedia. La cricca della tatuata era aumentata di quattro membri. Tutte e sette squadravano Shaz. Shaz ne ha riconosciuta una – spalle larghe, tette grosse, sfilza di cerchi dorati che risalivano tutt'e due le orecchie. Era la tipa che aveva minacciato per sbaglio col coltellino di Seany Gardiner. Era la cazzo di Amica della Cugina di Una.

Questa Amica della Cugina s'è avvicinata a Shaz. Erano tetta contro naso. Shaz vedeva lo stacco netto tra il fondotinta stick color pesca che aveva in faccia e la carne smorta del collo.

«Te l'avevo detto che te le suonavo, e ora mi dicono che fai pure la furba con Kirsty», ha detto l'Amica della Cugina, intendendo la tatuata. I vialetti si stavano svuotando, quasi tutta la scuola tornava ad ammassarsi in classe. Qualcuno indugiava per vedere se Shaz le prendeva.

«Essù dai», ha detto Shaz.

Gli spettatori hanno fatto Uuuh come il pubblico allo spettacolo di Natale.

«Sta' tranquilla che lo faccio. Faccio il mazzo pure alle tue amichette».

Ora gli occhi erano su Kel e Rach. Kel ha sentito freddo al collo; si sentiva come se stesse guardando un film, nascosta al buio nel cinema, e all'improvviso gli attori si fossero girati a guardare lei.

Quel senso di eccitazione, di trepidazione che Rach aveva da quando s'era messa in coda per il pranzo le si rivoltava nello stomaco, era diventata una roba da agitazione e vomito. Ha setacciato il vialetto sperando di vedere la coda di cavallo sferzante e le mèches schiarite di sua sorella Louise. Sua sorella non si era mai picchiata con nessuno, eh. Sua sorella non era mica come queste di Goldthorpe, eh.

«E perché, scusa?», ha detto Shaz. «Mica v'hanno fatto niente».

«Girano con della gentaglia, quindi vogliono le botte».

I vialetti erano vuoti. Anche gli spettatori se l'erano svignata, diretti in classe prima che gli segnassero il ritardo sul registro. Rach è andata nel panico al pensiero che segnassero lei in ritardo il primissimo giorno di scuola. Non osava muoversi, però. Ora era bloccata lì.

«Facciamo venerdì sera al Dome», ha detto Shaz. «Tutte contro una».

Le sette hanno riso. Pure una parte di Rach voleva ridere. Assurdo, quello scricciolo di Shaz la sparava grossa minacciando delle tipe capaci di lasciarla lì stecchita con un colpo solo. Ma l'Amica della Cugina pareva soddisfatta – ha lanciato un altro po' di «fanculo» e «gentaglia», poi s'è allontanata con la sua banda.

Rach, Kel e Shaz hanno infilato il vialetto, col cuore in gola, il battito a mille, troppo sottosopra per parlare. A farle andare spedite era il silenzio che c'era a scuola, e il chiasso che facevano loro, con quei passi pesanti sul cemento, i muri che riecheggiavano.

Autobus del rientro, Kel e Shaz sedute vicine su un sedile a due posti, tartan arancio-marrone frusto. Attorno al collo i giubbotti belli gonfi gli solleticavano il mento. Finestrini abbassati, ragazzi più grandi che fumavano, c'era il chiasso del vento, lo scoppiettio del motore, i sedili vibravano così forte che a Kel e Shaz prudevano le orecchie. Ogni trenta secondi l'autista gridava a tutti: «E mettetevi a sedere!» da dietro il suo sportello. Avrebbe fatto di tutto pur di non uscire da dietro quello sportello – non valeva le tre sterline e ottantacinque l'ora che prendeva. Ormai Kel e Rach sapevano che l'autobus era un posto senza legge. Re di quest'anarchia era uno di terza media che si chiamava Ando, seduto al centro in ultima fila, paglia in bocca, sfidava altri ragazzi a imbrattare le pareti e a calarsi i calzoni e mostrare le chiappe dal lunotto polveroso. Kel lo vedeva che Ando era il re perché gli altri ragazzi facevano quello che li sfidava a fare. Quelli di terza avevano tredici anni e andavano per i quattordici, ma a Kel sembravano adulti. Ando l'ha vista che lo fissava, le ha fatto un cenno col mento, una roba che significava *Cazzoguardi?*, Kel s'è girata di nuovo in fretta, ora guardava avanti, col cuore che batteva forte.

Procedevano serpeggiando lungo la stradicciola, l'autobus avanzava piano tra vecchi muretti di pietra, le pecore belavano nei campi, Kel e Rach avevano tutt'e due qualcosa da dire, in silenzio si sfidavano a tirarlo fuori prima che l'autobus arrivasse alla fermata di Rach.

Kel aveva passato il pomeriggio con l'orecchio teso, aspettava che qualcuno accennasse al «venerdì sera al Dome». Shaz l'aveva detto come fosse stato un evento di cui sapevano già tutti, roba di cui tutti erano al corrente tranne Kel. Quand'era suonata la campanella di fine giornata, Kel aveva ormai orecchiato abbastanza da poter mettere insieme le cose – il venerdì sera chi era gettonato andava a pattinare sul ghiaccio al Dome. Kel l'aveva sommato alle cose che aveva già imparato da Shaz: le ragazze gettonate avevano antenne al posto della frangia, le ragazze gettonate non mettevano il giubbotto, le ragazze gettonate dicevano «*neet*» anziché «*night*» e non avevano paura di nessuno.

Rach aveva passato il pomeriggio in fermento. Il prof aveva segnato il ritardo a lei e a Shaz, le aveva rimproverate davanti a tutta la classe, non aveva dato modo a Rach di spiegare che non era stata colpa sua – era stata Shaz a farle fare tardi. Non aveva voluto incrociare lo sguardo di Shaz per tutto il giorno.

Mancavano solo due fermate.

«Guarda che quella Shaz non è amica nostra», ha detto Rach.

«Come mai?».

Rach ha fatto uno scatto con la mano disegnando un arco ampio, ha strabuzzato gli occhi, sarcastica: in che senso come mai? Tempo di un pranzo e Shaz le aveva fatte arrivare tardi, messe nei guai coi prof e trascinate in una rissa.

«Mi pareva una a posto».

«È una bugiarda, primo. Figurati se è capace di svenire a comando».

Hanno superato la fermata prima di quella di Rach.

«Che c'entra?».

«*Che c'entra?*». Rach non riusciva a trovare le parole. All'improvviso, Kel era una sconosciuta – non la sua Kel, non la Kel che conosceva da sempre.

Kel si sentiva come si sente una mano intrappolata fra due banchi. Non era abituata a vedere Rach cambiare idea. Quando avevano tre anni, Rach aveva annunciato che lei e Kel erano migliori amiche, e così era da allora. Kel aveva pensato che sarebbe stato lo stesso anche con Shaz – Rach aveva deciso che sarebbero state sue amiche, quindi così sarebbe andata.

L'autobus ha rallentato, si preparava a fermarsi. Kel non aveva avuto modo di affrontare l'argomento che aveva in mente lei.

«Venerdì sera vieni al Dome?».

«A fare cosa, a farmi sfondare la testa?».

«Ci vanno tutti».

«Tua mamma non ti ci manderà mai».

«Forse sì, cosa ne sai?». Ora Kel era una mano intrappolata che cominciava a fremere.

«No, non se mia mamma non dà prima il permesso a me». Rach s'è alzata, traballava, il corpo faticava a regolarsi all'autobus che perdeva velocità. Ha trovato l'equilibrio reggendosi al corrimano. Non era mai stata così arrabbiata in vita sua, si sentiva esplodere dentro. «Non puoi essere sua amica». I ragazzini dietro di lei la spingevano per farla andare avanti.

«E chi lo dice?».

«Se sei amica *sua*...», Rach gridava per farsi sentire, visto il rumore del motore, stava in punta di piedi per riuscire a vedere Kel oltre le teste degli altri, «allora non sei amica *mia*». È scesa dall'autobus nel sibilo delle foglie svolazzanti e dell'aria autunnale.

Il giorno dopo, quando Rach è salita sull'autobus, Kel era seduta vicino a un ragazzino che aveva le ginocchia così spalancate da costringerla ad appollaiarsi sul bordo del sedile, gambe e zaino nel corridoio. Addosso aveva solo il golf dell'uniforme, niente giubbotto. Sembrava ristretta, come se sua mamma l'avesse messa in lavatrice col lavaggio a caldo. Non c'erano posti liberi, così Rach è rimasta in piedi vicino a Kel, si teneva forte quando l'autobus svoltava, quando i corpi che andavano sparati per il corridoio la spintonavano. Kel aveva una notizia. Sua mamma aveva detto che venerdì sera poteva andarci, al Dome. Un miracolo. Sua mamma non le faceva fare mai niente se prima non chiamava la mamma di Rach, e se prima la mamma di Rach non diceva che andava bene e che le avrebbe portate e riprese lei in macchina –, e anche a quel punto di solito la mamma di Kel diceva di no. Rach è rimasta in silenzio per una vita, digeriva questo miracolo orribile.

Kel guardava i ragazzi in fondo che cazzeggiavano, Ando sfidava due amici a tirare su la gonna a una ragazza, per scoprirle le mutande. Per tutta risposta si sono presi una sberla in faccia, una sventola da lasciargli il segno sulle guance, da fargli venire i lucciconi agli occhi. Ando e gli altri ridevano fragorosamente. Quelli che s'erano presi una sberla hanno sfidato Ando a fare qualcosa dicendoglielo all'orecchio. Ha fatto una smorfia. «Col cazzo, fai schifo. È roba da malati, quella».

Accorgendosi che Kel era con la testa altrove e che, in verità, non aspettava paziente che Rach parlasse, Rach ha detto: «Be', a pattinare puoi andarci pure senza di me».

Kel s'è girata, ha guardato Rach. Epperò, la mamma di Kel aveva detto che poteva andare solo se andava anche Rach.

«Ci devi venire».

«Non *devo* fare proprio un bel niente». Rach è finita addosso alle gambe di Kel perché dietro di lei era scoppiata una zuffa, c'erano due che si prendevano a botte con delle bottiglie di plastica. «Non ci vado in un posto se già so che poi le prendo». Non capiva perché Kel non si sentiva rigirare la pancia dalla paura come succedeva a lei ogni volta che pensava ai pugni di quelle sette tipe armate di anelli con la sovrana. Era come quando sbandi, come l'impotenza che senti appena dopo essere inciampata, subito prima di andare a sbattere sul marciapiede. Perché Kel era pronta a prendersi un pugno solo perché era amica di Shaz? Come faceva a volerle già così bene?

Per il resto del tragitto, Rach ha ripagato Kel col silenzio, quando l'autobus s'è fermato è sfrecciata fuori senza salutare. Mentre gli altri uscivano strascicando i piedi, Kel è rimasta seduta. Ando le è passato accanto, ha borbottato: «Cia', sexy», così alla svelta che Kel ha pensato d'esserselo immaginato. Ha pensato che fosse diretto a qualcun altro. L'ha guardato allontanarsi, ha aspettato che si girasse. Non s'è girato. È rimasta seduta così a lungo a cercare di far rallentare il battito, che quando s'è decisa a muoversi l'autobus s'era già svuotato.

L'autista s'è sporto da dietro lo sportello: «Non ce l'ho tutto il giorno, tesoro».

Rach e Shaz hanno passato il resto della settimana a beccarsi a suon di aneddoti sul pattinaggio su ghiaccio. A pranzo, coi panini farciti ben schiacciati tra le dita, mentre mordevano strati di patatine spiaccicate e pane, Rach esordiva con un «Quando vado a pattinare con mia sorella Louise...», e Shaz la interrompeva con un «Quando vado a pattinare con mio fratello Kyle...», e si sparavano dettagli che Kel assimilava e immagazzinava come fossero state sostanze essenziali alla sua esistenza. Kel aveva imparato che la pista del Dome era divisa su due piani, collegati da rampe ghiacciate – in discesa ti prendeva una strizza assurda, in salita facevi una sfacchinata assurda, le gambe sforbiciavano, i piedi slittavano mentre cercavi di andare contro la forza di gravità. Rach sapeva pattinare all'indietro perché gliel'aveva insegnato Louise, e dopo la pattinata Louise comprava sempre un Happy Meal. Shaz raccontava altre storie: «Mia sorella Gemma mi ci portava di venerdì sera quando in mezzo alla pista c'era la postazione del dj e c'erano le strobo e sembrava di essere a pattinare in discoteca». E il giorno dopo: «A volte fanno gli schiuma-party e sono tutti coperti di schiuma e c'hai la schiuma in faccia e non vedi dove vai». E il giorno dopo ancora: «Kyle pattina di velocità, e a quelli come lui non ti ci puoi avvicinare perché dice che scommettono su chi butta a terra una ragazza per primo». Tutti quegli aneddoti erano bocconi succulenti che ossessionavano ed elettrizzavano Kel. Come facevano a uscirne vivi, tutti 'sti ragazzi più grandi che filavano sulla superficie scintillante della pista, corpi trasformati in massi che andavano a tutta birra? Anche senza una banda di tipe grosse il doppio di te, decise a darti un fracco di botte, le possibilità di sopravvivere le sembravano scarse. Siccome la mamma di Kel aveva lavorato come infermiera al pronto soccorso, aveva passato la settimana a riempirle la testa di storie di ragazzini che ne uscivano a fettine, ragazzini che capitombolavano, che finivano a terra e a cui passavano sulle dita con la lama dei pattini. Kel aveva la testa piena di ferite, aperte e sanguinanti, mani mutilate, cicatrici bianche come tenie. La mamma aveva detto a Kel che doveva mettersi i guanti imbottiti e che, se cadeva, doveva cadere con le mani a pugno. Figuriamoci se Kel si sarebbe messa i guanti, e non era sicura di ricordarsi di cadere nel modo giusto, quindi aveva deciso di non cadere proprio.

Una volta che gli aneddoti di Shaz avevano battuto quelli di Rach, Rach diceva: «Be', tanto non ci possiamo andare se ci vanno quelle là», e Shaz diceva: «Vai tranqui, mi gioco dieci sterline che non ci toccano».

Le ex amiche del cuore di Shaz avevano perso la voglia di scocciarla. La punzecchiavano ancora a colpi di «pervertita», «cessa», «poveraccia» sull'autobus, eh, ma ora che a ricreazione e a pranzo bazzicava Rach e Kel, di solito la lasciavano perdere, come se il gioco fosse noioso ora che non potevano farla sentire sola. L'Amica della Cugina, al contrario, si divertiva che era un piacere, gridava «Ci si becca venerdì, allora, testa di cazzo» ogni volta che la vedeva. Poteva intrappolarla in un angolo a caso tra quelli che a scuola non controllavano: tra lo stabile H e i campi da tennis in disuso, dietro la palestra, dietro il garbuglio di rovi che tutti chiamavano il «roveto ardente» perché ci si andava per farsi una fumatina, o in fondo al campo, che era così lontano dalla scuola che si poteva prendere il viottolo lì dietro passando da un buco nella recinzione e battersela per il resto della giornata. L'Amica della Cugina avrebbe potuto farla fuori ai tavoli da picnic e nessun insegnante avrebbe visto nulla. Ma Shaz l'aveva visto, sì, come Kyle e i suoi amici intimidivano la gente col contagocce, e sapeva che una minaccia ripetuta era meglio di un conto saldato. Non c'era gusto a sferrare un pugno sul naso a qualcuno senza tutta quella tiritera. Quand'aveva designato il Dome come teatro del loro scontro, Shaz aveva fatto affidamento su quello. Faceva affidamento anche sul fatto che l'Amica della Cugina non si sarebbe manco avvicinata a lei una volta apparsa al Dome e visto Shaz scortata da suo fratello Kyle e da tutti quelli che giravano con lui a mo' di seguaci ringhiosi macchiettati d'acne.

Venerdì a pranzo, quando Rach ha aperto le danze con gli aneddoti, Shaz ha giocato l'asso. Ha detto che, finito di pattinare, Kyle e la sua cricca si ritrovavano fuori a fumare, e quand'eri con quelli più grandi dovevi saper fumare altrimenti ti sfottevano. «Dopo ogni tiro devi sempre sputare», ha detto. «Se lo sai fare per bene. Se sai aspirare senza inzuppare il filtro. È come succhiarlo a uno: devi mettere bene le labbra e nascondere i denti, e devi saperlo mandar giù senza che tossisci e ti torna su».

Rach e Kel non lo sapevano cosa volesse dire «succhiarlo a uno». Non lo sapeva neanche Shaz, ma le loro facce sbalordite le piacevano un sacco. Era stata sua sorella Gemma a istruirla sulle sigarette, e Shaz aveva memorizzato la lezione parola per parola.

Le altre due avevano già fumato, una volta, all'Avvallamento, in segreto, solo loro due in compagnia di felci appassite e vecchi pali di cemento. Nessuno a controllare se lo facevano per bene. Non lo sapevano che c'era un per bene – né un per male. I loro sguardi si sono incrociati. Da qualche parte tra le parole «succhiarlo» e «a uno», la decisione di andare o meno a pattinare era diventata più grande della decisione di essere o meno amiche di Shaz, di rischiare o meno di prendersi un pugno. Era diventata la decisione tra fermarsi e restare com'erano, prima della scuola dei grandi, o diventare qualcosa di nuovo, qualcosa che non era più proprio una ragazzina. Non sapevano cosa facesse più paura, se lasciarsi cambiare o farsi lasciare indietro.

«Vabbè», ha detto Rach, «quand'è che ci dimostri che sai svenire a comando?».

«Ancora?».

«Sennò come facciamo a sapere che non sei una bugiarda?».

«Non serve che ve lo faccio vedere. Mi dovreste credere e basta».

Una parte di Shaz voleva dimostrarlo solo per far stare zitta Rach, solo per precipitare nel suo silenzio felpato, nel suo mondo in arresto, un posto dove Rach la vedeva ancora come *una a posto*, dove non era ancora decisa a demolirla. Ma quel desiderio pungente era smussato da qualcosa di più antico e a cui era più difficile resistere: lei non si faceva mica dire cosa fare. Sua sorella Gemma dice che non bisogna *mai* fare una cosa perché gli altri vogliono che la fai. Ti spingono, Shaz, spingili anche tu. Rispondi col doppio della forza.

Rach non se la sarebbe presa la magia di Shaz, no. Era l'unica cosa che sentiva sua. Mia, ha pensato tra sé. È mia e tu non puoi averla.

Rientrando a casa in autobus, quando Rach ha detto: «L'ultima volta che sono andata a pattinare con Louise...», Kel, che aveva assorbito abbastanza informazioni da poter fare la parte di Shaz, l'ha interrotta: «Sì, ma ci sei andata solo di sabato mattina. Il venerdì sera è completamente diverso».

«Da quando dici *sera* così?».

«Non lo dico così».

«L'hai appena detto».

«Quindi?».

«Lo dici così solo perché lo dice Shaz, e vuol dire che sei una falsa».

Kel s'è girata verso il finestrino, ha appoggiato la fronte al vetro, guardava il muschio verde smeraldo che cresceva a ciuffi nei buchi dei muretti di pietra.

Rach sapeva di aver esagerato. Voleva chiederle scusa, ma non le veniva la parola. Non era dispiaciuta perché aveva ragione lei. Kel cercava di essere come Shaz. E Shaz saltava code e sputava chewing-gum e diceva bugie e gridava alle tipe solo perché guardavano male la gente. Rach si sentiva come se avesse iniziato la settimana giocando a Monopoli e qualcuno avesse cambiato gioco mentre era distratta. Ora giocava a Twister ma con regole nuove che nessuno le faceva leggere.

«Vieni o no stasera?», ha detto Kel rivolta al finestrino.

«Zero».

«Bene». Kel s'è alzata, s'è caricata lo zaino in spalla.

«Siamo ancora amiche».

«Zero». Kel s'è infilata in corridoio diretta verso i sedili davanti, liberi.

«Va bene, va bene! Vengo!».

Kel s'è lasciata cadere di nuovo vicino a Rach, cercava di togliersi il sorriso dalla faccia. Gli angoli della bocca fremevano. Ha pensato tra sé: *sorriso assicurato*.

Un'ora prima che la mamma di Rach venisse a prenderla, Kel era lì che provava a costringere la sua folta frangia a trasformarsi in due antenne impiastrandole con scaracchi di gel. Ma aveva troppi capelli, le due parti non tenevano. Ha tolto il gel con l'acqua, s'è asciugata la frangia col fon come al solito. Ha steso i vestiti sul letto, doveva scegliere tra i pantaloni dell'Adidas coi bottoni automatici lungo le gambe e felpa della Ellesse, tenuta che usava quando usciva a giocare in strada, o shorts cachi e canottiera mimetica, divisa per le feste di compleanno e le feste dove si ballava. Sembrava che nessuna delle due funzionasse. Quando mancavano tre minuti, ha scelto gli shorts e s'è messa di corsa la canottiera, s'è avviata in fretta verso la macchina che aspettava. Infilandosi dietro, ha visto Rach seduta davanti con addosso i pantaloni coi bottoni. È rimasta in silenzio lungo tutta Sprotty Road, cercando di trattenere l'impulso di pregare la mamma di Rach perché tornasse indietro e la portasse a casa. Ora non voleva più andarci. Voleva essere qualcun altro, qualcuno che sapeva cosa bisognava mettersi. La mamma di Rach non ha acceso il riscaldamento. Kel aveva i peli delle gambe ritti come se volessero scappare da quella pelle stupida, infantile.

Rach non solo sapeva cosa mettersi, ma aveva addirittura dei pattini tutti suoi. Li aveva in grembo, di un bianco abbagliante, come quelli che aveva Jayne Torvill quando aveva solcato la pista alle Olimpiadi con quella sua gonna viola increspata, in sincrono perfetto con Christopher Dean. Erano di morbida pelle color panna e Kel voleva strofinarci sopra la guancia, le lame avevano la punta curva e dentellata, aguzza ma comunque sempre femminile. Stava male da quanto li voleva.

Un altro posto al mondo come il Dome di Donny non c'è. Lo chiamano centro ricreativo, ma è più una fortezza ricreativa, mura circolari di mattoni a strisce bianche e grigie, torrette in calcestruzzo, colonne di cemento, tubi in acciaio, bastioni angolari seghettati come denti di squalo. Un finto ponte levatoio attraversa una fossa erbosa e porta all'ingresso coperto da una gargantuesca tettoia di vetro, che si staglia verso il cielo retta da travi d'acciaio che sembrano fregate da sotto il ponte di una ferrovia. La sola nota deludente è la cupola che dà il nome all'edificio, una gobbetta appollaiata lì in alto, una tettarella di vetro coi suoi neon che lampeggiano, mezzi accesi, mezzi spenti. La città ha speso così tanto per costruirlo che non c'erano più soldi per la manutenzione. Dentro è in putrefazione ancora oggi, sul rivestimento in malta delle piscine prospera la muffa, la pittura sui soffitti grigi si stacca, le reti da badminton sono strappate, c'è uno strato di polvere vecchio di trent'anni sui due scivoli d'acqua gemelli che serpeggiano dalle piscine fino all'atrio, due gigantesche anguille fluorescenti che si rincorrono di qua e di là, sospese sei metri sopra la reception all'ingresso.

Rach e Kel hanno salito gli scalini per entrare al Dome, hanno visto Shaz sul ponte levatoio con una squadra di ragazzi così grandi e maschi che, nel panico, il cuore di tutt'e due s'è messo a galoppare al solo pensiero di avvicinarsi. Kel ha riconosciuto Ando all'istante quasi senza guardarlo, come se l'avesse sentito dall'odore. Chiacchierava con un tipo che portava un fischietto di plastica.

Rach s'infiammava, nel guardare Shaz: tutta sbruffona, lì, a cicalare coi tipi più grandi. Era davvero una meraviglia, questa qui, che non si faceva intimidire proprio da nessuno. Senza paura, una ninfa alta un metro e uno sputo, fatta di volontà pura.

Shaz è corsa incontro alle due, ha preso Kel per mano e l'ha tirata verso il gruppo.

Perché non me?, ha chiesto una vocina dentro Rach. Voleva che Shaz la prendesse per un braccio, che le tenesse la mano. Così si sarebbe sentita vera, presente, tutta intera. Rach aveva le mani occupate dai pattini bianchi e pesanti.

«Cazzo è quella roba lì?», ha detto Shaz, con un largo sorriso.

«Sono di mia sorella Louise». Rach parlava rivolta ai suoi piedi. Prima era straorgogliosa dei pattini. Louise li aveva presi in un negozio speciale a York.

Shaz e Kel erano vestite quasi uguali, shorts e canottiera con le spalline sottili, come quasi tutte le ragazze dirette verso l'ingresso del Dome. Il sollievo invadeva Kel a ondate.

Sono comparse l'Amica della Cugina e la sua banda, sul ponte levatoio si faceva strada una fanfara ambulante di facce da pericoli pubblici: chignon sul cocuzzolo, pancia di fuori, shorts cortissimi, piercing al sopracciglio, profumo, fumo di sigaretta, scollatura. Avevano un'andatura impettita e molleggiata, camminavano col passo molle e sbieco tipico dei ragazzi che volevano sembrare dei duri, ma remixato con ancheggiamenti, labbra che sporgevano. Kel s'è accostata di più a Shaz; Rach s'è allontanata un po' di più. Shaz s'è messa a braccia conserte, stava lì in posa a fissare le sette, le sfidava a guardarla negli occhi.

Quando l'hanno vista, la loro espressione è svanita. Distolti gli occhi, hanno irrigidito testa e spalle, come se, eclissando il carisma che avevano, potessero rendersi invisibili. Una volta passate strascicando i piedi, senza scontri, Shaz ha detto: «Visto? Ve l'avevo detto che non ci toccavano».

Rach s'è accorta che Shaz s'era piazzata proprio davanti a suo fratello maggiore. Kyle era appoggiato al corrimano del ponte levatoio, guardava in cagnesco tutti quelli che passavano, una riga fatta col rasoio gli tagliava il sopracciglio, aveva una cicca dietro l'orecchio. Era di un forzuto tendinoso, uno di quelli che quasi quasi facevano più paura di un omaccione nerboruto. Sapere che Kyle era l'unica cosa che la separava dall'avere la faccia spaccata non consolava affatto Rach.

Un paio di quelli della cricca di Kyle hanno visto i pattini di Rach. Si sono messi in posizione come due ballerini. Uno cantava una canzone inventata mentre ballavano un walzer a scatti – «La-da-diii-la-da-daaa» – e l'altro ha detto, facendo una vocina da femmina: «Sono una pattinatri-iceee». Tutti i ragazzi ridevano. Rach non era mai stata con qualcuno di più grande senza sua sorella Louise. Si sentiva alla deriva, affogava nei suoi vestiti larghi.

Shaz ha detto: «Oi, lasciatela un po' stare, teste di cazzo».

Il tipo col fischietto di plastica ha detto: «Assì eh, che lingua, la piccola Shaz». Una presa in giro affettuosa, una rimbeccata fraterna.

«Eddai oh, sono seria». Shaz s'è messa tra Rach e i ragazzi. «Non prendetela per il culo, è mia amica».

I due che danzavano hanno detto: «Oh, mi disp», e: «Scherzavamo, dai».

Rach voleva bene a Shaz, a quel punto. E odiava volerle tanto bene. Odiava sentirsi così grata.

I ragazzi hanno ricominciato a sfottersi a vicenda e non hanno fatto più tanto caso alle ragazze. Tranne Ando, che ha alzato le sopracciglia e detto a Kel: «Oi, com'è che ti chiami?». Lei gli ha detto «Kel», ma lui non le ha detto come si chiamava, come se sapesse che lei lo sapeva già.

«L'altro giorno sull'autobus era per ridere. I miei amici mi avevano sfidato a agganciarti, eh».

Kel non sapeva come doveva rispondere. Gli ha detto che non ci aveva fatto caso, che non capiva.

Dentro, proprio come promesso da Gemma e Kyle, la pista era buia, fredda, cavernosa, tremava a tempo con un ritmo dance spedito. Nel gratta-gratta delle lame sul ghiaccio Shaz era impaziente di buttarsi in pista, Rach si vergognava di quei pattini eleganti, Kel pensava alle dita tagliate.

Kel e Shaz si sono tolte le scarpe da ginnastica per mettersi gli «scava-cupola», i pattini blu marino e malconci che si mettevano tutti quelli che non avevano pattini loro. Gli scava-cupola avevano la scocca di plastica dura piena di segnacci, le lame piatte, il numero di scarpa scritto dietro col pennarello indelebile. Erano senza filo e brutti e lenti, e Rach voleva tanto metterseli.

Si sono avviate tutte verso la pista camminando con passo goffo sul pavimento di gomma bitorzoluto, sono salite sul ghiaccio piano piano tenendosi al bordo. Kel e Shaz cercavano di non tremare, il ghiaccio soffiava freddo sulle loro gambe nude. Shaz avrebbe voluto essersi messa i calzoni della tuta come Rach. Avrebbe voluto la sicurezza che aveva Rach. Sembrava che a Rach non importasse di quello che gli altri pensavano di lei, non le fregava di piacere alla gente, e a Shaz piaceva ancora di più.

Al centro della pista, i ragazzi grandi coi pattini di velocità correvano in un circolo vizioso, braccia e gambe a mo' di stantuffi, in discesa andavano così svelti che poi in salita si libravano senza sforzi. Kel s'immaginava cosa sarebbe successo se si fosse avvicinata troppo a loro: il rumore dei femori che si spaccavano sul ghiaccio.

Rach non vedeva l'ora di insegnare a Kel a stare in piedi, a spingere verso l'esterno, a tenere il ritmo, a pattinare all'indietro, ma la pista era soffocata da corpi che dardeggiavano in ogni direzione. La musica era forte, e c'era troppo buio per vederci bene, sembravano tutti non umani, le luci da discoteca li facevano brillare a pezzi, braccia, gambe, denti, tutti incorporei, un esercito di parti del corpo incantate diretto verso di lei. Rach sussultava a ogni gomito sferzante, a ogni ginocchio piegato e a ogni ghigno che le si parava davanti per poi sfrecciare oltre, s'aspettava sempre che si trasformassero nell'Amica della Cugina – era in attesa che una bella cinquina di nocche a pugno le arrivasse addosso dal buio.

Shaz ha preso Kel per mano – «Dai che ce la fai!» –, l'ha tirata in pista, lungo la mezzaluna in alto e poi giù per la discesa. Kel ha fatto la discesa urlando, un urlo euforico da montagne russe. Rach le seguiva lenta, tenendosi al bordo, tutta la sicurezza che aveva se n'era andata. Ha fatto la discesa un centimetro alla volta, faceva una smorfia ogni volta che passava un ragazzo, veloce da farle sentire l'aria sulla guancia. Arrivata alla metà inferiore della pista, non vedeva Kel e Shaz da nessuna parte. Era abituata a essere la più robusta e la più alta, cosa che di solito la rendeva la più veloce e la più forte, ma sul ghiaccio tutto si ribaltava. Kel e Shaz parevano nate per pattinare, piccole e aggraziate e svelte. Rach pensava di trascinarsi di nuovo su per la salita da sola, per cercare di raggiungere le altre. Il mento le è tremolato un pochino, involontariamente.

Da chissà dove s'è sentito Kel gridare «Raaach!». Rach ha cercato la faccia di Kel, disorientata dalle piroette frenetiche delle luci da discoteca. Un altro «Raaach!» – ha alzato gli occhi e visto che Kel e Shaz non erano ritornate di sopra; avevano attraversato la parte di sotto arrivando a un isolotto di gomma lì al centro, sotto la postazione del dj, dove ragazzi e ragazze facevano capannello attorno ai cubi di gomma, a gruppetti di tre o quattro, tutti dello stesso sesso. Kel ha agitato la mano; Shaz ha fatto cenno di raggiungerle. Rach non capiva come fossero arrivate laggiù, lottando contro il muro di pattinatori di velocità che ancora si inseguivano come personaggi dei cartoni decisi ad ammazzarsi, in un loop infinito. Rach guardava, provava a calcolare distanza e tempo, cercava un varco in cui infilarsi. Si sentiva addosso gli occhi di Kel e Shaz. Sentiva gli occhi di quelle sette che, da qualche parte lì nel buio, la guardavano.

Kel e Shaz si sono sedute su un cubo di gomma, punto scelto da Shaz perché era il centro esatto nell'orbita dei pattinatori di velocità. Kyle e i suoi le avrebbero pattinato intorno tutta la sera, un anello di protezione. Kel e Shaz hanno steso le gambe, facevano un confronto: quelle di Shaz lisce, quelle di Kel ricoperte di peli scuri sottili.

«Mia mamma dice che non ho ancora l'età per farmi i peli», ha detto Kel.

«Puoi venire da me così se vuoi ti presto il mio rasoio».

«Me li fai tu?».

Shaz ha riso. «T'insegno come fare. Non dire a tua ma' che sono stata io, però».

Hanno parlato di come sarebbe stata la vita quando fossero state abbastanza grandi da non dover chiedere il permesso, di quanto sarebbe stata migliore. Shaz ha chiesto a Kel cosa voleva fare da grande.

«Boh. Mi piace leggere, ma leggere non è un lavoro, eh». Hanno scrollato entrambe le spalle: *No, ci sta di no, non so.* «Rach lo sa – vuole fare l'insegnante da quando avevamo tre anni». Kel avrebbe dato chissà cosa per essere sicura di quello che voleva fare com'era sicura Rach. «Tu che vuoi fare?».

Shaz ha di nuovo scrollato le spalle. «Chissene. Voglio solo una casa mia, io. Col giardino, di quelli belli grossi». Ha indicato un ragazzo che chiacchierava cogli amici seduto sul cubo di gomma accanto. «Mi piace parecchio», ha detto, pensava di andargli a chiedere di pomiciare. Kel non aveva mai neanche dato un bacio a stampo; non ci poteva credere che Shaz parlava di pomiciare così come niente fosse. Ha annuito come fosse una cosa normale, come se *lei* pomiciasse sempre, e così Shaz ha pensato che era meglio pomiciarci con quello là. Qualche volta Shaz aveva baciato Seany Gardiner con la bocca aperta ma non ci aveva mai pomiciato.

Dopo una vita bloccata dalla parte sbagliata rispetto ai pattinatori di velocità, dopo che in momenti diversi e con la prospettiva di una collisione immediata s'era vista arrivare addosso sparati tre ragazzi, che s'erano poi fermati di colpo a qualche centimetro dai suoi piedi con una rapida torsione di lame e una spruzzata di ghiaccio – e avevano ridacchiato della faccia che aveva fatto –, Rach ha chiuso gli occhi e s'è lanciata tagliando la strada ai pattinatori. Arrivata dall'altro lato, né morta né al tappeto né niente – ancora in piedi! –, ha agitato forte il pugno su e giù.

«Sììì!», ha gridato. «In rete, figliolo!», come gridava suo papà alla tivvù quando segnava lo Sheff Wednesday. Cercava Shaz e Kel per vedere se la stavano applaudendo. Non guardavano. Nessuno guardava.

Quand'è arrivata all'isolotto di gomma – facendo del suo meglio per smorzare chissà quale groviglio di emozioni le aveva acceso e infiammato il cervello –, Shaz era già seduta su un altro cubo, abbrancata al collo di un ragazzo. Shaz e il tipo cercavano di mangiarsi a vicenda, le teste ballonzolavano agguerrite. Rach è andata a sedersi sul cubo vicino a Kel. Non volevano guardare, ma non riuscivano a smettere di guardare, non riuscivano a togliere gli occhi dalla bocca masticante di Shaz, dalle istantanee che la ritraevano alla luce strobo. Si sentivano sciocche e piccole all'ombra di Shaz, che era fatta di qualcosa di più soprannaturale della carne da undicenni. Che sapeva sempre qual era la mossa successiva. Provavano a immaginarsi com'era voler sentire la saliva di uno sulle labbra, la lingua in bocca. Si sono strette le braccia sullo stomaco. Il dj ha messo *Dancing in the moonlight* e, più avanti, ogni volta che l'avrebbe risentita, Rach avrebbe ripensato sempre a quel momento, a quando aveva visto Shaz divorare un ragazzo, domandandosi se quella era la cosa che doveva volere.

Sono rimaste sull'isolotto di gomma per il resto della serata. Shaz indicava i vari ragazzi, chiedeva se a Kel e Rach piaceva quello là, o quell'altro; Kel e Rach dicevano «No, zero!» a tutti. Quando si sono accese le luci, si sono tolte i pattini, li hanno buttati per terra, *bum-bum*, con le scaglie di ghiaccio che si staccavano e gli bagnavano i calzini. Si sono avviate verso l'ingresso insieme al resto della folla. Ando è spuntato accanto a Kel, l'ha chiamata «la mia amichetta Kel» e lei, dentro di sé, era tutta incandescente. Ha provato a sorridergli come aveva visto sorridere Shaz al tipo con cui aveva pomiciato – sfacciata e civettuola –, ma sapeva di non riuscirci bene. Ando è scappato di nuovo, assorbito dalla cricca di Kyle. Shaz ha visto che le guance di Kel arrossivano.

«Cioè, ti piace Ando?».
«No».
Shaz ha riso. «Gli dico che ci vuoi andare?».
«No!». Kel ha preso Shaz per il braccio. «Per favore, no».
«Va bene, va bene. Ma secondo me ci devi provare. Gli piaci un casino».
Kel s'è animata – di agitazione e orgoglio e qualcos'altro. Che terrore, il pensiero d'avvicinarsi alla bocca di Ando. Eppure, sentiva di essersi guadagnata un *badge* nuovo, di quelli che danno agli scout e ti cuci alla fascia.
Shaz ha tenuto la mano al tipo con cui aveva pomiciato finché non sono arrivati all'uscita, ci ha pomiciato di nuovo sotto la tettoia torreggiante, finché poi lui è corso via per raggiungere i suoi amici.
«T'ha chiesto il numero?», ha detto Kel.
«No no», Shaz ha scrollato le spalle, sulla difensiva. Gliel'aveva chiesto, ma lei aveva detto di no. Da lei il telefono era in cucina, e la cucina era sempre piena di gente – non poteva parlare con uno davanti a tutti; sennò poi avrebbero voluto sapere allora chi è 'sto ragazzo? Sennò poi sua mamma e Gemma l'avrebbero sfottuta perché aveva il «fidanzatino». E Kyle avrebbe minacciato di spaccargli le gambe.
Kyle e la sua cricca erano radunati all'imbocco del ponte levatoio, si passavano un pacchetto di cicche.
«Ve la fumate una paglia, allora?», ha chiesto Shaz a Rach e Kel. Senza guardarsi, Kel e Rach sapevano che stavano pensando la stessa cosa: No, non ancora, per favore, non siamo pronte.
«Vado al McDonald's, io», ha detto Rach. «Devi venire anche tu, Kel, tua mamma ha detto che devi stare con me». Secondo Kel, le indicazioni di sua mamma

non includevano quella di seguire Rach di là dalla strada trafficata di notte. Il parco attorno al Dome era ancora in costruzione, una rotonda di un chilometro e mezzo butterata da cantieri e, al centro, un buco che si spalancava nel terreno e un giorno sarebbe diventato un laghetto artificiale. E secondo Kel non era proprio un'ideona quella di allontanarsi troppo da Shaz e Kyle. Ma al pensiero di fumare male davanti ai ragazzi – davanti a Ando –, accompagnare Rach in quella landa di detriti sembrava l'opzione più sicura.

«Vuoi venire, Shaz?», ha chiesto Kel.

Shaz non ne aveva di soldi per andare al Mc. «Sono a dieta, io. Gli hamburger sono pieni di grassi».

Rach e Kel non erano mai state amiche di una a dieta. La dieta la facevano le mamme e le nonne e le sorelle maggiori, mica le bambine.

«Be', quando vado a pattinare, io dopo vado al McDonald's», ha detto Rach. Le braccia le facevano un male cane a forza di portare in giro i pattini, quindi ha chiesto a Shaz di dargli un occhio, li ha appoggiati contro il muro ai piedi di Shaz. Al buio della sera sembravano di un bianco ancora più brillante.

Rach e Kel sono sfrecciate verso la strada, hanno saltato una recinzione, si sono aperte un varco nel cantiere, con le erbacce spinose che cercavano di agguantargli le caviglie. Quando finalmente sono tornate indietro trotterellando, Rach con la scatola di un Happy Meal che le rimbalzava contro il fianco, nuggets di pollo e patatine sempre più fredde e molli, Shaz era lì in piedi da sola in una pozza d'ombra, niente Kyle, niente ragazzi. I pattini di Rach non erano appoggiati al muro dove li aveva lasciati.

«Dove sono i miei pattini?».

«Boh».
«Ti ho chiesto di tenermeli d'occhio».
«Li avrà presi qualcuno».
«Louise m'ammazza». Rach ha cominciato a menare colpi ai cespugli lungo il vialetto, a sballottare gli arbusti nelle aiuole, a scrutare nel buio sotto il ponte levatoio, in cerca del posto dove Shaz poteva aver nascosto i pattini giusto per farla cacare addosso, giusto per punirla per quei suoi pattini eleganti.
«Mi disp», ha detto Shaz, troppo piano perché Rach la sentisse. S'è appoggiata al corrimano del ponte levatoio. Testa e spalle tagliavano il raggio di un faretto.
«Cos'hai fatto alla faccia?», ha detto Kel.
«Niente».
Kel ha allungato una mano per scostare l'antenna di Shaz. Shaz ha scartato la mano di Kel due volte, poi s'è arresa e ha lasciato che guardasse. Ora Kel vedeva che la palpebra destra di Shaz era gonfia e lievitata. Sotto le ciglia c'era un arco sottile di un rosso nerastro. Shaz teneva alla meglio il braccio destro stretto al corpo, come se il braccio o le costole o tutti e due fossero ammaccati e doloranti.
«Shaz, cos'è successo?».
«Oi!», ha detto forte Rach dall'altro capo del ponte levatoio.
«*Cosa?*», ha gridato Shaz.
«Cos'hai fatto coi miei pattini».
«Rach, lascia stare, Shaz s'è fatta male».
«Io non ho fatto niente, se l'è fregati qualcuno».
«Te li sei fregati *tu*».
«Rach, vieni a vederla alla luce».
«Non li ho mica toccati quegli obbrobri».
«Bugiarda».

A Shaz la risposta s'è fermata in bocca. Quella parola che Rach continuava a buttarle addosso. *Bugiarda*. Si rapprendeva dentro di lei come qualcosa di acido, le faceva venir voglia di raggomitolarsi su se stessa, farsi sempre più piccola come un foglio che continui a piegare finché è così compatto da resistere alla pressione delle dita, si rifiuta di subire un'altra piega.

«Vabbè, allora te lo dico io cos'è successo, eh. Anche se poi tanto non mi credi, cazzo». Shaz ha spiegato che Kyle e la sua cricca s'erano messi a dare quattro calci a un pallone. Voleva unirsi anche lei ma aveva dovuto star ferma lì di guardia ai pattini. La partitella era migrata altrove, i ragazzi avevano calciato la palla sempre più lontano da Shaz finché erano finiti nel parcheggio, dov'erano ancora. Poi erano arrivate le sette tipe, erano uscite con la loro andatura impettita e molleggiata ed erano scese dal ponte levatoio insieme agli ultimi che erano rimasti in pista. Trovandola da sola, l'Amica della Cugina aveva fatto quello che aveva promesso, gliene aveva date un po' prima che Shaz riuscisse a darle un calcio nello stinco e a telare correndo verso Kyle. Non s'erano prese la briga d'inseguirla, le avevano solo dato della cacasotto, poi avevano sceso gli scalini dirette in strada. Shaz era tornata di volata a prendere i pattini, ma non c'erano più.

«Grande, quindi quelle stronze hanno i pattini da cento sterline di Louise».

«Guarda che può averli presi chiunque», ha detto Shaz. «Quand'è stata l'ultima volta che hai provato a fare la guardia a un paio di pattini mentre ti prendevano a cazzotti?».

A quell'età avevano tutte già imparato questa verità: in tutta la gloriosa Donny, se la tua roba non è inchiodata da qualche parte, se non te la leghi al petto, se non te la tieni incollata alle dita, se la perdi di vista anche solo per un secondo, allora sicureccerto te la gratta qualcuno. E una volta che non c'è più, non c'è più. La impegnano, appare per magia su una bancarella del mercato, la trovi in vendita la domenica come usato nel bagagliaio di qualcuno, la incartano e la mettono da parte per Natale, te la sfasciano per farsi due risate – in un modo o nell'altro, la tua roba non c'è più.

«Che poi, perché li hai lasciati a me? Sono i *tuoi* cazzo di pattini».

«Quindi la colpa è mia, vero?», Rach stava lì a pestare i cespugli, più per sfogare la rabbia che non perché avesse ancora speranze.

«Mi ci hai fatto stare tu qui da sola anziché andare a giocare a pallone con Kyle».

«Sono stata *io* a fare la furba con tutte quelle là più grandi e a farci odiare?».

Shaz ha scosso la testa, ma non aveva più munizioni per difendersi. Certo che era colpa sua. Era troppo sguaiata, troppo chiacchierona, troppo. Sempre nelle zuffe fino alle ginocchia prima di rendersi conto di averci messo i piedi dentro. Ma perché non poteva tenere il becco chiuso e basta, tenere la testa bassa? Perché non poteva rimpicciolirsi e diventare invisibile?

Kel ha messo il braccio attorno alla spalla sana di Shaz e l'ha portata via, verso Kyle e la partita di pallone, lasciando Rach a covare la sua rabbia in cima agli scalini, lì da sola.

Lunedì mattina, ricreazione appena iniziata, Kel e Shaz sedute a gambe incrociate a bordo campo, l'erba molle e morbida, la rugiada filtrava dalle gonne. Nel weekend l'occhio di Shaz s'era gonfiato, la palpebra chiusa a forza. Il livido s'era spanso su tutta l'occhiaia, sfumature marmorizzate prugna e violetto che a Kel sembravano un acquerello della Via Lattea. I colori erano così belli che quasi quasi Kel voleva un occhio nero tutto suo. A chi aveva chiesto, Shaz aveva detto che non faceva male. Chiacchierava di quello che era successo il giorno prima nella replica di *Hollyoaks*, Kel annuiva e fingeva di sapere cosa stava dicendo perché sua mamma non le lasciava vedere le soap. A Kel non dispiaceva; con Rach erano anni che fingeva.

Rach è emersa dalla bocca dello stabile N, ha sceso gli scalini in cemento di corsa insieme a un fiume di studenti. È andata dritta da Kel e Shaz. Kel ha studiato la faccia di Rach, cercando di sondarne l'umore. Anche se Rach aveva fatto male a incolpare Shaz, quand'erano rientrate a casa Kel era stata proprio male per Rach. Quando la mamma di Rach era arrivata al Dome, voleva scendere dalla macchina, cercare i pattini, interrogare i ragazzi, interrogare Shaz. Rach l'aveva pregata di non farlo, per cui in compenso aveva passato tutto il viaggio in macchina a gridare dicendo quant'erano costati quei pattini, che li avevano presi in un negozio speciale che ora aveva chiuso, che bisognava imparare a prendersi cura delle cose degli altri. La furia di sua mamma era enorme e sputacchiante e spaventosa in quello spazio piccolo.

Mentre Rach s'avvicinava allo scampolo di campo dov'erano sedute le altre due, si sforzava di camminare a passo fermo e con l'espressione vacua, per nascondere lo shock provato alla vista dell'occhio di Shaz. Shaz aveva la faccia di una forma così strana, un pallone gonfio, di un colore così sbagliato che Rach non capiva come avrebbe fatto a tornare normale. È stato uno shock, anche, vedere Shaz ferita, avere la prova che potevano demolire anche lei. Shaz sembrava così indemolibile.

Rach aveva passato metà weekend a desiderare di non aver mai incontrato Shaz, a macchinare teorie che vedevano Shaz in combutta con le sette, in un elaborato complotto ruba-pattini che prevedeva risse messe in scena per spiumare undicenni ignare. Aveva passato l'altra metà del weekend a cercare di non pensare alla domanda di Shaz. Ma perché le aveva lasciato i pattini? Solo perché erano pesanti? Non era pronta a rispondere, non era pronta a sapere se nel suo cuore c'era un pezzo brutto, meschino, che voleva far sentire piccola Shaz, o se voleva solo che Shaz la notasse, che si prendesse cura di lei come si prendeva cura di Kel. Non lo sapeva. Va' a saperlo.

Quand'ha raggiunto Kel e Shaz, affondando le ginocchia nell'erba, non poteva non guardare l'occhio di Shaz. Voleva appoggiarci sopra il palmo, voleva sapere se era caldo al tatto, voleva coprirlo così avrebbe potuto vedere di nuovo la Shaz normale, inammaccabile. Voleva sapere se, concentrandosi a dovere, poteva far svanire gonfiore e livido sotto le dita come in un trucco di magia.

Shaz ha detto: «Fagli una cazzo di foto, no? Così dura di più».

«Non ti sto mica guardando quel cacchio di occhio». Rach ha spostato a fatica lo sguardo sul mento di Shaz e ha provato a lasciarlo lì. «Allora, signora mia», ha detto rivolta al mento, «se vogliamo essere amiche, ci devi dimostrare che sai svenire a comando».

«Masantiddio, ancora con 'sta storia?», ha detto Shaz, ma l'ha detto come Gemma lo diceva a Kyle quando litigavano affettuosi. Aveva sentito il «se» di Rach, ma le era sembrato un «se» che voleva dire «quando».

Un «se» tipo *Siamo amiche, vero?* Un «se» tipo *Possiamo?*

«Non ci puoi dire che sei magica e poi non farcelo vedere, Shaz, è una bastardata vera».

«Non deve dimostrare niente», ha detto Kel. «Vero, Shaz?».

Negli anni a venire, Shaz sarebbe stata grata a Kel per quel suo modo di volerle bene – e le sarebbe mancato, e ne avrebbe capito il valore solo una volta che non ci fosse stato più – ma era così diverso dal modo in cui gliene voleva Rach, che era bruciante e intenso e difficile da conquistare.

Rach ha detto: «Mancano dieci minuti alla campanella, quindi c'è un sacco di tempo».

Con un gran sospiro, Shaz s'è alzata in piedi, e con lei si sono alzate anche Kel e Rach. «E va bene, prima devi fare un respiro profondo, che più grosso non si può». Come dimostrazione ha inspirato forte. «T'infili il pollice in bocca, stringi le labbra attorno al pollice e soffi più forte che puoi finché ti senti fischiare le orecchie e fischiano e fischiano finché diventa tutto nero».

Shaz ha inspirato, s'è infilata il pollice in bocca, ha soffiato. Kel l'ha seguita. Hanno soffiato forte, le guance gonfie e rosse, finché sono cadute con un tonfo sull'erba come due assi di legno.

Rach s'è tolta in fretta il giubbotto, s'è messa cavalcioni sul corpo senza vita di Shaz. Col giubbotto ha coperto la sua testa e quella di Shaz, ha messo il naso contro la punta del naso di Shaz. Faceva delle boccacce sbilenche e gli occhi storti per farla ridere.

Shaz s'era lasciata andare nel brusio che aveva nelle orecchie finché era diventata suono, finché era diventata un ronzio d'api, un tintinnio travolgente. Il corpo s'era dissolto nella caverna nera, gambe braccia testa piedi sparivano nella sua magia lussureggiante. Si spandeva per sempre nel buio. Qui era chiunque. Qui era se stessa, sola dove nessuno guardava. Un sogno vacuo e fluttuante dove la faccia non le faceva male e le costole non erano doloranti e casa sua non era piena di gente e le strade non pullulavano di tipe che la cercavano per dargliele. I suoi vestiti non erano vecchi e le mutande non erano di qualcun altro. Il suo pa' non era morto e il neonato di Gemma non piangeva e il nuovo uomo di sua mamma non era stravaccato sul divano a fumarsi uno spino, e nessuno l'aveva abbandonata e non era stato invitato nessuno se non chi voleva vicino lei.

Quando l'hanno tirata fuori dalla caverna, richiamata dalle voci dei ragazzi che giocavano a pallone in fondo al campo – Oi testa di cazzo, Ricottina, Stazzitto pezzo di merda –, il sole le scaldava gli stinchi, ma attorno alla sua faccia si muoveva un'ombra stramba, sentiva un odore di plastica da sacco a pelo, sentiva il fiato sulla guancia. Una sagoma enorme all'altezza della punta del naso.

Rach ha visto aprirsi l'occhio buono di Shaz. La faccia, assonnata e rilassata, poi confusa; poi ha fatto uno scatto e ha urlato, spaventata da quel corpo vicino. Rach ha urlato. Hanno riso tutt'e due. Sono rimaste impigliate nel giubbotto di Rach, impigliate l'una tra le braccia e le gambe dell'altra, si sono spinte di lato e si sono rotolate sull'erba, con la testa che sbatteva per terra, con Shaz che sentiva fitte di dolore sul lato malconcio, il cielo diventava campo, azzurro di colpo verde di colpo azzurro.

Quando si sono fermate, il petto ansante, ginocchia e gomiti che pulsavano, Rach era stesa sopra Shaz, torso contro torso, gambe allacciate alle gambe, le fronti si toccavano. Tutt'e due vedevano solo un occhio fisso, un centro nero abissale. Hanno sorriso. Hanno respirato l'una l'anidride carbonica dell'altra.

Era la prima volta che Shaz si svegliava dal posto in cui non c'era più e non sentiva il tuffo al cuore del ritorno, o la smania di saltare in piedi e svenire ancora. Stava bene, stesa qui con Rach.

Lontano, Kel ha gridato: «Oi, aspettate!».

Più lontano ancora, la campanella ha suonato, richiamandole al mondo. Kel ha strattonato Rach per un gomito finché s'è alzata, ha teso la mano a Shaz e l'ha tirata su. Si sono prese sottobraccio, hanno attraversato il campo e sono rientrate in classe.

Mutande

Kel aveva ancora undici anni, ma per tutto il giorno aveva ripassato a voce alta la sua data di nascita come ne avesse avuti dodici, perché per entrare al Karisma quando c'era la serata dedicata ai minorenni dovevi averne dodici. L'ha ripetuto sottovoce, per assicurarsi di non esserselo dimenticato: «Primo febbraio 1986». Un terzo di un triangolo coi vertici rivolti verso l'interno, Kel stava stretta a Shaz e Rach, a metà di una coda che correva lungo tutto il muro rivestito di lamiera d'acciaio della discoteca. Le vacanze di Natale s'avvicinavano, ma nessuna di loro portava il giubbotto. Nelle zeppe, i piedi vibravano tutti, dalla punta al tallone. Le code di cavallo ballonzolavano. Si muovevano così un po' per via dei brividi, un po' per l'agitazione, e un po', quantomeno Kel, per non pensare alla pancia nuda, che tentava di tirare in dentro.

Sulla porta, il buttafuori. Era fatto di superfici convesse, con tanto di pancia e pelata, la giacca di pile aveva la cerniera tirata su fino al mento. In quei quarantacinque minuti di attesa, mai che avesse mosso gli occhi, fissava dritto il McDonald's di là dalla strada. Ha tirato in dentro le labbra, che si sono assottigliate, gli angoli erano ricurvi, come un sandwich al prosciutto rimasto troppo nel portavivande. Secondo Kel aveva il muso perché era al lavoro quel giorno anziché di mercoledì, quando le serate erano quelle pubblicizzate dalle finestre oscurate della discoteca, con foto di ragazzi e ragazze più grandi che ballavano mezzi nudi e si reggevano ai pali da spogliarelliste con la testa rovesciata all'indietro. LA SERATA PIÙ FOLLE DI TUTTO LO YORKSHIRE DEL SUD, almeno a detta della locandina.

«Va' che musone, quello là». Kel ha fatto un cenno con la testa verso il buttafuori.

Shaz l'ha guardato con gli occhi socchiusi da sopra la spalla. «Cazzo, non sapevo mica che c'era quello stronzo fiscalone». Ha avvicinato le ciglia gettando uno sguardo così intenso da sembrare addormentata. «L'altra settimana il coglionazzo ha mandato via Gemma. Ha detto che aveva un documento falso».

«Masantiddio, cioè». Rach s'è stretta le braccia attorno al corpo. «Scommetto che non ci fa entrare». Rach sembrava un sacco più grande delle altre due. Mangiava in testa a Kel e Shaz, portava già pure il reggiseno.

«Gli conviene farci entrare», ha bisbigliato Kel. Non era mai stata dentro una discoteca. Sia Shaz che Rach ci erano già andate una marea di volte con le loro sorelle maggiori, sorelle che ormai non facevano più serata coi bimbetti, perché ora sembravano abbastanza grandi da potersi imbucare alle serate come si deve, dove tutti si devastavano e – diceva Shaz – a volte chiavavano direttamente in pista. Kel non sapeva bene cosa succedeva durante le serate dedicate ai minorenni, ma non poteva chiederlo perché altrimenti tutti avrebbero saputo che non lo sapeva. Nella sua testa non vedeva altro se non luci da discoteca che fendevano il buio coi loro coni lunghi e luminosi. A detta di Shaz c'era una zona coi divanetti dove potevi sederti a bere Coca-Cola e fumare, scrollare la sigaretta nel posacenere come facevano le signore al pub. Stasera, dopo mesi passati a pregare sua mamma, Kel aveva avuto il permesso di uscire solo perché aveva promesso di restare insieme alle amiche e non andare da nessuna parte da sola. In famiglia c'erano solo loro due. Alla mamma piaceva tenerla in casa. Secondo Kel forse si sentiva sola, ma alle amiche non glielo potevi dire. Dovevi dire, 'Sta pazza è severissimissima per nonsocheccazzo di motivo.

«Sì oh, e se poi non ti fa entrare?», ha chiesto Shaz a Kel.

Kel s'è studiata le braccia. Sul dorso della mano correva a mo' di fulmine una vena azzurrognola. Sua mamma aveva detto, Solo stavolta, e mamma diceva sempre sul serio, quindi questa era la sua unica occasione. Attorno a loro, la coda si gonfiava e sgonfiava, come i vermi che una volta Kel e Rach tiravano fuori dagli orticai, con le maniche del cardigan tirate fin sopra le dita, e decapitavano. Kel non vedeva ancora nessun altro della loro scuola, e non aveva mai preso i mezzi per rientrare a casa da sola dal centro – non era sicura di sapere il numero dell'autobus – e se poi Shaz e Rach fossero entrate e Kel no, non poteva chiedere a loro di andare a casa con lei. Poi non avrebbero mai smesso di sfotterla. E la volta dopo non l'avrebbero invitata. Kel s'è ripetuta di nuovo: «Primo febbraio 1986».

«Smania di entrare solo perché viene Ando», ha detto Shaz, con un ghigno.

«Ma no». Kel s'è toccata il petto, l'indice ha trovato la tacca a V tra le clavicole, crespa delicatissima sulla pelle liscia.

«Eh no, come no». Rach le ha dato un pugno scherzoso sul braccio, in alto, dove c'era la ciccia.

«Kel più-ù An-do, Kel più-ù An-do», cantilenavano loro, mentre Kel s'impegnava a mandare via il rossore dalla faccia, e ora doveva fare pipì. «Kel più-ù An-do, Kel più-ù An-do».

«Statezzitte, dai». Kel ha scrutato la coda in cerca di teste girate verso di loro, di orecchie tese.

«Hai detto che se ci provava ti facevi fare un ditalino», ha detto Shaz.

I tipi dietro di loro gli hanno lanciato un'occhiata, con un'alzata di sopracciglia, un sorriso furbetto.

«Sì, buonanotte». Kel ha tirato in dentro lo stomaco. Neanche era sicura di cosa fosse, un ditalino.

La vescica s'è tesa, più piena.

«Sì, invece», ha detto Shaz. «Me l'ha detto Cleggy».

«Non lo voglio manco *vicino*». Kel ha storto la faccia per chiarire la cosa: non gliene fregava un cazzo di Ando, non da quando a ricreazione l'aveva chiamata «fichetta». Kel era andata dietro la palestra a farsi dare tre paglie da Cleggy, che se le comprava da solo perché aveva quattordici anni, e a vederlo aveva l'età, e poi le vendeva singole, a venti pence l'una. C'era Ando, che la menava a Cleggy dicendo quante se ne sarebbe fatte stasera. A Kel non importava se avesse pomiciato con cento ragazze. «Tanto fa pietà».

«Sì, buonanotte. È proprio un figo, invece». Shaz s'è messa di nuovo a braccia conserte. «È pure il più tosto tra quelli di terza».

Ora Kel se la faceva proprio addosso. Ha premuto il dito sulla tacca che aveva sul petto fino a sentire dolore.

«Ma cos'hai?», ha chiesto Rach quando Kel s'è messa a saltellare con più foga.

«Devo solo andare in bagno». Kel ha provato a domare la danza folle delle sue gambe, ma non riusciva a tenerle ferme. Una saccata di liquido metteva a dura prova la pelle tesa della vescica. Sembrava che una roba con gli artigli stesse cercando di uscire piano piano. S'è concentrata sforzandosi di tirare in dentro la pancia, ma è stato ancora peggio.

«Piscia là». Shaz ha indicato col pollice il vicoletto tra il Karisma e il Colonnades. Avevano visto due ragazze più grandi andare laggiù e accovacciarsi, col sedere premuto contro i mattoni. Ma Kel non aveva mai imparato a scostarsi le mutande.

«Ma ci vanno a pisciare i vecchi», ha detto Kel. Da quando erano lì ad aspettare aveva visto infilarsi nel vicoletto almeno quattro uomini.

«E allora? Guarda che non ti fanno niente, eh», ha detto Shaz.

«Cosa ne sai?», ha detto Rach.

«Kyle dice che succede solo a quelle che se la cercano». Shaz s'è rivolta a Kel. «E tu non te la cerchi, vero?».

Kel non sapeva a cosa si riferiva, quindi non poteva sapere se se la cercava o meno. E non le andava di accovacciarsi con attorno una caterva di vecchi col pisello all'aria. E se poi in fondo alla coda c'era Ando? E se l'avesse vista?

«Non c'ho voglia», ha detto Kel. «Non mi scappa poi tanto». Ha alzato le spalle, su fino ai lobi delle orecchie, dove due buchi erano ancora in via di guarigione, verdi e doloranti attorno a due orecchini a forma di cuore. Tutte le altre s'erano bucate le orecchie prima dei sette anni, Shaz da piccina, ma Kel aveva avuto il permesso solo la settimana scorsa quando finalmente sua mamma aveva ceduto grazie alla storia che la prendevano in giro perché se non hai i buchi alle orecchie vuol dire che sei frigida.

Più aspettavano, meno Kel si sentiva le gambe. Erano intirizzite sotto una gonna che le arrivava alla coscia, coperta dalla vita all'orlo di lustrini turchesi. L'aveva comprata in sconto la settimana scorsa da MK One, dove Shaz, a detta sua, andava a rubare nel weekend; ma Kel sapeva che erano stronzate perché Shaz non mangiava mai – i soldi del pranzo li metteva da parte per comprare vestiti. Ecco perché sulla schiena le potevi contare le costole. Oggi a ricreazione Ando aveva detto a Cleggy che Shaz era proprio una da bottarella, peccato che non aveva tette.

«Vabbè, se lo vedo gliele suono», ha detto Kel.

«Ma con chi ce l'hai?», ha chiesto Shaz.

«Ando».

Shaz ha lanciato un'occhiata a Rach. Si sono messe a cantilenare: «Kel più-ù An-do, Kel più-ù...».

«No, sentite, oh, dice stronzate alle spalle di Shaz. Vuole che gliele suoniamo».

«Kel più-ù An-do, Kel più-ù An-do».

Finito di ridere delle tette di Shaz, Ando aveva messo l'indice sullo scollo della canottiera di cotone bianco di Kel, il triangolo faceva capolino dalla camicia dell'uniforme, i bottoni in alto non erano allacciati. Alla Ridgey tutte sapevano che ti dovevi allacciare solo quelli in basso, anche se voleva dire beccarsi delle ore supplementari dopo la scuola, se ti vedeva Miss Swift. Col dito, Ando aveva abbassato la stoffa di un centimetro. Aveva guardato il petto di Kel come se stesse guardando nel microscopio durante l'ora di biologia. Non fanno entrare manco questa al Karisma con 'ste due perette flosce, aveva detto, e Cleggy aveva riso così tanto che gli era spuntata una bolla di moccio dalla narice. A quelle parole le guance di Kel avevano preso fuoco, ma sul petto la pelle aveva crepitato e mandato scintille attorno al dito di Ando, come se Ando fosse fatto di carne mista a elettricità. La scintilla le era arrivata fino alla passera. A pensarci ora le veniva il vomito.

«Kel più-ù An-do, Kel più-ù An-do».

La creatura nella vescica di Kel ha piegato gli artigli.

«Mi prendo un panino al Mc», ha detto Kel, accennando con la testa al McDonald's di là dalla strada.

«Hai cenato prima di uscire», ha detto Shaz.

«E allora?», Kel ha stretto le ginocchia, ora aveva le gambe a X.

«Devi entrare con noi, però», ha detto Rach.

S'erano esercitate sull'autobus: per assicurarsi che Kel entrasse, sarebbero passate davanti al buttafuori insieme, sbraitando cose sulle mestruazioni, così non si sarebbe neanche preoccupato di chiederle quanti anni aveva. Doveva solo tenerla finché fossero entrate.

Ha cominciato a nevicare, una neve sottile, più simile a pioggia ghiacciata. Loro erano schermate dalla sporgenza di metallo, ma le ragazze più grandi che passavano dirette verso una vera serata in discoteca si sporgevano in avanti, si facevano forza, con le mani sospese sopra la fronte per salvare le frange fonate. Col vento arrivavano i fiocchi. I corpi accartocciati all'altezza della vita come lattine vuote.

Ecco cos'aveva di buono il vento, potevi metterti a braccia conserte e spingere su le tette così avevi un décolleté *come si deve*, ma nessuno poteva darti della zoccola, perché semplicemente gelavi. Ogni ragazzina in coda aveva la stessa posa, vestita come Kel col corpetto senza spalline e le zeppe, le spalle curve sopra le braccia conserte. Come quasi tutte, Kel aveva una miniborsa appesa al polso. Le dita dei piedi si toccavano con ritmo regolare, hanno aumentato la velocità fino ad andare spedite come l'*happy hardcore* che i bulli mettevano a palla sulle loro Nissan Micra truccate.

Eppure, ecco colarle una gocciolina umida lungo la coscia.

«Torno tra un secondo».

Ha attraversato la strada a passo accelerato diretta al McDonald's, con la miniborsa stretta al petto. Le scarpe pesavano, erano mezza misura più grandi, restavano attaccate al piede grazie a una striscia di plastica che sembrava cuoio verniciato. La mamma non voleva che comprasse le zeppe – sennò poi sarebbe sembrata proprio una sgualdrina –, quindi aveva dovuto farsele prestare dalla sorella maggiore di Shaz, Gemma. Aggrappandosi alle scarpe con le dita dei piedi, Kel è passata in volata davanti agli ubriaconi del tardo pomeriggio seduti sugli sgabelli alti davanti alla vetrina del Mc a scolarsi la bevuta giornaliera accompagnata da un Filet-O-Fish tutto schiacciato. Dentro, superata una pozza di frappè rosa, superata una famiglia triste stipata sulle panche, salite le scale e superata la decalcomania di Ronald e compagnia bella su cui qualcuno aveva disegnato dei dentoni, Kel ha trovato un bagno isolato, proprio in fondo in fondo a un corridoio che sapeva di ospedale. Ha aperto la porta con la spalla, è finita in una stanza coi muri scarabocchiati, con un odore di chimico misto a un retrogusto di sudore, e col water intasato da una scultura di carta igienica e merda.

Kel non riusciva a stare ferma e non ha fatto in tempo a tirarsi giù le mutande senza lasciarsi scappare un altro po' di pipì, senza che uscisse tutto a fiotti. Mentre saltellava, finiva contro il lavandino e l'asciugamano elettrico, le mutande si impregnavano e lei cercava di fargli fare amicizia con le ginocchia. Dopo una marea di scatti delle dita sull'orlo elastico, è riuscita a farle scendere fino a metà coscia sculettando. S'è seduta con un tonfo del culo appena prima di liberare un torrente arrabbiato e fischiante sulla scultura di merda sotto di lei. Un sollievo simile a quello delle mani fresche della mamma sulla fronte l'estate scorsa, quando la pelle bruciava per via della febbre e la mamma s'era data malata al call center per stare a casa.

La borsa grigio-argento di Kel penzolava da due dita fiacche. Era la prima cosa che aveva comprato da Claire's Accessories dopo aver cominciato a consegnare i giornali a domicilio, e ora ne aveva una anche Rach. Kel ha disteso le gambe, come faceva una volta sulle altalene al parco, prima che fumare diventasse l'unica cosa che potevi fare sulle altalene al parco senza rischiare di prenderle. Alle caviglie, un paio di mutande bagnate, bianche col bordo blu ondulato, se le metteva dalla terza elementare.

Non se l'era fatta addosso. Le mutande non contavano. Non ce l'aveva mica sui vestiti.

Il cestino non c'era, c'erano solo pallette di carta igienica e involucri di assorbenti interni ammassati in un angolo sotto il graffito più grande, IL CAZZEGGIO REGNA X SEMPRE '98 VALE ANCHE SE CANCELLI, trenta centimetri d'incisione fatta col compasso o con la testa di un accendino Bic sul pannello di plastica che rivestiva il muro. Kel non se la sentiva di lasciare le mutande sul mucchio sotto gli occhi di tutti, come un Guy Fawkes sul falò in attesa delle fiamme. E se dopo di lei in bagno ci fosse entrato qualcuno che conosceva? Ma non poteva neanche portarsele dietro. E non poteva andare a casa senza dimostrare che Ando aveva torto.

Dietro la palestra, mentre pregava che le guance non fossero di fuoco come le sentiva, Kel aveva spinto via il dito di Ando e detto: «Ma ti droghi? Al Karisma ci vado tutte le settimane, io».

«La serata per i minorenni c'è una volta al mese, demente che non sei altro», aveva detto Cleggy, ridendo con un ah-ah-ah-ah come quello delle pecore nei campi che tagliavano la corda quando vedevano passare l'autobus.

Ando ha teso il braccio per stringerle la mano. «Ci scommetto cinque cocuzze che il buttafuori non ti fa passare».

Kel non ce l'aveva, cinque sterline. Ne aveva una e cinquanta, e con quelle ci prendeva un biglietto dell'autobus e un sacchetto di patatine.

Prima che riuscisse a dire qualcosa, Ando s'era sporto così vicino che Kel gli aveva visto il grosso neo rossiccio che aveva dietro l'orecchio sinistro. Le era arrivata nel naso la nuvola pungente del Lynx che i ragazzi più grandi della Ridgey si spruzzavano direttamente sul golf dell'uniforme anziché sotto le ascelle. Ando le aveva infilato la mano sotto la gonna, le dita a coppa tra le gambe, e lei si era irrigidita dalla testa ai piedi.

«Se riesci a entrare», aveva detto, «ci sta anche che ti chiavo con le dita».

Kel aveva spinto Ando per le spalle con tutte e due le mani, col battito impazzito. «Togliti».

Ando s'era lasciato spingere e aveva finto d'inciampare. Aveva sorriso. «Ci si vede stasera, allora, fichetta».

Solo più tardi, mentre si spazzolava i capelli davanti allo specchio in camera sua, mentre si preparava per poi trovarsi con Shaz e Rach alla fermata dell'autobus, Kel aveva trovato la V rossa sul petto dove l'unghia seghettata di Ando le aveva fatto un graffietto. Era rimasta così tanto a guardare nello specchio la tacca che le aveva fatto Ando, che prima di uscire di casa non aveva avuto tempo di fare un'ultima pipì.

Ora Kel si toccava la V, quel pungolo nel petto non la faceva pensare alle mutande bagnate e al culo umido, il bordo del sedile le affondava nella carne. Non sapeva se voleva che Ando la toccasse di nuovo così o se le veniva il vomito al pensiero o tutt'e due le cose.

In ogni caso, non poteva perdere la scommessa. Ha sfilato con cautela le mutande dalle zeppe di Gemma, le ha ficcate nella taschina segreta della borsa, ha chiuso la zip. Tuttapposto, se la pipì non filtra dalla stoffa.

Col passo goffo, Kel è scesa di sotto più in fretta che poteva, strascicava le zeppe di Gemma mentre superava di nuovo la famiglia triste, superava gli ubriaconi coi loro panini molli, di nuovo nella neve, di là dalla strada diretta al Karisma. A ogni passo una nuova folata d'aria tra le gambe, secca come una sberla, col vento che minacciava di infilare un dito gelido sotto l'orlo della gonna che svolazzava e tirarla su.

Rach e Shaz erano quasi in testa alla coda, le terze dal buttafuori e dalla sua cotenna unta, che riluceva sotto l'insegna al neon del Karisma. Kel s'è rituffata nella coda.

«Oh, e l'Happy Meal dove l'hai messo?», ha chiesto Shaz. «Col cazzo che te lo sei già scofanato».

«Oi!». Un gruppo di ragazzi più indietro s'è messo a inveire. «Cazzo è?», hanno gridato a Kel. Uno era alto e segaligno come Ando. Hanno dato spallate ai ragazzini davanti a loro. Tutti sono finiti in avanti, i corpi tutti pigiati. Il tipo vicino a Kel le è finito contro la schiena, l'ha spinta di lato staccandola dalla coda, e lei è rimasta senza fiato. Traballava in punta di piedi, cercava di restare in equilibrio.

«Cazzo fai, brutta zoccola!», insistevano i ragazzi.

«Fatti valere», l'ha esortata Shaz. «Digli di andarsene a fanculo».

Kel non riusciva a parlare, era sfiatata, l'ossigeno che aveva in corpo spiantato dalla botta alla spina dorsale che aveva preso dal ragazzo. La sporgenza faceva ombra alle facce dei ragazzi. Non capiva se quello alto fosse Ando. Non riusciva a respirare, aveva i polmoni storditi e vuoti.

Il buttafuori ha fatto entrare altre tre persone, e ora Shaz e Rach erano proprio in testa.

«E allora», ha detto Shaz.

Il tipo alto è avanzato insieme al resto della coda, è arrivato sotto l'insegna al neon. Ora aveva la faccia illuminata. Non era Ando.

Kel ha inspirato, ecco che l'aria tornava di corsa a gonfiarla. «Cazzo volete?», ha detto ai ragazzi, accennando con un cenno della testa. «Ero già qui». Ha indicato Shaz e Rach. «M'hanno tenuto il posto loro».

«Chissene, zoccola».

«Perché non vedi d'andartene a fanculo, mezzasega?».

Sentendo le parole che le uscivano, Kel tremava tutta. Aspettava la replica, la scarica di insulti. I ragazzi brontolavano tra loro, inveivano troppo piano perché li sentisse, ma in faccia non le hanno detto nient'altro. Kel aveva il petto gonfio d'orgoglio. Ecco che si riaprivano varchi tra i corpi, la coda si distendeva di nuovo come una molla Slinky tirata. Kel è sgusciata di nuovo dentro con Shaz e Rach, proprio quando toccava a loro passare davanti al buttafuori ed entrare dalle grosse porte a due battenti della discoteca.

Erano tutte e tre di fronte al buttafuori. Kel s'è lanciata nella scenetta che avevano provato sull'autobus. «'Sti dolori premestruo... M'arrivano fino alle ginocchia».

Prima che anche Shaz e Rach potessero cimentarsi, il buttafuori ha fatto cenno a Shaz di entrare. È entrata a grandi passi, con Rach a rimorchio. Gli occhi sulla coda di cavallo stizzita di Rach, Kel ha fatto un passo avanti finendo contro il palmo aperto del buttafuori.

«Primo febbraio 1986», ha detto, riprendendosi.

«Aspetta».

«Ma sono insieme a loro». Con le spalle accennava alle porte che avevano inghiottito le amiche.

«Aspetta, sennò non entri».

Il braccio del buttafuori le sbarrava la strada. Da vicino aveva la stessa faccia ingrugnita che si era vista da lontano. Pareva che non si fosse mai preso la briga di imparare a sorridere.

Il vento le ha allargato la gonna, le ha ricordato che una sola folata insolente bastava a mettere in mostra tutta la mercanzia. Ha raccolto l'orlo per tenere la gonna attaccata alle gambe.

Kel non era mai stata un'intortatrice. Anche se tra loro la più grande sembrava Rach, a intortare la gente ci pensava sempre Shaz, come quando il mese scorso erano riuscite a infilarsi al cinema per vedere *Titanic*. S'erano preparate a casa di Shaz, a Kel e Rach Shaz aveva fatto mettere abiti da festa, ombretto scintillante, mascara, cerchi dorati alle orecchie – a clip per Kel. Al cinema, era andata Shaz a prendere i biglietti. Il tizio non aveva neanche chiesto quanti anni avevano perché allo sportello Shaz s'era appoggiata al banco con le tette tutte su, aveva sorriso, aveva tenuto le palpebre basse. Kel aveva pianto così tanto durante il film – nessuno l'aveva avvisata di quello che sarebbe successo su quell'anta di armadio – che il mascara le aveva rigato di nero la faccia, il collo, e bagnato il davanti dell'abito. Shaz l'aveva dovuta far passare dall'uscita antincendio, con la giacca tirata su fino al naso.

Kel s'è avvicinata di nuovo al buttafuori. Ha tirato in dentro la pancia, lo guardava tutta ciglia.

«Oi, com'è che ti chiami?», gli ha accarezzato l'avambraccio increspando la giacca di pile nera.

Lui fissava il McDonald's, col corpo immobile e saldo come un dissuasore di cemento. «Toccami un'altra volta e qui non ci entri più».

Kel ha fatto un passo indietro, ha incrociato le braccia sul petto infilando di corsa le dita sotto le ascelle. Sbatteva le palpebre per vincere i lucciconi. Bruciava dalla voglia di sapere se i tipi dietro avevano sentito, era decisa a non girarsi per controllare. Il vento era pungente, la tormentava, e lei ha finito per tenersi giù la gonna con tutt'e due le mani, ballonzolava sui tacchi, contava i secondi che la separavano dal caldo della discoteca.

Dalla mano del buttafuori un cenno tipo *Vieni qui*. Ha fatto di nuovo un passo avanti, ma per finire di nuovo contro il palmo alzato.

«Borsa».

Ecco che il sangue le saliva piano su per la gola e alle guance.

«Alle mie amiche non l'hai controllata».

La faccia del buttafuori non è cambiata di un millimetro.

«La mia amica Rach ce l'ha pure uguale».

«Controllo la tua, sennò ti togli dalla coda».

Kel guardava le facce in fila dietro di lei. Ancora nessuno che conosceva, e ora non si ricordava da che stazione partiva l'autobus, se da quella a nord o da quella a sud. Erano tutt'e due lì male illuminate sotto i parcheggi multipiano, brulle, tra una banchina e l'altra solo vetri rotti e piste di piscio. Shaz aveva detto che di sera ci trovavi solo i tossici. Da sola, Kel non c'era mai stata manco di giorno.

Ha aperto lo scomparto più grande della borsa e l'ha tesa al buttafuori, pregando che non notasse la taschina segreta smilza ancora chiusa con la zip. Il buttafuori ha infilato un dito dentro, ha disturbato il rossetto *frosty melon*, la tessera dell'autobus, l'assorbente interno che si portava dietro casomai le fossero venute e le tre paglie che aveva comprato da Cleggy. Soddisfatto, ha richiuso la zip.

Quand'è passato all'altro lato della borsa, Kel s'è sentita il cuore sbatacchiare contro le costole. Ecco la zip sottile che scorreva nella sua manona, ed ecco che infilava il dito grasso.

È raggelato, ha storto il naso come avesse appena stanato la scultura di carta igienica del Mc. La sua espressione schifata è stata come un pugno per Kel – prima un cazzotto nella pancia, poi s'è sentita schiacciare da un peso morto, braccia e gambe non avevano più forza. Il tizio ha tirato fuori il dito, inforcava il cavallo delle sue mutande bagnate. Erano increspate come la carta che aveva usato alle elementari per fare il collage dell'Arcangelo Gabriele.

Dentro le si è aperta una caverna, come se col dito il buttafuori le avesse inforcato le budella, le avesse sbrigliate. I ragazzi dietro di lei hanno detto: «Ommerda». Le loro risate erano morsi sferrati alla faccia di Kel, come lo scatto che faceva con le mascelle il pitbull dei vicini quando azzannava la rete metallica sottile fuori casa. Non poteva girarsi a cercare Ando, vedere se era lì a ridersela.

Il buttafuori ha fatto un sorriso da guancia a guancia, quelle fette di sandwich al prosciutto si sono schiuse mettendo in mostra un dente d'oro sul davanti in mezzo a una bocca sovraffollata. Ha steso il dito; le mutande di Kel sono cadute. Il marciapiede era inzaccherato di fiocchi di neve mezzi sciolti e sporco delle scarpe di chiunque.

«Dentro, va'», ha detto il buttafuori. Finito con lei, ha fatto segno ai ragazzi dietro.

Con una mano sulla gonna, Kel s'è chinata, ha raccolto le mutande, le ha infilate di nuovo nella taschina segreta. Contro la fodera un mix granuloso e bagnato di pipì e fango. S'è fiondata oltre le porte prima che si chiudessero e lasciassero fuori il vento e dentro lei, in un corridoio di calcestruzzo. Sotto i tubi fluorescenti ai raggi UV tutto brillava di una luce lilla. In fondo, una rampa di scale. Il soffitto risuonava sordo per via dei bassi. I ragazzi che ridevano non li sentiva più, ma il suono che le restava nel cervello le faceva salire le lacrime agli occhi.

Voleva andare di sopra, trovare Rach e Shaz e fumarsi le paglie e provare a dimenticare, ma la borsa non si chiudeva. Tirava la zip con dita tremanti. Le mutande erano incastrate fra i dentini, spuntava una striscia bianco fluorescente.

«Cia', fichetta».

Kel ha tirato in dentro lo stomaco e alzato gli occhi. «Ciao, Ando». Le si è accapponata tutta la pelle delle braccia. In coda a ridere Ando non c'era. Non aveva visto cos'era successo.

Ha sceso le scale verso di lei. Kel ha messo tutti e due i palmi sulla borsa nel tentativo di nascondere la taschina aperta, pregando che non vedesse quello che cercava di nascondere.

«Perette flosce ce l'ha fatta a entrare, allora». Con la mano ha stretto la tetta sinistra di Kel, ha strizzato come secondo Kel si strizzava un clacson di quelli di una volta. *Beep beep*. Non poteva spingerlo via perché aveva le mani incollate alla borsa, con le mutande occultate. Non sapeva cosa sarebbe successo se lui le avesse toccato di nuovo la passera, se stavolta le dita si fossero intrufolate sotto l'orlo della gonna e avessero trovato solo pelle. Dentro di lei il cuore faceva un fracasso simile a quello che faceva il nuovo jack russell di mamma, che sbatteva contro gli sportelli in cucina ogni volta che suonava il campanello.

«Capirai», ha detto Ando accennando con la testa alle scale. «Stasera è una merda. Ci sono solo lattanti».

I tubi ai raggi UV sul soffitto sembravano illuminare le loro facce dal basso gettandogli una forte luce bianca sotto il mento. Ando le ha infilato una roba frusciante nel corpetto. Folata d'aria fredda, poi la porta s'è richiusa alle sue spalle con un colpo. Kel ha rabbrividito, ha abbassato gli occhi. Nel corpetto, una banconota da cinque accartocciata. Giù, tra le sue dita, le mutande brillavano. S'è toccata il petto col pollice, ha trovato la tacca a V, ha premuto. Il capezzolo sinistro bruciava dove Ando le aveva dato un pizzicotto e s'è domandata se l'indomani avrebbe trovato un livido a forma di stella marina.

a.k.a. Dark Stalker

Il mio Dark Stalker l'ho conosciuto quando Shaz ha invitato me e Kel a una festa dalle sue parti, un compleanno nel salone della parrocchia di Goldthorpe, la casupola bianca col tetto a due falde accovacciata accanto al campanile di cemento. Io e Kel non conoscevamo la festeggiata, ma Shaz sì, e al nostro arrivo c'è stato un po' un battibecco perché Shaz diceva che poteva portare qualcuno e la festeggiata diceva di no. La tipa non voleva farci entrare, teneva la porta chiusa, dalla fessura spuntava solo la sua faccia, litigava con Shaz. A farle da sfondo un odore leggero di macchina del fumo e un rimbombo di musica, un cicaleccio di ragazzi che gridavano. La tipa diceva che non le piaceva la gente che non conosceva, parlava di noi come se non fossimo lì in piedi alle spalle di Shaz, con in mano biglietti di auguri e buoni regalo da cinque sterline di WHSmith.

Io e Kel abbiamo dovuto starcene in strada a girarci i pollici con indosso i nostri vestiti scintillanti mentre Shaz cercava di convincere la mamma della tipa che non potevamo andare da nessun'altra parte. Quella sera dovevamo fermarci da Shaz, visto che Goldthorpe era a chilometri da dove stavamo noi. Goldthorpe è a metà fra Donny e Barnsley, troppo lontano da entrambe per far parte di una o dell'altra. Avevamo dei ciuffetti di capelli fuori posto e il vento li faceva svolazzare, mi veniva l'ansia perché i capelli dovevi averli incollati alla testa. I miei erano raccolti col becco d'oca, impomatati con una bella manciata di gel coi brillantini che si stava indurendo e diventava cemento.

Immagina come ci siamo sentite io e Kel quando finalmente ci hanno fatte entrare, il posto zeppo di ragazzini che non conoscevamo, e nessuno ci voleva lì tranne Shaz. Il salone era una stanza dipinta di bianco magnolia. Lungo il perimetro correvano sedie impilabili, a un capo della stanza c'era un tavolo per gli stuzzichini poggiato su dei cavalletti. Le tende a bande verticali alle finestre erano chiuse così c'era buio, per quanto buio potesse esserci alle cinque del pomeriggio. Nell'angolo, il dj, inghiottito dalla sua nebbia finta e dalle luci rotanti. Gli invitati erano per metà di Goldthorpe e per metà di Barnsley, io e Kel le uniche di Donny. Barnsley sarebbe nostra sorella se solo la smettessimo di pestarci a sangue. Se solo parlassimo la stessa lingua. Ce ne stavamo a bordo stanza, piluccavamo Quavers da una ciotola, ci spappolavamo le palline di mais in bocca. Guardavamo mentre tutti ballavano l'hokey-cokey e la macarena e l'agadoo, non avevamo nessuna voglia di unirci alla conga – il ragazzino in testa girava per la stanza dando spettacolo, felice di stare al mondo, e dietro di lui tutti correvano e inciampavano. Non ci andava di cimentarci con *Oops upside your head*, sedute per terra, infilate tra le gambe di qualcuno, a dondolare di qua e di là facendo finta d'essere una barca. Non ci andava proprio di fare nulla con 'sti qua di Barnsley, che ci guardavano in cagnesco.

La serata si faceva più carica, come succedeva sempre a quelle feste, in vista del momento in cui poi si sarebbero accese le luci, quando il dj avrebbe fatto una sterzata passando dall'*eurodance* martellante a una canzone lenta, la *ballad* del momento, e tutti si sarebbero messi in una coppia maschio-femmina. Quei cinque minuti strambi in cui tutti si stringevano l'uno all'altra e ondeggiavano, rigidi, come due cavallini a dondolo che facevano finta d'essere innamorati. Nelle ore che precedevano questo brusco cambio d'atmosfera, tutti si dedicavano ai negoziati: chi fra i maschi avrebbe ballato con chi tra le femmine. Faccenda seria, questa; in gioco c'erano cuori e reputazione.

Shaz faceva la spola tra le varie amiche, sussurrava all'orecchio dietro mani a coppa. Le trattative erano condotte da femmina con femmina, da maschio con maschio, senza colloqui tra fazioni, finché ogni tanto un delegato veniva spedito all'altro capo del salone per consegnare un messaggio all'altra sponda. Shaz era tutta uno zigzagare in pista, si vedevano lampeggiare le belle gambe lunghe nude, le scapole ossute luccicanti che spuntavano dalla canottiera di velluto viola allacciata dietro il collo.

Avevamo tredici anni, e anche se Kel e Shaz avevano maturato un interesse per i ragazzetti coi capelli rapati e il moccio al naso che respiravano a bocca aperta e ci ritrovavamo in classe, io non capivo cosa c'era da scaldarsi tanto. Prima che nel mio corpo s'accendesse un che di simile al desiderio avrei dovuto compiere sedici anni, e non sapevo perché fossi così in ritardo. Avevo qualcosa che non andava? O Kel e Shaz avevano semplicemente *deciso* di cominciare a farsi piacere i ragazzi? Tenevano delle «top ten» su un taccuino che si passavano sotto il banco durante l'ora di inglese, elenchi dei dieci che gli piacevano, con classifiche che cambiavano di ora in ora. Gli elenchi erano eclettici, si passava da Tom Beckett, l'occhialuto che faceva artistica e tecnica con noi, e

Ando, il teppistaccio dell'ultimo anno delle superiori con cui s'era fissata Kel, a Zac di *Home and away* e Will Smith, Mr Big Willie Style in persona. Come candidati, uno valeva l'altro. Mr Smith pareva papabile quanto Ando o Tom, si piazzava quarto nell'elenco di Kel, a volte quinto, e nono o decimo per Shaz. Kel guardava al pratico, però. Accanto al nome di Tom aveva scritto «(Single)», accanto a quello di Ando «(Occupato)», accanto a quello di Zac «(Australiano)» e accanto a quello di Will «(Sposato)», come se l'esistenza di Jada fosse l'unico impedimento alla loro unione.

Non sapevo se i ragazzi fossero più interessati a Shaz e Kel perché loro erano più interessate ai ragazzi, o se perché Shaz e Kel erano più interessanti. Che i ragazzi non si interessavano a me lo sapevo, sì.

Il dj ha messo *Children of the night* e tutto il salone è impazzito. Il ritmo era così veloce che per ballarla potevi solo darci dentro coi salti. Shaz ci è corsa incontro, ci ha prese per il braccio e trascinate in pista, in mezzo a un reticolo di ragazze che pogavano a gruppi di tre o quattro. Ci ha fatto stringere a cerchio. La canzone era tutta incentrata sul fatto di lottare per il futuro della nostra nazione e, stando alle parole, l'unico modo per salvare il paese era «vivere la tua vita come una macchina da festa». Non sapevo cosa fosse una macchina da festa, così mi limitavo a saltare più in alto e più in fretta che potevo, casomai la posta in gioco fossero le speranze e i sogni dell'Inghilterra. Shaz m'ha preso per il gomito, fermandomi mentre saltavo, ha fatto cenno a me e a Kel di metterci testa contro testa. Mentre attorno a noi tutti lottavano per il nostro futuro, Shaz ha provato a spiegare com'è che la faccenda tra lei e 'sta cestista spilungona di Barnsley era arrivata a un punto morto. Mentre parlava, io continuavo a saltellare sul posto, quindi non posso dire d'aver capito bene la questione, ma il succo, a quanto pareva, era che Shaz e la Cestista volevano ballare il lento con lo stesso tipo, e i negoziati avevano raggiungo un'*impasse*. «È la più bella della loro scuola, no», m'ha gridato nell'orecchio Shaz, «ma lui vuol ballare con me». Shaz ha fatto un largo sorriso. «E lei non la manda giù, quindi ora sparla di me con tutti». Shaz sembrava felicissima.

A quanto pareva, era importante che la Cestista vedesse che Shaz aveva i suoi rinforzi, quindi io e Kel avevamo il compito di ballarcela con Shaz, dimostrare che aveva una cricca. Saltavamo e ci scuotevamo sulle note di *Children of the night*, muovevamo le labbra e facevamo le mossette sulle note di *Barbie girl*. S'è avvicinata una tipa bionda tinta con la permanente, m'ha messo la bocca all'orecchio: «Cioè, chi saresti te?».

«L'amica di Shaz, perché?».

«Secondo Danny sei figa, ci vuoi ballare?».

«Cioè, chi è Danny?».

Ha indicato una turba di ragazzi nell'angolo vicino all'uscita di sicurezza. «Castano, frangia a tendina».

Ho guardato: intendeva quello più alto di tutti, frangia castana a tendina che incorniciava una fronte alta. Aveva l'aria di uno che poteva entrare negli elenchi di Kel e Shaz.

«Allora, ci vuoi ballare?». S'è messa a braccia conserte e m'ha guardato di traverso. La sua t-shirt diceva: TOO BUSY TO FCUK.

«Ci penso».

Ha scrollato le spalle e s'è allontanata. Kel e Shaz volevano sapere cos'era successo, quindi ci siamo messe fronte contro fronte e gliel'ho raccontato, indicando il tipo.

«Lo conosco, è un amico di mio cugino», ha detto Shaz.
«Somiglia a Leonardo Di Caprio», ha detto Kel.
«Altroché», ha detto Shaz.

Shaz e Kel erano in fissa con Leo da quando c'eravamo infilate al cinema per vedere *Titanic*, e a inglese avevamo appena visto *Romeo + Giulietta* di Baz Luhrmann. L'unica a sapere di cosa blaterava davvero Romeo in quel film era Kel, ma avevamo tutte imparato che innamorarsi era una roba incantevole e micidiale, e sulle pareti in camera di tutte e tre dominavano ancora grossi poster di Leo che si scollavano.

«Ballaci!», ha detto Shaz.

«Ballaci!», ha detto Kel.

«Ci ballo – se ha le palle di venirci lui, da me», ho detto io, che era un po' la soluzione più comoda. Noi per prime non avevamo le palle di andare da nessuno.

Ecco *Spice up your life*, la nostra preferita. Come tutte le ragazze che hanno vissuto negli anni Novanta, ognuna di noi aveva una Spice preferita. Shaz era sempre Baby, Kel era sempre Sporty e io ero sempre Posh. A un certo punto, tra un colpo di fianco a sinistra e una sculettata a destra, hanno spezzato il nostro cerchio: la Cestista è entrata a forza tra noi, come una palla da bowling all'attacco su dieci birilli. Ha guardato Shaz da sopra la spalla mentre passava, tenendo gli occhi fissi davanti a sé come se non esistessimo. Era due volte Shaz, il torso ha preso colpo e contraccolpo. Non so come ha fatto Shaz a restare in piedi se non appellandosi alla sola forza di volontà. Ha sempre avuto una forza di volontà enorme, la mia Shaz.

Shaz aveva le guance di un rosa acceso, la coda di cavallo s'era scompigliata e ciuffi scomposti di capelli laccati le scendevano rigidi sulla faccia. Le ho dato una sistemata ai capelli, rifatto la coda, stretto bene l'elastico. Shaz ci ha detto che la Cestista andava in giro a dire che se la tirava proprio tanto, che non doveva fare la furba coi «loro» ragazzi, che doveva «togliersi dalle palle e tornarsene a Donny». Shaz ha detto che dovevamo continuare a ballare, quindi abbiamo ballato, facendo mosse plateali – capelli che guizzavano vistosi e calci in aria, i piedi slanciati oltre le sopracciglia – per far vedere che non ci eravamo proprio scomposte.

Due canzoni dopo, avevamo il fiatone ma non ci fermavamo. La Cestista è apparsa per un secondo alle spalle di Shaz, ha fatto una cosa, ma troppo in fretta e non me ne sono accorta. Ho visto solo il seno nudo di Shaz per un attimo, i capezzoli piccoli e increspati, le luci che li illuminavano di viola e verde. Shaz ha preso i lacci della canottiera, me li ha passati. Glieli ho annodati di nuovo dietro il collo.

«Facci il nodo doppio, maccheccazzo», ha detto Shaz. Ci ha detto che la Cestista le si era avvicinata alle spalle, aveva slacciato il nodo con uno strattone, le aveva tirato giù la canottiera. Shaz le ha smadonnato contro, ha giurato di «spaccarle il muso». Al naso della tipa non ci arrivava, figuriamoci se riusciva a romperglielo, ma non mi sarei stupita se ci fosse riuscita. Non sapevo che fare, non sapevo come risolvere la cosa.

«Lo dico alla mamma della tua amica, la faccio sbattere fuori», ho detto, mentre già scrutavo gli angoli bui del salone in cerca di un adulto.

Shaz ha detto «No», con quell'irrevocabilità con cui non si discute. Non abbiamo discusso; abbiamo ballato, Shaz disinvolta e briosa come non fosse successo nulla. Mi domandavo come ci si sentiva, a essere odiate dalla più bella perché eri ancora più bella. Come ci si sentiva a sapere che la ragazza più gettonata del salone aveva scelto te. Quasi quasi volevo che a qualcuno prendesse un attacco di gelosia e mettesse in mostra le mie, di tette.

Il dj è passato a una *ballad*, *My heart will go on*, come m'avrebbe poi ricordato il mio stalker, e forse è stato per via di quel flauto di Pan malinconico che mi sono trovata d'accordo con Shaz e Kel – sul fatto che sì, quel tipo assomigliava un po' a Leo. E cazzo, mi veniva incontro! Si è proprio avvicinato e ha detto: «Allora, vuoi ballare o no?».

«Essù, Rach!», ha detto Shaz.

«Sì, essù, Rach!», ha detto Kel.

«Sto bene?».

«Uno splendore», ha detto Shaz. M'ha pettinato la frangia con le dita, tolto il mascara da sotto l'occhio col pollice. In certi momenti, all'epoca, quando Shaz mi incoraggiava mi sentivo di poter fare qualsiasi cosa.

Il tipo aveva un odore così diverso dal nostro. Noi sapevamo di lacca e lucidalabbra appiccicoso. Lui sapeva di legno, di corteccia sotto la pioggia. Mi rendevo conto di tutto e tremavo; mi sono ritrovata il mio primo lento per le mani prima di aver avuto il tempo di pensare o di volerlo. Abbiamo preso posizione: ho intrecciato le dita dietro al collo di lui; lui le ha unite appoggiandole in fondo alla mia schiena, pesanti e a pugno – scandalo! – appena sopra il mio sedere. Quasi mi toccava il sedere! Dondolavamo, come prescritto, sapendo che ci guardavano. Penso di avergli appoggiato la testa sul petto solo per fare una pausa da tutto quel guardarsi negli occhi. Sentivo il *tu-tum* del suo cuore nell'orecchio, e conoscere uno dei suoi organi vitali così, essere in rapporti così intimi così presto con quello che aveva in corpo era un po' elettrizzante e un po' spaventoso.

Quando ho alzato di nuovo gli occhi, ha premuto le labbra sulle mie. Ecco un sigillo, impresso mentre mi risucchiava l'aria. Ecco una lingua, trafficava dentro di me. Prima di allora non avevo mai capito dove potesse finire la lingua di un ragazzo – non avevo già la bocca piena della mia, di lingua? Ma 'sta lingua s'è fatta spazio, s'è fatta largo tra i miei denti. Sapeva di burro come le Werther's, come se avesse appena mangiato quelle caramelle. Altroché se mi giravano; nessuno mi aveva detto che dovevi mangiarti le caramelle così avevi un buon sapore. L'ultima cosa che avevo mangiato era una patatina alle cipolline sottaceto. Quando s'è staccato, lo rivolevo. La mia bocca aveva freddo. Strano essere di nuovo sola.

Mi ha chiesto il numero di telefono così gli ho dato il fisso. Era poco che avevamo tutti il cellulare, ma nessuno aveva mai credito. All'epoca il cellulare si usava solo per gli scherzi al telefono e per ascoltare le suonerie a tutto volume seduti in fondo all'autobus. Mentre rientravamo a casa Shaz e Kel erano tutte urletti, e io mi sono sentita famosa, mi sono sentita tutta invasa dalla tensione emotiva della serata. Non ero mai stata al centro dell'attenzione così, prima; spettegolavamo sempre dei ragazzi di Kel e Shaz. Mi hanno chiesto com'era stato baciarlo, ma solo per gentilezza. Com'era baciarsi era un'informazione di prima mano che avevano già tutte e due – be', di prima bocca. Già lì mi ricordavo appena cos'avevo provato. Potevo dire che mi era piaciuto? Ero troppo preoccupata a pensare a come muovere le labbra, a quanto aprire la bocca, se poi sarei riuscita a respirare con lui premuto addosso. Ero sollevata all'idea di essermi tolta il pensiero, però, all'idea di essere diventata una che *l'aveva fatto*.

Calava la notte e noi saltellavamo, passavamo le mani sulle punte ispide della siepe di ligustro davanti a casa di qualcuno. Mi grattavano e solleticavano il palmo – il mio palmo nuovo, diverso, la mia pelle più da grande, più da adulta. Ho chiesto a Shaz se stava bene dopo lo scontro con la Cestista. Ha scrollato le spalle e ha detto: «Robetta».

Shaz non s'era mai preoccupata di mettere il reggiseno perché era piatta come Kel, ma dopo quella festa non andava più da nessuna parte senza, e appena messo da parte abbastanza coi soldi del pranzo, s'è comprata uno di quei reggiseni gonfiabili che ti vendevano con tanto di pompetta. Non ha mai più accennato al fatto e s'arrabbiava se provavo a tirarlo fuori io, quindi facevo del mio meglio per dimenticare che il suo petto pallido era diventato di pubblico dominio per colpa delle mani arraffone di una coatta.

Non mi aspettavo una chiamata. Pensavo che chiedere il numero di telefono dopo un bacio fosse solo educazione, solo l'ultima mossa della coreografia. All'epoca, chiamare una ragazza al fisso voleva dire rischiare di parlare con sua madre. Rischiava che mia mamma pretendesse di sapere nome e cognome e indirizzo e cosa vuole da Rachael e sorelle ne ha e a scuola si dà da fare. A chi potevo piacere tanto da osare *così*? Ma la sera dopo alle sette è suonato il telefono, quello vecchio col filo in anticamera, mi legava tra le scale e la porta d'ingresso. Il pannello di vetro della porta era fatto per sembrare la superficie increspata di uno stagno ghiacciato, trasformava il mondo fuori in un campionario cromatico di verde prato, grigio lastricato, azzurro cielo. Chissà quale sarà stato il grosso della conversazione, che stupidaggini adolescenziali saranno venute fuori, ma ricordo che il tenore delle nostre chiacchierate era più o meno questo.

«Oh, ciao», diceva lui.

«Cia', come va?», rispondevo io.

«Non c'è mare», la battuta era sempre quella.

Io gli chiedevo com'era andata la giornata e lui mi diceva del videogioco a cui stava giocando o cos'aveva mangiato per cena o che era andato al parco coi suoi amici, della roba da «schizzati» che avevano fatto. Uno era salito sullo scivolo e aveva fatto vedere le chiappe nude a una vecchia. Un altro aveva provato a dare fuoco a un'anatra. Mi meravigliava che un ragazzo volesse raccontarmi tanto. Spostavo il peso da un piede all'altro, così le chiazze verdi e grigie tra le creste sul vetro saltavano.

Così per una o due settimane, con Daniel che chiacchierava di scuola, degli amici, del cugino più grande che gli insegnava muay thai dietro casa, finché non veniva l'ora che andasse a letto. Si svegliava alle quattro per saltare sul cassone scoperto del lattaio, andava a decorare gli scalini delle case con casse di bottiglie di vetro.

«È un periodo che faccio gli straordinari», ha detto una sera, per spiegare perché doveva riagganciare presto. «Cioè, provo a mettermi da parte due soldi». Era solo un anno avanti rispetto a me, ma col fatto che lavorava sembrava un sacco più grande, un adulto con una vita vera. E voleva che io ne facessi parte, cosa che faceva sentire adulta pure me.

Arrivavano lettere, biglietti d'amore per posta, scritti su carta color lavanda. Una calligrafia bella, tutta curve, con la penna a gel viola, molto più precisa della mia scrittura tutta appiccicata e lunga e stretta. Una diceva: «È tutta la settimana che metto la nostra canzone a ripetizione & ti penso. *My heart will go on* mi farà sempre pensare a te». Ecco perché so che canzone era – se l'era ricordato *lui*. Mi sono sentita le braccia e le gambe flosce mentre leggevo quelle parole: «la nostra canzone». In un'altra ha scritto: «C'ho una voglia di rivederti, vorrei poterti baciare, mi manchi da morire».

Si firmava «Daniel» e, sotto il nome, scriveva «a.k.a. Dark Stalker». Non conoscevo il significato di «a.k.a.», ma sapevo che «e.g.» era una roba in latino, quindi pensavo che anche «a.k.a.» fosse latino. Non avevo mai conosciuto uno così sofisticato. Magari per quello Kel e Shaz avevano deciso che gli piacevano i ragazzi – perché ti ci crogioli, nelle attenzioni che ti danno.

Voleva che ci rivedessimo, che ovviamente era il passo successivo, solo che io non ci avevo pensato finché non me l'aveva chiesto lui. Aspettavo con ansia le sue chiamate delle sette, m'ero abituata alle nostre lunghe chiacchierate, a come divagavamo. Volevo che arrivassero ancora altre lettere. Mi facevano sentire speciale, e desiderata, e scelta. Mi facevano sentire bella. Non ci potevo credere che un tipo come Daniel se ne stesse là a Barnsley a fantasticare su di me. Barnsley era un altro paese, però, e non mi premeva andarci. Io, Kel e Shaz non facevamo che parlare di andare al lunapark del St. Leger, quindi ho chiesto a Daniel se gli andava di trovarci là.

Quel lunapark era oggetto di controversie tra le madri di Donny, spuntava a inizio settembre vicino all'ippodromo in occasione della famosa corsa. Qualcuno aveva il permesso di andarci senza sbattimenti; tra le madri, qualcuna non si fidava delle giostre: ruota panoramica sgraziata e decrepita, tazze rotanti arrugginite, autoscontri che scintillavano e stridevano e quella trappola mortale sfida-gravità chiamata la Gabbia, che era la preferita di Shaz e Kel – una roulette gigante senza barre di sicurezza che girava fino a schiacciarti contro i bordi per forza centrifuga, poi si rovesciava di novanta gradi facendo perno su un braccio idraulico, quindi, oltre a girare e girare, andavi anche a testa in giù. A impedirti di volare incontro alla morte c'era solo una stramba regola della fisica, e non vedevo perché la fisica non potesse cambiare idea. Per alcune mamme, inclusa la mia, il lunapark era un posto sporco, gestito dagli zingari, infestato dai delinquenti. Per aggirare il divieto di mia madre, nel weekend io e Kel ci siamo fermate di nuovo da Shaz, perché a Shaz sua mamma faceva fare tutto.

Siamo arrivate in città presto, intorno a mezzogiorno eravamo già a gironzolare per il centro. Era silenzioso, sulle spine, in attesa. Finite le corse della giornata, resse di residenti ubriachi in pompa magna, coi completi gessati e con pizzi e perline e acconciature piumate, piombavano nei pub, nei bar e nei club del centro per sperperare vincite, annegare perdite, consumare tacchi a spillo, perdere piume dai colori accesi come quelle dei pappagalli, spargere strass come briciole fiabesche, orchestrare una zuffa o forse tre e in generale finire ciucchi da non stare in piedi. Noi eravamo troppo piccole, ma solo di poco. A tredici anni avrei dovuto aspettare un altro anno perché sembrasse che avevo l'età per unirmi al tutto. Non che a quattordici sembrassimo proprio maggiorenni, ma avremmo già avuto tette e faccia tosta a sufficienza perché i buttafuori ci concedessero il beneficio del dubbio.

Scarpinata lungo Hall Gate, Bennetthorpe, poi Leger Way. A ogni autobus a due piani che passava stridendo, tra di noi cominciava piano piano a emergere la consapevolezza che la zona doveva essere servita. Ma eravamo troppo giovani per sapere come scoprire le cose che non sapevamo, avevamo troppa paura di fermare un autobus e chiedere all'autista. Sapevamo solo quello che sapevamo. Una volta vicine, ansanti, tutte rosse, stanche morte, ormai non ero più dell'umore di vedere Daniel. Avevo solo voglia di hamburger e patatine. Ma lui non si aspettava forse di baciarmi di nuovo? Non dovevo forse mangiare solo gomme e caramelle? Non sapevo cosa fosse peggio, lui che voleva baciarmi – quel preoccuparsi per tutto il giorno del quando e del come e del se ero pronta – o lui che mi vedeva e decideva di aver fatto proprio un errore a baciarmi.

Abbiamo sentito il lunapark ancora prima di vederlo, le casse pompavano una scarica di musica techno. Per primi ci sono arrivati i bassi, un battito regolare coperto dal traffico come se Donny fosse stata una bestia col cuore pulsante. Poi una voce acuta da gas esilarante che tagliava il pomeriggio. «*Are you ready to fly-ee-ai-ee-ai?!*». Più vicino, una voce cupa, amplificata, ha detto: «Teeeenetevi forte, si va in orbita!». Poi il dolce assalto dello zucchero filato, la zaffata untuosa delle friggitrici. Quando finalmente è spuntato dall'altro lato di una strada a doppia carreggiata – con le macchine che andavano a rotta di collo –, il lunapark era un capannello d'insetti dalle zampe appuntite accovacciati vicino all'ippodromo in una macchia di terra desolata. File di lampadine rosse e gialle correvano lungo ogni arto scheletrico di metallo lampeggiando flebili nel pomeriggio nuvoloso.

Ci muovevamo tra le giostre, sentivamo la magia imminente del lunapark, ogni cosa aspettava il tramonto, quando le lampadine, balenando, l'avrebbero trasformato in un labirinto irreale di luce e buio, meccanismi nascosti dalla notte, macchine vive, volteggianti come in una danza di alieni ardenti ed eccitati. Ma alle due del pomeriggio vedevamo anche troppo. Il braccio idraulico che sollevava la Gabbia in cielo, poi sospirava stanco tornando a terra. Le ruote sottili delle tazze rotanti che correvano traballanti attorno a un binario che scricchiolava, un adolescente, paglia accesa tra le labbra, che ci saltava in mezzo, le faceva roteare con movimenti vertiginosi, facendo urlare le ragazze sedute dentro. Mosche che giravano attorno al cestino della spazzatura vicino al furgone degli hamburger, il grembiule con sbaffi di mostarda del tizio dei panini, col segno vicino al colletto dove s'era tagliato la pelle radendosi. E a metà delle paperelle della pesca alle paperelle mancavano gli occhi.

Shaz e Kel si sono mangiate il loro cono di patatine fritte e salsa al curry – Kel l'ha pulito tutto leccandolo, Shaz ha solo sbocconcellato – e hanno buttato i coni nel cestino. Hanno contato le monetine, passandole da un palmo all'altro, poi sono andate a pescare le paperelle cieche. Volevano vincere un orsacchiotto di pezza orrendo. Più alto di Shaz, cogli occhi adesivi che guardavano in due direzioni diverse, era appeso per il collo al palo centrale nel baracchino della pesca alle paperelle, impiccato, con una busta di plastica legata attorno alla testa.

Io sono rimasta dov'ero, orbitavo attorno al cestino, masticavo il mio hamburger. La carne era asciutta nonostante la valanga zuccherina di ketchup sotto la fetta di pane. La mia gola si rifiutava di inghiottire. Daniel era già in ritardo di quaranta minuti, anche più in ritardo di noi. Volevo solo battermela nel ventre del lunapark, sperando che non ci vedesse. Non ero neanche sicura di riconoscerlo. Me lo ricordavo alto, mi ricordavo che le ragazze avevano detto che sembrava Leo. Ma ora in testa avevo solo ombre e luci da discoteca. I suoi lineamenti non si palesavano.

Shaz è tornata dov'ero io. «Allora, il tuo ragazzo?», ha detto, con un barlume di trionfo negli occhi.

«Oddio, non l'avete vinto quel cacchio di orso». Mi immaginavo noi che tornavamo in centro a piedi con quel rimorchio impolverato e mangiato dalle tarme a strascico.

Shaz ha scosso la testa. «Meglio».

Kel s'è avvicinata, teneva in mano un sacchettino di plastica annodato e pieno d'acqua. Un lampo arancio dorato dove il sacchetto era rigonfio – colpo di coda, riflesso di squame.

L'occhio rotondo del pesce m'ha guardato, la bocca si apriva e chiudeva meccanicamente. Sembrava una creatura fuori dal tempo, un dinosauro trasportato nel 2000. Mi guardava comprensivo, come se sapesse che mi sarebbe sopravvissuto.

«Ho vinto un Furby per Shaz», ha detto Kel. Shaz ha tirato fuori il suo premio. Non era un Furby vero, ovvio; quelli costavano un sacco. Era un sosia peloso, morbido e grande quanto un palmo – un Finty... ma come mi vengono? –, con una cordicella da tirare cacciata nel culo che, se tirata, faceva vibrare la palla di pelo. Ho aspettato che Kel mi dicesse che ne aveva vinto uno pure per me. Non ha detto niente del genere.

Ho stuzzicato quel triangolo di feltro marrone che aveva al posto della bocca. «Non è mica un becco, questo».

«Allora io ho vinto un pesce per Kel», ha detto Shaz, troppo felice per sentirmi.

Kel ha fatto un sorriso forzato, ha tirato di nuovo fuori il pesce.

«Può stare nell'acquario di tua mamma, no?». Shaz sembrava così contenta di quel regalo, era come se avesse vinto la cosa che Kel desiderava di più. Ai tempi non capivo perché Shaz, tra tutti, volesse imporre un pesce rosso a Kel, ma più tardi mi sono ricordata di come s'era arrabbiata due Natali prima – il primo Natale dopo che io e Kel eravamo diventate sue amiche – perché noi le avevamo regalato i calzettoni e lei non ci aveva regalato niente. Le avevamo detto che non importava, ma non era quello il punto. Importava *a lei*. Solo dopo anni mi è venuto in mente che era alterata perché non aveva la paghetta per comprarci un regalo. All'epoca non pensavo a certe cose, ma forse è perché io la paghetta ce l'avevo – nulla di che, eh, parliamo di cinquanta pence a settimana, ma bastavano a farmi sentire che avevo la responsabilità di qualcosa. Che avevo delle alternative.

«Come lo chiami?», ha chiesto Shaz.

Kel ha fissato il sacchetto di plastica come per farsi un'opinione sul carattere del pesce, come se stesse scorrendo il suo elenco mentale di nomi, ma sapevo che aveva un vuoto. Sua mamma non le lasciava vedere *EastEnders* né comprare cd, e forse era per quello che Kel non aveva niente di preferito, figuriamoci un nome da dare a un pesce rosso che non voleva. Aveva una Spice Girl preferita perché le avevo detto che quella a cui somigliava di più era Sporty, le avevo dato il poster in regalo che avevo trovato in un numero di *Mizz*. Le avevo pure fatto fare una cassetta coi loro album da mio papà. Ma non aveva un Teletubby preferito né un Backstreet Boy preferito, s'innervosiva se le chiedevano di dire qual era il suo colore preferito o il suo gusto di gelato preferito. Da piccola, l'avevano costretta a dare il nome a tre orsacchiotti: Big Ted, che era grande; Clownie, che era un pagliaccio; e Pink Ted, che era di un rosa pallidissimo come una gomma da masticare alla ciliegia.

«Goldie?», ha proposto Kel.

«No! Gli ci vuole un nome migliore!», ha detto Shaz.

«E va bene, testa di cazzo», ha detto Kel. «Dai il nome al tuo Furby».

«Gerald».

«Perché Gerald?».

«Ha la faccia da Gerald. Su, dai il nome al tuo pesce».

«Chiamalo come il cavallo che ha vinto il Leger», ho detto, per dare una mano a Kel. «Mutafortec, o una roba così».

«D'accordo, allora si chiama così», ha detto Kel, e Shaz sembrava soddisfatta, e Kel sembrava sollevata, e io ero felice di non essere coinvolta nello scambio di regali, alla fine. Qualche giorno dopo, avrei controllato sul *Free Press* di mio papà e scoperto che in realtà il cavallo si chiamava Mutafaweq, ma era troppo tardi; Mutafortec era stato battezzato.

Quando Shaz ha fatto una scappata ai bagni chimici per fare una pisciatina, Kel ha sollevato il sacchetto tenendolo sospeso tra i nostri nasi. «Checcazzo ci faccio?». Dimenava le sopracciglia. Erano buffe, viste attraverso l'acqua, rifrante in bruchi a fette. Ho riso, poi ha riso lei, poi non la smettevamo più.

«Non lo puoi manco appoggiare!», ho detto.

«Lo so! Lo devo tenere in mano!».

Ci siamo piegate in due dalle risate, col torace contro le ginocchia.

Passata l'ilarità, ho detto: «È un pesce del lunapark, eh. Morirà prima che arriviamo a casa». E se non l'avessi detto, sono sicura che il buon vecchio Mutty si sarebbe goduto le sue belle dodici ore di vita e poi sarebbe debitamente spirato.

Mentre Shaz tornava da noi e Kel cercava un modo per appendersi il pesce a uno dei passanti dei jeans così da riacquistare l'uso di tutt'e due le mani, un dito m'ha dato un colpetto sulla scapola. Mi sono girata ed eccolo, il mio Dark Stalker.

«Ciao», ha detto.

«Cia'», ho risposto io. Uno squarcio fra le nuvole ci ha gettato addosso lunghe strisce di luce, facendo strizzare gli occhi a tutti e due. Non serviva che mi preoccupassi di non riconoscerlo – la faccia era la stessa che avevo in testa io. Ma qualcosa non tornava. C'era una nota stonata. I lineamenti erano tutti lì come li ricordavo, ma erano più compattati, la struttura ossea era più stretta, le guance più magre, più giallastre. Uno sfogo di brufoli rosa sul mento, un ciuffetto di peli sul labbro superiore. Mi sentivo tradita dal buio della festa. Il ritratto che aveva fatto era a pennellate più decise.

Non sapevo cosa dire, quindi ho chiesto: «Come sei venuto?».

«Miopa'», un borbottio che gli è uscito da metà bocca.

«Eh?».

«*Mio* pa'», ha detto, usando la stessa identica porzione di labbra.

Non li capivo quei suoni. *Mio-pa'*. Il mio cervello li ha schiacciati uno contro l'altro finché si è accesa una lampadina: gli aveva dato un passaggio suo padre.

Ha guardato Kel e Shaz cogli occhi socchiusi, di traverso neanche fossero state un'allucinazione. Siamo rimasti tutti lì impacciati finché poi mi sono ricordata che dovevo fare le presentazioni.

«Loro sono Kel e Shaz», ho detto.

«Okay». Daniel ha fatto un cenno con la testa.

Kel e Shaz hanno detto: «Cia'».

Il silenzio mi pungolava. Non sapevo come far partire la conversazione. Al telefono Daniel era un chiacchierone.

Ora pareva un albero sfibrato della fibra. Fragile, come se da un momento all'altro potesse spaccarsi e le schegge potessero ficcarsi nella mia pelle.

Shaz ha tirato Kel per un braccio. «Andiamo sulla Gabbia».

Ho fulminato Kel cogli occhi, segnale che ero nel panico, era un'emergenza. *Non andate via.*

Shaz strattonava proprio, coi piedi puntati nell'erba, tirava Kel per il braccio come un ragazzo che gioca al tiro alla fune.

«Vuoi venire sulla Gabbia con noi, Rach?», ha detto Kel, sapendo benissimo che non volevo.

«No, no», ha detto Shaz, tirando. «Loro vogliono stare da soli».

No. No, cacchio. Mentre Shaz e Kel lottavano per scherzo, con Kel che rideva, resisteva, mentre Shaz la tirava, io ero combattuta tra il terrore di salire sulla Gabbia e il terrore di restare da sola con lui. Neanche lo conoscevo, eh. Chiunque fosse 'sto tipo che avevo vicino, non era il Daniel chiacchierone, quello del telefono. Non era il Daniel delle lettere romantiche. Non era il Leo di Barnsley.

«Torniamo subitissimo, Rach», ha detto Kel. «Mi tieni il pesce, sì?».

M'ha cacciato in mano la bolla d'acqua. Kel e Shaz hanno fatto a gara a chi arrivava per prima. Ho guardato Mutafortec. M'ha guardato anche lui. Mantenevo il contatto visivo col pesce così non dovevo guardare il ragazzo, che sembrava pelle e ossa e tosto allo stesso tempo – troppo tosto, uno che se lo incontri per strada lo eviti. Quando dico tosto intendo rospo, in realtà. Intendo *rospo*. Ma non è un pensiero carino, e lui era stato sempre e solo carino con me.

Sarebbero passate ore prima che suo papà tornasse a prenderlo. Quand'è che puoi decidere che una cosa non fa per te, alla fine? Com'è che si fa a dire *Oh, mi disp, ho cambiato idea*?

«Te lo tengo io?», ha detto Daniel, e, visto che non rispondevo: «Dai, dammi qua». M'ha preso l'animale dalle mani, ha trovato una tasca dei pantaloni della tuta che fosse abbastanza profonda e – *pluf!* – pesce inghiottito dai calzoni. Avevo paura che Mutafortec soffocasse, ma poi mi sono ricordata che era un pesce. L'idea che la sua sparizione avesse liberato le mani di tutti e due non mi piaceva. E avevo paura a ragione – ecco che Daniel intrecciava le dita alle mie.

Abbiamo passeggiato, con le braccia unite che oscillavano rigide in mezzo a noi, i palmi incollati che sudavano, Mutafortec che appesantiva i pantaloni di Daniel da un lato. Non lo guardavo in faccia, casomai aspettasse di incrociare il mio sguardo, di partire col bacio. Abbiamo fatto un giro sul treno fantasma, io agitata e tesa al buio, non perché avessi paura delle ragnatele filanti o degli scheletri di plastica; avevo paura che provasse a mettermi una mano sul ginocchio. Mi sono fermata a guardare mentre tirava freccette e mancava il bersaglio, mentre tirava palle e mancava il bersaglio, mentre tirava anelli e mancava il bersaglio, finché non ce l'ho più fatta a guardare, casomai l'intenzione fosse stata quella di fare colpo, casomai avesse dato la colpa a me, casomai avesse un orgoglio di porcellana e al prossimo fallimento avesse finito per fracassarsi a terra.

Continuavo a guardarmi in giro in cerca di Kel e Shaz, continuavo a suggerire di stare fermi così potevano trovarci. Quando le ore da una erano diventate due, mi sono resa conto che stavano lontane apposta.

Abbiamo fatto un altro giro del lunapark, per mano. S'è bloccato davanti alla giostra più alta di tutte e ha detto: «Cosa dici?».

La giostra si chiamava la Fionda. Due torri d'acciaio s'ergevano sopra di noi, grattavano le nuvole. In mezzo, attaccata con due cavi elastici, pendeva una palla per criceti di metallo a grandezza umana con due tizi intrappolati dentro. La palla veniva lanciata in aria in verticale, poi rimbalzava su e giù mentre le corde elastiche si tendevano, poi s'allentavano, ai tizi le scosse facevano schizzare fuori le ossa dalla carne. Shaz era l'unica persona che conoscevo capace d'infilarsi lì dentro volontariamente. Era sempre stata così, la mia Shaz, un eterno buttarsi a capofitto nel pericolo, con una passione per tutto quello che poteva storpiarla, staccarle pezzi di corpo, lasciare cicatrici.

A guardare quei pali m'è tornato in mente quando io e Kel eravamo piccole e abbracciavamo i pali dei lampioni che c'erano nella nostra strada, gli occhi correvano su per le colonne di cemento fino all'involucro con dentro la lampadina, le loro buffe teste piatte. La sera presto le lampadine brillavano di rosa, per trasformarsi poi in giallo pulcino dopo il tramonto. Avevamo addirittura il nostro palo preferito, e lo chiamavamo «Palo preferito». Se ti tieni forte, pieghi la testa all'indietro, se ti concentri sulle nuvole in alto, dopo poco sembra che la testa del lampione si muova, che cada – ma non cade mai, cade sempre –, e stai lì a fissare finché ti gira la testa, finché ti sembra di cadere, poi molli la presa, inciampi, vedi che tutto turbina, e ridi così tanto che hai paura di non smettere mai, e strizzi gli occhi mentre la mente piroetta, e non ci puoi credere che questa magia esista e sia nella tua strada, nel tuo *cul-de-sac* d'asfalto, proprio al centro del mondo.

Quando poi eravamo andate alle medie e avevamo conosciuto Shaz, e dopo che lei ci aveva fatto vedere come svenire a comando, Kel le aveva insegnato il trucco del lampione. Ero rimasta arrabbiata con lei per giorni. Le avevo fatto promettere di non farle conoscere il nostro Palo preferito, e lei aveva giurato di non farlo, ma comunque, dopo che Kel l'aveva detto a Shaz, un po' di magia era svanita e s'era persa.

Avrò guardato quei pali, quel coso da incubo, troppo a lungo, perché Daniel ha detto: «Ma vuoi salirci o no?».

E io ho detto: «*No!*».

Daniel ha detto: «Cioè, guarda che pago io».

E io ho detto: «*No!*».

Ma devo aver detto un *no* che sembrava un *sì*. Un *no* che sembrava un *voglio salirci, davvero*, perché lui è andato verso l'insegna vicino all'ingresso, che diceva «UN GIRO £ 20». Più di sei mesi di paghetta messa da parte.

«Un ventone! Che ladri», ho detto, parevo mio papà davanti alle mattonelle per la cucina da B&Q.

«Faccio io, sta' tranquilla».

«Non fare lo scemo».

«Faccio io».

«Come fai a avere i soldi?».

«Perché non dovrei averceli?».

L'ho guardato negli occhi per la prima volta da quando aveva preso lui il pesce. Erano strizzati e a fessura. A volte anche Shaz aveva quell'espressione, con la rabbia incisa su occhi e bocca come fosse una maschera da guerra. Ma dalle pupille di Daniel sprizzava una roba diversa. Determinazione, forse, e sotto ancora scintillava un'altra roba, una roba a cui non riuscivo a dare un nome.

Quindi, il no era chiaramente sbagliato, ma non potevo dire di sì. Non capivo perché il no fosse sbagliato, va' a capire che peso aveva il sì.

Kel e Shaz sono arrivate barcollando, stordite dalla Gabbia, e dicevano di esserci salite tre volte. S'erano inventate un gioco: tiravano la cordicella di Gerald a turno, lo facevano vibrare, poi provavano a infilarselo nei pantaloni a vicenda prima che inglobasse la cordicella e si fermasse. S'azzuffavano per scherzo, con manate e calci, finché poi Shaz è riuscita a ficcare Gerald giù per la maglia di Kel, dove si scuoteva come una tetta squinternata.

«Ma che avete?», ha chiesto Shaz, aveva notato il nostro silenzio, ne sentiva la tensione.

Ho detto: «Niente», e nel frattempo Daniel ha detto: «Non vuole salire lì con me, c'ha fifa».

S'è avvicinato un tizio, un adulto vero, col mento ispido per via di una barbetta che pareva limatura di ferro attaccata a una calamita. In sua presenza, la schiena di Daniel s'è afflosciata diventando quella di un bambino. Il mio Dark Stalker non sembrava più così spaventoso come un minuto prima.

Il tizio ha detto: «Qualcuno di voi vuole salire? Bisogna essere in due». Non abbiamo detto niente, stavamo lì fermi a sentirci sbagliati nella nostra pelle di bimbetti. «Cioè, mi fareste un favore».

«Sì», ha detto Shaz. «Hai voglia».

«Benone, grazie, cocca». Dalla tasca dei jeans ha tirato fuori un portafoglio di cuoio che si stava spellando.

Volevo scattare avanti, offrirmi al posto di Shaz. Volevo che pensasse che ero coraggiosa. Volevo salvarla da se stessa. Invece, ho detto: «Sicura, Shaz?».

«Datti una calmata, Rach, eccheccazzo». Shaz ha salito saltellando gli scalini di metallo che sferragliavano fino al casottino dei biglietti, via al seguito del tizio. Io, Kel e il mio Dark Stalker l'abbiamo guardata andar via, con la pancia di fuori e i pantaloni della Nike, la coda di cavallo superlunga un traino ballerino che le arrivava in fondo alla schiena. È entrata dentro la palla per i criceti, s'è calcata bene in testa il casco, le schermava gli occhi, le faceva la testa ridicolmente grande, come se qualcuno avesse cacciato una Malteser su un fiammifero. Un omone l'ha legata con una cinghia accanto al tizio, poi ha fatto un passo indietro lasciandoli lì seduti, con lo sguardo fisso, in attesa che la macchina li lanciasse, in attesa del momento in cui si sarebbero librati sopra il lunapark, vedendo tutto: ogni giostra in miniatura, le recinzioni bianche dell'ippodromo grandi quanto una casa delle bambole, il centro di Donny, più lontano, rannicchiato lì, misero e grigio.

Mentre aspettavano, parlavano gridando. Il tizio ha detto qualcosa e Shaz ha gettato la testa all'indietro ridendo, dondolava i piedi, le ginocchia – le ginocchia più minute, più nodose che avessi mai visto – si dimenavano accanto a quelle carnose del tizio nei jeans attillati. E poi – *pam!* – partiti.

La palla per criceti sfrecciava in cielo, coi cavi elastici tesissimi, e la gravità li tirava di nuovo giù. Su, giù, su, finché hanno fatto pace con le forze della terra e semplicemente penzolavano. Noi tre rimasti a terra non avevamo trovato il tempo di parlare, anche se sentivo la presenza di Daniel accanto a me, come senti la pioggia nell'aria appena prima che cominci a venire giù. Non sapevo bene se la colpa era mia o se era quel tizio a farlo sentire piccolo.

Shaz era tornata, si lanciava stordita tra le braccia di Kel, e Kel saltava su e giù con lei. Ha detto: «Che figata, cazzo!».

Il tizio ha sceso gli scalini col passo ingessato, le ginocchia tozze più caute e pesanti. Ha dato il cinque a Shaz. «Bello, ciccina». A noi ha detto: «Più tosta di me, questa. 'Sta piccoletta è un mito». Poi se n'è andato, è uscito dalle nostre vite per sempre, e dentro di me s'è allentato qualcosa, si sbrogliava una molla che non sapevo fosse tutta attorcigliata, nel vederlo andare via, sapendo che da noi non voleva nulla che non potessimo dargli.

Io e Daniel abbiamo camminato dietro Shaz e Kel fino in fondo al lunapark, diretti di nuovo verso il traffico rombante di Leger Way. L'euforia di Shaz era come una quinta persona, ronzava anche lei, ci faceva sentire come se non avessimo mai vissuto appieno, e come se non avremmo mai vissuto appieno. In quel momento volevo forse essere Shaz, che ora sbolliva dopo essere andata su di giri per una smargiassata? Libera al punto da lanciarsi a capofitto dovunque vedesse un modo nuovo per morire? Forse mi sarebbe piaciuto sgusciare dentro la sua pelle per sentire quel fuoco a posteriori, per la ricompensa della sua spericolatezza.

Arrivati in strada dovevamo separarci, a noi ragazze toccava una nuova, lunga camminata verso il centro e Daniel avrebbe aspettato suo pa', che l'avrebbe riportato indietro. Avevo il terrore dei saluti: ecco, sicuro stava per scoccare l'ora del bacio. Ci siamo girati piano l'una verso l'altro, azione sofferta – con quel fare rigido da robot di due ragazzini che sapevano cos'era previsto, che facevano del loro meglio per tradurlo in azioni. Kel e Shaz si sono ritirate, alla distanza eloquente di un metro e mezzo. Non volevo stare qui con lui; volevo tornarmene là con loro, al sicuro nel piccolo nido della nostra amicizia. Daniel s'è sporto, ha inclinato la testa, quindi ho fatto lo stesso anch'io, arrendendomi a quanto richiedeva il momento. Un bacetto a stampo sulle labbra – e, nel mio petto, un frullio inatteso, non proprio fastidio, non proprio desiderio.

«To', prendi», ha detto lui, m'ha messo una roba in mano con fare da rospo.

Due robe, a dire il vero. Nella mano sinistra Mutafortec nel suo universo a forma di bolla di plastica, sempre con la coda che guizzava, sempre re delle sue acque, tutto bello vispo, sembrava il gran finale di un numero da illusionista. Nell'altra mano c'era una scatolina di plastica da gioielli, bordò rifinita d'oro.

«Ma non puoi farmi un regalo». Gliel'ho tesa.

Ha fatto un passo indietro, mani alzate, come davanti a un giudice o a una bombetta puzzolente. «Tienila».

«Non posso, cos'è?».

Ha riso e guardato altrove. «Guarda che è per te, eh».

Non riuscivo a decifrare la sua espressione. Ho provato a mettergli in mano la scatolina. Ha indietreggiato ancora.

«Per favore, non posso tenerla, è troppo».

Troppo, ma troppo troppo.

«Devi tenerla. Guarda che è la pietra del tuo segno zodiacale».

Non mi ricordavo quale fosse la pietra del mio segno zodiacale. Non mi ricordavo di avergli detto quand'è il mio compleanno. Tutte quelle lettere e quelle telefonate, tutte quelle carinerie. Stavo male, ora, al pensiero di averle accettate. Alle mie spalle, Kel e Shaz restavano immobili e silenziose come due che fanno birdwatching. Ho provato a infilargli il regalo in tasca; m'ha bloccato la mano coi riflessi di un pugile.

«E *tienila*», ha detto, conciso e aspro. Pressante, come se in ballo ci fosse più della scatolina bordò.

«'Azie», ho detto. «Grazie».

«Devo andare, mio pa' m'aspetta». È andato via a piccole falcate lasciandomi al mio malloppo e alle mie amiche, che si sono rianimate appena andato via lui, lanciandosi sull'oggetto che avevo in mano. Kel è arrivata per prima alla scatolina, la agitava sopra la testa. Shaz cercava di agguantarle il braccio, provava ad arrampicarsi su di lei. Ho alzato il pesce all'altezza degli occhi di Kel.

«Ridammelo o Mutafortec fa una brutta fine».

Kel sarebbe stata più contenta che mai di vedere fare un capitombolo al vecchio Mutty, ma non poteva farlo capire a Shaz. M'ha teso la scatolina. Le ho sbattuto in mano il sacchetto col pesce.

La scatolina non si apriva bene – all'inizio il gancio di plastica è rimasto bloccato, poi s'è aperto di colpo, avevo le dita rallentate dal freddo, il vento del tardo pomeriggio ci lambiva. Dentro, una collana, una catenina corta infilzata di gemme azzurro pallido sepolte da filigrane dorate. Pacchiana, ha detto una voce nella mia testa. Che pacchianata. Mi sono sentita subito in colpa per averlo pensato.

Shaz ha detto: «Ommerda, 'sta roba costa un botto».

«Che ne sai?». Ho provato a chiudere la scatolina, ma Shaz l'ha acchiappata, se l'è avvicinata alla faccia.

«È nel catalogo di Argos».

«No che non c'è».

«Tiggiuro, lo guardavo l'altro giorno – vero, Kel?».

Kel ha annuito guardandomi con occhi dispiaciuti. «L'altra settimana eravamo da Argos e Shaz ha dato un'occhiata ai gioielli». Non sapevo se Kel era dispiaciuta perché era andata da Argos senza di me o perché dava manforte a Shaz e non a me.

«È costata un trentone, questa», ha detto Shaz.

«Ma no».

«Giuro su Dio. Andiamo da Argos e vedi coi tuoi occhi». Ormai Argos era chiuso e Shaz lo sapeva. «Te lo dico, Rach, per te quel tipo ha speso almeno un trentone».

«Non mi piace Daniel», ho detto.

«Allora perché l'hai tenuta?», ha chiesto Shaz.

«Cosa dovevo fare?».

«Be', non dovevi tenerla». Shaz sembrava stra-arrabbiata con me. Non capivo come avevo fatto a sbagliare così. Né come avrei fatto a rimediare.

Non sapevo granché delle regole per scaricare qualcuno, ma avevo visto mia sorella Louise triste diverse volte, dopo che l'avevano scaricata, e sapevo che solo gli stronzi lo facevano per telefono. Così, quando il giorno dopo alle sette Daniel ha chiamato, ho risposto, tirato il filo del telefono al massimo così potevo parcheggiare il sedere sulle scale, coi riccioli del filo belli tesi, la cornetta di plastica che scricchiolava in maniera preoccupante. Abbiamo parlato come al solito di chi aveva fatto cosa, solo che stavolta abbiamo passato più tempo ad ascoltare l'una il respiro dell'altro. Eppure, chiacchierava almeno il triplo di quanto aveva chiacchierato di persona, parlava di una partitella di calcio cinque contro cinque e del fatto che sua madre non gli avrebbe preparato la cena. Dopo un lungo monologo in cui spiegava che era andata a una festa della Avon e che quindi lui doveva prepararsi fagioli e pane abbrustolito da solo, ho chiesto: «Come mai eri così silenzioso al lunapark? Mi hai a malapena rivolto la parola».

Silenzio.

Poi: «Lo sai».

Quando ha detto così il cuore s'è messo a battermi in un modo strambo. Sembrava così sicuro che ho pensato dovesse esserci un'altra me che sapeva cose che io non sapevo. Che aveva fatto cose per cui mi sarei presa la colpa.

«Non lo so, davvero. Sono confusa».

Silenzio.

«Le tue amiche».

«Le mie amiche cosa?».

«Non mi avevi detto che le portavi».

Cominciavo a mettere a fuoco spezzoni della giornata al lunapark. S'era alterato perché noi eravamo più di lui. Perché non lo avevo avvertito.

«Mi dispiace, non volevo farti alterare».

«Non ero mica alterato».

«Oh, be', mi dispiace se ti sei scazzato».

«Non mi sono scazzato».

«D'accordo, be'... Mi dispiace».

Altra pausa.

«Allora, ti piace la collana?».

«Oh, sì, è bellissima, non me la sono ancora tolta!».

«Davvero?».

«Sì, certo!».

«Ho fatto gli straordinari apposta, sai».

Ovviamente, la collana non era mai uscita dalla scatolina. Shaz aveva detto che non era giusto metterla, cosa che mi faceva venire voglia di metterla giusto per fare un dispetto a lei, ma era brutta e non stava bene con niente.

Ho deciso che l'unica via d'uscita era fare un regalo *a lui*, e ridargli la collana. Poi potevo dirgli che volevo scaricarlo. Il piano era di andare a trovarlo a Barnsley il weekend dopo; mentre andavamo a scuola in autobus ho provato a farmi consigliare da Kel cos'avrei dovuto dirgli.

«Cosa faccio?», ho detto, le mani sulla faccia.

«Cosa faccio *io*, non tu», ha ribattuto Kel.

«Per…?».
«Mutafortec».
«Non è ancora morto?».
Kel ha scosso la testa. «A mia mamma girano perché l'abbiamo dovuto mettere insieme ai suoi pesci fighi. Dice che è troppo normale; rovina l'acquario».
«Seriamente, Kel», ho detto. «Cosa gli compro e come faccio a dirgli che non voglio più stare con lui?».
Kel ha scrollato le spalle. «Gli dici "Non voglio più stare con te", punto».
«Non gli posso dire così».
«Perché no?».
«Non posso».
Qualcosa in fondo all'autobus ha attirato l'attenzione di Kel. Non mi serviva guardare per sapere che era Ando, quel teppistaccio dell'ultimo anno. Col braccio attorno alle spalle di una del suo anno, le sussurrava qualcosa all'orecchio, lei rideva e diceva, Eddai oh. Kel stava sempre a fissarlo, uno sguardo come di desiderio, come di supplica.
«Oi!», ho detto, e Kel ha girato gli occhi di scatto verso di me. «Mi serve aiuto».
«Ma non si confonde se gli fai un regalo e poi lo molli?».
«Cioè, boh. Lui me l'ha fatto».
Mi domandavo se sarebbe stato poi così brutto restare la sua ragazza per sempre.

Una sera dopo la scuola mi sono fatta accompagnare da mia mamma da Jacksons. Jacksons era uno di quei negozi che tutti chiamavano con un nome diverso, a seconda di come si chiamava quand'erano ragazzi. Mia mamma lo chiama Grandways. Per me resterà sempre Jacksons anche se ora è un mini Sainsbury's. Mamma mi ha dato cinque minuti per scegliere. Con le paghette avevo messo da parte dieci sterline ma non volevo bruciarmele tutte. Non riuscivo a scegliere tra una scatola di Ferrero Rocher e un maialino di peluche. I Ferrero Rocher erano il tipico regalo da fidanzati, ma il maialino sembrava così felice, il sorriso cucito col filo nero che curvava attorno al grugno. Mamma mi metteva fretta, fingeva di andare via e poi tornava, dicendo «Se non ti decidi ti lascio qui», quindi li ho presi tutti e due, mi sono bruciata tutte le mie cacchio di dieci sterline, poi sono uscita di corsa seguendo mamma nel parcheggio, nella morsa del rimpianto. Non avrei potuto comprarmi i dolciumi sfusi per settimane.

Il sabato mamma m'ha accompagnato a Barnsley. Ci siamo infilate di qua e di là tra le file di case a schiera finché abbiamo trovato la porta di casa di Daniel. Mamma m'ha lasciato lì davanti col mio maialino e i miei Ferrero Rocher in mano, la scatolina bordò un bozzo nella tasca dei jeans. Quando ha aperto la porta non m'ha baciato, cosa che m'ha fatto sentire felice e triste. Mi ha fatto strada in casa, stretta come quella di Shaz – smilza il doppio di come pensavo io; continuavo a guardare a sinistra aspettandomi un'apertura nel muro che desse su un'altra metà di casa, ma l'apertura non arrivava mai – e poi fuori nel giardino lungo e stretto. C'erano un barbecue carbonizzato, due sdraio di plastica bianche e rotte, un sacco da pugile lercio a forma di lacrima e una fila di ragazzi seduti sul muro di mattoni.

Eccerto che non mi aveva detto che ci sarebbero stati i suoi amici.

«Non fa piacere, vero?», ha detto, con un sorriso.

Non lo sapevo quanti ragazzi ci fossero seduti lì a fissarmi maliziosi; non riuscivo a guardarli direttamente.

Erano una sfilza di tute da ginnastica e carne pallida. Ho pensato alla macchina di mia mamma, posto sicuro, che s'allontanava veloce. Lontana quanto? Come farla tornare indietro? Ho teso il braccio, il maialino davanti a me a mo' di scudo.

«Cioè, e questo?».

«Per te», ho detto, dandoglielo insieme alla scatola di Ferrero Rocher.

I ragazzi hanno riso della palletta rosa. Gliel'hanno strappato di mano, se lo sono passato, se lo sono litigato, ridevano, dicevano: «Dammi qua!». Uno che sembrava un falco, col cappello di Burberry, squittiva tutto mentre se lo infilava nei pantaloni. Uno più tracagnotto con le braccia robuste e la testa rasata s'è messo a dire con una vocina acuta: «Chiavami, sono un maialino sporcaccione!».

Lì ho capito che regalo stupido era. Da ragazzina, infantile.

Daniel guardava per terra, un po' scombussolato, un po' rosso, come se il regalo gli avesse fatto più piacere di quanto poteva far vedere. Come se fosse stato sicurissimo che portando le mie amiche al lunapark avevo provato a incastrarlo. Come se quel senso di trionfo d'essere riuscito a incastrare me stesse cominciando a diminuire. Sembrava arrabbiato con me e contento. Vendicativo e tenero. Schifato e attratto.

«Devo andare. Mia mamma dice che non mi posso fermare».

Sono fuggita da quel giardino stretto, da quella casa stretta, senza fare quello che ero andata a fare. Ancora legata, ancora non sfidanzata, la scatolina bordò ancora ficcata nella coscia. Ho camminato a caso per il quartiere finché ho trovato la strada principale, ho trovato la cabina del telefono, ho inserito una moneta d'argento – una esagonale da venti pence, la mia preferita –, chiamato a casa. Papà ha detto che quando mamma fosse arrivata, le avrebbe detto di girare la macchina e tornare direttamente indietro, e così ha fatto mamma, con un'inversione a U plateale della sua piccola auto grigia quando m'ha visto. Quando Louise li chiamava ubriaca e appiedata nel cuore della notte, mamma e papà andavano sempre a salvarla, e io m'ero ripromessa di non farli mai stare in pensiero come faceva Louise.

Sono salita in macchina, mi preparavo a una ramanzina. Ma mamma non mi ha sgridato perché le avevo fatto buttare via il pomeriggio. Il tono serio che aveva quando ha detto «Stai bene, tesoro?» m'ha fatto pensare a cosa poteva succedere. Che pericoli ero andata cercando, baciando un sosia di Leo a una festa.

Quando alle sette ha suonato il telefono non ho risposto. La sera dopo lo stesso. Terza sera, continuava a riagganciare e a richiamare subito. Io stavo ferma in anticamera, a guardia del telefono, m'assicuravo che nessuno lo toccasse. Alla fine, papà ha gridato dal soggiorno: «Rispondi o no?».

Mi sono infilata il telefono tra l'orecchio e la spalla, ho detto: «Pronto?». Come se non lo sapessi chi era.

«Sono Daniel».

«Ehi, come va?». Cercavo di avere una voce normale, ma tremava, si capiva che ero nervosa.

«Che c'hai? Perché non rispondi?».

Non volevo mentire, ma non potevo dire la verità. «Non sapevo che avessi chiamato».

«Cioè, mi stai lasciando?».

«No, no», ho mentito. «È che non ho sentito il telefono, giuro».

«Vabbè, a posto. Allora niente. Perché se mi lasci m'ammazzo».

A quelle sillabe, *m'ammazzo*, mi sono sentita gelare tutta. Sembravano irreali, non parole vere, solo rumori che mi rimbalzavano nel cranio. Nella vita vera la gente non lo diceva mica, no. Lo dicevano solo quelli di *Hollyhoaks*. Mi sono fatta uscire una risata.

«Be', va' che non serve, sciocchino, è tutto a posto».

Mi sentivo a stento con tutto quel rumore bianco che avevo nelle orecchie. Non capivo una parola di quello che diceva, cercavo solo di ridere a ogni sua pausa, sperando che mi stesse dicendo una roba divertente. Non pensavo ad altro se non a quanto dovevo stare lì ad ascoltarlo prima che riagganciare non fosse più rischioso. E quando poi m'ha lasciato andare, quando poi sono rimasta sola in anticamera, ho provato a immaginare com'era possibile che per qualcuno valeva la pena di morire per me. Ho provato a ignorare 'sta botta d'orgoglio che mi caricava.

Ha chiamato al fisso ancora per qualche sera. Ho sempre lasciato suonare a vuoto. Poi ha cominciato a suonarmi il cellulare, numero privato. La segreteria telefonica cominciava a riempirsi. Avevo paura di ascoltare i messaggi perché magari era Daniel che minacciava d'ammazzarsi. Non mi ricordavo di avergli dato il mio numero di cellulare. Nessuno dei due aveva i soldi per chiamare col cellulare. Quando alla fine ho ascoltato i messaggi registrati, non riuscivo a capire se era lui. Sembrava sempre di sentire un gruppo di ragazzi che ridevano, i suoni attutiti, s'incitavano a fare cose che non capivo, armeggiavano e la linea era disturbata, si passavano il telefono. Qualche sera dopo, sempre risate e borbottii, più una voce che cantilenava, prima bassissima e inquietante, piano piano sfuriava. Sfuriava con un accento strano, parole che non capivo. C'era un ritmo: *mmh-mmh-mmh-mmh-mmh-mmh-mmh*. Sette sillabe brevi. Tutte le sere per una settimana, *mmh-mmh-mmh-mmh-mmh-mmh-mmh*. Senza senso, tutto bile.

Ai miei non l'ho detto. Ascoltavo ogni messaggio fino in fondo, anche se duravano minuti. Chi aveva tutto quel credito da sprecare così? Quanto doveva odiarmi da pagare per tormentarmi ogni sera?

Una sera, dal niente, un frammento che aveva qualcosa di sensato: «Chiudi la bocca». Ora il ritmo faceva *mmh-mmh-mmh-mmh chiudi la bocca*. Ho ascoltato il messaggio sedici, diciassette, diciotto volte, cercando di capire. Così, sera dopo sera, fingendo di fare i compiti. In una mano la biro, tremava nello stesso punto sulla copertina del mio bloc-notes, scarabocchiava vibrando. Nell'altra mano il telefono premuto all'orecchio, si scaldava finché poi diventava bollente e dovevo metterlo giù.

Dopo settimane e ascolti infiniti, la prima parte di quel ritmo s'è trasformata in parole: «Stai al tuo posto». Il mio Dark Stalker urlava: «Stai al tuo posto e chiudi la bocca». L'odio schiumava dal telefono – ho lasciato cadere il cellulare sulla scrivania – come se il suo odio fosse stato acido che poteva bruciarmi la pelle.

«Che strizza», ha detto Kel quando gliel'ho raccontato sull'autobus. «Perché non chiami la polizia?».

«No».

«Dovresti, Rach, queste sono molestie».

«È solo uno scherzo telefonico, eh».

«Vedrai che Shaz mi dà ragione».

Ho preso Kel per il polso. «Non lo dire a Shaz. *Per favore*».

Non volevo che Shaz lo sapesse perché non volevo farlo sapere. A Shaz. Sapere quello che non riuscivo a dire. Sapere che un ragazzo poteva odiarmi così facilmente? Sapere che un ragazzo mi trovava disgustosa? Secondo me semplicemente non volevo che Shaz mi guardasse con occhi diversi, come se la mia bruttezza fosse un segreto che potevo nasconderle.

«Okay, non glielo dico», ha detto Kel.

E non volevo sentirmi dire da Shaz che non avrei mai dovuto accettare la collana, non avrei mai dovuto accettare quello che non m'apparteneva. La collana era infilata nel cassetto delle mutande, là dove non sarei mai incappata, nascosta a miglia di profondità sotto strati di tanga di pizzo, sepolta insieme a una confezione da tre di mutande in cotone bianco che mamma m'aveva comprato da C&A e che non mi mettevo mai. Anche lontano dagli occhi, la collana mi perseguitava, un tizzone che mi bucava i pensieri, mi sentivo preda di un fardello, di una maledizione.

Uno scoppio di risa dal fondo dell'autobus e Kel s'è girata di nuovo. Ho seguito il suo sguardo. Ando cercava di infilare un dito bagnato di saliva nell'orecchio a quella tipa del suo anno; lei squittiva e rideva e diceva, Piantala, stronzodemente che sei.

«Forse fanno schifo tutti», ho detto.

Kel ha scrollato le spalle. «Qualcuno a posto ci sarà».

«Vabbè, come sta Mutafortec?».

Kel ha sospirato, s'è lasciata andare contro lo schienale del sedile. «Per un po' ha avuto le pinne marce, e secondo me era spacciato. Poi s'è rimesso».

Ho gioito in silenzio per il vecchio Mutafortec. Sopravviveva, contro le previsioni.

«Poi ha attaccato la malattia anche ai pesci costosi di mia mamma. Ora Mutty si mangia i pezzi marci».

«Li *mangia*?»

«Be', li rosicchia».

I messaggi arrivavano; io ascoltavo. Sapevo che era lui. Non sapevo. Cercavo la sua voce sotto quella finta, le minacce avevano sempre un che di straniero, erano più sinistre perché sconosciute. Parole aliene, mi colavano nell'orecchio provenienti da un altro pianeta. Ha minacciato di darmene «una dose da spaccarmi il culo». Un'altra volta era «farmi un culo così», e un altro giorno giurava di pestare il mio «culo da cacona». Culo di qua e culo di là, solo che diceva sempre *ass*, e io che l'avevo sempre chiamato *arse*.

Non era mica la prima volta che mi minacciavano. Stiamo parlando di Donny. Qui sentire qualcuno che si offre di «dartene un fracco» o «massacrarti di botte» è ordinaria amministrazione. O anche solo di «darti una botta», cosa che confonde sempre – vuoi darmelo o darmele? Quindi, di preciso, a raggelarmi non erano proprio le minacce fisiche. Era quel suo modo di camuffarsi, di passare dalla dolcezza alla rabbia, e non sapevo perché, quando né come c'era stato quel cambiamento tra di noi. Come avevo fatto a provocarlo.

Kel ha dovuto trovare una boccia tutta per Mutty. L'ha messo in garage e ha provato a dimenticarsi di dargli da mangiare. Ogni volta che Shaz chiedeva come stava, Kel diventava raggiante, diceva che era fortissimissimo, indistruttibile. Gli voleva bene, così diceva, e sul momento si vedeva che diceva davvero. Kel adorava far sentire bene Shaz. A un certo punto s'è davvero dimenticata di dargli da mangiare, per settimane le è mancato il fegato di andare in garage, temeva di trovare un corpo molle. Se lo vedeva capovolto in superficie. Quando alla fine è andata a sbirciare, ha trovato la boccia tra la ruota di una bicicletta e le forbici da giardinaggio arrugginite di sua mamma, era lì che nuotava spedito come sempre, le ha fatto il suo solito guizzo vispo. Da mangiare nient'altro che la sua stessa cacca, e in qualche modo ci aveva banchettato. Kel m'ha implorato di tenerlo: «*Per favore* tienilo tu, ma non dirlo a Shaz». A volte sembrava che il nostro trio poggiasse su fondamenta fatte di non-detti, che la nostra amicizia dipendesse esclusivamente dai segreti che eravamo disposte a mantenere. Ho messo Mutty in giardino, nella fontana di mia mamma, che aveva la forma di due macine, con l'acqua che scendeva gocciolando in una vasca circolare. Mutty nuotava in quella vasca, mangiava tutto quello che ci cadeva dentro. Quando sono partita per l'università c'era ancora. C'era ancora quando i miei hanno cambiato casa. Per quel che ne so io, c'è anche ora.

Un venerdì sera, le minacce di Daniel hanno preso una piega nuova. Sono cominciate col solito borbottio maligno, la solita cantilena demoniaca, poi «Stai al tuo posto e chiudi la bocca!», poi forte e chiaro, in un accento americano traballante: «Lo sEEEnti… cosa bolle... nella PEEEntola di THE ROCK?!».

Come dico sempre, essendo di Donny, ero abituata a minacce di ogni sorta, ma questa era la promessa violenta più bizzarra che mi avessero mai fatto. Mi sono immaginata il mio Dark Stalker con la sua banda di lottatori muay thai in giardino da lui, raccolti a mezzanotte attorno a un calderone che ribolliva, a cucinarmi viva.

Le loro facce da folli, loro che ridacchiavano attorno a me, la loro esultanza maligna. Ho deciso che dovevo sbarazzarmi della collana. Shaz aveva ragione – non avrei mai dovuto tenerla. Se me ne sbarazzavo, forse sarebbe finito tutto.

Quel sabato pomeriggio, io, Kel e Shaz abbiamo preso l'autobus dirette in centro. Andavo a vedere se da Argos accettavano una restituzione senza scontrino. Secondo Shaz no, era categorica, e io continuavo a dire «Be', vedremo». La discussione è durata lungo tutta Sprotty Road, mentre attraversavamo la stazione degli autobus, mentre passavamo dentro il Frenchgate Shopping Centre. E continuava anche fuori, mentre camminavamo lungo la via pedonale, coi negozi a destra e a sinistra, la gente che ci spingeva per passare, passeggini e famiglie e branchi di amici.

«Non è bello restituire una cosa che t'hanno regalato».

«Ma se tu m'hai detto che non dovevo mettermela!».

«Non puoi restituirla e prenderti i soldi, è ancora peggio, Rach».

«Cosa dovrei fare, allora? Perché, cioè, non sarebbe mica successo niente se tu non...».

«Se io...? Se non t'invitavo a una festa?».

Sentivo addosso il suo sguardo ma non ce la facevo a incrociarlo. Ero riuscita a frenarmi e a non incolparla di tutto, ma per un soffio.

«Perché non puoi ridarglielo e basta?», ha detto Shaz.

«Rach, glielo dico, dai», ha detto Kel.

«Dirmi cosa?». Shaz è scattata in avanti, s'è girata verso di noi, ci ha fatto fermare. «Dirmi *cosa*?».

Ho dato a Kel il permesso di dirle dei messaggi in segreteria. Se non l'avessi fatto, Shaz poi l'avrebbe menata all'infinito col fatto che tra noi dovevamo dirci tutto, che non dovevo nascondere le cose alle mie migliori amiche, finché poi sarei crollata e glielo avrei detto io lo stesso.

«Che minacce?». Shaz voleva saperlo. «Cioè, cosa ti dice?».

Ho scrollato le spalle. «Che devo stare al mio posto e chiudere la bocca». Le ho detto della «dose da spaccarmi il culo», mimando le virgolette con le dita. «E ieri sera, no, ieri sera mi fa tipo...» – ho fatto una pausa per prepararmi, pronta a imitare il crescendo – «Lo sEEEnti...», l'ho detto a squarciagola proprio come aveva fatto lui, ma quand'ho visto che Shaz rideva mi sono fermata. Come poteva ridere?

Shaz rideva così tanto da non riuscire a fermarsi per respirare.

«Non fa ridere!».

È riuscita a dire: «Che cretina», poi le risate hanno preso di nuovo il sopravvento. «Rach, come sei cretina». Rideva troppo per riuscire a spiegare cosa la faceva ridere. Al contrario di me e Kel, Shaz aveva un fratello più grande che l'aveva esposta alla teatralità della World Wrestling Federation, al carisma crudo di Dwayne «The Rock» Johnson.

A Shaz rideva tutto il corpo: era felice, libera. Uno di quei momenti in cui io e Kel eravamo così attratte dalla sua forza, così prese da lei, che tutto il resto smetteva di esistere. Quindi non abbiamo visto chi è stato. Non abbiamo visto il ragazzo prenderla di mira, appostarsi dietro di lei, scegliere il momento giusto. Ma nel bel mezzo delle sue risate stridule, il corpo rilassato e sciolto, abbandonato completamente, con la gioia che le si irradiava in tutte le ossa, a un certo punto i pantaloni della tuta le sono spariti dai fianchi. Calati oltre le cosce, oltre le ginocchia. Sono atterrati sul marciapiede, abbracciati alle caviglie come un gatto fedele. Le sue mutande con le margherite occhieggiavano nel bel mezzo del centro città. Le sue piccole ginocchia nodose. Ha urlato, s'è tirata su i pantaloni.

Ho intravisto la testa di un ragazzo che filava via ballonzolando, scansava la calca come stesse fuggendo dalla scena del crimine. Cappellino da baseball, tuta, proprio come tutti, proprio come tutte noi. Alto abbastanza da poter essere il mio Dark Stalker. Della stazza giusta.

Perché sbracare Shaz anziché me? Dopo settimane nel mirino di Daniel, all'improvviso ho sentito di non valere granché. Di non meritarmi tutta quella rabbia, di non meritare che qualcuno morisse per me. Quand'è sparito dietro l'angolo, ormai ero sicura che non era lui. Non era possibile.

Poi ho avuto la sensazione di sapere cosa fare dopo, di sapere come prendermi cura di Shaz. Ho preso lei e Kel per il polso, le ho portate subito nel negozio più vicino, che era HMV. Mi sono sentita proprio coraggiosa, mentre dicevo al gestore cos'era successo con un tono da adulta. E lui diceva, Avete fatto la cosa giusta a segnalarlo, mentre ci faceva strada lungo corsie cariche di cassette e cd. L'abbiamo seguito, sentendoci importanti, in una stanza in ombra di cui mai avrei immaginato l'esistenza. Eravamo ammantate da un buio di velluto, un altro mondo. Ho preso per mano Kel, ho messo un braccio attorno alle spalle di Shaz. Quattro tivvù in bianco e nero passavano le immagini riprese dalle videocamere a circuito chiuso del centro. Il gestore ha detto che poteva trovare quelle dell'accaduto, che potevamo vedere chi era stato. Non mi pareva vero che 'sto tipo ci credesse sulla parola. Ero così stupita da come l'aveva presa seriamente da aver paura che ce lo fossimo inventate.

Dodici angolazioni diverse sullo stesso tratto di St. Sepulchre Gate, angolazioni dall'alto, da dove non avevo mai guardato, la strada dove passavo da tutta la vita sembrava un po' strana e un po' nuova. Ciottoli disposti a ventaglio aperto che non avevo mai notato. Lance che rifinivano le tettoie dei negozi, busta di plastica bianca incastrata su un albero, sventolava come fosse stata la bandiera che segnalava la resa di Donny. Dodici angolazioni e il colpevole non era da nessuna parte.

«Torni indietro», ha detto Shaz. Il gestore ha riavvolto, ma non abbiamo visto pantaloni volanti, non abbiamo visto nessuna testa munita di cappellino da baseball sfrecciare via. «Torni ancora indietro, per favore». Shaz era scossa da singhiozzi silenziosi. L'ho stretta più forte, le accarezzavo la spalla. Mi domandavo cos'aveva Shaz se alla gente veniva voglia di combinarle certe cose. Mi domandavo come avevo fatto a invidiarla per questo.

«Non possiamo farci niente ora», ho detto. «È successo, punto».

Non aveva neanche senso cercare di restituire la collana. Non sarebbe cambiato niente. Alla fine il mio Dark Stalker avrebbe smesso, oppure no. In ogni caso avevo chiuso coi ragazzi e con le loro attenzioni. Chiuso con quella voglia d'essere notata. Preferivo starmene lì, al buio, a badare alle mie ragazze.

Il gestore mandava avanti e indietro, orienta qui, orienta là, finché abbiamo trovato quelli che potevano essere i nostri corpi grigi nell'andirivieni di molti corpi grigi. Eravamo tutti macchioline incolori che si muovevano a scatti, scarabocchi sulla strada che duravano un secondo, poi filavano via.

Quando dicevamo «*spice*» intendevamo le caramelle

Incroci Rach dopo anni che non la vedi e poi decidi di lasciar perdere il provino e tornartene a casa in autobus. Non ti riesce di andare in centro a Doncaster senza incontrare una faccia conosciuta, no, come minimo hanno qualcosa di familiare negli occhi o nel taglio della mascella – o era alle elementari con te o all'asilo o ci hai lavorato insieme, o 'sta persona la incontri al pub di venerdì sera –, ma non c'è niente di peggio di incrociare una che una volta chiamavi amica.

Cammini in St. Sepulchre Gate, attraversi il centro verso la stazione, disegni semicerchi per aggirare gli zombi che incontri. Tra poco i negozi chiudono, ora in giro ci siete solo tu e gli zombi. Cammini svelta perché il vento si alza e ti frusta i vestiti, t'intirizzisce la pelle e ti senti già nuda. Ti stringi un braccio al corpo, blocchi il giubbotto leggero contro la pancia. Pensi al parka rosa trapuntato di Rach, al cappuccio con la fodera di pelliccia. Vorresti non esserti fatta trascinare da Costa, non esserti fatta piazzare in mano un caffè fumante, non aver parlato dei vecchi tempi con la tazza bollente che ti dava una bella svegliata. Vorresti non esser rimasta seduta lì a scongelarti braccia e gambe – ora fuori è più tosta, c'è un freddo che non ce la fai a ignorare, come i pizzicotti che tua nipote ti dà con le unghie quando vuole che la consideri, pizzica e ti tira fuori i pensieri dalla testa.

La mano in tasca, giocherelli col completino reggiseno e tanga rubato, t'attorcigli il tanga attorno alle dita. Il bordo ti s'infila nella pellicina che ti spunta vicino all'unghia del pollice. Premi contro la stoffa così quel pezzetto di pelle affonda secco nel letto dell'unghia. Affondi i denti nel labbro di sotto, premi ancora. Brucia, ma è come una droga e continui a tirarla, 'sta pellicina.

Nel primo crepuscolo conti il numero dei negozi che han chiuso i battenti. Troppo presto, sono solo le cinque, ma siamo di nuovo in quelle settimane cupe, dopo la fine dell'ora legale e prima del fermento natalizio. La gioielleria dove a undici anni ti sei comprata il tuo primo paio di orecchini dorati a cerchietto, col cartello in vetrina che dice «CI SIAMO TRASFERITI» con tanto di freccia che punta verso il nulla. Negozio di dischi, The Body Shop, calzolaio, non c'è più manco uno dei quattro McDonald's che c'erano in città. I negozi di vestiti cambiano gestione ogni sei mesi. I negozi di telefoni svaniscono uno dopo l'altro, al loro posto ci sono sale scommesse e negozi di svapo che si chiamano Vype. HMV c'è ancora, ma solo perché ha cambiato nome in HMV Vinyl. Passi davanti a tre agenzie di viaggi e non ci credi che sono ancora aperte. Chi è il coglione che si può permettere di andare all'estero e passa ancora il sabato a farsi spennare da quelli della Thomas Cook? Passi davanti a Savers, a Poundworld, all'agenzia di pegni, alle banche. Le vetrine brillano appannate, così fuori sembra più buio. Ecco la pioggerella – curvi le spalle, infili il mento nel colletto. Stai per entrare dentro il Frenchgate così alla stazione degli autobus ci arrivi al caldo tagliando dentro il centro commerciale. Qualche metro più in là dell'ingresso, fuori dal Tut 'n' Shive, una zombi dondola sul marciapiede. Ti fermi. La guardi.

Non sai perché 'sta qui t'ha fatto fermare. Gli zombi li vedi dappertutto, ne hai scansati una marea mentre venivi qui e mentre andavi al lavoro a piedi stamattina – al mercato, stai al banco di tua sorella in nero così puoi ancora chiedere la disoccupazione. Be', in nero finché non ce l'hai più fatta a dare a tua sorella quello che chiede per vitto e alloggio. Ora tua sorella la paghi lavorando. Gemma vende vestiti e accessori per bimbi, ma al momento è troppo incinta per starsene tutto il giorno in piedi a gridare «Cuffiette da battesimo su misura! Due a cinque sterline!». Hai fregato il completino reggiseno e tanga dal banco del suo vicino mentre lui era in pausa tè. Il suo, di banco, si chiama Signorine Sexy & Adorate, quindi mica ti dispiace per 'sto stronzo.

Il mercato è un'altra delle cose che esistono ancora e non te ne capaciti. Il banco di Gemma è nella parte decrepita all'aperto, dove comincia la zona a luci rosse. Il consiglio comunale ci ha messo dei cartelli con scritto «ANTICO MERCATO DEL BESTIAME», per farvi sentire tutti orgogliosi del vostro patrimonio culturale, ma non importa da quanti secoli c'è; è comunque solo una schiera di baracchini di legno marci e container, che smerciano sempre gli stessi vestiti da sport taroccati, sempre le stesse maschere da *bondage*, sempre le stesse robe di Kalvin Clein.

Tua sorella Gemma diventa matta se scopre che hai rubato al tipo di Signorine Sexy, anche se sa che la roba che vende lui l'ha sgraffignata da qualche parte. Dirà che non avrebbe mai dovuto fidarsi di te e che t'ha preso in casa solo perché non ti voleva nessun altro. Ti sei dovuta trasferire da lei e dal suo uomo e dai suoi tre bimbi dopo che t'avevano licenziata dai magazzini di Amazon. Già è lì lì per sbatterti fuori, visto che in casa sua, con due camere, non c'è posto, e poi è stufa di averti lì sul divano tutte le sere quando vuole guardare *Love Island* o *Strictly*. Ecco perché al provino al Bentley devi andarci, ma tu non ce la fai, non ora che hai visto Rach, che non s'è manco scomodata a chiederti che lavoro fai. Sai che lei insegna ancora alla secondaria perché ce l'hai ancora su Facebook. Ma non l'ha chiesto, magari sapeva che poi la risposta v'avrebbe messo tutt'e due in imbarazzo. Magari sapeva che avevi l'intimo rubato in tasca, sapeva che stavi per volteggiare attaccata a un palo. Magari sapeva che il quartogenito di Gemma sta per lasciarti senza casa.

Non glielo potevi dire che stavi andando al Bentley, non reggevi se poi si metteva a ridere e a dire *Ma non sei un po' vecchia?*, se poi ti guardava cogli occhi soliti che faceva sempre quando secondo lei sparavi stronzate. Rach voleva parlare dei bei tempi, delle cose che avete combinato insieme – che colpo per *lei* quando il *tuo* amico Simon Braccia-a-frusta era morto – prima di squagliarsela e andarsene all'università, prima di smettere di messaggiarti. Manco una parola dei paletti che ha messo tra di voi quand'è finita la scuola, quando ha cominciato a fare tutta la sostenuta, a non volerti troppo intorno.

'Sta zombi oscilla sul posto davanti alle finestre lunghe del Tut 'n' Shive, oscilla a destra e a sinistra, tipo che sono le spalle a dire alle dita dei piedi di muoversi, sembra. Ha dei pantaloni della tuta grigi e un golf grigio, niente giubbotto. È magrissima. Ha le braccia penzoloni. Ha i vestiti penzoloni, vuoti come li vorresti tu. Sopra i pantaloni della tuta, i fianchi sono snudati come spade.

Fai qualche passo silenzioso e t'avvicini a un paio di metri di distanza da lei. Da Tut 'n' Shive la tivvù ronza: i cronisti della partita, i cori dello stadio. La guardi oscillare. Dici alle sue dita di staccarsi dal marciapiede, di portarla via dal crepuscolo in un posto più caldo, un posto dove i coatti non possono trovarla.

La pioggerella attacca, alimenta la foschia. L'aria è umida, ammorbidisce gli edifici, t'avvolge in una coperta. La *mise* della zombi è in tinta con l'atmosfera della serata, sembra la modella stecchita di un servizio di *Vogue*. Qua e là il golf è lercio e ha fatto i pallini. Ti domandi da quanto ce l'ha addosso. S'inclina in avanti come uno spillo attratto da una calamita. T'avvicini finché senti i suoi respiri, veloci e poco profondi. Inala e le resta qualcosa in gola, il respiro è rauco e fa come i denti di una sega che tagliano il legno. Sei abbastanza vicina da riuscire a contare le linee che ha attorno agli occhi: quasi quante le tue, ma potrebbe essere un bel po' più giovane. Vicina ai trenta, ci sta, o vicina ai venti, dipende da quanto ci ha dato dentro. I polsi spuntano dalle maniche e le caviglie spuntano dalle scarpe di tela bagnate, di un rosso bluastro per via del vento, e ti domandi se lo sente, il freddo.

Sei proprio davanti a lei, ma la zombi guarda oltre come si guarda oltre la vetrina di un negozio, la tua testa è solo un'altra lastra di vetro infrangibile. Ma guarda il nulla? O riesce a vedere oltre tutto il centro di Donny, superando 'sto pastone che è la vita di tutti?

Fuori da Mansion House hai visto zombi con la testa appoggiata ai bidoni della spazzatura. Zombi abbracciati a pali dei lampioni e sculture, attaccati alle ringhiere di metallo come bimbi alle gambe della mamma. Hai visto zombi piegati in due al Colonnades, con la mano lisciavano le piastrelle per terra, accarezzavano i pilastrini di chiusura. Zombi sdraiati in strada, corpi ritorti a forma di esse e di zeta, col vomito sui calzoni, braccia e gambe che parevano rotte e senz'ossa. Accasciati uno sopra l'altro sotto le pensiline dell'autobus, le teste pesanti a ciondoloni. Hai visto video su Facebook cogli zombi che cercavano di stare in piedi, cercavano di parlare, cercavano di scavalcare recinzioni, cercavano di dormire all'ingresso dei negozi, di legare un'amaca tra due alberi, mentre tizi con lo smartphone chiedevano, Perché ti conci così? Perché prenderti la *spice*? Il nuovo soprannome della tua città è Spice-caster. Ma in questa zombi qui c'è qualcosa che ti stimola una domanda: cos'è che guarda e che tu non vedi?

L'ultima volta che è uscito da Doncatraz, mentre ti raccontava della *spice*, tuo fratello Kyle scuoteva la testa. Se entri nel tunnel sei fottuta, Shaz. Fumala e t'ammazzo con le mie mani. E sapevi che diceva sul serio; Kyle è quel genere di fratello maggiore. Dice che quand'era dentro per un po' l'ha presa, anche se la prima volta poi s'è svegliato in ospedale. Dice che quando l'effetto cala è peggio dell'ero. C'hai un mal di pancia che l'unica cura è farti altra *spice*. Tutti la provano, a detta sua, perché sembra innocua – cannabinoide sintetico, cioè erba finta. Conosce tizi che a Doncatraz ci sono morti d'infarto e di ictus, e però non fai in tempo a portarla dentro che l'hai già smerciata. La nascondono nei libri e la spediscono ai detenuti. Arrestano la gente solo perché l'ha portata dentro. La lanciano di là dalle mura cucita dentro gli uccelli morti. Non c'ha mercato nel circuito dei festival o nei club, dice Kyle, quindi ci danno sotto con le galere.

Ti ricordi quando *spice* voleva dire caramelle, quelle sfuse e assortite nei sacchetti che frusciavano, topolini al cioccolato bianco, stringhe di liquirizia rossa. Hai chiesto a Kyle perché farsi di *spice* se fa così male, e lui ha scrollato le spalle e detto, Per evadere. T'ha raccontato altre storie:

tizi grossi che fanno fumare due più piccoli, poi li spogliano. Gli legano spalle e petto con le corde, li fanno combattere come pitbull. I piccoletti a quattro zampe, abbaiano e ringhiano e fanno per mordere. O li fanno sfondare tanto che manco riescono a stare in piedi, poi li pestano in faccia fortissimo. Esultano tutti quando crollano, a peso morto, le teste che sbattono sul cemento.

'Sta zombi sembra una prescelta, tipo tesa verso Dio. Ti fa venire in mente una che veniva a scuola con te, o forse l'hai vista in giro in centro, o è la nipote di qualcuno, o la sorella, o sei tu. Ha dei bimbi che la aspettano da qualche parte? Metti che eravate in classe insieme, magari ora sareste amiche? Ti domandi quando s'è capovolta la situazione, quand'ha smesso di controllare la *spice* e la *spice* ha cominciato a controllare lei. Ti dici che ne sai qualcosa di porte aperte ai mostri. Da ragazzina eri strasicura di saper gestire la dieta, le abbuffate e le vomitate, finché ti sei accorta che avevi aperto la porta alla bestia e ora era la bestia a comandare te a bacchetta. Ti domandi se la zombi la sente, 'st'evasione.

Dai, bella, dici in silenzio alla zombi. Muovi 'sti piedi. Ti fanno male i piedi perché sei stata tutto il giorno dietro al banco al mercato. Il freddo ti striscia dentro gli stivali.

Aspetti di vedere se la zombi ti guarda. Aspetti di vedere se si toglie da davanti alle finestre del Tut 'n' Shive, in fila lunghe e strette come una serie di denti che splendono. Il vetro brilla, riflette i faretti del pub, riflette il palazzo della Halifax di là dalla strada e l'ultimo scampolo del sole morente. Ma oltre la luce vedi delle sagome, braccia pelose, nocche che stringono birre color miele. Lì dentro in quanti buttano un occhio alla zombi mentre ruttano commenti sulla partita? Anche se a detta di Kyle la *spice* è in giro da una vita, secondo te zombi e Brexit sono due piaghe gemelle. Quando gli zombi cominciavano a riempire le strade, i tizi coi bulldog tatuati addosso hanno cominciato a riempire i pub di chiacchiere sul «riprendersi» l'Inghilterra.

Da Costa, tu e Rach avete parlato un secondo della Brexit, cercavate di evitare il silenzio tra un sorso di caffè e l'altro. Una parte di te voleva farsi chiedere da Rach cos'avevi votato, così quando le dicevi che avevi votato per restare si sarebbe imbarazzata, cos'è, non lo sa che nella tua zona tutti sopravvivono con le sovvenzioni dell'UE? Tu avevi i fatti dalla tua, ma lei mica se l'aspettava. Secondo te Rach ha votato per uscire per via di tutto quel silenzio su Facebook prima del referendum, tipo che sapeva che era sbagliato ma l'avrebbe fatto lo stesso, e dopo non ha postato altro se non roba del tipo: «Ora abbiamo la nostra risposta, andiamo avanti». Secondo il resto del paese, quelli della tua zona sono idioti patentati e razzisti, ma tu non sei incazzata con chi è senza soldi e senza speranza. Ce l'hai con Rach, che crede di aver fatto una scelta senza conseguenze. Ce l'hai cogli stronzi ricchi su in alto che hanno detto bugie a tutti gli altri.

Ti vibra la tasca dei jeans. Un messaggio di Gemma.

L'incasso di oggi?

Ogni volta che rientri con meno di venti cocuzze, Gemma t'accusa di fare la furbacchiona, ma solo perché non ce la fa a accettare il fatto che il mercato di Donny è morto.

£ 7.85

Ti conviene che scherzi Shaz

Ho venduto solo due cuffiette, 2x1, e ho dovuto fare lo sconto perché una era macchiata

Maccheccazzo. Stasera almeno ti pagano?

Del provino non gliel'hai detto; hai detto che dovevi dare una mano a un'amica per un lavoro. Il tipo del Bentley, però, ha detto che te li tieni, i soldi che fai. Meno una quota per il club, meno il trenta percento di commissioni.

Dovrebbero.

Tra un'ora ti devi presentare là in reggiseno e tanga. Potresti aspettare al Tut 'n' Shive, tenere d'occhio la zombi. Un vodka e cola costa tre sterline e mezzo, però. È il prezzo del biglietto dell'autobus, più un po' dell'incasso di Gemma.

La zombi non s'è ancora mossa. I calzoni sembrano lì lì per cadere da un momento all'altro. Premi contro il tanga che hai in tasca, così senti la pellicina che brucia.

Fanculo a Rach, al provino devi andarci. Se non tiri su i soldi per l'affitto, Gemma ti sbatte per strada. Superi la zombi, apri la porta del pub.

Dentro è più o meno come te l'aspettavi: cinque o sei uomini di mezza età con le maglie delle squadre di calcio e i jeans, coi tatuaggi sbiaditi e la pelata, sparsi qua e là seduti ai tavoli di legno. Il torso orientato verso lo schermo, le mani strette attorno alle pinte, braccia conserte sulle pance gravide di birra. La partita è Liverpool contro West Ham. Sono tutti lì incantati. Nessuno guarda la zombi.

Prendi cinque sterline dal borsello col fondo cassa di Gemma, ti prendi un vodka e cola – te lo prendi doppio, fanculo – e ti siedi a un tavolo vicino alla finestra, vicino al punto dove la zombi sta ancora lì a oscillare sul marciapiede. È proprio di là dal vetro, con la guancia rivolta verso di te. Vedi la vena verde che si biforca attorno all'occhiaia.

Gemma: *Guarda che mi sono rotta Shaz. O porti a casa i cinquanta per mangiare o non tornare proprio.*

Che poi figurati se vuoi tornarci, tu, da Gemma, coi bimbi che urlano dappertutto e col suo uomo sempre lì in salotto con la sua lattina di Carling e la tivvù accesa su *Match of the Day*. Sta sveglio fino a tardi e finché non va a letto non ti puoi mettere a dormire sul divano. Quando ci siete solo voi due seduti a guardare le repliche di *Top Gear* o quei suoi programmi merdosi sul calcio, ti guarda sempre di traverso. Si siede sempre dieci centimetri toppo vicino. Lo sai che così vicino il tuo corpo reagisce al suo odore. Non c'è spazio per pensare in quella casa.

E se non puoi pensare a casa tua, dov'è che vai a pensare? Come fai a pensare a una via d'uscita? Sono anni che provi a prenderti una casa tua. Manco ti serve più una casa. Una stanza tutta tua, una porta da chiudere, e sei a posto.

Una volta t'hanno messo in una clinica, da ragazzina, in un reparto speciale per ragazze coi disturbi dell'alimentazione. Mai stata in un posto più silenzioso di quella clinica. Per la prima volta i tuoi pensieri si sdipanavano e si piazzavano lì, aperti, la sensazione era quella. Un po' troppo silenziosa di notte, cioè, c'eri solo tu col tuo specchio di plastica e le lenzuola d'ospedale, a un'ora di macchina dalla tua famiglia e dalle tue amiche. Solo tu e il tuo cervello con tutti i pensieri che non volevi pensare che si sbrogliavano. Ecco cosa ti piaceva un sacco della fame: era chiassosa. Non lasciava la parola a nient'altro.

Sorseggi piano – una seconda bevuta non te la puoi permettere e devi ancora aspettare quarantacinque minuti prima di andare al Bentley passando in Hall Gate. Del Bentley sai solo che una volta era un negozio dove vendevano l'usato per beneficenza, è tra la chiesa della

Christ Embassy e il centro di reclutamento dell'esercito, e lì fuori, a quanto pare, una sera una tipa s'è presa uno schiaffo perché non voleva andare a letto con uno dopo che lui aveva pagato per un balletto privato. Epperò, hai sentito dire che le ragazze guadagnano bene.

Ti vibra di nuovo il telefono e stavolta è Rach. *Ma che bello incrociarti oggi, tesoro! Grazie della chiacchierata! Cosa fai sabato prossimo? Beviamo qualcosa? Ci facciamo una seratina in centro in memoria dei vecchi tempi? Prosecco come se piovesse al Mañana, altrimenti sta male ;-)*

Vi ci vedi, voi due a far bisboccia in giro come una volta, bevete e vi sbloccate abbastanza da farvi una risata come si deve, senza pause imbarazzanti come da Costa. Quand'è stata l'ultima volta che hai riso di pancia con un'amica vera? Mica puoi dire che non ti manca. I pollici sono sospesi sulla tastiera del telefono, tentati di rispondere al messaggio.

Quando tu, Rach e Kel eravate amiche del cuore. Quando odiavi perdere tempo. Quando tua mamma era felice come non mai perché si tramortiva a furia di fumare erba, giornate sprecate a sonnecchiare davanti a *Trisha* e *Jeremy Kyle*. Mica faceva per te. Tu eri per la coca e la speed e l'MDMA – tutto quello che ti teneva sveglia. Ti piaceva addirittura quando l'effetto calava, sentirti come un'unghia che grattava, le budella come raccolte col rastrello in un parcheggio coperto di ghiaia. Ti piaceva un sacco comprarti tre cheeseburger col doppio bacon da Burger King per colazione e scofanarteli sull'autobus mentre andavi a scuola, con la pancia che era tutta tirata ma ne voleva di più. E vomitare tutto dopo la prima ora di lezione. Volevi sempre di più: più risate, più sballi, più croste, più ragazzi, più ragazze, più feste, più cicatrici, più mangiate, più digiuni, di più, star sveglia e dolorante alle tre di notte, senza sapere perché il tuo corpo maltrattato non si spegneva.

In strada, un ragazzo col soprabito nero elegante e i guanti di pelle si ferma a fare una foto alla zombi col telefono. Gli altri hanno le labbra all'ingiù in una smorfia di disapprovazione, come per un odore di marcio. Quasi tutti tengono gli occhi a terra e la evitano.

I tuoi pollici s'agitano, provano a decidere da dove cominciare. Scrivi *Va bene R*, poi picchi su cancella finché spariscono tutte le lettere.

Come fai a uscire in centro con Rach? Anche avendo i soldi, hai smesso di uscire in centro l'anno scorso dopo che t'hanno cacciato dal bar dove lavoravi per la storia del boccale di birra. Quand'eri ragazzina, il tizio che s'è beccato il boccale in faccia t'aveva fatto una cosa brutta, t'aveva fatto promettere di non raccontarlo mai. Ma tanto lo sapevi che non aveva senso raccontarlo. Chi t'avrebbe creduto? Mica lo sapevi che tutti quegli anni di silenzio sarebbero tornati cogli interessi.

Potevano darti lesioni personali gravi come a Kyle. Per aver usato un'arma. Per ferimento. Eppure, non hai detto niente della cosa brutta che t'aveva fatto il tipo. Manco alla polizia. Quella sera il difensore d'ufficio t'ha detto di non dire altro se non «niente da dichiarare». Durante l'interrogatorio sei rimasta muta mentre gli sbirri cercavano di convincerti con le moine a dire qualcosa in tua difesa.

Alla fine la pubblica accusa ha ritirato la denuncia, per mancanza di prove. Il tipo che s'è beccato il boccale in faccia aveva fatto una dichiarazione, ha detto che non eri stata tu a lanciarlo. Non aveva visto chi l'aveva tirato, gli ha detto, ma di sicuro non eri stata tu.

Donny è così, però, qui gli atti ufficiali non hanno

valore, qui tutti sono amici del cugino di questo o quell'altro stronzo. Dopodiché in città ti conoscevano come la Zoccola Psicopatica. Si vedeva che oggi Rach ci pensava, ma non te l'ha chiesto. Ora il fatto è appiccicato ai margini della vostra amicizia, puzza ancora come i pezzetti dei bastoncini di pesce spiaccicati sulle pareti interne del microonde. La sfidavi in silenzio a sfiorare l'argomento, giusto per vedere che effetto ti faceva, giusto per vedere se così ti si spiccicavano le labbra.

Hai quasi avuto il coraggio di raccontarglielo quella sera, quando gli sbirri t'hanno fatto usare il telefono. L'hai chiamata, pronta a raccontare quella roba brutta che aveva fatto il tipo, ma sulla storia del boccale rotto aveva già sentito un'altra campana, s'era già fatta la sua idea. Poi ha smesso di risponderti ai messaggi. E non potevi manco appoggiarti a Kel, che era a migliaia di chilometri di distanza, in America, presa dal suo matrimonio, nel fuso orario sbagliato per telefonare. Non sei uscita da casa di tua mamma per sei mesi. Non hai mangiato altro se non gallette di riso e fiocchi di latte. Quando tua mamma t'ha fatto alzare dal letto per andare a chiedere la disoccupazione perché sennò t'avrebbe cacciato, ormai eri un fossile sotto le lenzuola.

Non sei riuscita a trovare lavoro in nessun pub se non al Bar Aruba, dove hai lavorato finché il capo non s'è «dimenticato» di chiamarti un taxi dopo una bevuta finito il lavoro, t'ha costretto a rientrare con lui nel suo appartamento spoglio dove non c'erano sedie, s'è sdraiato sul materasso steso per terra e t'ha invitato a «sederti». Poi sei riuscita a durare un mese al dopolavoro, anche se al primo turno il gestore t'ha fatto tenere in bocca l'Aftershock nero per sessanta secondi, un test per vedere se eri adatta per il lavoro. T'ha cronometrato, la bocca ti bruciava per via dei semi d'anice liquidi. Sei durata un mese anche se lui non la finiva mai di parlare di «quei neri là». Anche se gli avventori chiedevano a te e alle altre bariste di mettervi la matita sotto le tette per vedere se erano flosce o no. Era solo per prendervi in giro, però. Solo un cazzo di scherzo, eh.

Dopodiché non ci riuscivi più a stare dietro un bancone, lì in vetrina, pronta a beccarti la battutina che il tizio di turno faceva per far ridere i suoi amici. Non sei riuscita a tenerti il lavoro da Primark perché tutte le volte che mancava qualcosa in magazzino il responsabile ti dava la colpa. Lavori da rappresentante persi perché eri troppo aggressiva coi clienti, cosa che non facevi apposta – era solo perché il team leader non ti dava tregua con 'sta storia degli obiettivi e degli indicatori di performance. Cercavi sempre d'abbassare il volume, ma la gente non l'accontentavi mai, pareva. Cominciavi a pensare che la gente semplicemente non voleva farsi accontentare. Facevi il turno di notte da Texaco, ma te ne sei andata quando l'ennesimo stronzo ti ha rivolto l'ennesima minaccia dall'altro lato dello sportello di plexiglas. E tu da sola alle quattro di notte sotto le luci fluo come una bambola dietro il vetro in un museo. Tizi ubriachi, con tutti quei braccioni, micidiali, e picchiavano sul plexiglas con le nocche tatuate, dicevano che avrebbero tirato via la porta chiusa a chiave e t'avrebbero violentato, ammazzato, se non accettavi un pagherò per un sacchetto di Monster Munch piccanti. Uno ha aperto il cassetto rendiresto fino in fondo, c'ha sputato dentro e poi l'ha richiuso.

Ora tutti quelli che conosci con un lavoro fanno i magazzinieri da Amazon, e un tentativo lì l'hai fatto pure tu. Al corso di formazione t'hanno detto che Amazon rispetta i lavoratori di Donny, perché siamo dei gran lavoratori, noi, vero? Abbiamo la grinta tipica dello Yorkshire. Sappiamo sgobbare, noi, e da Amazon ne sono molto colpiti. Che a Donny c'è tanta di quella gente che ha un bisogno matto di lavorare non te l'hanno detto no, che ti buttano fuori dopo due settimane o meno, ti rimpiazzano col prossimo povero stronzo che ha un bisogno matto di una paga, se non galoppi. Poi hai fatto domanda di disoccupazione, ma visto che i tory hanno inventato il sussidio universale, t'è toccato aspettare i soldi per sei settimane, e a quel punto tua mamma ha detto che era stufa di vederti vivere a scrocco, quindi ti sei dovuta trasferire da tua sorella Gemma.

E mica ti senti meglio, eh. Dopo aver usato un'arma, dopo il ferimento. Dopo che t'hanno cacciato dal lavoro, dopo che a momenti morivi di fame e deliravi, dopo aver accettato stipendi a caso per lavori a caso da gente a caso disposta a prenderti. Quella cosa brutta c'è ancora. Hai ancora voglia di prendere e far tutto a pezzi.

Ti vibra il telefono. Rach. *Offro io, ovvio!*

Essì, certo, almeno ti paga da bere per compassione così si sente meglio, poi ti sbologna di nuovo quando le gira. Sei troppo agitata per pensare a cosa rispondere, quindi metti via il telefono, tiri fuori reggiseno e tanga dalla tasca del giubbotto, li appoggi davanti a te sul tavolo. Sono di un rosso vistoso alla San Valentino. Il tanga è elasticizzato, tutto attorcigliato, e lo sai che ti stringe sui fianchi quando poi te lo infili nel bagno del Tut 'n' Shive. Ti strizzerà tutta, il grasso traboccherà dalla striscia di stoffa, sopra e sotto, ti s'infilerà nella pelle, ti segherà. Il reggiseno è senza ferretto, senza imbottitura, senza l'armamento che ti serve. Due triangoli di pizzo in poliestere. Provi a immaginarti lì che muovi il bacino davanti a degli sconosciuti con addosso solo 'sto reggiseno e 'sto tanga. Ma anziché te, quella che ti viene in mente in lingerie è una delle tipe sul sito del Bentley. Ha i capelli lunghi e folti con le extension, s'è rifatta le tette e sulle cosce non ha la cellulite, quei grumi tipo latte cagliato. Sulla punta delle dita ha gli artigli ingioiellati che ora hanno tutte, coi disegni e verniciate con la gommalacca come Rach.

Hai preso appuntamento per il provino perché quando una è a corto di quattrini è alla *pole dancing* che si dà. Ma ti sei resa conto, mentre guardavi sul sito per farti un'idea della biancheria da rubare, che non basta più, ormai, volersi spogliare. Lo spogliarello è roba per chi ha soldi da parte e autostima.

A te servono brasiliana all'inguine e ceretta alle gambe, *balayage* e sopracciglia depilate col filo, reggiseno imbottito, *contouring*, un *vajazzle*. Ti ci vuole un prestito a breve termine già solo per presentarti come si deve. Ne prendi già uno nuovo tutti i mesi per estinguere quello del mese prima, da quando due anni fa ti sei fatta dare duecento cocuzze per comprare i regali di Natale per le tue nipotine e per tuo nipote.

Le tipe del Bentley avranno dieci anni meno di te. Sapranno usare il palo come si deve. Sapranno stare a testa in giù. Ora tutte si sono scocciate della zumba e vanno a lezione di *pole dancing*.

Fuori, due tipe coi leggings s'avvicinano alla zombi, coi capelli tirati in uno chignon sul cocuzzolo. Si fermano davanti a lei come hai fatto tu. Non riesci a sentire cosa dicono per via della partita, ma secondo te una la chiama «zoccola scema». Ti sporgi verso la finestra. Respiri e il vetro s'appanna. Ancora non capisci cosa dicono, quindi apri la finestra, un cicino. Vento e rumore entrano rincorrendosi, così i due tizi vicino a te si girano e ti notano per la prima volta. La pioggia dà dei colpetti al tavolo. Ogni volta che la tivvù si cheta, capisci una cosetta o due di quel che dicono le tipe fuori.

«... fa schifo al cazzo...».

«... vanno mandati da un'altra parte...».

«... cioè, e dove cazzo li mandano...».

«... cazzo mi frega. Non dove ci sono i bambini...».

Una delle due si sporge verso la zombi e ti senti carica, tipo che sei già pronta a scavalcare la finestra. Ma non dà uno schiaffo alla zombi come temevi tu. Le grida in faccia: «Ma rispetto per te stessa non ne hai, cara?».

L'oscillare della zombi prende velocità, il corpo è lì che vuol rispondere qualcosa, pare, ma la bocca non si muove.

Dai, bella, pensi, gli occhi fermi su di lei, come per sbloccarla con la foga del tuo sguardo. La vuoi far riprendere di botto, così si cacano sotto, le tipe.

La zombi continua a oscillare. Le tizie s'allontanano.

L'uomo al tavolo vicino si sporge verso di te. «Non è ancora Halloween, tesoro».

Il suo amico se la ride sotto i baffi, poi si ferma e dice: «Barry, era la settimana scorsa».

Ti giri. Barry è un pelato con le labbra umide, il suo amico è più sgangherato, rattrappito, ma uguale. Barry indica reggiseno e tanga. Gli fai uno sguardo impassibile, ficchi di nuovo tutto in tasca.

«Cioè, da cosa ti travesti?», chiede Barry, e non ci pensa nemmeno a farsi rovinare la battuta dalla realtà delle cose. «Da prostituta?», l'amico di Barry ride di nuovo. «Io ti faccio da pappone se vuoi, tesoro». Crepano tutti e due dal ridere.

«Piuttosto mi strappo la lingua».

Ora ti guardano anche gli altri tifosi.

Barry dice: «Te lo faccio vedere io cosa si fa, con la lingua».

Vuoi staccargli le orecchie dalla testa, a Barry, ficcargli gli occhi nel cranio con le nocche. Ti senti addosso lo sguardo di tutti quei tizi, quindi dici: «Mavvaffanculo», e bevi un'altra sorsata. Meglio di niente, ma vorresti averlo lasciato lì stordito con una roba un po' più frizzante. Una volta eri una capace d'incassare e rispondere con gli interessi, difendere te stessa e le tue amiche da chiunque, non importa quanto si credevano tosti. Eri una macchina con una scorta infinita di battute pronte.

«Oooh», dice uno di loro. «Occhio, ragazzi, questa c'ha un caratterino...».

Una volta eri sveglia, ma ultimamente ti sembra di aver sempre troppi anni di nottate alle spalle. Davanti agli occhi strati di stanchezza, ti pare di avere un raffreddore perenne, la faccia bloccata dietro centimetri di perspex, chi ti parla ti sembra sempre un tantino troppo in là. Tipo che vuoi dire a tutti che non sei mica stupida, è che ai suoni ci vuole un attimo per trasformarsi in parole.

Rach avrà pensato che hai l'elettroencefalogramma piatto, tanto sei stata zitta. Ce l'hai con te stessa perché non riuscivi a bloccarla, non ti veniva in mente nulla di buffo da dire. A furia di sentire parlare lei, la lingua t'è diventata una spugna asciutta. Ti sei lasciata inondare dalle sue parole, hanno riempito lo spazio intorno a voi finché alla fine nella sua voce ci siete affondate tutt'e due. Ce l'hai con te stessa per non aver detto nulla quando Rach s'è messa a lagnarsi degli zombi senza dire il nome, tipo che se non usava la parola «zombi» allora non era mancanza di tatto. Continuava a dire, Ma com'è deprimente il centro ora? Le compere per Natale andrò a farle al Meadowhall, io. Voglio le lucine e il vin brûlé, mi spiego? Sì che s'era spiegata, ma il senso della cosa era come seta, scivolosissimo, tanto che non lo potevi afferrare e fargliello vedere, dire a Rach che un senso non c'era, era andato a puttane.

Fuori, un corpo che conosci passa accanto alla zombi, avvolto in un parka rosa trapuntato. Rach alza gli occhi, ti vede dalla finestra. Contrae le sopracciglia come perplessa – o come a volerti far vedere che è perplessa. La bocca si blocca e diventa una linea secca, le labbra strette di un giallo pallido. Va dritta verso la porta del pub.

Entra portandosi dietro un odore di umido, un fruscio di buste della spesa, avanza tra i tizi della partita, si ferma vicino alla tua spalla. «Guarda chi si vede», dice, con quella voce falsa, confidenziale, che fanno le donne quando ti odiano. «Pensavo dovessi andartene a casa».

Manco ti ricordi che scusa hai usato per lasciarla da Costa; non ne potevi più e dovevi andar via.

Rach è lì che pencola.

Dici: «Ti vuoi sedere?».

Rach non si muove. «Hai detto che non potevi fermarti a bere qualcos'altro perché dovevi tenere i bambini di tua sorella».

Un tizio furibondo dice: «Oh, allora ti siedi, gioia?». L'ombra di Rach copre la visuale. La partita sfarfalla sul suo giaccone.

Alzi la testa e la guardi negli occhi, ci trovi il fuoco. È in bestia per qualche motivo; che poi lo fanno tutti di dirsi delle bugie innocenti per educazione – che poi mica sarebbe stato meglio dirle, Devo andare perché quando ci sei tu mi sento esplodere.

«Non hai niente da dire?», dice Rach, poi fa una risata breve e aspra.

Ti senti ronzare braccia e gambe, i muscoli non vedono l'ora di flettersi. La fissi, ti mordi le labbra.

«Ti togli dal cazzo, gioia?», dice il tizio furibondo.

Dici: «Se non ti siedi è meglio se vai».

Rach si drizza; dalla sua bocca schizza fuori un piccolo sbuffo di sdegno che fa *pfft*. Gira i tacchi, infila la porta e la strada frusciando.

Rigiri tra le dita il tanga che hai in tasca, strizzi finché l'elastico ti pizzica la pelle. Ti scoli quello che rimane del drink e, fanculo, te ne prendi un altro con quello che resta dell'incasso di Gemma. Bevi un lungo sorso, controlli il telefono: mezz'ora al provino. Riapri il messaggio di Rach, guardi il cursore che lampeggia nel rettangolino vuoto della risposta. Non serve a niente rispondere ora, eh. Scordati che l'invito è ancora valido.

E ora che non c'è più lo vuoi. Vorresti rispondere *Essì, dai*. Sempre meglio una serata con Rach, anche se di quelle che ti fai venire le nocche bianche per la tensione e che ti devi mordere la lingua, che una passata sul divano di tua sorella, a irrigidirti ogni volta che il suo tipo si sporge verso di te. Sarebbe stata meglio di un sacco di cose.

La strada comincia a riempirsi. La serata ormai è lì lì per diventare turbolenta, gruppi di ragazzi e ragazze che ridono, echi che arrivano da dietro edifici di negozi vuoti. Tra poco il pub si riempirà, gonfio di gente che fa il pieno prima di andarsene in discoteca, e la zombi sarà lì incorniciata dalla finestra come un dipinto appeso al muro. Com'è che non ha i crampi alle gambe? Com'è che non si sono date per vinte e non hanno ceduto?

Dalla finestra aperta filtra aria fredda, ma non la chiudi. Non vuoi chiudere fuori la zombi. La partita finisce – non ha vinto nessuno – e il barman riavvolge lo schermo del proiettore. I tizi della partita si guardano attorno, in cerca di altri divertimenti.

In strada, tre ragazzi passano sotto i faretti del pub col passo da sbruffoni. Tutti col cappellino da baseball e gli anfibi, e camminano tutti come coatti: gambe a rana, braccia larghe, petto gonfio. Sono come pavoni spennati e pronti alla violenza. Vedono la zombi. Si fermano.

«Oi, oi, raga», dice il più piccoletto. «Cos'abbiamo qui, eh?». Ha una faccia da prugna secca, con uno sfregio sotto un occhio, una brutta macchia viola. Non hanno ancora fatto partire il juke-box, quindi senti ogni parola.

Il secondo più piccoletto tira su il telefono, punta la fotocamera sulla zombi. «Dai, Denby», dice allo sfregiato. «Siamo in diretta Facebook».

Denby si toglie il cappello, se l'infila nella tasca dietro dei jeans, si lecca le dita, se le passa cinque volte in fretta tra i capelli della frangia, cerca di sistemarsela. Fa una voce misteriosa e elegantona alla David Attenborough.

«Abbiamo qui un bell'esemplare femmina di zombi di Donny», dice rivolto al telefono. «Meno nota come Cagna dipendente dalla *spice*». Si lecca le labbra. «Siamo in diretta, sì? Siamo su Facebook?».

«Sì, sì», dice quello più alto. «Muoviti un po'».

Denby fa un sorriso in camera. «Mi chiamo Marcus Denby, eh. Sono Marcus Denby, di Balby fino al midollo, eh. E se a qualcuna delle signore all'ascolto...». Si lecca di nuovo le labbra. «Se a qualcuna delle signore all'ascolto piace quello che vede, sì? Marcus Denby». Ride, e vedi che gli mancano i due denti davanti. La lingua guizza dal buco come quella di una lucertola. C'hai un fremito di disgusto, ma tra le gambe fremi per via di qualcos'altro. Gli vuoi far sapere che stai guardando. Non lo sa che stai guardando, e la cosa ti piace.

Sguscia alle spalle della zombi, la prende per i fianchi. «Allora, ne vuoi un po', tesoro?». Spinge, le sbatte con l'inguine contro il sedere. Lei fa resistenza, si gira cercando di capire perché dondola. Vuoi battere col palmo contro la finestra, farlo smettere.

A furia di spinte, alla zombi scendono i calzoni di un paio di centimetri. Una fascia di carne pallida nella sera, il culo della zombi fa capolino in alto. Denby non se ne accorge, torna al telefono col suo passo da coatto.

«Comandante Denby al vostro servizio. Se alle signore piace quello che vedono». Scatto della lingua rivolto al telefono. «Quanta gente c'è che guarda?», chiede ai suoi amici. «Commenti?».

Il più alto guarda da sopra la spalla del secondo più piccoletto, legge quello che c'è sul telefono con voce zoppicante e monotona: «"Uno schifo"... "Perché non t'ammazzi e basta"... "'Sti qua fanno solo buttar via tempo e soldi al servizio sanitario nazionale"».

Ti viene un brivido al pensiero, un'umiliazione registrata, un video che degli estranei possono guardare e poi rivedere, e rivedere, e rivedere.

Il più alto dice: «Oi, Denby, piaci alla zombi, si cala le brache per te».

Denby si gira a controllare, fa una risata secca e aspra come quella di un'anatra, fa la scena di scompisciarsi dalle risate. Riattiva la voce alla Attenborough.

«A Spice-caster è la stagione degli accoppiamenti, signore e signori. E questa cagna zombi è in calore». Avvicina la faccia a quella della zombi. «Ti faccio arrapare, tesoro? Il Comandante Denby ti fa bagnare?».

La zombi lo guarda cogli occhi socchiusi e ora lo vede, pare, ma è di una specie che non riconosce. Grugnisce, uuuhhh, cerca di parlare.

Eddai, bella, pensi. Fagliela pagare, eccheccazzo.

La testa di lei scatta in avanti, per un soffio non gli dà una testata. Lui la copia, fa come per fracassarle il cervello, poi si tira indietro, si rimette a ridere. Sputa negli occhi alla zombi, ti parte una smorfia, ti fa venire il prurito e ti pare d'essertelo beccato in faccia tu, lo scaracchio.

«Guarda che se lo cerchi lo trovi, Marcus Denby, brutta troia schifosa. Ma guardati!».

Le braccia della zombi scattano su per asciugare lo sputo ma non ci arrivano. Vuoi pulirla tu.

Il più alto dice: «Vuole sapere perché non le cali le brache, Denby».

«Oh, essì». Denby indica verso il telefono. «Stai ancora riprendendo?».

Il secondo più piccoletto annuisce. «Mikey dice: "Feccia umana, cazzo, buttaglielo nel culo, Denby"».

Denby piega le ginocchia, fa qualche passo cauto verso di lei come per avvicinarsi a un gorilla. «Bisogna stare attenti, signore e signori. Sono animali selvatici, questi, con un sacco di brutte malattie». Col dito aggancia in vita i calzoni della zombi, li tira giù di un altro paio di centimetri, ti basta per capire che è senza mutande.

Fai *bum-bum* sul vetro. Hai il cuore a mille per via del rumore che hai fatto e del dolore al palmo.

«Oi!», grida alle tue spalle il barman. «Piantala un po'!».

Denby e i suoi amici si girano verso la finestra del Tut 'n' Shive.

«Chi cazzo è stato?», dice Denby guardando dal vetro, ti cerca.

I tizi della partita si girano verso di te.

Barry dice: «Datti una calmata, tesoro».

Mandi giù quello che resta del tuo drink. Ti alzi, e ti si svuotano le gambe, ossa e muscoli si sciolgono, ti colano nelle scarpe e finisce che a tenerti in piedi c'è solo l'adrenalina. Non ce la fai a pensare a quanti tizi ci sono lì nel pub a guardarti – e Dio solo sa quanti altri stronzi su Facebook. Ti stacchi dalla sedia e vai fuori.

La zombi è fradicia; i capelli le solcano le guance come tante strisce nere. Ti piove negli occhi; il respiro ti esce dalla bocca a nuvolette. Alzi il mento e gonfi il petto, ti metti tra la zombi e Denby.

Prendi di petto lui. «Perché cazzo la state riprendendo?».

Il secondo più piccoletto dice: «Ora riprendiamo anche te, tesoro, tranquilla».

«Cioè, cosa saresti, la sua ragazza?», dice Denby, prendendoti di petto. Ora senti l'odore di unto e di sugo della roba che ha mangiato, presa al fish & chips, vedi la cicatrice che salta mentre parla. È asciutto, agitato, pare tutto pieno di piccole voglie malvagie. «Allora? È la tua tipa? Mi stai dicendo che 'ste cagne di zombi sono pure delle cazzo di lesbiche?». I suoi amici ridono. Denby si scrolla tutto – spalle, sopracciglia, piedi. «Pubblica utilità, eh? Qualcuno deve pur documentare la gentaglia che infesta le nostre strade».

Ha il fare incalzante di un sindacalista che tiene botta e non molla contro la Thatcher. Sono decenni che non si vede qualcuno capace di vantare un orgoglio così. Quasi quasi sei felice che la miniera ha ucciso tuo pa'. Lui odiava la Thatcher all'epoca e la odierebbe anche ora. Hanno insegnato pure a te a odiarla, a odiare ogni cellula del suo corpo, a esultare quand'è morta e a dire: «*Din don*, la strega è morta». Tuo pa' sarebbe come tutti gli uomini della tua zona, e di tutte le altre zone che una volta erano costruite intorno alle miniere e che ora sono costruite intorno al niente. Rabbia in ogni follicolo, in ogni particella della pelle.

Guardi fisso Denby, decisa a non batter ciglio anche se la pioggerella ti fa bruciare gli occhi. Tremarella nelle gambe e il cuore galoppa, e ti prepari a prenderti un pugno, ma mica glielo dai a vedere. Mica fai marcia indietro, non importa cosa minaccia di fare.

«Non t'ha fatto niente», dici. «Lasciala stare».

«Cioè, perché sennò cosa cazzo fai?». Denby si lecca le labbra, a momenti la lingua ti sfiora la punta del naso, dalla pancia ti sale il vomito e dalla passera un fremito.

«Lasciala perdere, Denby», dice il più alto, la voce profonda e tranquilla. «Vecchia lesbicona del cazzo».

«Allora, cara?», ti dice Denby. «Salta sul cazzo del Comandante Denby che così ragioni un po', dai. Te lo do per bene, gioia. Ti apro in due».

Dal pub un'eruzione di risate: Barry, il suo amico e una schiera di tizi sono fermi alle finestre. Applaudono e gridano «Ueeeeeeei». Anche Denby e i suoi amici se la ridono, ma nessuno ha detto nulla di divertente. Guardi di nuovo la zombi. Ha i pantaloni attorno alle ginocchia. Tra le gambe è pelosa.

Gli amici di Denby si fiondano in avanti, col telefono in alto, cercano un'inquadratura buona.

Tu le prendi i pantaloni, cerchi di tirarli su a strattoni, ma la zombi fa un passo in avanti, lungo, ti dà un colpo e finisci di lato. Mentre incespichi i tizi della partita esultano. Ritrovi l'equilibrio. La gamba destra della zombi sta lì avanti, lo sa che il resto del corpo è a pezzi e cerca di liberarsi, pare. Tira l'elastico dei pantaloni, che sono tutti tesi attorno alle ginocchia. La zombi è in posa, a gambe divaricate, fa vedere la passera a tutti. Devi far chiudere le gambe alla zombie così i pantaloni s'allentano e glieli puoi tirare su. Alzi il gomito alla zombi, affondi la spalla sotto la sua ascella. Sa di sale umidiccio e patatine all'aceto. Sembra fragile, tipo che se la lasci cadere si spezza a metà. Spingi il ginocchio della gamba davanti, cerchi di convincerlo a riattaccarsi all'altro. La reggi e la zombi diventa più pesante. Ti tirano i muscoli della pancia per lo sforzo.

I tizi della partita partono con le battute.

«Cos'è, sta cercando di violentare una zombi?».

«Zombettine sporcaccione lesbo».

«Amore tra zombi, ragazzi. Amore tra zombi!».

Pianti la gamba dietro il suo culo nudo così ha un appiglio. Spingi la rotula. Traballa ma non si sposta. Spingi più forte che puoi cercando di non farle male, ma il piede sembra inchiodato a terra.

Denby riparte col suo Attenborough: «Questo che state vedendo, signore e signori, è noto come il Passo della zombi ritardata».

Finalmente la gamba della zombi cede e puoi tirarle su il ginocchio. Mentre le chiudi le gambe, la sua testa s'avvicina di scatto alla tua. Ti guarda dritto negli occhi. Ti grida «Aaaaaaah» in faccia, il fiato rancido di fumo vecchio di giorni. Il suo corpo è un pesce che sguscia di mano. Molli la presa. I pantaloni cadono fino alle caviglie. Al buio, i polpacci bianchi sono stecchi di lecca-lecca.

Poi le sue braccia si mettono a frullare. I pugni si scontrano col tuo petto. I suoi pugnetti freddi, e non t'importa – incassi –, colpo dopo colpo i polmoni si riprendono. Tonfo dopo tonfo ti s'accende una scintilla sulla pelle. Fuori dalla tua testa la notte si zittisce. Nella bolla gialla creata dai faretti ci siete solo tu e la zombi, e alla fine senti solo il tamburellio delle sue nocche e la pioggia che ti batte addosso, e la lascerai colpire finché non voli all'indietro, finché sbatti il cranio sul marciapiede.

Denby grida: «Ma state riprendendo, ragazzi? Buttategli addosso un po' di lubrificante. È un cazzo d'incontro di wrestling tra zombi lesbo».

A bruciare, ora, sono i suoi colpi. La zombi è rallentata, e quando poi arrivano altri pugni li blocchi, stringi forte. I pantaloni s'attorcigliano attorno ai piedi e ti casca addosso. La reggi con le mani.

«Ma vi togliete dalle palle?», dici a tutti. «Non è colpa sua, ha chiaramente bisogno d'aiuto». Sei seria, ma ti senti fasulla, ti pare di dirlo per la gloria. Li hai visti quei video su Facebook. Con tutti gli altri zombi per strada sei andata dritta, finché non hai incontrato lei.

«Non è colpa sua?», Denby pare un attore alle prese con un discorso d'incitamento. «L'ha costretta qualcuno a prendere la *spice*? Cioè, qualcuno gliel'ha ficcata in gola? Qualcuno deve fare qualcosa, eh. Qualcuno deve intervenire, far vedere 'sta gentaglia per quello che è. Il consiglio comunale non fa niente, gli sbirri non fanno niente, quindi sta a noi».

Le braccia ti tremano sotto il peso della zombi; tra poco dovrai mollare la presa. Se molli la presa, lei crolla a terra. Se molli la presa e te ne vai, te ne torni da Gemma e la supplichi di darti da dormire, o te ne vai al Bentley e ti chini sui calcagni e vai di ginocchia aperte – anche se non sai cosa fare perché non sai cos' è peggio. Denby è lì che sibila, smania di chiavarvi o prendervi a schiaffi o tutt'e due le cose. Niente, non capisci come fare a rimettere 'sti cazzo di pantaloni alla zombi.

Poi ecco che tra le tue braccia la zombie non c'è più. Si drizza, abbassa gli occhi, vede i calzoni che disegnano una pozza sulle sue scarpe di tela, se li tira su. Intercetta

Denby cogli occhi come un lupo che intercetta l'odore di una lepre. Si lancia.

Lui fa un passo indietro, si scosta. Dice: «Sì, tesoro, datti una calmata».

La zombi mira alla faccia, gli dà dei pizzicotti alle guance, gli tira i capelli riempiendosi le mani. Denby la spinge via, i capelli sparati, tutta la faccia viola come la cicatrice. Sta ancora lì a ridere come un attore.

La zombi urla, uno strillo forte, un acuto da pterodattilo.

«Occhio, ragazzi», dice Denby. «C'ha un caratteraccio, questa».

Urla ancora, e l'urlo ti riempie, ti fa vibrare le budella, ti fa tremare, tipo che ha la forza per aprirti in due, tipo che ha l'energia per spaccare l'asfalto giù fino alle tubature dell'acqua.

Urli con la zombi. Un urlo di pancia, da far sanguinare le orecchie. Grida rimbalzano contro le facciate dei negozi, riempiono la strada. Dai polmoni t'esce una nota da cantante lirica capace di schiantare i vetri. T'esce tuonando come un glorioso torrente di vomito.

Il più alto comincia a indietreggiare. Il secondo più piccoletto mette via il telefono. Poi eccoli tutti in ritirata, fanno marcia indietro nella sera. Lo sai che Denby ti sta gridando contro una roba oscena, ma fai così chiasso che non senti niente. Tu e la zombi urlate finché i ragazzi fanno dietrofront e se la sono bell'e squagliata.

Ai tizi della partita gridi: «Cazzoguardate?», poi ti giri, quand'arrivano le rimbeccate hai già spento le orecchie. E tra te e te ridi perché a vederti devi sembrare proprio una pazza, e chissà che titoli passeranno la serata a darti, e chissà che titoli ti daranno su internet per sempre.

Poi ansimi e sei svuotata e hai un raschio secco in gola. Attorno a te, la sera è ancora in silenzio e statica come una bella tasca di niente, tipo uno spazio che hai sgomberato per pensare.

La zombi barcolla. La prendi per le spalle, l'aiuti a sedersi sul cordolo del marciapiede, ti siedi vicino a lei.

«Tutto bene? Ti posso accompagnare da qualche parte? Da qualche parte al caldo?».

Gli occhi della zombi ritrovano i tuoi. I suoi sono azzurri, con delle striature più scure che partono dal nero al centro. Sorride, e da quel sorriso timido capisci che sicuro è più giovane di te – forse di dieci anni.

«Gli ho messo strizza, eh?», ride.

Fai sì con la testa, il battito sta ancora rallentando, il cuore se la canta ancora.

«Sono laureata, io», dice. «Sembro tonta ma ero brava a scuola, io».

Tiri fuori le mutande rosse dalla tasca. «Non le perdere», dici, gliele metti in mano. Lei fa sì con la testa, le tiene in una presa molle.

«In cosa sei laureata?», chiedi.

Riecco il suo sorriso timido, si mette un dito sulla bocca, sembra lì a ragionarci su. Le pulisci la faccia, spazzi via lo sputo di Denby con la manica del cappotto, e lei ti lascia fare, gli occhi chiusi, felice, sembra tua nipote quando le spazzoli i capelli. Non lo sai se i rifugi per i senzatetto accetteranno una zombi. Non lo sai se è una senzatetto. Non lo sai come fare a chiederlo. Però sai che non puoi portarcela tu, non ce la faresti se poi s'appoggia, non reggeresti il peso.

La stringi col braccio. Appoggia la testa sulla tua spalla. Sei orgogliosa di aver chiesto della laurea anziché aver fatto finta di non sentire. Ma sei contenta di non aver avuto risposta. Contenta di poter restare ancora un po' senza sapere se è lei quella che dovrebbe avere pietà di te.

Scuoti una briglia sulla tomba di un uomo dello Yorkshire

Kel aveva promesso a Ando di portarlo a Casa Fattoni, ma solo a patto di non dirlo a nessun altro. Quindi, quando fra tutti gli stronzi che c'erano s'è presentato proprio con Cleggy, e i due sono passati a fatica da un buco nella siepe ribelle, con tanto di sferzate dei rami, con tanto di *cic-ciac* delle scarpe nel canale di scolo che fiancheggiava il giardino sul retro, Kel non era dispiaciuta se avevano le mani graffiate e i piedi freddi e zuppi.

Da un po' a scuola tutti parlavano della casa abbandonata al limitare della brughiera, dicendo che potevi entrarci e che non avrebbero chiamato gli sbirri perché non fregava niente a nessuno, e i tossici che ci andavano a bucarsi lasciavano la birra in frigo e l'erba e la coca in certi punti segreti al primo piano. Kel non se la sentiva di dire che Casa Fattoni apparteneva alla sua famiglia. Al pensiero che qualcuno lo scoprisse, si sentiva una fiammata orribile dentro, dal collo alla pancia.

Non ce l'aveva fatta a non pavoneggiarsi con Ando, a non vantarsi di sapere dov'era la casa. Quando lui le aveva chiesto come facesse a saperlo, aveva scrollato le spalle e fatto un sorriso misterioso. So tutto, io. Lui aveva detto, Sì, buonanotte, sparaballe, aveva continuato a darle della bugiarda finché Kel aveva promesso di dimostrarglielo. Non pensava che lui le avrebbe davvero chiesto di dimostrarlo – non pensava di dover davvero entrare in casa dei suoi nonni –, non finché non s'erano trovati lì dietro al buio, con Cleggy che se la rideva sotto i baffi e borbottava, Ma è questa?

Ando ha detto: «Andiamo, dai». Accennava con la testa alla casa, mangiata da un rampicante gigantesco, i muri che facevano *sst* e frusciavano al vento.

Solo una finestra non era coperta d'edera, tende fitte che s'erano insinuate in ogni rientranza a mo' di braccia infilate in gola. Kel ha passato al setaccio le bordure del giardino, tastava tra le erbacce in cerca di un mattone da tirare. La coperta d'edera che la sovrastava le faceva venire in mente quella canzone natalizia, e il nonno che la cantava. E il cespuglio di agrifoglio vicino alla porta sul retro – ma non s'era punta le dita con le foglie quand'era piccina?

Nel cumulo di macerie in fondo, al buio sotto il susino, le dita di Kel hanno trovato un pezzo di calcestruzzo abbastanza piccolo e leggero per essere lanciato. È tornata verso la casa portandoselo dietro, i ragazzi se ne stavano lì con le mani in tasca. Ando non l'aveva nemmeno salutata con un bacio; stava sempre sulle sue quando c'era Cleggy. Kel gli aveva strofinato il naso sul petto – segnale che lui doveva abbracciarla –, gli aveva detto: «Ciao, eh». Lui le aveva cinto la vita col braccio, stampato un bacio sul cocuzzolo.

Kel s'è caricata il pezzo di calcestruzzo sulla spalla. Non sapeva se lanciarlo come un giavellotto o a due mani come a pallavolo – non sapeva nemmeno se era una cosa da fare. I nonni li ricordava appena, erano scampoli nella nebbia della sua infanzia: baffi argentei che pizzicavano, volant in tartan che orlavano un grembiule macchiato d'intingolo. Epperò non sembrava giusto, entrare in casa a un morto sfondando un vetro.

«Dai, bella», ha detto Ando. «Che è, non l'hai mai spaccato un vetro per entrare da qualche parte?».

Kel pensava di non credere ai fantasmi, ma là fuori, con la brughiera alle spalle, chilometri invisibili di robe allo stato brado che correvano in un nulla nero inchiostro, poteva giurare d'aver sentito una persona vicino a lei nel buio. Una quarta persona.

Se decideva di entrare, doveva entrarci stasera. Domani tutta la famiglia sarebbe venuta a sventrare la casa. Tutto quello che c'era dentro sarebbe finito in beneficenza o nel fuoco o nel bidone. Se non entrava ora, non avrebbe visto com'era la casa quando ci vivevano i nonni. Non avrebbe potuto fregarsi un souvenir prima che sparisse tutto.

Kel ha lanciato il pezzo di calcestruzzo. Il silenzio della notte di primavera spezzato dal rumore del vetro rotto, dalla corsa del pezzo di calcestruzzo che colpiva il pavimento.

Poi un sibilo, tipo un sospiro lungo, e Kel non sapeva se era stato il vento, o se a sospirare era stata lei, o se era stato qualcun altro. S'è avvolta la mano nella manica del golf, ha strattonato un frammento di vetro seghettato ancora incollato al telaio marcescente. Ando era fermo proprio dietro di lei, apriva e chiudeva la giacca – su la zip giù la zip su la zip giù la zip –, dal rumore Kel sentiva che era spazientito. Alle spalle di Ando, Cleggy dava calci al cespuglio di agrifoglio. Fischiettava pezzetti di *Cheeky song*, la lingua mezzo occupata a chiudere una sigaretta rollata.

Kel non sapeva perché Ando se l'era dovuto portare dietro, ma certo non poteva dirgli *Ti amo* ora, non con Cleggy lì. Non era neanche sicura di amarlo, Ando. Una volta un suo compagno che a scuola era annoverato tra i geni le aveva detto che i teenager non sono capaci di amare. Ma erano settimane che l'impulso di dirlo le intasava la gola. Aveva il terrore che le uscisse. Teneva il becco chiuso, le labbra contratte e sigillate coi denti.

Ha scosso più veloce il tentacolo di vetro. Le è scivolata la mano, non s'è affettata il dito solo grazie alla manica del golf. Ha infilato la mano ancora più giù nella manica, ha dato un'altra bottarella al frammento di vetro. Shaz e Rach gliene avevano dette quattro perché aveva invitato Ando e non loro. Quel giorno a scuola se l'era dovute sorbire tutt'e due, avevano detto che era una di quelle false che quando avevano il ragazzo sparivano e piantavano lì le amiche. Kel aveva fatto notare che non era ancora il suo ragazzo. Sei un'imbecille del cazzo, allora, aveva detto Shaz prendendo sottobraccio Rach. Non sei normale se ti piace ancora quel pel di carota di merda. Aveva attraversato il campo portandosi dietro Rach, lasciando Kel ai tavoli da picnic da sola. Sarebbero diventate matte – furibondissime – se avessero scoperto che c'era pure Cleggy.

Finalmente la punta di vetro s'è staccata, Kel tirava così forte che è rinculata. Ha lanciato la punta negli abissi scuri del giardino. Ha messo un piede sul telaio della finestra. Ha ceduto e s'è crepato sotto il peso dello stivale. Ando ha provato a tirarle su l'altra gamba.

«E un secondo!», ha detto Kel.

Ando ha alzato le mani. «Oh, mi disp».

Era da quando aveva cinque o sei anni che non le permettevano di entrare in quella casa. Sua mamma diceva che l'aveva tenuta lontana perché non era sicura per i bambini, ma non sembrava la vera ragione per cui non ci andavano mai. La mamma di Kel non parlava neppure coi fratelli, e probabilmente era per quello che la casa era rimasta com'era per così tanto tempo dopo la morte della nonna. C'era puzza di faida familiare di cui Kel non doveva sapere. E non aveva senso assillare, implorare di farsi dire roba che sua mamma non voleva raccontare. In casa sua, certe cose non si dicevano e basta. Kel aveva sempre pensato che fosse normale – almeno, aveva sempre pensato che non ci fosse niente di male –, finché non aveva accennato a Shaz che sua mamma non le aveva mai detto chi era suo padre, non s'era mai neanche lasciata sfuggire il nome. Roba da schizzati, aveva detto Shaz. Roba da spostati.

La mamma di Kel era sempre stata così, però: severa nelle regole, severa nelle parole. Da quand'era nata Briar faceva meno caso alle regole, ma secondo Kel era solo perché era a pezzi. Finché non era nata Briar, sua mamma andava a lavorare al call center di giorno e a lezione di sera. Prima di Briar, casa loro era sempre stata spoglia. Una volta all'anno, la mamma di Kel buttava via tutte le cose di Kel in nome del minimalismo, così lo chiamava. Ora i giocattoli di Briar occupavano più spazio della roba di Kel e della madre messa insieme. A Briar avevano dovuto comprare vestiti e libri tutti nuovi perché quelli di Kel li avevano cestinati.

Kel s'è rimpicciolita tutta, pregava di non sbucciarsi con le minuscole spine di vetro che spuntavano ancora dal telaio, ha lasciato che Ando le tirasse su la gamba. Ha fatto un salto, è finita nel nero dentro la casa, atterrando ha dato una ginocchiata.

La rotula scorticata bruciava in quel nero di pece, in quel freddo cimiteriale, in quell'odore di terra. Tutt'intorno una trama fitta di sagome: estranee, familiari. Ha sbattuto le palpebre, cercava d'abituarsi alla notte più fonda che c'era dentro. Difficile dire se vedeva apparire curve e angoli attorno a lei, o se faceva comparire per allucinazione oggetti che pensava di ricordare. Un odore che riconosceva – non il profumo della nonna, più tipo l'odore della pelle della nonna. Kel s'è sentita di nuovo come quando aveva cinque anni, seduta in grembo alla nonna. Le pieghe della sua gonna a motivo cachemire. Svolazzi blu pavone e verdi. Un corpo caldo, vivo, sotto di lei. Ha pensato al cimitero subito di là dalla strada, nonna e nonno che giacevano sottoterra.

O erano qui? C'era una parte di loro che l'aspettava qui? Voleva stare da sola con loro. Voleva dis-crepare il telaio della finestra, dis-frantumare il vetro, dis-trovare il pezzo di calcestruzzo. Dis-pavoneggiarsi con Ando.

In alto, la gamba di Ando entrava a tentoni. Kel s'è alzata di corsa. Mentre Ando cercava d'aiutare Cleggy a entrare – con Cleggy che non la smetteva di sbraitare un Maccheccaaazzo a ogni graffio contro il vetro –, Kel avanzava a tentoni, occhi e dita cercavano di raccapezzarsi. È riuscita a distinguere il bordo del piano di lavoro in cucina, la mole del frigo anni Ottanta. Ha tirato la maniglia del frigo, lo sportello è rimasto bloccato per un attimo e poi s'è spalancato, spandendo la luce di una lampadina nuda e cruda. A Kel sembrava d'aver turbato la pace della lampadina. A momenti sussurrava *Scusa*. L'avrebbe fatto, se non fosse stata così presa a tener chiuso il becco.

Per anni, la lampadina era rimasta lì, col filamento intatto, aspettava che Kel guardasse dentro il frigo. I ripiani di metallo le hanno fatto venire in mente il *lemon curd* fatto in casa, le tartellette col *lemon curd* fatte in casa, margarina, dolcetti con le farfalle, vasetti di marmellata fatta in casa. L'unica cosa che c'era in frigo a parte la lampadina e la puzza di terra umida era una bottiglia di latte d'epoca, sembrava vecchissima e pulita. Di quelle che puoi prendere solo dal lattaio, tondeggiante e con l'orlo svasato. Mancava il cappuccio d'alluminio. I profili morbidi della bottiglia avevano qualcosa che la rendeva felice, vuota, triste.

A detta di sua mamma, quand'era piccola Kel aveva una fissazione per il lattaio. Quando il pomeriggio veniva a recuperare le bottiglie vuote lei correva alla porta, gli faceva vedere i disegni che aveva fatto usando le patate come stampini, come aveva colorato, il che era buffo, a detta di sua mamma, perché il lattaio era proprio un vecchio bastardo musone. Kel si chiedeva se sua mamma sapeva come la faceva stare male ogni volta che raccontava quella storia, come sussultava al pensiero di tutte quelle dimostrazioni di attaccamento offerte a un estraneo, un vecchiaccio scontroso.

Ando le si è avvicinato alle spalle, s'è chinato, ha sbirciato nel frigo da sopra la spalla di Kel. Con le mani a coppa, sfacciate, le ha preso le tette. Kel ha appoggiato la schiena al suo torso, s'è girata, ha sprofondato la testa nel suo collo. Nel cervello diceva *Ti amo*. Ha continuato a mordersi le labbra.

La bottiglia di latte era stata in frigo quanto bastava perché il latte si separasse in un liquido acquoso e in una massa giallo formaggio. Come se le sue componenti essenziali avessero litigato e non si parlassero più.

«Che tanfo». Ando ha chiuso lo sportello con un colpo, facendoli ripiombare nel buio. Kel era di nuovo cieca. Il filamento della lampadina le screziava gli occhi di un rosa fluorescente. È sprofondata ancora di più nell'incavo creato dal petto di Ando.

«Allora 'ste birrette?», ha detto Cleggy.

Kel ha scrollato le spalle. «Zero. Ti tocca andare a comprarle». C'era un negozietto dietro l'angolo. Se Cleggy andava in missione alcol, Kel poteva rimanere sola con Ando e non dire *Ti amo* solo nella sua testa, ma forse dirlo davvero – erano tre mesi che si vedevano. Quanto tempo dovevi vederti con uno prima di poterti innamorare? Quanto tempo bisognava aspettare a dirglielo per non fargli pensare che eri una psicopatica? E se la amava anche lui, forse gli poteva dire la verità su Casa Fattoni. Gli poteva dire di portare via Cleggy.

Cleggy ha fatto una specie di pernacchia che significava *Col cazzo che mi tocca andare a comprarle.*

«Te li do io i soldi», ha detto Kel.

Aspettava da molto più di tre mesi. Più tipo tre anni e mezzo – Ando le piaceva da quando l'aveva palpeggiata dietro la palestra quando lei aveva undici anni e lui andava per i quattordici. Dopo quella volta l'aveva ignorata, aveva bazzicato tipe di ogni sorta, e Kel aveva pensato di non piacergli, alla fine, finché anni dopo si erano ritrovati a una festa e lei gliel'aveva succhiato sul letto matrimoniale dei padroni di casa.

«Vedremo». A Cleggy piaceva avere il potere di essere l'unico coi documenti giusti, Ando era di agosto, ai diciott'anni gli mancava ancora qualche mese. Kel ne aveva appena compiuti quindici. Si comprava da bere da sola da un anno, ovvio, ma in questo momento le mancava il necessario – trucco, maglia scollata, negozi specifici in centro a Donny dove a nessuno importava niente della sua età. Là vicino alla brughiera, a chilometri di distanza dal centro, per imbenzinarti ti potevi solo affidare a un amico coi documenti giusti. Cleggy lo sapeva. Voleva farsi implorare da Kel, ma a Kel non passava manco per la testa. S'è staccata dal petto di Ando, ha fatto scorrere la mano sul muro, cercava l'interruttore della luce. Il palmo scivolava senza intoppi, non trovava niente.

S'è accesa la luce grande – altra lampadina nuda, stavolta penzolava da un cavo sul soffitto – e Kel s'è trovata faccia a faccia con pile di cocci pencolanti appoggiate a casaccio sui piani di lavoro della cucina, muri con la vernice che si scrostava e quella faccia da idiota di Cleggy. Gli colava il sangue su un occhio dal taglio che s'era fatto entrando. Aveva un sorrisone, tutto soddisfatto perché aveva trovato l'interruttore, che era all'altro capo della stanza rispetto a dove Kel era convinta di trovarlo. Cleggy s'è messo un palmo sulla fronte, cercava di tamponare il taglio. Il sangue si stava seccando, aveva la palpebra chiusa e appiccicosa, le ciglia incollate.

In cucina si aprivano tre porte. Kel ha scelto quella che secondo lei portava in salotto e ha trovato la dispensa. Spazio per una persona non ce n'era, lì, c'erano oggetti uno sopra l'altro fino al soffitto, che seguiva la pendenza delle scale di sopra. C'era un tavolino di legno, basso, squadrato, con le fasce più alte di un tavolo normale. A Kel non veniva in mente a cosa servisse. Bottiglie di vetro che t'arrivavano agli stinchi, impolverate, rotonde, col collo alto e sottile. Ne ha presa una, ci ha guardato dentro. C'era lo scheletro di un topo, raggomitolato come si fosse infilato lì per dormire. Kel ha messo giù la bottiglia, chiuso la porta. Dietro la seconda porta, quattro scalini di metallo traballanti portavano al seminterrato, brulicava di lame affilate, muri ricoperti di forconi, picconi e falcetti arrugginiti. Ogni altra superficie era carica di barattoli di qualsiasi dimensione, quasi tutti trasparenti ma alcuni bianchi o azzurri. Quasi tutti lercissimissimi, ma alcuni puliti. Alcuni senza coperchio, altri crepati e scheggiati. Kel ha provato a immaginarsi i barattoli tra le mani della nonna, le dita che giravano i coperchi. Non riusciva a evocare nemmeno un ricordo.

Per tutti quegli anni la nonna era stata qui, era esistita, e Kel non aveva avuto il permesso di stare con lei, scoprire che donna era, come passava il tempo. Kel rivoleva quell'odore, quelle gonne svolazzanti, la sensazione delle sue ginocchia sotto di lei, forti, robuste. Dove sei andata?, s'è trovata a pensare Kel. Vieni da me.

Kel è entrata a tentoni in salotto passando dalla terza porta, cercava la luce. Decisa a trovarla lei. La stanza era stipata di mobili, per terra una stesa di roba ammucchiata. Hanno dovuto camminare piano, trovare dove mettere i piedi. Kel è andata a sbattere contro un mucchio con la punta della scarpa. Delle riviste sono scivolate giù finendole attorno alle caviglie. La corrente d'aria le diceva che avrebbe anche potuto non romperla, quella finestra. Dietro l'edera, il vetro non c'era più. I tossici erano sicuramente entrati, avevano lasciato un mucchio di lattine di birra accartocciate, un fetore di piscio in un angolo. Perché pisciare per terra? Ma al primo piano non c'era un bagno? Cleggy s'è acceso la sigaretta, l'odore le faceva venir voglia di chiedergliene una, ma il tabacco Cleggy se lo faceva pagare e Kel non era capace di rollare, e poi lui l'avrebbe usato come pretesto per ricattarla. Kel non sapeva perché Ando continuasse a bazzicarlo, ora che non erano più a scuola insieme. Ando stava sempre lì a dire che Cleggy era proprio un rinco. La settimana scorsa Cleggy s'era fatto filmare da Ando mentre cacava da un albero. Ma Cleggy aveva sempre dietro un porta-tabacco con l'Old Holborn, una bustina di droghe a caso. Tipi così non rimanevano mai completamente senza amici.

Su un tavolino basso c'era un paralume a cono. Kel cercava la catenina a tentoni. Ha tirato, scivola-e-scatta, e attorno a lei è apparsa la stanza: torri di ciarpame ovunque, tipo bancarella col bric-à-brac alla fiera, così tanta robaccia che i suoi occhi non sapevano da dove cominciare.

Nel bel mezzo c'era Ando, puntava una pistola al naso di Kel. Nera, alla James Bond.

«Ferma lì, figlia di puttana!», ha urlato Ando con un accento americano da schifo. Dalla faccia, distorta in una smorfia di ribrezzo, pareva pronto a farle saltar via la testa.

Cleggy ha ridacchiato, un occhio impiastrato di rosso che virava verso il marrone.

Il cipiglio di Ando è sfumato – pure lui è scoppiato a ridere.

«Testa di cazzo», ha detto Kel, col cuore belante. Ha riso, anche col vuoto allo stomaco che aveva. *Ti amo.*

«È una cazzo di pistola a aria compressa, oh», ha detto Ando. «Mica t'ammazza».

«L'ammazza sì, se la prendi in fronte, cazzo», ha detto Cleggy, con un tono un po' troppo felice. «Vado di sopra, io, vedo se c'è qualcosa da rubare».

«Ho i miei dubbi», ha detto Kel.

Cleggy ha girato piano attorno a una cassa di libri e ha preso su per le scale.

«E se il pavimento non regge?», ha detto Kel. «Se cede il soffitto e cadi di sotto?».

La sola risposta di Cleggy è stato il rumore sordo delle scarpe sulle scale.

Voleva andargli dietro, non fargli rubare niente, almeno non prima di poter trovare qualcosa lei – qualcosa di suo doveva esserci, per forza – ma non riusciva a togliere gli occhi dalla pistola. Non aveva mai visto una pistola prima, ad aria compressa o meno. Non le avevano mai puntato un'arma alla testa.

Ando ha dato un calcio ai vecchi ciocchi nel camino. Li ha mandati in cenere. Ha puntato la pistola contro una pentola di metallo robusta vicino alla gratella. Doveva essere la pentola che una bambina di sei anni usava per cucinare il pranzo per la famiglia direttamente sul fuoco. Una delle poche cose che sua mamma le aveva raccontato di quando era piccola: preparare il pranzo era compito suo, mentre il resto della famiglia era nei campi.

«Cosa fai?», ha detto Kel.

Ando non ha risposto, ha semplicemente puntato la pistola contro altri oggetti come per scegliere una vittima: vecchia tivvù squadrata con l'antenna curva, foto incorniciata di tre uomini baffuti, caraffa di porcellana, tutte grigie di polvere e lanuginose per via delle ragnatele, tutte con addosso ombre lunghe gettate dalla luce ambrata della lampada. Kel ha seguito la bocca della pistola che sceglieva tra: orologio inceppato del nonno, telefono a disco, teiera sprofondata in un copriteiera a forma di gallina. Fissava tutte le cose che finivano nel mirino cercando di ricordare se le avesse già viste, se per lei significassero qualcosa. Se per loro avessero significato qualcosa.

Davanti al camino c'era un divano color cardo, plasticoso, coi bordi dei cuscini crepati, con un bracciolo logoro nel punto preciso in cui qualcuno doveva aver affondato il gomito per anni. Decenni, forse. I cuscini erano nascosti da pile di libri. Kel voleva guardarne le coste, vedere se alla nonna e al nonno piacevano gli stessi libri che piacevano a lei. Ma in salotto sembrava che non ci fosse lo spazio per un salotto, non c'erano punti per stare comodi – in piedi, in ginocchio, seduti.

Ando ha alzato la pistola contro la credenza di mogano che occupava tutta la parete alle loro spalle. La credenza era sepolta sotto pezzi di carta – bollette, ricevute, rettangoli ritagliati da giornali e riviste, coperti da uno strato di sudiciume. Sopra c'erano dei vinili sparsi, quello che sembrava il pezzo del motore arrugginito di un'auto, tutto un misto di tazze da tè, piattini, bricchi del latte, zuccheriere. Ando ha girato su se stesso, verso sinistra, ha mirato all'acquerello incorniciato con tanto di vetro appeso alla barra per i quadri.

Kel s'è ricordata di una tazzina da tè con cui la nonna le dava il succo di mela, la tazza speciale in cui solo lei poteva bere. Col personaggio dei fumetti su un lato. Vedendola l'avrebbe riconosciuta. Se l'avesse vista prima che la rubasse Cleggy o la uccidesse Ando. Se esisteva. Se non se l'era inventata.

Dal piano di sopra, Kel sentiva Cleggy che dava colpi di qua e di là, fischiettava *Oh boys cheeky girls, oh girls cheeky boys*. S'è avvicinata alla credenza così poteva passare al setaccio l'esercito di tazze lì radunato, provato dalla battaglia.

Ando s'è girato, ha di nuovo mirato verso gli oggetti sulla credenza. Kel s'è spostata indietro, non voleva stare sotto tiro. Ando ha intimidito una bambola di plastica con la bocca aperta, ha minacciato un piattino commemorativo del venticinquesimo anniversario del regno di Elisabetta II.

«Che stai facendo?», ha detto Kel.

«Alleno la mira, oh. Cleggy s'è fissato che vuole entrare nella milizia territoriale».

Ma Ando non ci entrava mica nella milizia territoriale, vero? Ando studiava per il diploma di secondo livello da pittore e decoratore. Poi avrebbe preso in mano l'attività di suo papà e avrebbe fatto i soldoni. Quindi perché stava cercando di assassinare un pezzo da collezione che celebrava la famiglia reale?

«Mica spari, però, no?».
«Ah no?».
«Poi svegli i vicini e siamo tutti fritti».
Kel ha scavalcato due bauli impilati per infilarsi nello spazio stretto dov'era Ando. Ha dovuto piegare le ginocchia per restare in equilibrio. Gli ha messo le braccia al collo per reggersi. L'ha guardato.
«Non ti va di fare qualcos'altro?».
«Tipo?».
«Chennesò, io c'ho un freddo cane».
Ando l'ha stretta a sé impugnando la pistola, le sfregava il braccio veloce per mettere in circolazione il calore. «Lo so io cosa possiamo fare per scaldarci», ha detto. Le piaceva un sacco quando la guardava così, a lungo, con quello sguardo eloquente, le palpebre pesanti e impigrite, e sapeva che la voleva.
«Ossì». S'è messa in punta di piedi, gli ha preso la testa e l'ha avvicinata alla sua, avvicinando anche le labbra. Mentre pomiciavano strusciava una gamba contro il cavallo di Ando. Ondata d'orgoglio quando l'ha sentito gemere.
Ti amo. Forse doveva dirlo. Forse l'avrebbe detto e lui avrebbe risposto lo stesso. Si sfidava a dirlo.
All'altezza dell'orecchio ha sentito *clic*. Ando, s'è accorta, aveva unito le mani alle sue spalle, mirato alla credenza, alzato il cane della pistola.
Kel s'è staccata dalle sue labbra, gli ha dato uno schiaffo sul braccio. «Non fare il coglione». Aveva il mento cosparso della saliva di lui. S'è girata a guardare la credenza per controllare le tazzine, come se la pistola avesse sparato un colpo in silenzio, col proiettile che trapassava la porcellana senza far rumore.
«Che faccia!», ha detto lui, ridacchiando.

Per un secondo ha riso anche lei; poi ha detto: «Quella roba apparteneva a qualcuno».

«È una casa abbandonata, spastica. L'hanno mollata qui».

Ando ha riso.

Kel ha riso.

Ti amo.

Ando le ha messo le braccia sulle spalle come faceva sempre dopo una pomiciata, dolore istantaneo per via del peso. Kel cercava sempre di resistere il più possibile, finché faceva troppo male e doveva liberare le spalle dimenandosi. L'ha fissato negli occhi. Ormai faceva così da settimane – fissava, frugava nei suoi occhi, mandava messaggi. Ma a parole come «amore», o «fidanzata», o «la mia donna», o «la mia tipa» non c'era mai andato vicino, e ogni volta che lei gli chiedeva in che termini fossero, cosa facevano, che *storia* era la loro, Ando la baciava, poi l'abbracciava così stretta che Kel non riusciva manco a respirare.

«Come mai mi fissi così?».

«Ma chi ti fissa».

«Cos'è, ce l'hai con me?».

Al piano di sopra un colpo-con-fracasso, seguito da un altro Maccheccaaazzo di Cleggy.

Kel voleva mandarlo fuori. Voleva andare di sopra come una furia e dire *Smamma da casa mia*.

Ando ha chiamato Cleggy sbraitando. Sono rimasti in ascolto. Nessuna risposta sbraitata.

«Che poi perché te lo sei portato dietro?».

«Lo sapevo che ti giravano per qualcosa».

«Non mi girano proprio per niente!».

«Chissene se c'è Cleggy, no?».

Kel si sentiva il cuore in subbuglio, se lo sentiva pulsare in testa. Non voleva che la conversazione andasse a parare lì. «Sì, chissenefrega», ha detto. «Vai a vedere se sta bene?».

«Ci vai tu?».

«È amico tuo, mica mio».

Ando ha fatto un passo indietro, s'è appoggiato ai bauli. Nei punti del corpo di Kel che aveva toccato lui s'è spanso il freddo. Ha dovuto piegare le ginocchia per ritrovare l'equilibrio. Cleggy s'è messo a fischiettare – *Oh boys cheeky girls, oh girls cheeky boys* –, dal soffitto si sentiva il *dum-dum-dum* dei suoi piedi.

«Va' che forse si deve scaldare pure lui». Ando le ha dato una pacca sul sedere con la pistola come un papà che dà una sculacciata alla figlia. A Kel ci è voluto un attimo per capire cosa intendeva Ando. Poi c'è arrivata: non le aveva mica detto di fare a Cleggy quello che *pensava* le avesse detto di fare a Cleggy, vero?

Ando aveva gli occhi piccoli, seri. Mentre Kel decideva cosa dire, il silenzio ronzava.

«Scherzo, mongola». Ando ha riso, ma in quel suo riso c'era un che di brutto, di aspro. «Non fare il muso».

«Non ce l'ho il muso». Kel ha provato a cambiare espressione, a rilassare la fronte.

Ando le ha dato un colpetto alla tetta, dal basso verso l'alto, la tetta ha tremolato e lui ha detto «*Plof*», come diceva sempre quando cercava di farla ridere.

«Stronzo», ha detto Kel sorridendo. Gli ha dato dei colpetti scherzosi sulle palle, colpetti che lui ha cercato di scansare e per poco non è caduto all'indietro sui bauli; poi di nuovo un *plof*, hanno riso tutti e due.

«Cosa c'è qui dentro?», ha detto Kel, chinandosi a esaminare il baule in cima. Le serrature erano bloccate dalla ruggine. Ando spingeva per sollevare le linguette, grugniva per lo sforzo, poi hanno ceduto e il coperchio s'è aperto di scatto. Un'esplosione di foulard di tutti i colori, partoriti di loro iniziativa dalla bocca del baule. Foulard con le rose, a scacchi, coi ventagli spagnoli, con le piume, alcuni fini e opachi come seta, altri più arditi e lucidi. Kel voleva rovistare nel baule, sentire i tessuti dei foulard, studiarne le fantasie. Voleva avvicinarseli al naso. Scoprire se avevano l'odore della nonna.

Ma mentre Ando era preso dal baule, mentre curiosava tra i foulard in alto con la punta della pistola, Kel ha fatto un balzo verso la credenza. Ha scavalcato divano, libri, pile di *Thorne Gazette*, arrivando alla credenza, lì contro il muro sotto il suo manto di cartacce sporche, pezzi di motore, tazze. Ha frugato in cerca di quella piccola tazza col personaggino disegnato su un lato. C'erano tazze lunghe a cui mancava il manico, tazze di terracotta, tazze a motivi floreali, azzurri e tutti fronzoli. Ma niente tazze da bimbi, niente tazze coi personaggini.

Kel ha scombinato col dito le cartacce sporche, cercava di non sentire la delusione, cercava di reprimerla. Ha preso dei biglietti scritti a mano, promemoria, ricevute. Lettere, o pezzi di. S'è avvicinata alcune pagine alla faccia, cercava di decifrare le parole in quella luce bassa, ma la sua ombra faceva sprofondare i fogli nel troppo buio che c'era. Ha scelto un pezzo di carta con su qualche riga scritta a biro da una mano malferma, l'ha portata vicino alla lampada. Sotto il bagliore instabile della lampadina, piano piano Kel ha decifrato le parole, il cervello intralciato da code e riccioli messi in posti strani, maiuscole dove non era il posto delle maiuscole. Chi l'aveva scritte avrebbe fatto una torta di mele e more per la persona a cui era destinata la lettera. Le ultime righe dicevano:

A RiVEDDERCI
LO SAI CE NON SÒ
SCRIVERE

Chi scriveva sembrava parlare a Kel, sussurrarle parole all'orecchio. Kel si sentiva qualcosa che le premeva in testa – le premeva sempre di più dietro gli occhi, cercava una via d'uscita. Ha rivolto la faccia verso il soffitto, voleva tanto che gli occhi s'asciugassero.

Cleggy è tornato di sotto col passo pesante. Aveva trovato il bagno, s'era lavato la faccia. Gli occhi erano entrambi aperti, il sangue ora una patacca rosa tenue sulla fronte. Ha sbattuto giù i libri dal divano con un calcio e s'è sdraiato, le scarpe bagnate sul bracciolo dove una volta c'era stato un gomito.

Ha tirato fuori dalla tasca un sacchettino d'erba, s'è messo a rollarsi uno spino. «Trovato la skunk del tossico», ha detto.

«Sì, buonanotte, cazzone», ha detto Ando, con un ghigno. «È il decino che hai comprato ieri da Braccia-a-frusta».

Pure Cleggy ha fatto un ghigno. «Eh sì, cazzone. Volevo solo prendere per il culo la tua tipa».

«Rubato qualcosa mentre eri di sopra?», ha chiesto Kel, e ha capito all'istante che non avrebbe dovuto chiederlo. La voce la tradiva.

«Va' che la tua tipa è proprio una curiosa di merda», ha detto Cleggy.

Kel voleva difendersi, ma Cleggy l'aveva chiamata «la tua tipa» due volte e Ando non l'aveva contraddetto, e

Kel era tutta elettrizzata. *La sua tipa*. Essere *la sua tipa*. Essere *la sua donna*. Poterlo chiamare *il mio ragazzo*.

«Che poi a te che te ne frega?», ha chiesto Cleggy a Kel.

Kel ha scrollato le spalle. «È che qui ci viveva qualcuno, quindi...».

«Quindi? Quindi cosa, cazzo? Guarda che c'hai fatto entrare tu, bella». Cleggy ha leccato il bordo lungo della Rizla King Size, ha chiuso lo spino. «Ora ti viene la lacrimuccia per i mutandoni di una cazzo di morta?».

Kel s'è sforzata di non chiedere se aveva rubato un paio di mutandoni.

«Te lo dico io cos'ho trovato, sì». Cleggy ha accennato con la testa a una mazza da cricket che aveva accanto ai piedi e di cui Kel non s'era accorta. «È un po' che mi voglio allenare alla battuta».

Kel e Cleggy si sono guardati fisso. Poi si sono mossi tutt'e due nello stesso momento: Cleggy s'è cacciato lo spino in bocca e s'è alzato di scatto; Kel s'è lanciata sulla mazza. Ha afferrato l'estremità piatta, ma Cleggy teneva l'impugnatura, gliel'ha strappata di mano con facilità, le ha graffiato la mano, le è rimasta una scheggia nel polpastrello dell'indice. Cleggy ha fatto una capovolta sul divano. Kel ha acchiappato al volo uno dei passanti sul dietro dei suoi jeans, l'ha tenuto stretto finché lui non è riuscito a liberarsi.

Cleggy ha brandito la mazza sopra la spalla, mirando con la parte piatta come preparandosi a un colpo da sei, e ha preso a falciare tutto quello che c'era sulla credenza, menava colpi sui pezzi di carta e sul corpo della bambola e sul pezzo di motore e sull'esercito di tazze e sui vinili e sulle scatoline di spille da balia e bottoni, tutto si fracassava per terra, dal suono sembrava che venisse giù la casa.

La stanza è diventata di colpo più luminosa: ora che la credenza era sgombra era apparso lo specchio. Erano tutti e tre incorniciati lì, sudici e orrendi.

Cleggy colpiva la credenza come se la volesse spaccare in due. Colpiscicolpiscicolpisci. Kel ci ha provato, ma non poteva avvicinarsi, vista quella mazza che roteava.

«Eddai oh», ha detto.

Colpiscicolpiscicolpisci.

«Eddai oh, testa di cazzo».

Cleggy picchiava sulla credenza, il legno si crepava, si spaccava.

«Oh!», ha detto Kel, più forte. Colpiscicolpiscicolpiscicol...

«Oh, è di mia nonna, cazzo!».

I colpi si sono fermati. Il silenzio era enorme.

Cleggy s'è girato, col fiatone. «Glielo diciamo?».

Un senso di soffocamento, di nausea, s'è espanso come una molla nella trachea di Kel. «Dirmi cosa?».

Ando la fissava, aveva gli occhi socchiusi, stava decidendo.

«Dirmi *cosa*, porcocazzo?».

«Lo sapevamo», ha detto Cleggy. Ha scrollato le spalle, sembrava dispiaciuto per lei. «Lo sapevamo che ci stava tua nonna qui».

Kel ha guardato Ando, aspettava che negasse.

Ando ha distolto lo sguardo. «Grazie, eh, Clegg».

Kel si sentiva pendere da una parte, come se il pavimento sotto di lei fosse inclinato. «Sì, col cavolo che lo sapevate», ha detto. «Non lo sa nessuno».

«Cleggy scherza», ha detto Ando. «Ti prende per il culo».

Per la prima volta da quando Kel lo conosceva, Cleggy sembrava a disagio. Aveva come una faccia nuova, piatta e stirata. Dava dei colpetti al piede della credenza con la mazza, fissava per terra.

«Cioè, non sai stare a uno scherzo?», ha detto Ando.

Kel era sempre lì in pendenza – il pavimento era sempre lì che cercava di farla cadere di lato –, ma una risata le baciava le labbra da dentro, voleva risuonare e scaricare la tensione.

«Non fa ridere», ha detto Kel senza rendersene conto.

«Qui l'unica cogliona che non ride sei tu, bella», ha detto Ando, anche se non rideva nessuno.

Ridevano di lei da tutta la sera, però, vero? Avevano brandito la pistola solo per provocarla, solo per farla confessare.

«Ti mollo», ha detto Kel.

Tempo di farsi uscire le parole di bocca e già voleva rimangiarsele.

Negli occhi di Ando s'è insinuato qualcosa di cupo, le guance si sono afflosciate, sotto spiccavano bene le ossa. Ha mimato il gesto d'asciugarsi il sudore dalla fronte. «Menomale, porca puttana». Ha fatto una risata grande e vuota. «Sei un'appiccicosa di merda. A momenti non ti reggo più». Ha alzato il braccio.

Il colpo di pistola è stato più forte di quanto Kel si sarebbe immaginata. Il loro riflesso è andato in frantumi, schegge che li ritraevano sono volate per la stanza, e loro si sono tutti girati dall'altra parte, hanno alzato le braccia per ripararsi la faccia. Pezzi di battiscopa marrone ondulato punteggiavano le rovine dello specchio. Specchi taglienti in miniatura tempestavano capelli e vestiti. Un suono lacerante nelle orecchie di Kel, un dolore che si spargeva nel cranio.

I ragazzi si son fatti strada a calci tra le macerie rimaste dalla follia da battitore di Cleggy, hanno fatto il limbo per uscire di nuovo dalla finestra della cucina. Una volta coi piedi sul cemento dall'altra parte, Cleggy s'è messo a fischiettare. *Come and join our cheeky club (this is what you want!).*

Kel è rimasta dentro, il rimorso le scioglieva le ossa. Un secondo sparo ha fatto crepare il cielo sulla brughiera, e tutti i cani della strada hanno mandato abbaiate d'avvertimento nella notte.

Il giorno dopo, Kel, sua mamma e una banda di zii e cugini che Kel non vedeva da anni si sono ritrovati in giardino per sgomberare casa. Nel recinto in fondo un falò faceva un rumore sordo, sembrava pioggia che tamburella sul tettuccio d'una macchina. Le fiamme si mangiavano ciocchi di legna secca che scoppiettava e schioccava e crollava. I due zii di mezzo prendevano roba dentro casa e la scaricavano vicino alla porta sul retro; lo zio più grande divideva tutto in tre mucchi – falò, beneficenza, cassone – e i cugini portavano vagonate di cose ai Samaritans o facevano la spola con un piccolo trattore tra il mucchio destinato al falò e il recinto, dove la mamma di Kel gettava tutto pezzo per pezzo sulle fiamme vive. Secondo uno zio, la mamma di Kel avrebbe dovuto svuotare la camera da letto e al falò avrebbe dovuto badare lui, ma la mamma di Kel aveva preso il forcone e s'era avviata a passo di marcia verso il recinto, dopodiché nessuno aveva più detto nulla.

Kel era vicina alla porta sul retro a braccia conserte, cercava di leggersi il suo libro. Aveva implorato sua mamma di non farla andare: doveva passare da Ando, convincerlo a riprendersela. Sua mamma aveva detto, Non è negoziabile e fine della storia, era sempre la cazzo di fine della storia. Quindi Kel non poteva venirci quando i nonni erano vivi, quando davvero poteva conoscerli, ma ora non poteva *non* venirci.

Ha controllato il telefono per vedere se c'erano messaggi, voleva tanto veder comparire il nome di Ando. Ieri sera aveva provato a chiamarlo, dopo che se l'era data a gambe per via delle abbaiate casomai i vicini si fossero davvero presi la briga di chiamare la polizia. Non aveva risposto manco a una delle diciassette chiamate che gli aveva fatto. Era tutta la mattina che cercava di scrivergli un messaggio capace di cancellare le sue parole, di riportarli a prima che dicesse «Ti mollo». Voleva scrivere a Shaz e Rach, chiedere cosa doveva fare, ma a loro Ando non piaceva, quindi avrebbero solo detto, Be', non si silurano le amiche per un ragazzo, o no.

Uno degli zii di mezzo le è passato accanto con un secchio pieno di vinili spezzati, di porcellana rotta. Si sentiva un gorgoglio acido dentro, quel senso di vomito che ti viene dopo una serata passata a sfondarti di alcol, quando sai che hai fatto una roba imbarazzante ma non ti ricordi cosa. Epperò lei si ricordava. Sul ginocchio aveva tutto un livido nero-verde per via della botta che aveva dato cadendo dalla finestra. L'aveva nascosto coi calzoni, ma ogni volta che dava una ginocchiata pulsava, e lei saltellava dolorante. Aspettava ancora che qualcuno s'accorgesse che era entrata in casa, riconoscesse un pezzo di lei rimasto sulla finestra rotta, o vedesse le schegge dello specchio rotto e chissà come capisse che la colpa era la sua. Ma di fronte ai danni, tutti avevano scrollato le spalle e borbottato, Tossici del cazzo.

S'è avvicinato suo cugino Jambo. Aveva più o meno cinque mesi più di lei e per quello si credeva il capo. Le ha detto che doveva andare dentro, a liberare i mobili in cucina.

Dentro non ci poteva andare. Voleva tanto. Voleva rubare un paio di libri, aprire di nascosto quel baule coi foulard, infilarsene qualcuno nella manica del giubbotto. Non ce l'avrebbe fatta a guardare la credenza rovinata, però, quei resti di legno e specchio. Non ce l'avrebbe fatta a vedere il pezzo di calcestruzzo sul pavimento della cucina, a trovare le impronte dei suoi piedi nella polvere.

«Sto bene così, 'azie», ha detto a Jambo, ha infilato il libro nella tasca del giubbotto, seguito il trattore fino al recinto, dove il fumo era denso e la esaltava e sapeva di gomma bruciata. Sua mamma era in piedi vicino al falò, mani sui fianchi, guance accese per il caldo. Sua sorella, Briar, era in braccio alla ragazza di Jambo, che la teneva su un fianco facendola ballonzolare, aveva talmente perso la testa per la bimba – faceva tutti i versetti che Kel non sapeva fare – che non ha nemmeno alzato gli occhi quando Kel le è passata davanti.

Kel era gelosa del fatto che a Briar avessero messo nome Briar e a lei l'avessero chiamata Kel e basta, ma era comunque felice di avere una sorellina, anche se non sapeva nulla di bimbi e non sapeva come ci si comportava con loro. Nessuna delle due conosceva il papà, quindi il nome era l'unica cosa di cui Kel poteva essere gelosa. Kel non aveva proprio idea di chi potesse essere il papà di Briar, ma aveva sentito dire che il suo, invece, una volta forse faceva il minatore. La signora che abitava tre porte più in là aveva detto di aver conosciuto la mamma di Kel ai comizi dei minatori nell'84, di aver visto la mamma di Kel al dopolavoro con un tipo della miniera di Brodsworth, più o meno quand'era nata Kel. A Kel l'idea piaceva, voleva andare orgogliosa d'esser legata a un evento che aveva plasmato l'identità di Donny, di appartenere alla storia di Doncaster. Ma sapeva che senza prove non poteva. Eppure, a volte si diceva, solo per sentirsi dentro il calore dell'orgoglio, Mio papà era un minatore.

Ha controllato il telefono. Niente Ando. La sua assenza covava in lei come panico sotto la cenere. Niente Shaz né Rach – di solito il sabato a quest'ora avevano già mandato quindici messaggi a testa. Dovevano essere arrabbiatissime con lei. O sapevano pure loro che Casa Fattoni era la sua. Forse lo sapeva tutta la scuola. Forse ridevano tutti di lei.

La mamma di Kel stava tirando su lo strano tavolino quadrato e tozzo per aggiungerlo al falò, il tavolino che ieri sera era nella dispensa. Ha picchiato contro un palo dello steccato più alto delle fiamme e poi è rimasto lì, rotto, aspettava che il fuoco attecchisse.

«Quello cos'era?», ha chiesto Kel.

«Un vecchio giradischi», ha detto sua mamma. «Di tua nonna». S'è spolverata le mani sui pantaloni della salopette, ha spinto il forcone nel centro blu incandescente del falò. «Deve averglielo regalato la sua migliore amica. Non ha mai funzionato bene, cioè, ma non siamo mai riusciti a farglielo gettar via».

Erano anni che la mamma di Kel non raccontava così tanto della nonna. Kel ha indicato altre cose, chiesto a chi erano appartenute. Di certe, sua mamma ha detto che erano spazzatura, ma altre erano di qualcuno. Lo scheletro cavo di uno specchietto: «Della tua bisnonna Violet. Ne andava molto orgogliosa. All'epoca sarà costato un bel po'». Kel ha guardato lo specchietto, lì in cima al mucchio. Una piccola fiamma ha lambito l'impugnatura, poi ha attecchito, ha preso piede balenando. La mano di Kel s'è fiondata sul fuoco. Il calore ha allontanato le dita a forza.

«Sta' attenta», ha detto sua mamma.

«Perché lo bruciamo se ne andava orgogliosa?».

La mamma di Kel ha preso un cardigan minuscolo lavorato ai ferri, giallo narciso, tarmato, si disfaceva. «Non ci crederai, ma una volta me lo mettevo io. Mica era mio, eh. È toccato a me dopo che se l'erano passato tutti e tre i miei fratelli».

Kel si tastava i jeans in cerca del frammento di lettera che aveva rubato la sera prima. «Di chi è questa calligrafia?».

Sua mamma ha dato un'occhiata e scrollato le spalle.

«Forse della nonna?».

«Non direi. Tua nonna non sapeva scrivere».

Kel voleva far notare che l'autrice della lettera aveva detto la stessa cosa, che non sapeva scrivere, ma non voleva incalzare sua mamma per non rischiare che poi le facesse buttare quel pezzo di carta nel fuoco. Kel se l'è rimesso di nuovo in tasca di soppiatto. Voleva chiedere a sua mamma se una volta aveva davvero detto che il nonno teneva sotto controllo il conto in banca, che alla nonna dava solo un tot, così non aveva mai abbastanza soldi per comprarsi vestiti nuovi. Voleva chiedere se era per quello che la nonna s'aggrappava a tutto quello che aveva, se era per quello che la casa era così piena di roba.

«Come mai non ci venivamo mai qui?».

«Non era una casa sicura per i bambini», ha detto sua mamma, rifilandole sempre la stessa battuta.

Non era sufficiente, però, eh. Kel non poteva campare di 'ste risposte scremate. E perché mai? Perché doveva farsi andar bene non sapere niente? Con tutti che sapevano roba che lei non sapeva.

La mamma di Kel ha capovolto un tavolo da pranzo in legno di quercia annerito da macchie d'umidità, ha preso un martello da fabbro.

«Allora, mio papà è ancora vivo? Almeno questo me lo dici?».

Sua mamma ha allargato un po' i piedi, piegato le ginocchia, colpito col martello una delle gambe del tavolo rovesciato. La gamba s'è deformata, s'è scheggiata, ma teneva duro.

«Sono io tuo papà».

«Ho il diritto di sapere». La voce le è uscita forte e arrabbiata. Uno zio, un paio di cugini e la ragazza di Jambo si sono tutti girati a guardare. Sua mamma ha lasciato cadere il martello, ha abbassato la testa così che lei e Kel erano naso-contro-naso. Nei suoi occhi c'era un panico strano, folle.

«Non alzare mai più la voce con me». Parlava con calma forzata, incalzante. «Non se ci sono loro».

Gli occhi non erano carichi di panico, ora lo capiva; erano pieni di supplica. *Per favore*, dicevano i suoi occhi, *non mettermi in imbarazzo*. Magari dicevano addirittura *Non abbandonarmi*. Come mai fosse così importante non litigare davanti ai suoi zii Kel non lo capiva, ma ecco che all'improvviso non voleva più saperlo. All'improvviso s'è sentita nel torto, egoista, per aver cercato di far parlare sua mamma. Pensava alla bimba di sei anni che preparava il pranzo per tutta la famiglia direttamente sul fuoco dentro quella vecchia pentola di ferro. Era quella bambina a chiedere a Kel di parlare a voce bassa, tenere la testa bassa, stare buona.

«Okay, okay», ha detto Kel.

Sua mamma s'è drizzata, ha recuperato il martello, colpito la gamba del tavolo due volte, tre, finché scheggia qui, scheggia là, s'è rotta e staccata. Ha gettato la gamba liberata nel fuoco, ripreso il martello e poi è passata a quella dopo. Ha martellato in silenzio fino a smembrare tutto il tavolo, tirando poi le gambe tra le fiamme.

Kel guardava mentre il mucchio di legna sprofondava, braci che finivano nel nulla. Ha fissato il falò finché la parte davanti del corpo ha cominciato a scottare, finché gli occhi hanno cominciato a lacrimare e pungere.

Poi s'è girata e si è allontanata, superando di nuovo la ragazza di Jambo che faceva i versetti a Briar, superando il fienile, la stalla degli asini, il pollaio, diretta verso la casa, poi la strada. Non voleva starci lì, con la famiglia di sua mamma. Si sarebbe letta il suo libro davanti casa finché la mamma non fosse stata pronta per andare. Vicino alla porta sul retro, lo zio più grande era ancora preso a dividere – falò, beneficenza, cassone. I baffi folti gli coprivano la bocca.

Ma una volta non l'aveva visto litigare con la mamma, quello zio? Quand'era piccola, quando ancora la portavano a giocare da nonna e nonno. Non li aveva visti gridare nel vialetto fuori casa? E lo zio non aveva bloccato sua mamma contro il cofano della loro Fiat Uno?

Lo zio più grande ha lanciato la posateria sul mucchio della beneficenza, i giornali sul mucchio del falò. Saliera – beneficenza. Barattolo di vetro – cassone. Aveva un ritmo agile e spedito, lanciava qui, poi là, il corpo simile a quello di un ballerino. Candelieri – beneficenza. Moccoli di candele – cassone. Mentre Kel s'avvicinava, lo zio aveva il braccio diretto verso il mucchio del cassone, ma col senno di poi s'è fermato a metà del percorso, il cervello s'è messo in pari capendo cos'aveva deciso il corpo. Il lancio era troppo corto, l'oggetto è finito scricchiolando contro il fianco di metallo del cassone. Kel l'ha riconosciuto. Era suo.

È andata a vedere: una tazzina da bimbi, col personaggino su un lato, disegnato dallo stesso autore dei libri di *Mr Men*. Un maiale rosa che si chiamava «Oink da Timbuctù» era in fuga, dietro le zampe una scia di nuvolette di polvere. Nonna la tirava fuori ogni volta che veniva Kel. La riempiva di succo così Kel poteva fare finta di bere il tè come una persona grande. Nell'impatto s'era spezzato il manico, s' era crepato l'orlo.

«È di Jambo, quella», ha detto lo zio più grande. «Meglio se gliela conservavo». Lo zio più grande ha ripreso i suoi lanci ritmici.

Kel ha raccolto tazzina e manico, li ha lasciati cadere nel cassone. In realtà, ha detto allo zio più grande ma solo nella sua testa, era mia.

S'è girata di nuovo verso il giardino, verso la siepe di more ingioiellata di frutti scuri e lucenti, verso le susine che appesantivano i rami di un albero, le mele mezzo schiacciate alla base di un altro. Piccoli fiori, di un rosa delicato, che spuntavano scampanati tra le erbacce, e quelle che sembravano minuscole rose arancio tutte raggruppate, bouquet per spose in miniatura. Tutto, ha deciso Kel – si ricordava tutto, ogni costruzione annessa alla casa, ogni tronco d'albero, ogni petalo. Ha deciso che se pensava di sapere una cosa, la sapeva. Nonna e nonno avevano campi e animali, s'è detta, ricordandosi. Erano camionisti, ricordandosi. Nonna diceva sempre: «E via, su», con un gran sospiro, dopo aver deciso che avevano esaurito un argomento e andava cambiato. Paperotti in una scatola di cartone vicino al fuoco in primavera, oche che sibilano dietro un grande cancello verde. Kel piccola, seduta in grembo alla nonna, s'era accorta che alla nonna mancava qualcosa. Nonna le ha lasciato infilare la mano nella camicetta, toccare il sacchettino imbottito che usava per riempire un lato del reggiseno, per riempire lo spazio dove una volta c'era stata una tetta. E quella lettera l'aveva scritta la nonna. E lo zio più grande era un coglione.

Le è vibrato il telefono in tasca. L'adrenalina le ha fatto subito venire tutto un formicolio sulla pelle. È andata velocemente in strada, dove poteva starsene da sola insieme a quello che aveva deciso di dirle Ando. S'è seduta sul muretto di mattoni che correva intorno al giardino incolto. Ha guardato il telefono.

Schermo vuoto. Nessun nuovo messaggio. Voleva sentirlo così tanto che s'era immaginata la vibrazione.

Non ce la faceva – non ce la faceva a pensare di aver detto una sola cosa sbagliata e ora tutto era cambiato per sempre. Premeva i tasti, i pollici goffi: *Fish & chips? Lunedì?* Ha schiacciato invia. Ha respirato, sollevata al pensiero di aver rotto il silenzio tra loro.

Qualche secondo e quel sollievo rinfrescante s'è esaurito, ha ceduto il posto a un'agonia nuova, fastidiosa, attanagliante. Ora poteva solo aspettare.

La mamma di Kel ha tenuto acceso il falò per tutto il sabato e per tutta la domenica. Lancia qui e rimorchia là, la casa era ancora piena. Si sono messi d'accordo per tornare il weekend dopo, e quello dopo ancora, finché non avessero finito.

Lunedì mattina, Kel seduta sul cordolo del marciapiede fuori dal fish & chips. L'autobus di scuola era arrivato e se n'era andato. Mentre passava, Kel s'era nascosta dietro i bidoni con le ruote, aveva guardato Rach oltre il finestrino, seduta da sola. Ora Rach era sicuramente in classe con Shaz, spettegolavano di quello che avevano fatto senza Kel nel weekend. L'odore d'olio appiccicoso che veniva dal negozio si mescolava alla combo piscio-vomito che impregnava sempre quel tratto di marciapiede. *Diventa presto veleno la gente, come birra chiara che piscio si fa, chi si ama sta male fisicamente ogni volta che un bacio si dà.* Quella settimana Kel era felicissima di fare inglese perché avrebbero studiato 'sto tipo che a detta del prof era un poeta, ma le sue erano poesie che parlavano di cose reali – droga e alcol, chiavate e risse. Ogni volta che sentiva l'odore della strada, Kel si ricordava quei versi.

Voleva leggersi il suo libro, far passare il tempo più in fretta. Non puoi più leggere in pubblico, però, non come faceva Kel da piccola, seduta fuori dalla biblioteca con fasci di *Sweet Valley High* appena presi in prestito, già persa in California, nella vita di due bellissime gemelle identiche, nel loro liceo americano, tra quarterback e club di studentesse e reginette del ballo. La piccola Kel stava lì seduta finché faceva troppo buio per vedere le pagine. Non pensava a come potevano vederla gli altri, ai nomi che le avrebbero potuto dare gli altri ragazzini. *Che le davano.* Ultimamente doveva giocare d'astuzia: si metteva tra le ginocchia lo zaino con la zip aperta e il libro dentro, alla pagina giusta, così poteva ancora leggere ma a vederla sembrava una ragazza che cercava qualcosa nello zaino. Oggi era il turno di un Mills & Boon intitolato *Savage Courtship.* Kel ha trovato il punto dov'era arrivata: Benedict Savage stava uscendo dalla doccia. Entra nudo in camera da letto. S'asciuga. Si sfrega la mascella ruvida con le dita... Kel non riusciva a concentrarsi, ogni cinque parole gli occhi si spostavano verso l'angolo della strada, sperando di veder spuntare Ando con quella sua andatura impettita.

S'è accesa una paglia, ha sputato sull'asfalto, aspirato. Sputa, tira, soffia, sputa, tira. È tornata a Benedict: sempre nudo, resta perplesso scoprendo una donna misteriosa addormentata sul suo letto, vestita solo di raso bianco...

Ma una volta arrivato Ando, cosa gli avrebbe detto? Non *Ti amo*. Non *Ti piaccio ancora*, non *Siamo a posto, possiamo tornare a com'era prima*. Non una roba che l'avrebbe fatta sembrare un'appiccicosa. Sputa, tira, soffia, sputa, tira. Non avrebbe detto proprio niente. A bordo strada c'era un bel gocciolone di saliva, brillava in tutta la sua gloria tra gnocchi di chewing-gum e una patatina fritta spersa, spiaccicata. Ormai Kel padroneggiava anche la posa: culo sul cordolo, gambe larghe, mano con la paglia appoggiata sulla rotula – col polso copriva il livido che stava svanendo. E se guardava in cagnesco chi passava, sarebbe pure sembrata una di quelle che spaccano i culi. L'aveva imparato guardando Ando.

Le è vibrato il telefono, un messaggio di Rach. *Nn 6 d nuovo cn Ando vero?*

Altra vibrazione, questa era Shaz. Sicuro erano sedute vicine in classe, messaggiavano da sotto il banco. *Macchecazzo Kel sfanculalo. Ha già detto a tt ke gli zingari tossici siete tu e la tua famiglia.*

A Kel è aumentato il battito – al pensiero che facessero pettegolezzi su di lei, al pensiero di Ando che sparava stronzate in giro su di lei.

Shaz non poteva sapere che era stato Ando a dirlo, però, eh. A Shaz e Rach non piaceva Ando, ecco. Kel ha risposto: *Nn è vero!!! C si vede + tardi.*

Dopo aver fumato praticamente anche il filtro, Kel s'è esercitata al lancio del mozzicone, provava a farlo scattare via dal pollice come faceva Ando. Voleva farlo ammodo, metti caso che lui la stesse guardando. La brace le è caduta dalle dita finendole sulla gonna, ci ha lasciato un buco rotondo perfetto.

Eccheccazzo. Ha preso il mozzicone, l'ha schiacciato tra pollice e indice, poi ha tirato indietro l'indice finché l'unghia non era angolata bene dietro il mozzicone e ha lanciato, l'ha spedito in strada disegnando un arco lungo.

Poi ecco Ando che attraversava la strada verso di lei, e Kel era così concentrata nel lancio da non averlo neanche visto arrivare. Ha schivato il mozzicone come si schiva un contrasto a calcio. Kel ha chiuso alla svelta la zip dello zaino. A Benedict toccava restare nudo e perplesso.

«Oi». Ando s'è fermato davanti a lei. «Manca poco e mi prendi le scarpe».

Kel l'ha guardato, cercava di sondarne l'umore. I suoi occhi non tradivano nulla.

«Eh scusa».

«Lo vedi come ti dispiace se mi bruci le Nike, bella mia».

Non *la mia tipa*, ma quasi.

Le Nike di Ando erano ancora bordate dal fango che aveva pestato nel canale di scolo venerdì sera. Il cappello da baseball gli avvolgeva la testa, la visiera puntava al cielo dietro la frangia ingellata. S'è acceso una paglia anche lui, s'è sistemato il cavallo dei jeans con la mano libera. Il cavallo era all'altezza degli occhi di Kel.

«Cos'è, te ne stai seduta lì come una mongola?».

Stava sempre lì a darle della mongola, della cessa, della troia svampita, della demente. A Shaz e Rach non aveva mai detto niente di simile, però, quindi per un sacco di tempo Kel aveva creduto che glielo dicesse perché lei era speciale. Ora si domandava se quei suoi cessa e spastica e mongola si sarebbero mai trasformati in amore e piccola. *Non chiedere*, le sussurrava la testa. *Non dire*.

«Cioè, dove andiamo?».

«Ti fai perdonare, no?». Ando ha spostato gli occhi sulla stradina che costeggiava il fish & chips. Avevano scopato in quella landa desolata dietro al negozio una marea di volte, mentre Kel avrebbe dovuto essere a scuola. Era il loro posticino speciale. Era dove Kel aveva perso la verginità. Ando ha allungato la mano; Kel l'ha presa. L'aveva quasi tirata su, poi l'ha buttata di nuovo per terra, le ha messo una gamba attorno alla testa, s'è strusciato contro la sua faccia. Il rigonfiamento nei pantaloni, lucido perché i pantaloni della tuta erano lucidi, le colpiva i denti. Ridendo, l'ha tirata su per il polso, l'ha baciata sulla guancia. Kel ha riso, dal punto in cui l'aveva baciata s'è spanso il calore. Kel gli ha gettato un braccio attorno alla vita e si sono allontanati dalla pozzanghera di sputo, diretti verso la stradina per rimettere le cose a posto.

Dietro il fish & chips c'era una rete di metallo alta, annerita dal tempo, piena di fili che bucavano.

«E aiutami un po'», ha detto Ando.

La rete era alta due volte Kel, e la gonna era di quelle corte da ore supplementari di punizione. Di solito quello che aiutava era Ando. Kel ha allungato le mani, intrecciato le dita per creare un punto d'appoggio. Ando ha infilato un piede – le dita di Kel erano sotto sforzo, stavano quasi per cedere quando lui s'è tirato su. Poi Kel s'è arrampicata con mani e piedi, ha scavalcato slanciando la gamba, s'è fatta un taglio sull'interno della coscia.

Poi ecco i rami in faccia, Ando che la tirava nei meandri di quella desolazione, oltre il cespuglio dove lo facevano di solito. Si sono fermati vicino a un albero col tronco biforcuto.

«Cambiamo ambiente, eh», ha detto.

Di qua e di là dal tronco spuntavano le ortiche. A Kel hanno fatto venire in mente quando si dimenticava di radersi e i peli le uscivano a cespuglio di qua e di là dal tanga. Non si smetteva mai di aver paura delle ortiche, secondo Kel no. L'ortica si nascondeva tra erbacce innocue, aspettava un lembo di pelle nuda. Le foglie, cuori vellutati verde bosco col bordo a zig-zag. Se quei denti morbidi ti sfioravano appena, ti coprivi di bollicine bianchissime che facevano più male di una bruciatura di sigaretta e duravano per giorni. Non c'era un posto per sdraiarsi dove non ci fossero le ortiche, così Kel s'è scostata il tanga, s'è messa tra i due grossi rami che partivano dal tronco. Più tipo dita, ha pensato. Più tipo due ditoni che dicevano a tutto il mondo di andarsene a fanculo.

Ando s'è appoggiato a Kel. Era ancora asciutta. Scusa, voleva dire lei. È riuscito a entrare, ha cominciato a dondolare avanti e indietro. Il culo nudo di Kel sfregava contro la corteccia e Ando aveva il cazzo di lato, quindi mancava i punti che le avrebbero fatto sentire qualcosa. Sapeva cos'avrebbe dovuto sentire – era successo una volta per caso – ma non le importava; le piaceva un sacco fissare la faccia che faceva Ando quando si rilassava e non guardava niente. Ogni volta che veniva, gli cambiava tutta la faccia, e Kel vedeva una persona nuova, un'aria da ragazzino e innocente e tenera. Una faccia che poteva vedere solo lei. La pausa subito dopo era la parte migliore, quando lui la stringeva per un secondo con la sua faccia segreta e tenera e lei si sentiva orgogliosa.

Pregava che finisse prima che la pelle le diventasse di un rosso vivo e ogni spinta fosse come farsi scopare con un coltellino svizzero. Ando ha accelerato, e Kel ha capito che era quasi finita. Con la testa appoggiata all'indietro sul tronco, ha chiuso gli occhi, gemeva a tempo con lui.

Ma poi s'è fermato, s'è tolto. Le ha messo le mani in vita, l'ha spinta giù. Attorno a loro, in mezzo alla terra e ai sassi spuntavano le ortiche. Kel ha opposto resistenza, ha contratto lo stomaco, ha puntato i polpastrelli.

Cosa ti serve, voleva chiedere. Cosa gli serviva per guardarla finalmente come una persona che poteva amare. Gli serviva 'sta roba? Gli serviva lei lì, tra le ortiche, a farsi montare?

«Essù», ha detto Ando. Gli occhi, ancora senza espressione, indecifrabili.

Kel ha smesso di opporsi alla pressione delle sue mani, s'è lasciata girare, spingere giù. È finita con le gambe e le braccia fra le ortiche. Punture di spillo a ogni tocco, una scarica di calore sulla pelle.

Le si è infilato di nuovo dentro da dietro. Lui spingeva, lei sbatteva la testa contro il tronco, le dita stringevano a pugno manciate di sporcizia. Lo spasmo di Ando, immerso dentro di lei, le ha sospirato all'orecchio.

La pausa, quando tutto si fermava, quando dovevano esserci solo loro due nell'universo, zitti, stretti. Ma lei era girata dal lato sbagliato; non vedeva la sua faccia segreta. E aveva tutto un chiasso in corpo, un tamburellio che andava dalle mani ai piedi, come se avesse ingoiato un nido di calabroni incazzati.

Ando s'è tolto, s'è tirato su i pantaloni, s'è messo in bocca una cicca. Kel s'è trascinata fino a una macchia di terra senza verde, braccia e gambe in fiamme, come fosse avvolta dalle lingue del falò fatto durante il weekend. Nella sua testa si propagava un incendio, dai pori una scarica elettrica. La pelle ruvida e in rilievo tipo braille – gonfia di bolle bianche circondate da un rosso livido. Uno sfogo di bolle, la maledizione di una strega. Ha controllato Ando, una faccia c'era, sì, una boccaccia tutta presa a dar tirate alla paglia, gli occhi concentrati sulle mani che facevano da scudo alla fiamma dell'accendino.

«Guardami».

Accesa la paglia, ha aspirato, soffiato il fumo, sputato, soffiato il fumo, poi l'ha guardata.

«*Guardami*, cazzo». Kel ha alzato le braccia, gli ha fatto vedere la pelle in ebollizione. *Guarda cosa ti ho lasciato fare.*

Sulla faccia di Ando è balenato qualcosa. La fronte, increspata da qualcosa che non era proprio da ragazzino, non era proprio tenerezza. Qualcosa tipo pietà, forse. Ma non rimpianto – quello mai. Non amore.

Quel sabato la famiglia di Kel è ritornata alla casa, e anche il sabato dopo, e il sabato dopo ancora, ma prima che riuscissero a buttare via ogni pezzo del ciarpame che la nonna aveva scrupolosamente accumulato in decenni, gli zii di Kel si sono scontrati di nuovo con la mamma di Kel per una roba che c'era nel testamento del nonno, e la casa è rimasta piena ancora per parecchi anni. Cento metri più in là, nel cimitero di paese, la nonna di Kel giaceva nella tomba che divideva col nonno. Erano tutti troppo presi a litigare e a non parlarsi per ricordarsi d'aggiungere il nome della nonna alla lapide, quindi la nonna è rimasta lì, in una tomba senza nome, per tutto quel tempo.

Noi bei pezzi di carne

Avremo avuto non più di undici anni quando ci siamo accorte che non andava bene avere un corpo da ragazzine. Come l'abbiamo capito non lo sapremmo dire, ci ricordiamo solo che quella pelle da ragazzine ci metteva la smania e l'agitazione. Ci servivano corpi da donna, corpi che sanguinavano, e ci servivano in fretta. Lo chiamavamo «celo», e del celo non si finiva mai di parlare. Bisbigliavamo sporgendoci l'una verso l'altra durante le lezioni d'inglese, sedute insieme a uno dei grandi banchi di legno in biblioteca. Parlavamo del giorno che il celo sarebbe arrivato. Ripetevamo a memoria il sapere tramandato da una sorella maggiore: prima sarebbero arrivate le «perdite». Le perdite erano presagio del celo. Tutti i giorni ci controllavamo le mutande in cerca di un segno, in cerca di qualsiasi cosa potessimo chiamare P. Scappavamo in bagno, ci chiudevamo dentro. Ci calavamo le mutande fino alle ginocchia, ispezionavamo la fodera di cotone interna, passavamo un dito sul tessuto sottile, cercavamo macchie. Potevamo anche avvicinarlo al naso e annusarlo, quel dito. Affamate di segni che promettessero l'arrivo del celo. Ogni volta che trovavamo qualcosa di grumoso e traslucido o bianco appiccicoso, una roba qualsiasi che aveva anche solo un po' di odore, tornavamo di corsa a lezione, bisbigliavamo sporgendoci sul banco: C'ho le P!

C'era un limite alle volte che potevamo annunciarlo – e aspettare, sperare nell'arrivo del celo –, c'era un limite ai fallimenti che potevamo superare; dopodiché, quando, da copione, il celo si rifiutava di arrivare, ripiegavamo tutte sulle nostre bugie: Sì, celo, m'è arrivato. O forse era arrivato a due sì e a una no. O era arrivato a una sola e alle altre due no. Impossibile sapere se tra di noi c'era una, se una c'era, che diceva la verità. Ci attenevamo tutte alla nostra versione dei fatti, aggiungendo particolari se c'erano domande: Oh, che fitte, che dolore, 'sto preciclo! Tenevamo le mani nei punti che secondo noi dovevano farci male, la pancia, morbida ma non ancora arrotondata e da donna, la parte bassa della schiena, roba che un giorno avrebbe piegato in due qualcuna di noi ogni mese. Ma non oggi, non ancora. Strillavamo, ci lamentavamo, bramavamo paracetamolo, chiedevamo a gran voce il Feminax.

Una di noi teneva un calendario di quando ci veniva il ciclo, segnava le settimane in cui sostenevamo di aver avuto le mestruazioni, come nel tentativo di prendere in castagna le altre due. Il lunedì mattina lo appoggiava sul banco durante la lezione d'inglese, scorreva i giorni col dito. Batteva sulla data dove aveva segnato con la penna a gel profumata e diceva, Oggi vi deve venire. Alle altre due toccava dire, Sì, mi sa che celo. Sotto il banco ci passavamo grossi tamponi e assorbenti spessi come pannolini a mo' di passa-il-pacco silenzioso, tutte scoppiettanti all'idea di tenere nascosto un segreto alla prof. Poi alzavamo la mano, chiedevamo alla prof se potevamo andare in bagno, per favore. Ci chiudevamo dentro a chiave e ci attaccavamo l'assorbente alle mutande, o cercavamo d'infilarci a forza l'assorbente interno su per le nostre piccole passere asciutte. Camminavamo a papera così per tutto il giorno, ci lamentavamo e ci sentivamo svenire e la facevamo grossa con la faccenda dei dolori preciclo. Sono stressata, dicevamo, sono proprio *stressata*, con tutto l'estro e la drammaticità a cui potevamo fare ricorso, facendo il verso alle nostre mamme, alle nostre sorelle maggiori, alle tipe della tivvù, chiunque potessimo imitare perché la bugia reggesse.

Quando avevamo tredici anni, e qualcuna aveva le mestruazioni e qualcun'altra le aspettava ancora e raccontava balle, sotto il banco ci passavamo altro: il finto Furby, Gerald, la pallina pelosa che vibrava quando tiravamo la cordicella. Sapevamo e non sapevamo cosa farci con quella vibrazione. Sapevamo di dover tirare la cordicella, infilarci Gerald sotto la gonna dell'uniforme, premere, farlo vibrare direttamente contro le mutande. Sapevamo farci le nostre risatine d'intesa, stare attente alla prof. Sapevamo che faceva il solletico e ci veniva da ridere, e sapevamo che la reazione non doveva essere quella. Sapevamo di dover dire che ci piaceva, che ci «faceva eccitare».

Sapevamo che esisteva la parola «masturbarsi» anche se il significato mica lo sapevamo. O forse una di noi lo sapeva, ce l'eravamo fatto sussurrare all'orecchio da una sorella maggiore. Almeno una di noi doveva aver aguzzato le orecchie quando l'aveva detta qualcun altro, cercando di decodificare le sillabe. Abbiamo memorizzato dove andava messa nella frase, e ci costruivamo attorno i discorsi facendo attenzione, ci assicuravamo di sembrare gente che sapeva usarla. Facendo così abbiamo imparato tantissime parole. Abbiamo imparato «ditalino» e «pompino» e «fica». Abbiamo imparato «sega» e «*fisting*» e «pugnetta vestita» e «grilletto», e, sicure e baldanzose, ci farcivamo le nostre conversazioni. Dicevamo robe tipo, Emma dice che Azzer ha fatto un ditalino a Linz in fondo al campo a scuola. Ando dice che Cleggy s'è fatto beccare a smanettarsi da sua mamma. 'Ste parole le abbiamo dette a voce alta anni prima di sapere cosa dicevamo. Anni prima di volere davvero qualcosa che vibrasse sulla clitoride, di sapere che ne avevamo una e come andava chiamata, noi sapevamo come comportarci da corpi vogliosi.

A quindici anni avevamo imparato tutte le nostre belle parole sboccate, e sapevamo usarle con la noia disinvolta che avevamo perfezionato facendo pratica negli anni. Sapevamo usarle anche con malizia quando la situazione lo richiedeva – tipo la volta che una di noi s'è presentata a scuola con uno sfogo strano su braccia e gambe e non voleva dire come le era venuto, poi un gruppo di ragazze ha cominciato a darle noia, le hanno dato della zingara tossica. Le abbiamo tartassate con tutte le parole sboccate che conoscevamo, le abbiamo minacciate di rimbambirle a suon di sberle se avessero ridetto una cosa del genere. Una di noi ha avuto un faccia a faccia con una di loro, così eravamo sicure d'essere prese sul serio.

Eravamo nel bel mezzo di una lezione di teatro, però, eh sì – avremmo dovuto ascoltare *Nell'antro del re della montagna*, inventarci una danza interpretativa. L'insegnante di teatro, Mr Whitmore, ci ha detto di calmarci, signore, per favore, poi ha preso da parte noi tre nel suo ufficio. Era uno di quegli insegnanti che ci permetteva di chiamarlo Whitty, faceva l'amicone. In realtà eravamo piuttosto brave in teatro, diceva lui. Promettevamo bene. Quindi dipendeva da noi: o ci facevamo le nostre belle ore supplementari di punizione dopo la scuola, per intimidazione, o facevamo qualche scena per lo spettacolo che stava allestendo per i genitori.

Abbiamo deciso per le scene tratte da *Romeo + Giulietta*, ma non riuscivamo a metterci d'accordo su chi doveva essere Romeo e chi Giulietta, e a chi non toccava proprio fare finta di essere innamorata – chi di noi sarebbe stata Mercuzio e avrebbe recitato il monologo sulla Regina Mab. A inglese, ci siamo passate due spade di legno e un barattolo di Vicks sotto il banco, le mani pronte a prendere l'oggetto che volevamo di più, litigando in silenzio per chi prendeva cosa. Il Vicks sarebbe toccato a Giulietta, che doveva metterselo sotto gli occhi così lacrimavano, per poi piangere per il suo amato senza vita. A Romeo sarebbe toccato lo stocco di legno lungo, e a Mercuzio rimaneva il pugnale tozzo. Il legno l'avevamo intagliato noi, quindi eravamo straorgogliose delle spade. Avevamo usato la piallatrice nell'aula di tecnica, affilato le estremità di una tavola, scartavetrato per farle diventare lisce. Avevamo rivestito tutto con tre strati di vernice argento.

Due di noi avrebbero fatto la scena della festa, la parte con Romeo che dice: «Non muoverti, allora, mentre io colgo l'effetto delle mie preghiere», e pomicia con Giulietta. Abbiamo deciso che a chi faceva la scena toccava pomiciare, e pomiciare come si deve: avvinghiarsi belle appassionate, con aggiunta di lingua.

Dopo pranzo – una volta svuotata la mensa e spazzati i piselli caduti e le crocchette di tacchino calpestate –, ci siamo esercitate nell'angolo dove tenevano il palco, impolverato e dimenticato lì contro un muro. Abbiamo fatto prove di libidine nel tanfo persistente di patatine fritte e intingoli, due di noi con le labbra premute l'una contro quelle dell'altra, tra timidezza e risolini, mentre una guardava, domandandosi se la cosa doveva farle strano, cercava di armarsi di coraggio per provarci anche lei. Un paio di ragazzi di un anno indietro rispetto a noi hanno sbirciato dalla finestra, gridato, Lesbiche!, e sono scappati. Alla fine della giornata, ormai tutta la scuola si riempiva la bocca spettegolando di due vere lesbiche che facevano il primo anno delle superiori, e Romeo e Giulietta si preparavano a beccarsi un pugno mentre andavano a prendere l'autobus. L'altra, quella che teneva il calendario delle mestruazioni quand'eravamo più piccole, aveva accettato in silenzio il ruolo di Mercuzio, gioiva in silenzio, ora, per il monologo della Regina Mab.

Giulietta era l'unica a saperne qualcosa di letteratura, quindi ha aiutato Romeo e Mercuzio a capire tutte le parole antiquate. Romeo ha calmato Giulietta e Mercuzio quando gli è preso il panico da palcoscenico, gli ha detto di smetterla di far le gnoccolone. Non avevamo mai fatto una cosa così prima – non c'eravamo mai trovate a far qualcosa davanti alla gente, a scuola non avevamo mai partecipato a niente se non era obbligatorio, a parte il coro, che era stata un'idea di Romeo, e solo perché a detta sua tra i tenori era pieno di fighi.

La sera dello spettacolo, le due che con la loro audacia s'erano guadagnate le parti di Romeo e Giulietta si sono sentite libere, lassù sotto le luci della ribalta – quelle che s'erano potuti permettere, visti i bei tagli di budget fatti al laboratorio di teatro. C'eravamo fatte i costumi alla bell'e meglio usando i nostri vestiti, dato che il guardaroba aveva preso l'umido e tutti gli abiti e le cappe e le tuniche e le pellicce finte avevano allegramente fatto la muffa. Romeo era in jeans e t-shirt, Giulietta aveva un top in velluto di cotone con le maniche in stile hippy, Mercuzio un gilè argento luccicante prestato da suo papà. Che libertà, però, pomiciare lassù davanti ai prof e alle mamme di tutti. Facce bagnate di saliva e sudore e lacrime, col Vicks che faceva fin troppo bene il suo mestiere, pomiciare infervorate dal mentolo che bruciava, infervorate e gasate perché ci guardavano. Per il silenzio scandalizzato del pubblico, il cigolio e il lamento delle sedie pieghevoli di plastica.

A scuola pomiciare non era proprio proibito come truccarsi, ma ogni volta che gli insegnanti ci spiavano dalle loro finestre a specchio, che ci beccavano a pomiciare coi ragazzi, battevano sul vetro e noi ci spaventavamo e ci staccavamo. Quando ci passavano accanto nei vialetti fuori a ricreazione e tra una lezione e l'altra, con un *tch* e uno schiocco di dita ci dicevano, Via di lì! Ci davano titoli peggiori che cagne in calore.

Il giorno dopo giravamo per la scuola impettite sentendoci famose. Spina dorsale più dritta, movenze nuove, più scattose, su di giri perché avevamo fatto qualcosa di buono davanti a tutti, qualcosa per cui avevamo lavorato sodo, ce l'avevamo fatta senza incasinarci con le battute. Impeccabili. Ogni volta che passavamo vicino a qualcuno, cercavamo le occhiate di chi ti riconosce, occhiate di ammirazione, di stupore – cercavamo occhi che ci dicessero *Guarda, sono Romeo, Giulietta e Mercuzio!* Aspettavamo di sentirci addosso tutte delle belle sensazioni perché un insegnante poi ci avrebbe fermato lungo il vialetto e ci avrebbe detto, Ben fatto.

Ci siamo accorte delle occhiatacce del prof di artistica e tecnica, Mr Laidlaw, che attraversava di corsa il cortile con un fascio di cartellette sotto il braccio, i bottoni della camicia bianca tutti tesi. Ci siamo beccate l'occhiataccia dell'insegnante di cucina e alimentazione, Miss Wright, mentre ci passava davanti al cambio dell'ora. Gli insegnanti ghignavano manco avessimo fatto una roba apposta per fare incazzare loro. Manco la nostra performance fosse stata un attacco personale. Hanno smesso di essere insegnanti e sono diventati persone.

S'inventavano scuse per farci uscire dall'aula e farci stare in piedi in corridoio, ci sgridavano se parlavamo, ci dicevano, Non sei sul palco, bellezza. Ci dicevano, Conservalo per la prossima messa in scena. Un po' famose ci siamo sentite, a quel punto, ma non nel modo giusto. Non sapevamo come fare a spiegare che a loro non ci avevamo proprio pensato. Non avevamo in mente loro mentre stavamo lassù a recitare la nostra parte.

Ma c'eravamo dimenticate che non ci dovevamo mettere in mostra. Non dovevamo spiccare. Perché a nessuno piacciono le esibizioniste, no. A nessuno piacciono le ragazze piene di sé – niente di peggio. Non essere mai piena di te, non te la tirare, non vantarti mai, non fare mai la spaccona, non alzare la testa – anzi, *chinala* proprio, 'sta testa –, non lagnarti mai, non ti lamentare, non brontolare. Non avere mai bisogno di niente, non aspirare mai a niente – a *essere* niente – di migliore. Non fare storie, non fare scenate, non dare spettacolo.

Gli insegnanti ci guardavano torvo e ci snobbavano e storcevano il naso, ma i ragazzi non hanno detto proprio nulla. Lo scandalo lesbo è stato presto dimenticato, e allo spettacolo non era comunque venuto nessuno del nostro anno, quindi per i nostri amici era come se non fosse mai successo. Eravamo state astri nella nostra testa e basta.

Abbiamo messo via Vicks e spade.

Sotto il banco ci passavamo cose più sfacciate. Una di noi è venuta a scuola sferragliando con una bottiglia di vodka Petrushka nello zaino. A inglese, tenevamo d'occhio la prof a turno e nascondevamo lo zaino con le gambe mentre una s'immergeva tra le ginocchia, metteva la bottiglia a testa in giù, e *glu glu*. Un caldo liquido giù per la gola, un bel bruciore nelle viscere. La gioia di passarla liscia. Le risatine diventavano impastate e confuse, attorno a noi la scuola diventava fumosa.

C'era un'allusione, un fremito, in tutto, fine di quel giorno di scuola scialbo, tutto pulsava di meraviglia. Il sole del pomeriggio, tiratardi, gettava chiazze brillanti sulla moquette solo per noi. Le parole incise sul banco con la punta del compasso erano poesia scritta solo per noi. «CLEGGY È UN COGLIONAZZO VALE ANCHE SE CANCELLI». Sentivamo in bocca il gusto di quelle Z aguzze. Affondavamo le unghie nelle tacche infossate della N solo per sentire la venatura del legno, segni di una vecchia sfacciataggine non ancora levigata. Morivamo dalla voglia d'immergerci e bere di nuovo quel caldo, gustarci quei secondi sotto il banco, la nostra grotta in una foresta di ginocchia e scarpe consumate e stringhe penzoloni. Giù, dove ci sentivamo da un'altra parte, distanti, dispensate. I ragazzi attorno a noi perdevano volume, sagome senza peso che andavano e venivano a guizzi. Leve in una macchina che avevamo abbandonato. Guardate quei coglioni, stanno lì a leggersi i loro libri, a riempire test a crocette! A che pro, quando noi potevamo starcene sedute a sognare con un segreto che ci gorgogliava in pancia.

Quand'è suonata la campanella non sapevamo come avremmo fatto ad alzarci e uscire. Linea retta, linea retta, inciampiamo, risatina – *sst!* – e usciamo dalla porta brancolando, incespichiamo e arriviamo in fondo al campo e la libertà.

Pomeriggio, sempre fuori di testa, nel coro in ultima fila a strombazzare le armonie barbose dei contralti a tutto volume per coprire le soprano, a rimbrottarci perché eravamo cadute all'indietro su timpani e piatti, un casino madornale nel bel mezzo di *Didn't my Lord deliver Daniel.*

Un giorno, tutte ringalluzzite, abbiamo sfidato la sorte. Giulietta ha rubato l'ultimo goccetto di Cointreau dalla scorta di sua mamma, l'ha versato in una bottiglia di plastica opaca. C'eravamo dimenticate che il Cointreau non è inodore come la vodka. Sa d'arance e di Natale e ha l'odore nauseabondo di frutta che hanno le vecchie bisbetiche sbronze. Ce ne siamo sbattute del banco, pensando di non aver bisogno del nascondiglio, e ci passavamo la bottiglia sedute per terra in cerchio nell'aula di teatro. Dovevamo provare una scena da *Il crogiuolo*, il punto dove John Proctor dice alla signora Proctor che il suo senso della giustizia farebbe congelare la birra. Ma noi piacevamo a Whitty. Nella sua aula ci credevamo al sicuro. Abbiamo fatto una spacconata e siamo rimaste scandalizzate quando ha sentito l'odore nauseabondo d'arance, ci ha strappato la bottiglia di mano.

Ha annusato il collo e ha detto: «Chi l'ha portata?».

Siamo rimaste il più possibile ferme e zitte, non sapevamo se viste da fuori oscillassimo o se il nostro corpo oscillava solo dentro. Whitty ci ha ordinato di andare dalla coordinatrice del nostro anno, una donna con la faccia rossa e un taglio mullet, pantaloni marroni con le *pinces* e un odio assoluto per noi ragazze. «Se non lo dite a me», ha detto Whitty, «potete dire a lei chi è stata».

Mentre andavamo nel suo ufficio, ci siamo gingillate, ci siamo mangiate una gomma così l'alito ci sapeva di menta, abbiamo provato a farci passare la sbornia all'aria fresca, ritardavamo l'incontro, ci trascinavamo, sperando che con quel passo lento avremmo compiuto sedici anni e saremmo uscite da scuola prima di arrivare. Abbiamo discusso del destino che ci aspettava, evitando la domanda su chi avrebbe confessato di aver portato l'alcol, di chi l'avrebbe pagata per tutte.

«Mia sorella Louise conosce gente che per una roba così è stata espulsa». Nella voce di Mercuzio un rantolo, come se avesse finito l'aria, un buco nero le risucchiava il diaframma.

«Vai tranqui», ha detto Giulietta. «Vedrai che grida un po' e ci dà le ore supplementari».

«Come minimo ci mette in isolamento», ha detto Romeo.

Quel pensiero ci ha attraversato tutto il corpo, è affondato come un sassolino finendoci nelle scarpe. Romeo era l'unica tra noi già sopravvissuta all'isolamento, ma ne avevamo sentito parlare tutte.

In isolamento, stavi seduta a un banchetto striminzito fuori dalla presidenza, in un corridoio lungo e stretto che portava alla sala professori. Scrivevi la stessa frase, la scrivevi e riscrivevi, per una settimana: «Non devo sbronzarmi a scuola». Lì i ragazzi potevano andarci solo se erano in punizione, ma gli insegnanti facevano avanti e indietro tutto il giorno, tempestandoti di prese in giro. C'erano tre categorie di insegnanti: quelli che ti sdegnavano, quelli che ti svergognavano, quelli che ti facevano le battutine. A tutti piaceva un sacco sparare a zero, farti sentire una povera larva. Quelli che ti sdegnavano avevano la faccia tirata, mai che ti guardassero direttamente, fissavano dritto davanti a loro, ti veniva il dubbio d'esser trasparente, finché erano lì per superarti. Proprio quando ti eri convinta d'esser davvero un fantasma, facevano schioccare la lingua contro i denti – o dicevano proprio «ohibò» per essere sicuri che sentissi – e tu sapevi di esserci ancora. Ancora lì, ancora visibile, ma ti rimpicciolivi. Quelli che ti svergognavano si fermavano, si sporgevano verso di te, sentivi cos'avevano mangiato, stavano lì sospesi all'altezza della tua spalla, la bocca quasi ti sfiorava l'orecchio, poi dicevano, a voce bassa ma fitta di disprezzo, Spero che tu sia orgogliosa di te. Quelli che ti facevano le battutine s'abbassavano a fare del sarcasmo per divertimento, lanciavano freddure da sei metri di distanza mettendo a segno tutte le volte che gli riusciva prima di passarti davanti. To' chi si vede! Ti diverti? I cattivi odori sono duri a morire! Quelli che ti facevano le battutine erano i peggiori perché erano davvero convinti di far ridere, e comparivano sempre mentre cominciavi a prenderci la mano, mentre la penna trovava il ritmo, proprio mentre i pensieri vagavano tranquilli, proprio nel secondo in cui ti scordavi che eri sola, presa di mira, etichettata come seccatura.

L'isolamento non sembrava mica una punizione equa per una birichinata così. A chi è che non capita di strippare a scuola? Quei fissati della banda lo facevano sempre, si scolavano Malibu e Coca-Cola in sala prove, l'insegnante di musica faceva finta di niente perché erano bravi ragazzi, vero, e a Natale suonavano le canzoni sotto la pioggia gelata fuori dal Frenchgate Centre.

Avevamo tutte la nostra idea su chi doveva confessare di aver portato l'alcol. Tutte pensavamo che toccasse a un'altra. Secondo Mercuzio toccava a Giulietta perché l'aveva portato lei, l'alcol, secondo Giulietta toccava a Romeo perché era più facile che sua mamma non la mettesse in castigo, e secondo Romeo toccava a Mercuzio, perché non combinava mai niente, quindi con lei la coordinatrice sarebbe stata più gentile.

Abbiamo battibeccato finché le nostre voci hanno attraversato il cortile e spaventato la segretaria in ufficio, che ha premuto il naso contro il vetro e c'ha fulminate. Ha picchiato sul vetro, ci faceva sciò con la mano. L'abbiamo ignorata. Sapevamo già che guardarci in cagnesco da lontano era l'unica misera punizione che era autorizzata a dispensare. S'è arresa, è tornata alla sua scrivania.

«Ci sono!», ha detto Giulietta. «Facciamo come in *Spartacus*!».

La mamma di Giulietta riguardava sempre i film di una volta, quindi Giulietta sapeva sempre un sacco di roba. Ha spiegato: se tutte dicevamo che l'alcol l'avevamo portato tutte, non avrebbero potuto punire nessuna. Ci siamo messe d'accordo per fare così, ma almeno una di noi aveva paura di dire che l'alcol era di tutte mentre le altre due non l'avrebbero detto. E se due restavano zitte lasciando che una sola si beccasse la punizione che si sarebbe inventata la prof?

Nel suo ufficio, circondata da stampe a riprova del suo fallimento come designer di carta da parati – coniglietti con occhi da cerbiatto che facevano capolino da dietro nuvole azzurro pastello, ricci con le guance rosee in gilè e monocolo –, la coordinatrice s'è esibita nella sua solita pantomima, faceva la parte dell'insegnante arrabbiata, gridando a un volume super-alto e finto-irritato ideato per farci tremare, a decibel che a undici anni ci avrebbero mortificato. Di anni ne avevamo quindici, però, e eravamo ubriache, quindi cercavamo solo di trattenere le risatine. Quando ha chiesto di sapere chi aveva portato il Cointreau a scuola, abbiamo esitato, nessuna voleva essere la prima a iniziare la spartacusata.

«Vi ho fatto una domanda», ha detto la coordinatrice, con tanto di dito vibrato in aria per rincarare la minaccia. Ha scandito e dato enfasi a ogni sillaba: «Chi-ha-por-ta-to-l'al-col?».

Romeo, perché era la più coraggiosa, ha preso il comando: «Sono stata io, prof».

«No, sono stata io», ha detto Mercuzio.

«Sono stata io!», ha detto Giulietta.

La prof ha detto: «D'accordo, Shannon, tu vieni con me», e ha preso Romeo per una spalla, l'ha spinta verso la porta.

«Non è stata lei!», ha detto Mercuzio.

«Non...», ha detto Giulietta.

Ma la prof e Romeo non c'erano più, erano già dirette in presidenza.

Dopo la settimana in isolamento, Romeo se n'è stata tranquilla per un bel po'. Eravamo tutte d'accordo, non era mica giusto punire solo lei. Eravamo tutte d'accordo, c'eravamo comportate male tutte allo stesso modo. Mercuzio ha inveito contro quell'ingiustizia per settimane. Non è giusto!, continuava a insistere, e Romeo continuava a scrollare le spalle e a dire, Così è. A detta sua, a Romeo non importava, ma noialtre due sapevamo che dentro di lei s'era staccato qualcosa, che pezzetto dopo pezzetto la scuola la stava svuotando. Tutte sapevamo e non sapevamo perché avevano preso di mira lei – perché avevano ignorato noialtre due. Lo sapevamo tutte che l'avevano bollata, senza riuscire a dire come.

A guardare indietro, potremmo anche chiamarlo l'inizio della fine, quello; quando il nostro terzetto potente, inespugnabile, ha cominciato a frantumarsi. Mentre Romeo era in isolamento, Mercuzio e Giulietta avevano smesso di passarsi cose sotto il banco, avevano cominciato a finire i compiti. Al suo rientro, dopo aver passato dei bigliettini a noialtre due e dopo essere stata ignorata, Romeo aveva chiesto cos'aveva detto di lei la coordinatrice, dopo averla mollata lì fuori dalla presidenza. Niente, avevano giurato Mercuzio e Giulietta. Su di te non ha detto niente, tiggiuro. Ma Romeo sapeva che qualcosa era stato detto. Qualcosa tipo, Siete ragazze in gamba, voi. Ve la cavereste, se la smetteste di seguire il suo cattivo esempio. Forse era stato in quel momento che due di noi avevano fatto rotta verso il biennio prima dell'università e una di noi aveva smesso di credere che quel futuro faceva per lei. Non gliel'aveva mai detto nessuno che le aveva pure lei, le capacità.

Dopo quella volta non abbiamo più avuto il fegato di passarci roba di contrabbando a scuola, quindi ce la passavamo da tutte le altre parti. Ci passavamo una sigaretta solitaria alla fermata dell'autobus all'entrata e all'uscita da scuola, dietro il negozio all'angolo, dietro il fish & chips, all'Avvallamento, dita, golf e capelli che puzzavano come il salotto della nonna, come il fiato della mamma al mattino, come il miniabito di una nostra sorella dopo una serata in discoteca. Una di noi appicciava, poi un'altra diceva, Passa un po', poi un'altra diceva forte, L'ammazzo io, per farsi gli ultimi tiri. Il nostro primo joint, che ci siamo passate in camera una volta che i genitori erano usciti, uno spino fatto con l'hashish che Romeo aveva comprato a due spicci da un ragazzo durante la lezione di matematica mentre l'insegnante nuovo era girato, un tocco marrone che si sbriciolava nascosto dentro un sacchettino di carta di quelli per le caramelle. Mr Lily era un ex minatore, aveva fatto un corso accelerato, strabravo in matematica, un cane quando si trattava di accorgersi che nell'ultima fila si spacciava. Abbiamo nascosto il resto del tocco di hashish in un buco tra le chiappe di Gerald, che una di noi aveva tenuto, nostalgica di tempi più semplici. Passa, aspira, strozza-tossisci, risatina, una di guardia al vialetto per controllare se arrivava la macchina dei genitori.

Ogni tanto uscivamo armate delle nostre spade di legno per far rivivere la nostra gloria. Le brandivamo in faccia alla gente per strada, sfidavamo a duello chi stava lì a guardarci. Ce le portavamo alle feste in casa e ai ritrovi, correvamo di qua e di là urlando le battute che ci ricordavamo. *Se l'amore è duro con te, sii duro con l'amore!*

Iniziate le vacanze estive, ci siamo portate le nostre spade all'after di Squiff. Squiff aveva fatto un falò in uno spiazzo nel bosco, aveva detto a tutti di andare. Aveva portato coperte e sacchi a pelo, stereo portatile che sparava la *trance*. Saremo stati una quarantina, tutti appiccicati tra gli alberi nero-notte, le facce nient'altro che guizzi alla luce del fuoco, pallidi spicchi di luna. I nostri corpi nient'altro che dita fredde, ce le infilavamo giù per le t-shirt e lungo la schiena a vicenda per farci due risate. Ciocche di capelli che sapevano di fumo e ci solleticavano le guance quando ci sporgevamo per parlarci all'orecchio, sentivamo la sregolatezza estiva che filtrava dentro di noi come l'umido delle foglie filtrava nei nostri vestiti.

Al negozio dove vendevano l'alcol ci avevano chiesto i documenti, quindi noi eravamo venute a mani vuote, ma Romeo e Giulietta avevano detto che ci avrebbero pensato loro – mica saremmo rimaste sobrie! Due tipi carichi di Carling hanno detto che ci avrebbero dato qualche lattina se pomiciavano tra noi davanti a loro. Ci siamo allontanati dal fuoco, noi e questi due, la luce delle loro torce bucava il buio davanti a noi, illuminando parti di un ramo, un rovo, un rametto. Colpo d'ala di uccelli che alla fine erano pipistrelli. Abbiamo trovato uno spazio tra gli alberi con un masso tondo al centro, grande abbastanza da poterci sedere tutte e tre senza toccare per terra coi piedi. In lontananza il ronzio basso della festa, sopra di noi un allocco che cantava. Ci siamo sedute come sirene tutte belle in posa su uno scoglio incorniciato dagli spruzzi delle onde, cercavamo di far finta che i rilievi sul masso non ci segassero la ciccia del culo. Romeo ha provato a coinvolgere Mercuzio – Essù, è per farsi due risate, eh – e Mercuzio ha fatto una pausa, tipo che ci stava facendo un pensierino, come se magari le sarebbe piaciuto fin dall'inizio essere Giulietta.

I ragazzi hanno detto: «Su, oh, vai di lesbicata», e ci hanno puntato le torce in faccia, così Mercuzio ha sbattuto le palpebre due volte, scosso la testa.

«No no, sto benone così, 'azie». S'è alzata in piedi sul masso, ha puntato il pugnale alla gola dei ragazzi, così era sicura che avrebbero tenuto le mani a posto. Romeo e Giulietta hanno pomiciato, cogli occhi chiusi. All'inizio le loro palpebre s'aprivano di continuo, il collo era rigido, sentivano troppo la presenza del pubblico, ma poco dopo si sono calate nella parte, le gambe s'intrecciavano, le mani cercavano, e alla fine erano tutte avvinghiate. I ragazzi guardavano lo spettacolo impassibili, come se non sapessero come reagire.

Dopo, ci hanno dato quindici lattine di Carling tiepida. Ne abbiamo presa una a testa, abbiamo strappato la linguetta con uno schiocco che aveva il rumore della vittoria.

«Salute, raga!», abbiamo fatto cin-cin, brindato al nostro successo. Abbiamo detto: «*Bevo a te!*». E è stato proprio come ai vecchi tempi – noi sole con la nostra gioia, il fremito d'aver realizzato qualcosa, il senso del nostro potere.

I ragazzi hanno detto: «Ve ne diamo altre se ci fate vedere le tette».

Noi abbiamo detto: «No no, a posto così», scolandoci le nostre lattine.

«Fateci vedere la passera, allora».

«Eddai oh!».

Poi ecco un mormorio di foglie al buio attorno a noi, risatine e ghigni che sbucavano dalle tenebre. Un bel po' degli amici di quei ragazzi, è venuto fuori, ci avevano seguito, ci avevano spiato. Sono emersi alla luce delle torce, ci hanno circondate.

Hanno cominciato a cantilenare: «Fuori la topa, fuooori la topa, fuooooori la topa per i ragazzi!». In sei, sette, otto attorno al masso, si sporgevano verso di noi, ci indicavano mentre cantilenavano, sventolavano lattine, ci spruzzavano di birra, i lineamenti distorti dalla luce delle torce.

Stringevamo le nostre lattine di Carling al petto. Menavamo fendenti ai loro piselli con le nostre spade, loro li schivavano e dicevano: «Ma davvero, oh?». Siamo saltate giù dal masso, ci siamo aperte un varco a spallate, mirando alle costole coi gomiti. Ci siamo allontanate al buio. Abbiamo provato a dimenticare le loro facce maligne. La cantilena ci ha seguite fino al fuoco. La loro cantilena ci ha seguite per tutta la notte.

Abbiamo bevuto a volontà, testa all'indietro, lattine per aria. Tanto che braccia e gambe si sono liberate dalle leggi della fisica, oscillavano sciolte, teste ballonzolanti, sorriso lasco. Vagavamo attorno al fuoco, fra gli alberi, sopra e sotto corpi pigri, ci dimenticavamo dove stavamo andando, ci dicevamo, Finché sono sobria vi voglio dire: vi voglio bene! Ci siamo ricordate che dovevamo pisciare; con la vista impedita e confusa, siamo andate a caccia di un posto tranquillo, un cespuglio dietro cui accovacciarci. Abbiamo camminato finché abbiamo trovato un gabinetto vero, uno di porcellana appoggiato su un fianco e illuminato dalla luna. Una di noi con le mani pesanti cercava di rimetterlo dritto, e il coperchio scivolava andando in pezzi, le tagliava il palmo, e *Sst,* non dirlo a nessuno, e risate di quelle che ti manca il fiato – Non dirlo a chi?! – e noi che ci tagliavamo tutte mentre cercavamo di rimettere insieme il coperchio e tamponavamo il sangue con le maniche del golf, e cicatrici sulle dita che ci saremmo tenute per sempre, e ci accovacciavamo vicino al gabinetto cercando di non farci la pipì sulle scarpe – e: Cos'era quel rumore?, e: Cazzo, stiamo pisciando vicino al campeggio, poco lontano da tende e caravan, e la corsa matta per tornare dov'era la festa, e noi che ridacchiavamo, e: Oplà! To', un ragazzo!

Ecco che Romeo era tra le braccia di 'sto tipo, e pomiciavano, e pomiciavano, mani dappertutto, e ecco un altro ragazzo, altra pomiciata lanciatissima, e poi Giulietta che pomiciava con uno, e Romeo e Giulietta che pomiciavano con un altro e un altro ancora, finché poi non si sono girate tutti quelli attorno al fuoco, raccogliendo tutta la saliva che potevano.

Una volta sparita Giulietta dentro un sacco a pelo insieme a un ragazzo a caso, Mercuzio s'è appoggiata a un albero, s'è portata la Carling alle labbra. Guardava Romeo, che era stravaccata su una coperta vicino alle fiamme, pomiciava duro con un ragazzo. Romeo s'è staccata per bersi una sorsata di birra, ha visto che Mercuzio la guardava.

«Cosa c'è?», ha detto Romeo.

Mercuzio le ha fatto cenno di raggiungerla.

Romeo è rimasta dov'era, a crogiolarsi tra le gambe del ragazzo, e s'è toccata l'orecchio.

Mercuzio s'è chinata vicino a Romeo, ha sussurrato: «Come mai non piaccio a nessuno?».

«Ma sì che piaci, rinco che non sei altro, solo che gli altri non pensano di piacere a te».

«Perché?».

«Guarda che ci devi parlare. Devi flirtarci».

«Non sono capace».
«È come recitare. Trovati uno che ti piace e fai l'interessata». Il tipo di Romeo le ha messo una mano sulla mascella per ripartire col bacio.
«Tipo lui?», Mercuzio ha fatto un cenno con la testa verso uno spilungone con le labbra carnose e umide che era appena capitato lì alla luce del fuoco, bottiglia di Mad Dog alla mano, cogli occhi a terra in cerca di qualcosa.
Romeo chiudeva gli occhi, con la testa rovesciata all'indietro per andare incontro alla bocca del suo tipo. «Sì», ha detto, «vai», ed è scomparsa nel bacio.
Lo spilungone s'è accovacciato vicino a Mercuzio, fissava la terra in mezzo ai suoi piedi. «Hai visto passare di qua una rana?», ha chiesto, le labbra impastate e morbide.
Mercuzio gli ha messo la punta del pugnale sotto il mento e ha detto: «*Ferito dagli occhi neri di una bianca fanciulla!*».
«Come?».
Mercuzio s'è lanciata – bocca contro bocca umida.

Poi abbiamo pomiciato coi nostri tipi per tutta la notte, e abbiamo premuto i nostri corpi contro i loro per tutta la notte, e la sensazione era così bella che speravamo di ricordarcela il giorno dopo.
E svegliarci all'alba, coperte di pennarello indelebile, scosse da un colpo di pistola – e cogli occhi stanchi e annebbiati vedere attorno adolescenti privi di sensi che spuntavano da dentro i sacchi a pelo, crollati su tronchi d'albero caduti, rannicchiati tra le radici. Lattine di birra accartocciate e mozziconi schiacciati screziavano il verde terroso del sottobosco. Attorno a noi si levava il chiasso degli uccelli che trillavano e cinguettavano,

come se stessero cercando di dimenticare lo shock di quello sparo col canto. E leggere le scritte fatte con l'inchiostro nero che avevamo sulle braccia, fra strisce di sangue secco: «Ce l'avete fatto scrivere voi!». E dappertutto sul nostro corpo c'erano scritte le cose che avevamo fatto, quante lattine c'eravamo scolate, nel vomito di chi c'eravamo sedute, di chi avevamo baciato le labbra. Quanti ce n'eravamo girati. Ogni pomiciata un trofeo, ogni crosta un vanto. E la cacarella di quando al margine dello spiazzo è sbucato un uomo barbuto, fucile in una mano, coniglio morto nell'altra. Quand'ha borbottato: «Buongiorno», allontanandosi tra gli alberi col passo pesante. E dispiaciute per la rana appollaiata su un ciocco annerito in mezzo al fuoco spento, il corpo abbrustolito, gli occhi esplosi. E in colpa, come fossimo state noi a farla arrostire viva. E via veloci al fiume al limitare del bosco, immergerci le braccia, strofinare sangue e inchiostro fino a farci venire la pelle tutta infiammata. Perché non potevamo andare a casa finché i nostri corpi non avessero smesso di spiattellare tutti i nostri trascorsi.

Non di morte, ma di vita

La stessa mattina che a Boston è arrivata la prima bufera di gennaio, per Kel è arrivata la malattia. Ha scostato il piumino, s'è alzata e ha scoperto che se stava in piedi le veniva un capogiro da nausea, il cuore andava in agitazione, le gambe erano malferme, tanto che s'è dovuta sdraiare di nuovo per non cadere. Ha chiamato al lavoro per dire che stava male, è rimasta sdraiata tra le lenzuola intrise di sudore per tre settimane, debole, coi brividi, mentre le bufere numero uno, due e tre sprofondavano la città sotto due metri di neve. Non ha detto a nessuno cosa le stava succedendo. Sapeva di punizione. Sapeva di una roba che si meritava.

Il suo corpo non la faceva dormire per più di una o due ore a notte, e quelle ore rubate erano a scampoli, convulse, stentate. Quando poi si svegliava, si sentiva come se non avesse proprio dormito, come se fosse scivolata al di sotto dello stato di coscienza per un secondo che già il suo corpo lottava per tornare in superficie. Giorni disfatti, irreali. Sul comodino pile di libri che non riusciva a leggere – il cervello non riusciva a fare altro se non spuntini a base di reality show. Ha rivisto tutte le stagioni di *Drag Race* in loop, troppo tesa per pensare. Notti a fissare la macchia d'umidità sul soffitto e le creste d'onda che formava, ascoltava il *bip* luttuoso degli spazzaneve che passavano nel silenzio spettrale di Commonwealth Avenue. Dentro di lei ogni *bip* risuonava come un segnale d'avvertimento, sollecitava domande dalla risposta impossibile. *Cos'hai che non va? E se non ti riprendi? E se perdi il lavoro?*

Nessuna famiglia a cui appoggiarsi in America, non più. Sotto di lei nient'altro che aria, nient'altro se non una caduta libera. La sua vita in America dipendeva, ora, dalle capacità lavorative del suo corpo. Il corpo di Kel era sempre stato un lavoratore affidabile – di rado si beccava il raffreddore o il virus di turno, aveva sempre ballato in discoteca fino alle due e il giorno dopo pronti-via per andare a lezione, al massimo s'era rotta un'unghia del piede.

In quelle lunghe settimane, Kel non poteva fare altro se non domandarsi se la pazzia s'era di nuovo impossessata della città. L'ultima volta che c'erano state bufere bestiali così, la pazzia s'era insinuata dentro tutti a Boston. Gente prima ragionevole s'era messa a sciare in Bacon Street, a baccagliare per il parcheggio, a lanciarsi sui cumuli di neve dalle finestre del secondo piano. Niente mezzi pubblici, i marciapiedi un invito ghiacciato a spaccarti la clavicola. Kel e Alex erano rimasti bloccati nello stesso appartamento dove ora era bloccata Kel, quattro stanze che la luce diretta scansava in ogni stagione, nell'aria un ristagno d'infelicità mista alla nebbia di fumo che usciva dalla bocca di tutt'e due. Kel aveva fatto brainstorming appuntandosi soluzioni sul taccuino: «Ammazzarti? Ammazzare lui?». Difficile dire se era stata la reclusione o se era stato tutto quel bianco – bianco accumulato su marciapiedi, bordi erbosi lungo la strada, davanzali, pilastri di cancelli, alti ammassi di bianco nelle cunette e nei giardini e nelle piazzole, cassette della posta camuffate sotto ciuffi rigonfi di formaggio spalmabile, bianco farinoso e increspato, crostoso e scintillante, melmoso e sodo, bianco che si scuriva e si copriva di buchi e grigio – a fare impazzire tutti, ma in ogni caso il matrimonio di Kel era affondato sotto il peso della pazzia come scalini marci di un portico sotto la neve.

Non se n'era potuta andare nel momento in cui s'era resa conto che restare sposata non era un'opzione, no. Qualche amica ce l'aveva, ma non di quelle che ti sono d'aiuto durante una crisi. Qui non poteva contare su nessuno a parte lui e i genitori di lui. Non aveva uno stipendio sufficiente per vivere da sola né un conto in banca suo né i requisiti per chiedere un prestito. Se n'era rimasta buona per dieci mesi, facendo del suo meglio per fingere di credere ancora che il matrimonio potesse funzionare finché non avesse avuto un lavoro più o meno sufficiente a coprire il costo della vita.

Ora, inchiodata al materasso, Kel sapeva solo che tutte le sere arrivavano gli spazzaneve coi loro *bip*, provavano senza successo a liberare le rotaie della metro. Le piaceva un sacco vivere così vicino alla linea B da sentirne il rimbombo fin dal suo letto quando passava. La faceva sentire connessa, parte di questa terra straniera. Odiava l'immobilità innaturale della neve che assorbiva i suoni, della metro che non circolava. Il massimo del rumore era quello degli scarponi sul pavimento nell'atrio del suo condominio, i vicini che facevano tintinnare le chiavi.

Alex ce l'aveva ancora, una chiave. Aveva promesso di non usarla, ma i primi tempi, dopo che s'erano lasciati, prima che la sua tristezza s'inasprisse e diventasse rabbia, aveva anche promesso di firmare i documenti che a Kel servivano per avere la *green card* per la residenza permanente. Documenti da consegnare entro tre settimane.

Non rispettare la scadenza voleva dire niente più *green card*, niente più America. Ultimamente, ogni volta che lei gli mandava un'e-mail lui era evasivo, come se si fosse ricordato del potere che aveva su di lei, come avesse deciso di farsi implorare. Perché avesse insistito per tenersi la chiave Kel non lo capiva, perché non poteva lasciarla andare in rovina in pace, senza paura di intrusioni. Era sempre tesa, si paralizzava ogni volta che sentiva un fruscio nell'atrio, un tintinnio che poteva essere quello di una chiave nella toppa. S'aspettava sempre di rivederlo piombare lì.

Garrett, un tipo con cui Kel aveva matchato su Bumble, era lì che cercava di farsi invitare a casa da quando erano cominciate le bufere. Prima che Kel s'ammalasse, erano usciti qualche volta a bere, c'era stata un'apoteosi di pomiciate sui divanetti al buio in qualche bar, e Garrett aveva scritto a Kel tutta una serie di cosacce che voleva provare con lei, ma non erano mai stati insieme da soli. Kel voleva vederlo, ma non riusciva a far collaborare il corpo. Mentre la malattia andava avanti, manco s'era più preoccupata del sesso. Si sarebbe accontentata di qualcuno che la stringesse, del calore, del respiro di un'altra persona, della certezza meccanica di un polso che batteva.

Il venerdì, dopo che la terza bufera aveva fustigato le strade di Boston col suo turbinio sfrenato, Kel sentiva di aver finalmente recuperato abbastanza energie da poter almeno fingere di non star male. Un'ora dopo il messaggio di Kel, Garrett era già sulla porta, una faccia entusiasta sotto un berretto di lana screziato di ghiaccio, bottiglia di tequila in una mano, pizza Extravaganzza di Domino's nell'altra.

«Ciao», ha detto Kel, facendo un passo indietro per farlo entrare. Nella sua voce c'era un che di estraneo, tipo che sembrava di un'altra. Era stata così tanto senza parlare che quasi s'era dimenticata del suono.

Dopo mezz'ora di quello che si sarebbe rivelato l'incontro più intenso della vita di Kel, i due hanno fatto una pausa per fare rifornimento, Kel nuda, Garrett solo in boxer. La tequila le aveva fatto rilassare le giunture, aveva attutito il mal di testa, rallentato il suo cuore agitato, alleviato quello sfinimento che le legava braccia e gambe. Per la prima volta dopo una vita, le andava di ballare. Volteggiava nei sessanta centimetri tra letto e scrivania, scuoteva le anche a tempo col pezzo hip-hop poppeggiante che usciva metallico dalle casse del laptop di Garrett, i movimenti più morbidi, più sensuali, anziché da geriatria.

Garrett s'è appollaiato sul letto, ha versato due cicchetti di tequila, li ha mandati giù uno dopo l'altro, ha sbattuto i bicchierini sul comodino di Kel, comprato da Walmart in un'altra vita. I mobili di Kel venivano tutti da quell'altra vita là. Garrett ha passato in rassegna i libri. Kel voleva correre a coprire le coste con le mani. Quando a Boston scoprivano che le piacevano i libri, le chiedevano quale preferiva fra le Brontë, o se era una collezionista fissata coi titoli in lizza per il Booker Prize, o se aveva letto *I russi*. Kel rispondeva sempre: Charlotte; solo i vincitori; sì, ovviamente. Non poteva ammettere che in realtà intendeva i libri normali – storie d'amore, thriller. Certo non poteva ammettere che quando s'era trasferita a Boston e aveva scoperto che in città c'erano delle case editrici, all'inizio aveva pensato che magari poteva diventare editor, leggere di mestiere. Aveva fatto domanda di tirocinio non retribuito per anni, mai che le avessero fatto un colloquio. Va' a sapere perché darsi via gratis era così tosta.

«Non ho molto tempo per i romanzi», ha detto Garrett, diventando all'istante la persona preferita di Kel in tutta Boston. L'ha tirata a sé con quelle sue braccia lunghe, l'ha fatta sedere sul letto vicino a sé, le ha parlato all'orecchio. «Ora voglio che ti sdrai con le braccia sopra la testa».

Il solletico del suo respiro sulla pelle, Kel investita dalla testa ai piedi da un tremito, da un brivido, da un terremoto. Il corpo reagiva alle indicazioni di lui con un piacere che per tanto tempo aveva pensato di non poter provare. Pensieri segreti, mai espressi, convinta di avere qualcosa che non andava. Come aveva fatto a non capire fino a quel momento, fino ai cazzo di trent'anni, che il suo corpo voleva *questo*?

Kel ha fatto come le veniva detto, s'è sdraiata a pancia in su, gambe tese, polsi incrociati, torso leggermente inclinato per via del solco sul materasso, logorato dagli anni passati sotto il peso di Alex. Era avida di nuove indicazioni. Guardava il lungo corpo di Garrett chino, la sua pancetta, mentre spulciava per terra, cercava tra la t-shirt che Kel aveva lanciato via, le mutande sparpagliate di lei, i jeans che erano caduti a lui, finché ha trovato due foulard, di quelli antiquati e in seta di cui andava a caccia nei negozi dell'usato di Allston dicendo però a tutti che una volta erano di sua nonna.

Quando con uno Garrett le ha bendato gli occhi, facendola piombare in un buio che rendeva ogni nuova mossa una sorpresa stuzzicante, quando ha usato l'altro per legarle i polsi, quando le ha bloccato le cosce contro il materasso con la forza di un solo ginocchio, quando le ha ordinato di aprire la bocca, quando ci ha sputato dentro e le ha detto di bere, quando Kel ha ingoiato saliva a volontà, quando lui l'ha girata a pancia sotto, le ha baciato tutt'e due le chiappe prima di stringerle la ciccia fra i denti, quando lei era sdraiata sotto di lui, lui che la teneva giù col suo peso, la tratteneva e lei obbediva, Kel s'è liberata della vita che aveva. Botte di endorfina che arrivavano a ogni schiaffo di Garrett, le dita la colpivano su guancia, mento, mascella. Ogni volta che i denti affondavano nella carne – un pizzicotto forte, poi un'ondata di piacere che la faceva uscire di testa.

Non aveva mai conosciuto una libertà così. *Sicureccerto* non aveva mai saputo di poter raggiungere questa libertà facendo sesso con un ragazzo. Era libera dalle preoccupazioni che l'assillavano da sempre quando andava a letto con uno, libera dalla pressione di dover capire cosa volevano da lei, dalla paura di deludere le aspettative.

Da lei Alex aveva sempre voluto qualcosa che Kel non sapeva come dargli. Non lo faceva apposta ad aver paura di far sesso con lui, ma pochi mesi dopo il loro matrimonio l'avevano dislocato in Afghanistan, era stato via per più di un anno. Kel aveva vissuto da sola in Texas, niente lavoro, niente amici veri, niente macchina, niente mezzi pubblici – non c'era modo di attraversare la distesa piatta e infinita di una pianura che superava i limiti di quello che secondo Kel era il confine dell'«orizzonte». Quand'era piccola, l'America stava tutta dentro un libro; non superava la grandezza della sua tivvù. Una cosa gli inglesi non hanno mai capito dell'America: finché non ci metti piede, la parola «vasto» non ha senso.

Quando poi era tornato, quell'Alex era diventato un estraneo, Kel aveva avuto bisogno di tempo per riavvicinarsi a lui. Tempo per ricordarsi che lei era una persona il cui corpo entrava in contatto col corpo di lui. Alex voleva che lei prendesse il comando, lo stupisse, gli saltasse addosso arrapata e affamata. Voleva che lei *volesse* fargli un pompino, senza che lui dovesse chiedere, poi implorare, poi provare a esigere. Più lui lo voleva, più lei si cuciva la bocca e si chiudeva. E più lei si tirava indietro e se lo scrollava di dosso, più lui s'arrabbiava. Rabbia che sfogava ogni volta che Kel cercava di sgusciare via dalle sue mani quando la sculacciavano sotto la doccia, di sfuggire i suoi fianchi quando sotto le lenzuola le montava la gamba. Tanta rabbia da non riuscire a spiegarla. Tranne una volta, dopo una bottiglia di rosso, quando le aveva detto che per le strade dell'Helmand le cose le ottenevi con la rabbia. Punti la pistola alla testa a una persona e strilli finché non fa quello che hai detto.

Se lo chiavava per tenerlo buono una o due settimane, finché la frustrazione di Alex non arrivava di nuovo al culmine, e il sentirsi «male» o «stanca» erano scuse che non reggevano più.

Avevano pensato che sarebbe andato tutto meglio una volta lasciato l'esercito, lasciato il Texas, traslocato a Boston per essere vicini alla famiglia di lui. Ma a lui Boston non aveva offerto altro se non lavori d'ufficio surreali, inutili, e gente che non capiva cos'aveva passato. Kel inclusa. Per anni non aveva capito cosa stava succedendo tra loro, non s'era resa conto di tutte le conversazioni mancate, finché un giorno lui aveva detto – accennato, *en passant* – che poteva scoparsela mentre dormiva, se voleva. Che nel matrimonio lo stupro non esiste.

Dopo, Garrett e Kel sono rimasti sdraiati insieme alla luce fioca e calda di una candela che tremolava, Kel presa da un'ebbrezza post-sesso, ogni parte di lei schiaffeggiata e morsa mugolava di vivo piacere. Si godeva il salato oleoso delle lenzuola. Si godeva il tocco lieve delle dita di lui sulla coscia.

«Ti senti bene?», ha chiesto Garrett. Kel è diventata rossa, s'è girata dall'altra parte. Garrett lo chiedeva *per lei*, a quanto pareva, Kel Skipton - come si sentiva *lei* -, non lo chiedeva per la sua performance. È *andata* bene?, è quello che Alex avrebbe chiesto a Mrs Alexander Martin, in un modo a cui Mrs Alexander Martin si sarebbe sentita costretta a rispondere sì.

Kel e Garrett s'erano scelti a vicenda con uno *swipe* a destra un paio di mesi fa, dieci giorni dopo che Alex era uscito di casa. Avevano legato perché nessuno dei due conosceva il New England. «Trapiantati», le colleghe di Kel li chiamavano così, anche se a Kel venivano in mente reni e polmoni, cose che *servivano* a un corpo. Né Kel né Garrett erano tra gli organi indispensabili di Boston. Entrambi rispondevano a delle e-mail per guadagnarsi da vivere. Entrambi s'erano trasferiti in città per via dei loro ex, entrambi si sentivano sradicati e alla deriva, entrambi piuttosto giovani e piuttosto divorziati - Kel ancora sposata sulla carta. Secondo Garrett era sexy, gli piaceva l'idea di essere il suo «amatore», etichetta che s'era dato da solo quando s'era reso conto che una versione solo maschile di «amante» non esisteva. Erano attirati l'uno da quanto di straniero c'era nell'altra, l'accento inglese di Kel e Garrett coi suoi «voialtri» e i «sissignora» tipici del sud. L'unica cosa che Kel sapeva dell'Alabama era quello che avevano da dire i Lynyrd Skynyrd al riguardo. Non sapeva a quale parte della cultura pop l'associava Garrett, ma era sicura che la sua idea d'Inghilterra non somigliava per niente alla città dov'era cresciuta lei. Ecco una cosa che le piaceva del vivere lì: secondo gli americani tutti gli accenti inglesi erano raffinati. Una cosa che non le piaceva: secondo gli americani, Inghilterra voleva dire Londra, e il resto del paese era solo roba di campi e pecore.

Garrett è caduto in un sonno profondo, russava. Sono arrivati gli spazzaneve coi loro *bip*, uno strofinio e un crepitio sul ghiaccio. L'ebbrezza di Kel è svanita, il corpo s'è ricordato della malattia, le parti di lei che erano ammaccate cominciavano a formicolare e ronzare, non sapevano più tanto di piacere quanto di giudizio, di sbagliato. Ma cos'aveva che non andava per volere *una cosa così*?

Aveva ancora un foulard di seta annodato lento attorno al collo. Ha sciolto il nodo, l'ha tirato e liberato. Tutt'a un tratto, averlo addosso sapeva di perverso, come se il foulard fosse stato davvero di sua nonna. Come fosse stato un cimelio di famiglia, macchiato, ora, da un gioco sessuale. Kel sceglieva i foulard in base all'odore, comprava quelli che profumavano di vecchie signore e di vecchi tempi. Non aveva mai scoperto perché non conosceva la sua famiglia, perché sua mamma l'aveva tenuta lontana. Mamma diceva solo, Fidati di me, stai meglio senza. Ora Kel si domandava se sua mamma intendeva stai meglio senza la tua famiglia. Magari intendeva senza famiglia *in assoluto*, senza legami complicati.

Tra i *bip* degli spazzaneve, Kel ha sentito un tintinnio. Ha teso le orecchie in cerca di un rumore di chiavi, in cerca dello scricchiolio della porta che si spalancava. S'è immaginata l'interruttore della luce che scattava, la stanza inondata da un bagliore bianco, Alex fermo nel vano della porta a contemplare il casino che avevano lasciato per terra: biancheria intima, preservativi usati, il vibratore mezzo sepolto da una t-shirt, barattolo di olio di cocco a cui mancava il coperchio, impronte di dita che scavavano la superficie oleosa. Un altro sdraiato nel suo letto, che russava ed era squagliato e ignaro e disarmato.

Rieccolo, quel tintinnio. L'ha riconosciuto: il vento contro la finestra in camera da letto, faceva tremare il vetro. Il corpo s'è rilassato, ha espirato. Le è piombata addosso una stanchezza simile a una coperta coi pesi, era di uno stanco così tremendo che la parola «stanco» non gli rendeva giustizia. Voleva sprofondare in quella stanchezza, sprofondare nel sonno. Il cervello si rifiutava di spegnersi. Rifiutava il riposo.

Aveva sperato di riprendersi con Garrett lì, aveva pensato che magari s'era solo dimenticata a cosa serviva alzarsi dal letto, e una volta ricordato che c'era una vita da vivere avrebbe mandato a spasso tutta 'st'insonnia, tutto 'sto poltrire. Dal lavoro le arrivavano e-mail entusiaste in cui le assicuravano che era un membro prezioso della «famiglia» e poteva prendersi tutto il tempo che le serviva per prendersi cura di sé – a patto che non le servissero più dei suoi dieci giorni di permesso retribuito. Kel lavorava per una start-up «emergente» che le dava una mole di lavoro pari al doppio di quello che un essere umano poteva portare a termine pagandola metà di quello che serviva per vivere. Quei giorni di neve le avevano dato un margine di sicurezza, ma ora la rivolevano in ufficio lunedì. Restavano solo due giorni per rimettersi. Se avesse perso il lavoro avrebbe dovuto levare le tende. Ammesso che fosse riuscita a racimolare i soldi per l'aereo. Ogni volta che ci pensava – tornare a vivere da sua mamma, se sua mamma la voleva, diventare un bozzo sotto le lenzuola nella camera degli ospiti – si sentiva come inghiottita viva.

Da quando se n'era andata, Rach e Shaz s'erano allontanate, avevano abbandonato la chat di gruppo che avevano usato per tenersi in contatto dopo la fine della scuola. Ora messaggiavano Kel in privato ogni volta che volevano lamentarsi l'una dell'altra. Al momento, Rach era incazzata con Shaz perché non le aveva risposto dopo che lei l'aveva invitata per un'uscita in centro, e Shaz era incazzata con Rach proprio perché l'aveva invitata per un'uscita in centro, perché faceva di nuovo l'amica dopo averla sbolognata per anni.

A loro Kel non poteva dire che era malata. Proprio come non poteva dire come s'era sentita sola, abbandonata lì nel bel mezzo di un matrimonio fallito. Quanto aveva avuto bisogno del loro sostegno. Non aveva il diritto di chiederglielo, non dopo che era scappata via così tante volte – correndo dal tipo di turno che aveva scambiato per il centro dell'universo. Come aveva fatto quand'era andata dietro a Ando ai tempi della scuola. Come aveva fatto quando s'era lasciata assorbire dall'America, da Alex.

Se avesse detto che era malata, loro avrebbero semplicemente detto la stessa cosa che avevano detto a matrimonio finito: *Torna a casa*. Non lo capivano che tornare sarebbe stato come se la sua vita in America non ci fosse mai stata, come svegliarsi da dieci anni di coma, con gli altri che erano andati tutti avanti senza di lei.

Alle 4:18 il telefono s'è acceso avvisandola dell'allerta meteo. Nel pomeriggio era in arrivo la quarta bufera. Questa pareva più preoccupante delle altre – c'erano più triangoli rossi, più lettere maiuscole. Ha dato una letta alle informazioni, gli occhi si fermavano sulle parole che facevano più paura. Potente, congelamento, uragano, visibilità ridotta.

Be', meglio fare una scappata a fare la spesa una volta andato via Garrett, visto che magari nemmeno da Domino's consegnavano con la «visibilità ridotta». E poi non era così che facevano i bostoniani veri quando i loro smartphone predicevano alluvioni, gelo, neve, grandine e pioggia, aria malsana, caldo, cicloni e bombe d'acqua e quant'altro aveva in serbo l'America in termini di stragi? Frigo e freezer erano vuoti, a parte due cantucci di pane e un avocado, molle e marrone, con un cratere su un lato, la fossetta nella buccia dove Kel aveva premuto col pollice.

Pur preannunciandosi omicida, il meteo aveva aperto uno spiraglio di speranza nel petto di Kel. Non è che i giorni di neve sarebbero aumentati? Non è che così le davano un po' di respiro, un po' di tempo perché il suo corpo ritrovasse la forza di una volta. Ha controllato le mail – dal lavoro niente, ma il suo responsabile non era ancora in piedi, ovvio. La mail sarebbe arrivata, però, s'è detta Kel. Figurati.

Alle sette, ormai Garrett non russava più ma uggiolava, e per qualche motivo starlo a sentire era più dura; uggiolare così era un po' come dichiarare che quell'oblio era una goduria. Kel voleva che si svegliasse, che ricominciasse a dirle cosa fare. Voleva che si sdraiasse sopra di lei, la rendesse piccola e la stringesse e la immobilizzasse. Voleva avere appena lo spazio per respirare. Gli ha dato una gomitatina nelle costole. Lui s'è mosso, s'è girato verso di lei, ha allungato un braccio appoggiandoglielo sul collo, la mano cercava d'agguantare il telefono sul comodino. Con lui che le schiacciava la trachea, il corpo ha preso a formicolarle tutto, ricordava ieri sera, come le aveva stretto il collo nell'incavo tra pollice e indice, come l'aveva tenuta ferma, immobile, al sicuro. Garrett ha sbloccato il telefono, visto il messaggio sull'allerta meteo, fatto un lamento assonnato. Con un dito le ha accarezzato la mascella, nel punto in cui l'aveva schiaffeggiata la sera prima.

«Che figo», ha detto, contemplando chissà quale traccia di sé aveva lasciato sulla pelle di Kel. Lei voleva dare un'occhiata, mettersi nuda davanti allo specchio lungo, in cerca di souvenir. Sul culo aveva sicuramente delle chiazze, le cosce imporporate qua e là. Ha deciso di non chiedersi come mai aveva così tanta voglia di guardare.

«Devi andare. Prima che arrivi la bufera».

«Non posso restare qui?». Garrett le ha dato dei colpetti sulla faccia giocherellando come un gatto. Le ha preso la faccia e l'ha baciata. Kel ha chiuso gli occhi, s'è lasciata andare a quella sensazione, al desiderio. I corpi premuti l'uno contro l'altro, le mani di lui vagavano, sfioravano leggere, poi affondavano, le unghie nella pelle. Sì, poteva restare – potevano restarsene a letto così finché ci fosse stato brutto tempo. Poteva mandarci lui al supermercato, fargli comprare bacon, uova, avocado, altra tequila, e potevano bere, scopare, dormire, mangiare, e da capo, mentre Boston veniva sepolta fino ai telai delle finestre.

Se lui le avesse detto che *doveva* restare, se gliel'avesse detto all'orecchio – mentre si baciavano e si stringevano e si torcevano, con Kel che cercava di persuaderlo in silenzio, Dimmi cosa fare –, avrebbe eseguito gli ordini, nel brivido di fare la sottomessa si sentiva la testa su di giri, confusa, in un bagno di sole. Ma quando si sono staccati e Garrett ha detto: «Per favore? Potrei essere il tuo compagno di bufera», Kel s'è sdraiata sul suo lato del letto, troppo stanca per parlare, figuriamoci per recitare la parte della donna affascinante, positiva, che gli aveva fatto credere di essere. Lei bramava di più, più

Garrett, più sesso, più giochi, più dolore-piacere. Il suo corpo bramava più silenzio, più quiete, più solitudine.

Gli ha preparato un avocado toast, trasaliva ogni volta che gli sportelli dei pensili sbattevano, ogni volta che coltello e piatto tintinnavano e raschiavano, tutti quei normali rumori di cucina erano troppo dolorosi, troppo forti per il suo cervello. L'ha mandato in corridoio, ha riso quando lui scherzando ha detto che non ce la faceva ad andarsene. Mentre cercava il cappotto nell'armadio, Garrett ha trovato un cardigan mélange che era troppo grande per essere di Kel.

«Provatelo», ha detto lei, visto che Garrett lo esaminava come se lo avesse appena preso da un espositore ai grandi magazzini. S'è infilato il cardigan, s'è guardato da capo a piedi nello specchio. Kel era dispiaciuta; ad Alex aveva detto che il cardigan era da vecchio, che lo faceva sembrare un nonno, motivo per cui, forse, l'aveva lasciato lì. Ma sulle spalle più larghe di Garrett era sexy. Un cardigan proprio sexy. Voleva agguantare lo scollo, trascinare di nuovo Garrett in camera da letto.

«Tienilo», ha detto. Ha aperto la porta.

«Magari faccio un salto più tardi». Le ha fatto gli occhi dolci, lanciandole un'occhiatina da dietro quelle ciglia nere di seta.

«Non fare il coglione, guarda che ti congeli davvero». Kel ha sfoderato una faccia seria, ma non sapeva se le era uscito comunque un no civettuolo. Dopo che per anni Alex aveva dato per scontato che lei intendeva il contrario di quanto diceva, Kel metteva in dubbio ogni parola diretta a Garrett, come se ogni no potesse passare per un sì.

E stavolta non voleva forse dire sì davvero? Non sperava forse che rifiutasse la sua richiesta, che si presentasse lo stesso? L'ha accompagnato all'ingresso del condominio, attraversando l'atrio in punta di piedi, coi calzini che s'impregnavano delle impronte bagnate lasciate sulle piastrelle da qualcun altro. Era un condominio di mattoni rossi che risaliva agli anni Venti, col portone di vetro che lasciava passare gli spifferi, gli scalini di cemento scendevano verso Commonwealth Avenue. Lo schiaffone del freddo quando Garrett ha aperto la porta, un fremito e, sotto il pigiama intero di cotone, a Kel s'è accapponata tutta la pelle. Mentre Garrett varcava la soglia Kel ha distolto lo sguardo immaginandosi un ghiacciolo che cadeva, gli s'infilzava nel cranio. I ghiaccioli americani erano bastardi veri, pendevano pesanti e affilati sopra le porte come pugnali di cristallo. Non come quelli inglesi insignificanti, a malapena grandi quanto il suo dito. Non capiva come faceva la gente a entrare e uscire di casa d'inverno in questo paese senza chinarsi e correre, con le mani sopra la testa, senza aspettarsi di finire impalata.

Nel vano della porta, Garrett s'è appoggiato al muro, e Kel era in ansia per il suo collo scoperto. Garrett avvicinava la faccia per un bacetto di saluto. Nel momento in cui Kel ha allungato il collo per premere le labbra su quelle di lui – a occhi chiusi, cercando di non pensare al ghiacciolo omicida –, tra le ciglia che sbattevano rapide ha visto una macchia scura sullo sfondo della strada innevata. Qualcuno camminava verso di loro, in Commonwealth Avenue, venendo dal centro. Giubbotto nero alla caviglia, cappuccio in testa. Un corpo che conosceva. Garrett allungava il bacio, voleva che fosse sensuale, indugiava. Kel gli ha spinto il petto con la mano, l'ha spinto via. Sulla faccia di lui un pizzico di risentimento, o di stupore.

«Va' che ti becchi un ghiacciolo». Kel provava a ridere, pregava che andasse via senza fare domande.

Garrett ha alzato le sopracciglia come a dire *Contenta tu*, ha sceso gli scalini e se n'è andato, prendendo nella direzione opposta rispetto al centro, procedeva piano, a scatti, sul ghiaccio. Proprio come Kel, neanche lui aveva imparato a gestire 'sto tempaccio, non aveva mai le scarpe giuste. La persona che arrivava in senso opposto era un'autoctona vera, camminava a grandi passi, sicura e svelta. Kel s'è girata dall'altra parte, con un tuffo al cuore, mentre il cervello assonnato approdava al nome di quella persona: Maggie.

Kel non vedeva sua cognata da più di un anno. Stando alle ultime notizie che aveva avuto, Maggie viveva col suo uomo e la loro bambina a Pittsfield, che è a ovest che più a ovest c'è solo lo Stato di New York. Le ultime parole che le aveva detto Maggie, sotto forma di post sulla bacheca Facebook di Kel: «Toglimi l'amicizia troia!». Kel l'aveva visto come un segno che Maggie non era «gasatissima» per la separazione sua e di Alex. Maggie non era mai stata da lei, non in casa, comunque. Alex insisteva sempre per sapere come mai a Kel non piaceva avere gente in casa, come mai non potevano organizzare cene in famiglia, come mai non invitava le amiche per una bevuta.

Magari Maggie era troppo lontana e non aveva visto che le loro labbra s'erano toccate – magari Kel poteva dire che Garrett era solo un amico. Magari non era manco Maggie, magari qualcun altro sfidava il freddo di metà mattinata col cappotto invernale di Maggie addosso. Kel ha infilato un dito nella serratura della cassetta postale e ha girato, sperando di sembrare una che cerca un pacchetto con nonchalance.

«Carino, il tuo ragazzo», ha detto una voce anche troppo familiare ai piedi degli scalini.

Kel s'è girata di scatto, si fingeva sorpresa, il dito ancora rigido, si fingeva una chiave. Gli occhi di Maggie scrutavano accigliati da dietro una sciarpa con le frange. Kel non aveva l'energia per spiegare che Garrett non era il suo ragazzo, che era contrario alla monogamia per principio. Ha scrollato le spalle, senza forze, ha incrociato le braccia sullo stomaco, sentendosi sciocca e infreddolita e sguarnita, lì vestita in pigiama.

Quando lei, Rach e Shaz erano ragazzine, riuscivano a comunicare di tutto con una scrollata di spalle; avevano tutto un loro vocabolario. Una scrollata per dire *sì*, una per dire *no*, una per dire *forse*, una per dire *oh mi disp*, una per dire *stazzitta, cogliona che non sei altro*, una per dire *fanculo*, una per dire *anch'io ti voglio bene*. Kel voleva tanto usarla ora, quella lingua. Ma in America non funzionava; i suoi gesti non avevano traduzione. In ogni caso, Kel non ce l'aveva una scrollata di spalle per quando la tua quasi-ex-cognata si presenta senza preavviso e vuoi chiederle *cosa cazzo ci fa qui*. A Kel non veniva in mente nessun buon motivo. Se non che forse Alex aveva mandato Maggie a spiarla. Secondo Kel era nel suo stile, e, se così era, aveva già mandato tutto a puttane.

Maggie ha cominciato a salire gli scalini. Kel ha teso il braccio di scatto, il palmo sollevato a mo' di segnale che in qualsiasi lingua voleva dire *Ferma! Maccheccazzo, non ti avvicinare!* Non poteva fare entrare Maggie nell'appartamento stantio dove lei piano piano era crollata, troppo malata per pulire, polvere che s'accumulava sui battiscopa, superfici ingombre di piatti sporchi e vestiti e una torre di cartoni della pizza bisunti. Non quando in camera da letto c'erano ancora le prove dell'avventura di ieri sera. Ha pensato alla faccenda della *green card* che incalzava, al tentativo di restare aggrappata a questa vita in cui s'era ritrovata. Ha pensato al livido sulla faccia che le aveva lasciato Garrett. Non era ancora neanche riuscita a dare un'occhiata.

«Devo andare a fare la spesa prima che arrivi la bufera», ha detto Kel, come se la cosa spiegasse il suo palmo alla *levati-dal-cazzo*.

Maggie ha sospirato, controllato il telefono, guardava a destra e sinistra come avesse avuto chissà quante altre mete migliori. «Posso accompagnarti in macchina».

Kel ha maledetto la sua inglesità – tutta una cultura incapace di fare a qualcuno una cazzo di domanda diretta, o dare una cazzo di risposta diretta. Il corpo le urlava di rispondere sì all'offerta, braccia e gambe insistevano perché non capivano come avrebbero fatto a trovare la forza di tirarsi dietro le borse della spesa a piedi fino a casa. Ha detto a Maggie di aspettare nell'atrio, vicino alle scale e al bidone con le ruote che puzzava di rancido.

Tornata nell'appartamento, Kel ha radunato i suoi souvenir sessuali – preservativi, vibratore, mutande, lubrificante –, li ha cacciati nell'armadio, col battito che aumentava per lo sforzo, tanto che le rombava nelle orecchie e s'è dovuta sdraiare sul letto, il petto ansante manco avesse fatto il giro dell'isolato di corsa.

Sentiva i movimenti di Maggie nell'atrio, era al telefono con qualcuno, magari camminava avanti e indietro, magari alzava e rialzava il coperchio del bidone, magari dava qualche calcio pigro a una cosa caduta dal bidone – magari si trastullava con l'idea di aprire la porta di Kel. Kel s'è drizzata a sedere di scatto con un brutto gemito. Le giunture schioccavano, un dolore lancinante. Era il torcicollo a spaventarla, faceva uno scrocchio orrendo ogni volta che girava la testa. E il collo era una roba importante, eh. Probabilmente c'era da preoccuparsi parecchio se lì dentro le ossa si sfregavano così una contro l'altra, sembrava che da un momento all'altro potesse sentirsi uno schiocco e, *trac*, la testa potesse scivolarle via dalla spina dorsale. Su internet aveva letto di donne con la sindrome di Ehlers-Danlos che se muovevano il collo troppo in fretta si sarebbero decapitate da sole da dentro. Ma Kel aveva controllato, non aveva altri sintomi della sindrome di Ehlers-Danlos, quindi, incrociando le dita, al supermercato l'aspettavano solo pane e gelato, non la decapitazione.

Il Trader Joe's di Coolidge Corner era pieno zeppo, ogni corsia smilza stipata di umani con addosso strati e strati di vestiti, le facce rosse, le mani frenetiche. Gli scaffali coi boccioni d'acqua e la pasta erano stati svuotati e la coda alle casse serpeggiava fino a metà negozio, la carta igienica impilata nei carrelli di tutti. Kel indugiava ai margini di quella baraonda, le dita strette alla maniglia del carrello. Era stata al chiuso così tanto da dimenticarsi che c'era così tanta gente. Da dimenticarsi come fare parte di tutto 'sto correre di qua e di là. Già non la convinceva nemmeno nelle condizioni ideali, ma alle sue colleghe piaceva proprio un sacco, Trader Joe's. Prima d'arrivare a Boston, Kel non aveva mai visto ragazzi benestanti – né nessun altro – emozionarsi per i supermercati che vendevano prodotti del loro marchio. Quando non ti potevi permettere altro, ti compravi i super-noodles a otto pence a marchio Morrisons da Morrisons. Ma da Trader Joe's vendevano caffè colombiano biologico, fave di cacao eque e solidali in granella, chips di banana carbon-neutral, e non c'era un prodotto che costasse otto pence. A Boston, non importava in che supermercato entrasse, o quanto poco comprasse – Kel spendeva sempre 85 dollari. Latte, cereali, insalata e pasta per quindici giorni: 85 dollari. Tre piatti pronti, bottiglia di vino e rivista di enigmistica: 85 dollari. Waffle surgelati e guacamole costoso: 85 dollari. Non poteva più permettersi di fare la spesa, quindi aveva smesso di contare, aveva cominciato a addebitare tutto sulla carta di credito. Prima, quando Kel e Alex stavano ancora insieme, riuscivano giusto a coprire affitto, cibo, qualche bevuta nel weekend. Ora l'affitto si pappava più di mezzo stipendio. Avrebbe anche cambiato casa, ma da quando avevano firmato il contratto gli affitti erano schizzati alle stelle. Ora non poteva permettersi manco un monolocale. E per andare dove, poi? Nei sobborghi mica si spendeva meno; in più, non ne sarebbe mai uscita. Si sarebbe persa in quella vastità.

Maggie ha strappato il carrello dalle mani intirizzite, senza guanti, di Kel, ha detto: «Dai, vediamo di far presto», e s'è infilata in una corsia, tagliando in mezzo agli altri clienti, che hanno spostato il sedere in avanti per farla passare. Ha spinto l'ultimo boccione d'acqua da otto litri sul cesto in basso, poi via dritta al reparto scatolame come sapesse esattamente cosa richiedeva la situazione. Proprio come avrebbe fatto Alex. Alex si comportava sempre come se avesse avuto la risposta giusta a ogni domanda, pratica o filosofica, incluso il perché non dovrebbero permettere alle donne di entrare nei reparti di fanteria, se il socialismo è un male o no, e su cos'è giusto fare coi peli pubici di una donna (perché ciclo vuol dire sporcizia, sì, ceretta e via tutto). Durante il tragitto in macchina, Maggie era sembrata agitata, però, una mano sul volante, l'altra alla bocca, si mangiava le pellicine attorno all'unghia del pollice. Aveva continuato a chiacchierare a macchinetta - pneumatici invernali, automobilisti di Boston, diminuzione della temperatura percepita - riempiendo ogni intervallo così non c'era pericolo che Kel le domandasse perché e come era appena piombata nella sua nuova vita.

Kel si dimenava passando in mezzo ai corpi e intanto si scusava, infilava la mano dove trovava un varco, prendeva quello che riusciva a toccare. Sacchetto di patatine fritte surgelate, popcorn costosi all'olio tartufato, kit per fare i tacos, scatola di biscotti natalizi in offerta, mele Jazz - ommerda, non lo sapeva quello che le serviva. Era troppo inglese per 'sta cosa; la sua sola tecnica di sopravvivenza era quella di scrollare le spalle e dire, Vai tranqui.

Ecco un'ondata di stanchezza più forte, come un muro che veniva a separarla dall'orda di gente attorno a lei. Una gravità nuova, che la spingeva giù a forza. Stava diventando invisibile nel bel mezzo del Trader Joe's - dita, braccio, testa svanivano nell'espositore delle banane alle sue spalle -, e tutti vanno avanti come non fosse successo niente. Pensava solo al fatto che aveva tanto bisogno di stendersi, stravaccarsi sul linoleum screziato di fanghiglia, lì per terra in mezzo agli scarponi lerci di tutti. Non riusciva a raddrizzare le gambe. Un crampo le agguantava polpacci e cosce, la sensazione come di una morsa, di una tenaglia.

S'è afflosciata piegandosi in due come un sacco, si reggeva abbandonata all'espositore delle banane, le cose che aveva preso un fagotto contro il petto, i biscotti natalizi che si sbriciolavano strizzati dal braccio. Ha pregato che non fosse il Trader Joe's dove andava Garrett, figurati se era anche lui imbottigliato in 'sta corsia proprio ora. C'era la possibilità che la considerasse ancora una figa se l'avesse vista ora? Non voleva farsi vedere neanche da Maggie, non se poi avrebbe fatto il resoconto ad Alex. I minuti passavano. Il crampo ancora durava. Le dita dei piedi le vibravano a mo' di formicolio. Un esercito di stivali di gomma che parevano zampe d'anatra le sbatteva contro ginocchia e piedi. Nessuno abbassava gli occhi per vedere a chi andavano quei calci, e Kel non s'aspettava che lo facessero. La gente di Boston aveva un'allergia letale a qualsiasi genere di contatto visivo nei supermercati.

Maggie le è comparsa accanto, la fissava dall'alto. «Che hai?».

Kel ha scrollato le spalle. «Non sapevo cosa prendere».

La persona alla cassa era giovane, coi capelli variopinti, gli occhi gentili, una targhetta appuntata alla maglia che diceva «CASEY» e che poco sotto specificava il pronome, «LORO». Kel non si ricordava mai come si chiamava. Casey non si ricordava proprio mai di Kel finché Kel non apriva la bocca, poi diceva, Oh, sei tu!

A Kel, Casey diceva sempre la stessa cosa: Sai, non hai un accento così forte, ma si sente. C'è un tipo che viene qui con un accento fortissimo, ma il tuo è più difficile da riconoscere. Le persone alla cassa glielo dicevano come fosse un complimento. Non avevano mica idea che tutte le volte che tornava a casa doveva sfoderarlo di nuovo. Nello Yorkshire perdere l'accento era una roba imperdonabile. Voleva dire che ti davi delle arie, che dimenticavi chi eri. Dopo l'università Rach aveva cominciato a fare la voce un po' da fighetta, brutta cosa – Shaz non l'aveva mai perdonata – ma non era neanche minimamente paragonabile al fatto di tornare a casa e parlare come una yankee.

Com'è che c'era sempre il tizio di turno che girellava per Boston, con l'accento intatto, mentre quello di Kel era diventato tutto zoppicante? 'Sti tizi che a detta di tutti non cambiavano mai, che tutti si sforzavano di capire, mentre lei faceva il possibile per comunicare meglio. Chi lavorava con lei avrebbe detto che era una questione «di genere». Nello Yorkshire Kel non poteva portarci neanche quelle parole.

Stavolta, Casey ha detto: «Oh, sei tu!», seguito da: «È tua sorella?», sperando chiaramente che gli accenti dello Yorkshire da dichiarare estinti fossero due.

Kel era tutta concentrata a ignorare il formicolio dei piedi, a tenere le ginocchia piegate per evitare i crampi, a non sfoggiare una faccia dolorante.

«Sua sorella minore», ha detto Maggie, in tono piatto, senza calore, ma sicuro, come fosse un fatto incontestabile. Kel evitava gli occhi di tutti, non voleva essere costretta a confermare o negare, mentre Maggie ciarlava con Casey come non ci fosse niente di meglio che scambiare fatti personali di base con una persona estranea – città natale, scuola superiore, mascotte della scuola superiore. Ma Maggie come faceva a pensare che fossero sorelle? Si conoscevano a malapena.

Cioè, Kel aveva sempre voluto una sorella. Forse, a un certo punto, aveva sperato che Maggie diventasse davvero sua sorella, ma quel tipo di rapporto non s'era mai concretizzato. «Sorella» era un'etichetta che avevano usato e nient'altro. Nel momento in cui lei e Alex s'erano sposati, Maggie aveva cominciato a chiamarla «sorellona», ma non un attimo prima. Allo stesso modo, la mamma di Alex s'era fatta chiamare «Mrs Martin» fino a prima delle nozze e «mamma» dopo. Aveva detto, Ora sarai per sempre mia figlia. All'inizio Kel l'aveva trovato proprio strano, una roba che a casa sua non faceva nessuno – i genitori ti chiedevano di chiamarli per nome e basta. Chi prometteva tutto 'sto amore incondizionato solo perché così voleva la tradizione?

Sotto sotto, però, una parte di lei era stata grata, al di là della sua ritrosia tutta inglese. Aveva sempre e solo avuto una mamma: niente papà, niente patrigni veri, solo un paio di nonni morti giovani; zie, zii e cugini con cui non si parlavano per ragioni che sua mamma non aveva mai comunicato; e, in coda, una sorellina, ma Briar non era arrivata poi tanto prima che Kel uscisse di casa. Kel aveva sempre voluto una sorella come ce l'avevano Shaz e Rach, sorelle maggiori che ti prestavano vestiti, t'insegnavano parole sboccate. Grazie alle loro sorelle, Shaz e Rach avevano sempre saputo di più del mondo rispetto a Kel. Poi era spuntato Alex con tutta la sua bella famiglia cattolica, un arsenale di parenti, con le loro case grandi e i loro stipendi soddisfacenti, che promettevano di accoglierla a braccia aperte. I loro pasti all'aperto il giorno della partita e le loro chiacchiere inesauribili, tutto il contrario rispetto a Kel e sua mamma, che, cresciuta Kel, sembravano aver proprio perso l'abitudine di parlare. Le convinzioni incrollabili che i Martin avevano riguardo a loro stessi e a come funzionava il mondo… pure quelle erano state un richiamo, come un fuoco che ardeva nel focolare, attirandola. Le loro certezze: dio, patria, famiglia. Alex le diceva sempre, Ora che siamo sposati siamo una persona sola, in un modo che la faceva sentire ancorata, come avesse trovato un equilibrio. Lei era Mrs Alexander Martin. Cancellata. Al sicuro.

Casey e Maggie stavano ancora lì: Super Bowl, partita dei Celtics, ritiro di Big Papi. Kel voleva tanto dare un contributo.

«Quindi la bufera sarà forte?». Ha accennato con la testa alle vetrine che davano sulla strada, corpi che passavano di corsa, mummificati sotto strati di vestiti della North Face, i cappucci ben calcati sulla testa vista la neve che aveva già cominciato a scendere.

«Così dicono», ha risposto Casey, per poi sospirare, e Kel ha avuto l'impressione di aver fatto fiasco, come se non sapesse ancora come fare conversazione in America. Casey ha caricato il carrello di buste di carta marroni, stracolme delle provviste a prova di tempesta abilmente scelte da Maggie. Kel voleva chiedere qualche busta di plastica, ma sapeva che non era *etico*.

«Mi piace un sacco come parli», ha detto Casey tendendo lo scontrino a Kel. «Mi tira sempre su il morale».

Kel ha ringraziato Casey, spinto il carrello fino in strada, i crampi le facevano tenere le gambe piegate, la facevano camminare come un mimo di strada che s'avvicina furtivo a qualcuno ignaro.

Rientrando in macchina, Maggie ha continuato con le chiacchiere, ma sul volante la mano tremava; sembrava che avesse i brividi anche una volta acceso il riscaldamento a tutto spiano. Kel era lì lì per chiederle se stava male ma le è vibrato il telefono.

Garrett: *Ehi, giusto un salutino. Volevo assicurarmi che dopo il corpo a corpo stessi bene. Mi ha fatto super piacere stare insieme*. Kel ha tenuto il cellulare in grembo, col messaggio aperto così poteva rileggerlo. Ogni volta che le cadeva l'occhio sulle parole di Garrett, scoccavano scintille di desiderio.

Quando Kel aveva quindici anni e lei e Ando avevano cominciato a scopare, a lui non era mai venuto in mente di chiederle, dopo, se la decisione le stava ancora bene, se aveva rimpianti. E a lei non era mai venuto in mente di chiederselo.

Non nevicava ancora così forte, sul parabrezza la neve si scioglieva e non restava niente. Poteva sbarazzarsi di Maggie, dire a Garrett di venire. Magari poteva star tranquilla e farsi vedere malata. Magari si sarebbe preso cura di lei, le avrebbe preparato da mangiare, l'avrebbe aiutata a riposare, poi le avrebbe bendato gli occhi con quel foulard, parlato all'orecchio.

«Te l'ha mandato il tuo nuovo lasciapassare per la *green card*?», ha detto Maggie, strappando Kel alle sue fantasticherie. O aveva intravisto il messaggio, o semplicemente le aveva visto quell'aria da sognatrice in faccia.

«Cosa vorrebbe dire?».

Maggie s'è mordicchiata la pelle del pollice, ha suonato alla macchina davanti, che aveva fatto una frenata troppo brusca, Kel e Maggie gettate in avanti, la cintura di sicurezza ora tesa su petto e collo.

«Ma seriamente, come guidano questi?». Maggie ha svoltato in una traversa. «Lo pensano tutti», ha detto. «Mamma, papà, nonna, nonno. Le zie e gli zii, i cugini. Alex. Lo dicono tutti».

Un peso alla bocca dello stomaco. «Tutti» avevano deciso che lei aveva usato Alex, in lui non aveva visto altro se non la via d'accesso alla più grande nazione sotto dio. Ma dov'erano tutti quando lui si tracannava una bottiglia di whisky mentre tornava a casa dal lavoro? Dov'erano quando lui sveniva accanto al water tutti i sabato sera dopo aver vomitato l'anima? E Alex mica la difendeva. Dopo tutto l'amore che c'era stato. Dopo tutto l'amore da urla, pianti, da tristezza infinita del cazzo che c'era stato.

«Guarda che sposare un alcolizzato non è proprio la via più comoda».

Maggie ha riso come se Kel avesse detto, Sposare un oritteropo. «Non è un alcolizzato».

Da quando Kel li aveva conosciuti, i Martin s'erano sempre, senza eccezioni, difesi l'un l'altro dalle critiche che venivano dall'esterno, per quanto fossero giuste.

«Forse non gli sarebbe servito bere», ha detto Maggie, «se tu fossi stata più gentile».

Quindi la storia su cui convenivano tutti era quella. Quindi sì che aveva in programma di non firmare le carte. O aveva in programma di farsi implorare. La sua famiglia era potente, piena di avvocati e militari e funzionari statali, piena di giudizio. I Martin erano sempre, sempre nel giusto. Il sedile sotto di lei è sparito – Kel precipitava nella tormenta, nella cunetta fangosa, nel freddo pungente.

Quando Maggie ha trovato parcheggio vicino a casa di Kel, ormai la neve cadeva veloce e fitta. A Kel bagnava mani, guance, buste di carta. Se Maggie non se ne fosse andata presto, non sarebbe proprio riuscita ad andarsene. I manici delle buste si sono disintegrati nel giro di pochi secondi; Kel e Maggie hanno dovuto portare le buste dalla macchina alla porta reggendole dal fondo, il boccione da otto litri penzolava dalle dita di Kel facendole un male cane, aveva ancora i crampi alle gambe, le dita dei piedi vibravano ancora. Un fiocco di neve le è scivolato lungo il collo, un brivido ghiacciato, le ha ricordato la sera prima, la lingua di Garrett giù per la schiena.

Al portone, Kel s'è fermata per riprendere fiato, ansimava affaticata dopo aver salito gli scalini. E ora? Non poteva far entrare Maggie. Doveva andarsene, tornarsene alla sua, di vita: a Pittsfield, dal suo uomo, dalla sua bambina.

«Mi scappa forte la pipì», ha detto Maggie.

Le buste si raggrinzivano a ogni fiocco che cadeva, minacciavano di sfasciarsi. Le braccia di Kel chiedevano pietà. I ghiaccioli bastardi pendevano sopra di loro, scintillanti e letali.

«Ho le chiavi nella tasca del giubbotto».

Maggie ha cercato nelle tasche di Kel, tirato fuori le chiavi, tre dita d'argento seghettate che tintinnavano attorno a un semplice anello. Kel se n'infischiava dei portachiavi, se n'infischiava delle robe che servivano a dichiarare chi era. *Moglie di un soldato*, *Stronza femminista*, *Boss*, *Icona*. Maggie ha provato la chiave sbagliata, la chiave sbagliata, poi quella giusta, e si sono infilate nell'atrio. Kel ha piegato le ginocchia, s'è chinata piano in avanti, ha mollato la spesa. Le buste si sono aperte e è caduto tutto, con un tonfo, sulle piastrelle. Confezione delle uova, barattoli di zuppa, pizze surgelate, vasetti di salsa al pomodoro per la pasta, un coro di pacchetti che si spaccavano, di vetri che si crepavano. Un tubo di mandorle aromatizzate ha rincorso una mela Jazz diretta verso il bidone con le ruote. Sembravano tutti felici di essere liberi.

Kel ha tenuto la porta aperta col boccione d'acqua. Hanno portato tutto dentro piano piano, lasciando cadere le cose di peso su ogni superficie ancora libera che c'era in cucina: davanzale interno, piano cottura, pavimento. Ogni volta che passava davanti allo specchio all'ingresso, Kel cercava di guardarsi il livido – ma non poteva fermarsi il tempo che le serviva, non poteva lasciare che Maggie l'adocchiasse mentre cercava di dare un'occhiata. Portata dentro la spesa, Maggie è corsa in bagno. Kel ha sentito il suono chiaro del vomito che colpiva l'acqua del water sciaguattando, rumore che s'era abituata a sentire quasi ogni sera nei mesi prima che Alex se ne andasse. Magari il dubbio le sarebbe anche venuto prima, non avesse avuto il cervello così rincitrullito per via della stanchezza. Maggie doveva essere di nuovo in astinenza. Kel ha messo a bollire l'acqua per coprire i rumori di Maggie, poi è andata in salotto, s'è sdraiata sul divano a due posti al buio. Si sentiva fischiare le orecchie, tipo acufene, ma rumori forti non ne aveva fatti.

Cosa poteva essere successo se Maggie aveva ricominciato a farsi? Era pulita da così tanto – da anni – che Kel s'era quasi dimenticata dei suoi periodi di disintossicazione, delle ricadute. Dopo la nascita di sua figlia, era finalmente sembrata acqua passata *passata*.

E perché venire qui, con tutta la famiglia che ti ritrovi. Perché passare dalla tua personalissima puttana della *green card*. Cosa credeva che le dovesse Kel? O era una specie di punizione?

Be', poteva anche togliersi dalle palle se credeva che Kel le avrebbe fatto da infermiera. Kel ha messaggiato Garrett, gli ha detto che stava bene, sì, grazie, e che se gli andava ancora, poteva fare un salto e farle da «compagno di bufera», dai. Poi s'è messa giù, gli occhi chiusi, immaginandosi come sarebbe andato il weekend: lei e Garrett che giocavano alla famiglia felice, cucinavano insieme, dormivano fino a tardi, caffè al mattino, creavano rituali. Avrebbero cominciato a frequentarsi come si deve. Lui avrebbe rinunciato al poliamore, sarebbe venuto a vivere con lei. Si sarebbero costruiti un futuro fatto di vita domestica adorabile, degna di Instagram, sesso bizzarro, amore profondo, un altro matrimonio.

S'è accesa la luce grande. Kel ha strillato, s'è messa il gomito sugli occhi. *Troppo*, ha detto il suo corpo. *Troppo forte*.

«Cosa fai al buio?».

Kel ha scrollato le spalle alla *Non sono cazzi tuoi*. «L'acqua bolle».

«Dove dormi stanotte?», Kel ha alzato un sopracciglio per far capire a Maggie che sapeva cos'era successo in bagno, sapeva che non era tutto a posto.

Maggie ha fissato il muro per qualche secondo; poi ha detto: «Sto cercando di disintossicarmi, ma i posti che ho chiamato finora sono tutti pieni».

Kel non s'era aspettata tanta verità. I Martin non ammettevano mai a voce alta di essere tutti, zitti zitti, prigionieri del loro personalissimo veleno: erba, alcol, oppioidi, cibo, soldi, religione. Maggie era l'unica Martin a essere avviluppata in una morsa troppo micidiale per essere ignorata.

In cucina, Kel ha acceso di nuovo il bollitore, pulito l'orlo di due tazze usate con un pezzo di carta da cucina umido. Maggie era appoggiata vicino ai fornelli vestita in leggings e camicia a scacchi, premeva sul telefono, un braccio fermo sullo stomaco. Quel braccio impacciato, che cercava di coprire la parte più grande di lei – Kel s'è sentita condensarsi in gola un sapore schifoso di rimorso al ricordo del Natale in cui Alex le aveva regalato la macchina fotografica.

Quando s'erano messi insieme, all'inizio Kel era stata invidiosa di Maggie perché Maggie era magrissima e bellissima, e perché lo pensavano tutti, incluso Alex. Al loro primo appuntamento, s'era vantato di sua sorella. È splendida, aveva detto. È un bel bocconcino. L'aveva detto beandosi tanto che Kel era lì lì per non accettare un secondo appuntamento. Maggie si faceva fare le foto dagli amici vicino al lago o sul cofano della macchina, con indosso ali da angelo e shorts scosciatissimi o col costume da bagno intero e i capelli coi *victory rolls*, metteva le foto su Facebook per i like. Quand'hanno scoperto che si faceva, ormai c'era dentro da anni. Antidolorifici che chiamava «Percs», li faceva sembrare carini. Così carini che all'inizio Kel non aveva capito la gravità della cosa; non sapeva una cippa di 'sti farmaci americani, 'ste pastiglie prese sotto prescrizione medica.

Maggie ha alzato gli occhi dal telefono, ha beccato Kel che la guardava. Kel è tornata alle tazze, le ha riempite con le bustine di tè e l'acqua bollente. Non lo sapeva se a Maggie piaceva il tè, ma non importava. Quando piombavi in casa a una dello Yorkshire, ti beccavi una bella tazza. Ha fatto ballonzolare le bustine col cucchiaio, ha guardato il mulinello ambrato nell'acqua. Anche le tazze mulinavano e dondolavano, come avessero preso vita.

«Tieni». Ha teso una tazza a Maggie, che l'ha presa con una mano e messa sul fornello senza smettere col telefono, il pollice che colpiva rapido. Pure Maggie oscillava, coi contorni deformati da un glitch. S'è messa il telefono all'orecchio ed è uscita, è andata in corridoio, ha lasciato lì il tè. Kel sorseggiava il suo, cercava di tenere ferma la testa, cercava di far smettere quel dondolio continuo di tutto. Maggie faceva avanti e indietro in corridoio, chiamava gente.

La prima volta che era stata in comunità, Maggie aveva sostituito le droghe col cibo, era tornata trasformata. Al secondo e terzo ciclo aveva continuato a prendere peso, tra cliniche terapeutiche e istituti di inserimento, tanto che Kel quasi non la riconosceva. Sempre bella, però. Niente di quello che aveva passato – mesi in ospedale, disintossicazione, ricadute – ne avevano intaccato la bellezza. Il Natale che Alex aveva regalato la macchina fotografica a Kel, nell'apatia post-pranzo quando tutti erano gonfi e assonnati, reflex digitale nuova e potente alla mano, Kel aveva fatto una foto a Maggie. A detta sua, Kel stava cercando di capire come mettere a fuoco. Ogni volta che si portava la macchina all'occhio, Maggie, ligia, si metteva in posa, sorrideva, cercava di nascondere la pancia col braccio. Kel aveva scattato ancora, altre foto, cercava di farne una che dimostrasse che Maggie non era bella. Ogni immagine perfettamente a fuoco: Maggie col rossetto rosso da pin-up e il maglione natalizio, era timida, e triste, e bella.

Prima di quel giorno, Kel non aveva mai capito perché Rach e Shaz si punzecchiavano sempre da ragazzine. Come s'erano amate e disprezzate, Rach che voleva essere bassa e pelle e ossa e carismatica come Shaz, e Shaz che affamava il suo corpo tanto che a momenti lo faceva sparire, e odiava Rach perché Rach non si odiava abbastanza da trovarsi un disturbo dell'alimentazione tutto suo.

Ogni volta che pensava a quelle foto, Kel si sentiva una cattiva persona. Come se avesse preso a pugni Maggie, lasciandola con due occhi neri. Aveva nascosto le foto in una cartella «varie» sull'hard disk e non l'aveva mai detto a nessuno, non aveva avuto il coraggio di ammettere cose che potessero farla sembrare brutta dentro.

Ma questo non l'aveva fermata, vero? Non le aveva impedito di fare dei video ad Alex. Alex che rimetteva; Alex accasciato sul pavimento in bagno; Alex in cucina mentre cercava di farsi un uovo in padella, agitava una spatola, farfugliava robe dicendo cos'avrebbe fatto lui al posto del poliziotto che aveva immobilizzato Eric Garner, qual era il modo giusto di stringere il braccio attorno alla gola di una persona.

Al tempo, Kel s'era detta che le serviva semplicemente una registrazione, un testimone, così sapeva che non stava impazzendo – la loro vita era davvero così.

La storia non finiva lì, però, eh. In lei c'era qualcosa di malato, provava piacere ad avere le prove dei fallimenti di Alex.

Le è vibrato il telefono in tasca. Quand'ha girato la testa per guardare lo schermo, lavello e forno e sportelli e orologio a forma di gufo che le aveva regalato Mrs Martin si sono tutti mossi un secondo dopo, come facessero a starle dietro. Un messaggio di Garrett. Kel s'è appoggiata al piano della cucina per riprendere l'equilibrio. Ha provato a farlo con nonchalance, come se le cose non si stessero muovendo in un modo in cui non avrebbero dovuto muoversi. Come se la stesse guardando qualcuno. Come se la stesse guardando Garrett. Alex. In mano, lo schermo s'è velato e mosso di scatto. Stare in piedi e allo stesso tempo leggere parevano una cosa troppo faticosa. È scivolata giù per terra. Ha dovuto socchiudere gli occhi per leggere le parole.

Ehi, verrei volentieri ma ora sono bloccato da Daisy. Ormai con il tempo siamo messi maluccio, non sarebbe prudente venire via. La settimana prossima ci vediamo senz'altro.

Daisy era una delle altre con cui si vedeva Garrett. Su Instagram Kel aveva visto che Daisy era più giovane, più magra, si truccava meglio, si vestiva meglio. Ecco in bocca un senso di delusione tipo nausea.

Vabbè. Prossima settimana, allora. Prossima settimana sarebbe cominciato il grande amore tra Kel e Garrett. Ha lasciato cadere il telefono per terra tra le gambe, ha alzato gli occhi verso la finestra della cucina. I fiocchi di neve si lanciavano sul vetro come per romperlo, come avessero una voglia matta d'entrare. Ognuno sembrava scagliarsi verso la sua testa. Ognuno era un pezzetto dell'alfabeto Morse. Ma-luc-cio. Ma-luc-cio-caz-zo. Ma-luc-cio-caz-zo-cazzo-*cazzo*.

Maggie è tornata in cucina, col telefono in vivavoce, musichetta d'attesa a palla, una versione strumentale finta fatta alla tastiera e al Glockenspiel di *Just the way you are* di Billy Joel.

«Cosa fai lì per terra?», ha chiesto Maggie.

Ogni nota della musica era un'interferenza per i pensieri di Kel, le scombinava il cervello. *Troppo.*

«Perché sei qui?».

«Me ne devo andare?».

«No, è che...», Kel s'è espressa a gesti: *È solo che... sai dove voglio arrivare.*

«Posso anche andare».

«No, non puoi». Kel ha accennato con la mano alla finestra, alla neve battente: *No, non puoi, e lo sai. E dove cazzo è tua figlia?*

«Vuoi che vada? Posso tirare fuori la macchina. Non so se le strade sono sicure, ma...». Maggie ha lasciato la frase sospesa, incompiuta, un segnale d'entrata più che un'affermazione: segnale che Kel doveva intervenire, scusarsi, insistere perché restasse. Altra classica manovra alla Martin.

Quando Alex se n'era andato, tutti i suoi messaggi avevano la stessa struttura retorica. Tipo *Puoi tenerti tutte le cose che abbiamo in casa. Non voglio niente che possa ricordarmi di noi, fa troppo male.* Kel sapeva di dover dire *No, per favore prendi questo, prendi quello* – lasciargli martirio e mobili. Lei invece aveva risposto *Ok, tengo tutto.* Il giorno dopo era tornata a casa dal lavoro e aveva scoperto che lui era entrato e aveva rubato cose a caso – padella per le omelette, planetaria della KitchenAid, cuscini decorativi, tappeto del salotto. Roba che poteva infilarsi in macchina, roba che, lo sapeva, piaceva a Kel. Quel tappeto di IKEA che costava poco e per cui lei aveva dovuto combattere, come aveva dovuto combattere per ogni acquisto che lui non riteneva essenziale. Quando l'avevano portato a casa, dopo un mortificante match di grida tra le quattro mura domestiche allestite da IKEA, Alex s'era innamorato del pelo felpato, dei toni ruggine-azzurro. Ci si sdraiava sopra ogni sera mentre guardavano la tivvù. Kel non l'aveva rimpiazzato, e da allora s'arrabbiava ogni volta che metteva un piede al freddo sul pavimento nudo.

Kel ha provato a dire a Maggie che se ne poteva anche andare, porco cazzo, sì. Va' a sfidare quelle autostrade ghiacciate, amore. Ma le sue parole si perdevano nel lungo tragitto dal cervello alla bocca.

Maggie ha detto qualcos'altro – Kel non riusciva a tradurre i suoni in qualcosa di sensato. Quel Billy Joel suonato al Glockenspiel copriva tutto.

Gli occhi di Kel si stavano chiudendo di loro iniziativa. Il fischio nelle orecchie è diventato stridulo. Il formicolio alle dita dei piedi s'è trasformato in un dolore pungente. S'è aggrappata al bordo del piano di cucina, s'è tirata su. Camminava in fretta in corridoio, provava ad arrivare in camera da letto. A metà strada il suo corpo le ha detto: *Sdraiati o crolli*.

Kel ha colpito il pavimento: ginocchia, spalla, cranio. Era sdraiata al buio dei suoi occhi chiusi. Paralizzata, senza più energia per muoversi. Ha contato ogni battito di quel suo polso accanito, ogni respiro che fluiva dentro e fuori.

«Cos'hai?». Maggie: capelli che sfioravano la guancia di Kel, fiato sul naso di Kel. Ha chiesto di nuovo: «Cosa c'è?», con una dolcezza che a Kel ha ricordato la voce di Alex quand'era tenera, quand'era pacata e affettuosa.

Kel ha sentito una solitudine improvvisa, disperata, al ricordo di Kel Martin, intrappolata in casa con Alex, il desiderio che s'aggrinziva ogni volta che lui s'arrabbiava perché non facevano sesso finché ogni sua voglia era appassita e diventata nulla, no eh, mai più. La Kel Martin che contava i giorni, per quanto tempo poteva respingerlo prima che si rimettesse a gridare, prima che la smettesse di imporsi, si girasse dall'altra parte e dicesse, Forse sei tu ad avere qualcosa che non va.

Quando poi Kel ha riaperto gli occhi, il buio. Era a letto, nel buio più buio di Boston, un buio aranciato di lampioni, nessun rumore, solo una bufera che li seppelliva tutti. S'è rizzata a sedere controllando il cuore. Più calmo. Le orecchie fischiavano ancora, i piedi facevano ancora male, ma qualsiasi fosse lo spiritello maligno al comando del suo corpo, aveva permesso a un pezzetto di Kel di ritornare. Vaghi ricordi di Maggie che l'aiutava ad alzarsi dal pavimento in corridoio, l'aiutava a buttarsi sul materasso. Le metteva piano il pigiama intero. Maggie che s'infilava accanto a lei sotto il piumino, sotto le lenzuola incasinate su cui avevano fatto sesso lei e Garrett. La porta della camera da letto che si apriva e chiudeva, Maggie che faceva avanti e indietro dal bagno per vomitare. Ora Maggie era addormentata accanto a lei, sudaticcia, i capelli tutti appiccicati sulla fronte. Il calore che mandava, il suo corpo solido che tappava il solco lasciato da Alex.

Kel s'è infagottata sotto il piumino col telefono in mano, lo schermo ha illuminato lo spazio attorno alla sua testa. Ha controllato le mail. Dal lavoro ancora niente. Shaz e Rach le avevano scritto tutt'e due in privato: *Stai bene? Sono settimane che non ti fai sentire.* Kel voleva tanto che si rappacificassero, che usassero di nuovo la chat di gruppo, così doveva solo trovare le energie per dirne una serie unica, di bugie. Che odio pensare che s'erano scollate così tanto, che non c'era modo di vederle di nuovo appiccicate.

Quando pensavano alla vita di Kel in America, Rach e Shaz s'immaginavano Times Square e il set di *Friends*. Non poteva dirgli la verità, non dopo aver avuto la faccia tosta di lasciarsele alle spalle. Non poteva raccontargli quello che aveva appena scoperto: che le piaceva un sacco farsi dare ordini a letto, le piaceva un sacco farsi schiaffeggiare, legare. Non avrebbero approvato. La conoscevano troppo bene. Avevano visto che faccia cerea aveva la prima volta che Ando l'aveva toccata. A loro non aveva mai detto quante volte le erano ricomparse in testa le mani rozze di Ando che l'afferravano. Non sarebbe stata capace di spiegare che c'era qualcosa di diverso in un dolore richiesto. Come cancella ogni parte di te che non è pura sensazione. Come ti fa cavalcare quella sensazione portandoti in territori nuovi, posti nascosti dentro il tuo buio.

Kel ha scorso le foto sul telefono, tornando indietro ai selfie suoi e di Garrett, alle bevute coi colleghi, agli ultimi mesi con Alex – quei video che si vergognava di non aver cancellato, ma che pure non ha cancellato – fino a trovare quelli del weekend a Provincetown con cui avevano provato a salvare tutto. Le strade grigie del primo giorno, i cieli luminosi del secondo. Due sorrisi appiccicati in faccia come quando s'attacca la coda all'asino. E quegli scatti che la fotocamera non aveva catturato: bisticci dal sottofondo feroce durante un pranzo da Lobster Pot, soprammobili di cattivo gusto del loro b&b a tema marino, Kel che usciva dal caffè come una furia dopo che Alex aveva avuto da ridire sulla follia di spendere quaranta centesimi in più per la panna montata.

Era in grado di dimostrare a Maggie che non era colpa sua se il matrimonio s'era sfasciato? Che lei ci aveva provato a restare con Alex?

Non aveva un video di lui che diceva, in quel b&b che sapeva di muffa, acquatico: «Se nel weekend non facciamo sesso, puoi anche tornartene a casa». Non proprio uguale a *Non ti firmo le carte*. Ma non *non-uguale*.

Non c'erano testimonianze digitali di lei che si prendeva una bella sorsata di prosecco attaccandosi alla bottiglia, inspirava profondamente e si toglieva i vestiti alla svelta facendo uno spogliarello in preda alla rabbia, concepito per turbare Alex in modo che poi non andasse più in cerca di sesso. Nessuna immagine delle guance di Alex che s'afflosciavano lente e tristi poco dopo che era venuto, quando, a beatitudine finita, s'era reso conto di cosa l'aveva spinta a fare.

Maggie s'è mossa, s'è girata dall'altro lato, il respiro mozzo per un attimo, poi di nuovo regolare, ha ripreso il suo ritmo posato. Kel ha rinunciato a riaddormentarsi, è sgattaiolata in corridoio facendosi luce con la torcia del telefono, è andata allo specchio in punta di piedi.

Eccolo, finalmente, sotto uno sprazzo di luce: lì, a tingerle il profilo della mascella, la macchia sfacciata d'un livido. Ci ha premuto il dito sopra, accendendo quanto restava del dolore di ieri sera. Lo spettro del piacere di ieri sera. Voleva che Garrett fosse lì, sdraiato su di lei col suo peso, a calmare il suo corpo teso, a impedirle di fluttuare via come un palloncino d'elio sciolto.

L'orecchio teso verso la camera da letto, Kel s'è abbassata la spalla del pigiama, ha ruotato il bacino finché s'è vista sul sedere i segni viola dei morsi di quattro denti diversi, tre incisivi e un canino sbieco. È rimasta lì a fissarli per un'eternità, le impronte di Garrett sulla sua carne. Voleva fare delle foto. Ha cercato a tastoni sul muro l'interruttore della luce in corridoio.

Un rumore nell'atrio. Kel s'è tirata su di scatto il pigiama, ha spento la torcia del telefono. Il cuore chiassoso. Il pensiero di farsi beccare mentre si guardava così, di qualcuno che s'intrometteva in questo momento condiviso col suo sé segreto. Ascoltava. Lo *sloc sloc* di piastrelle su cui sbattevano piedi in pantofole. Un fischiettare d'uomo. Kel aspettava di sentir bussare, di sentir tintinnare una chiave. Poi ecco il chiasso di vetri che si schiantavano sul fondo del bidone. Lo schiocco del coperchio che si chiudeva. Non Alex, certo, non Garrett, certo. Solo un vicino che buttava i vuoti di soppiatto. La porta del vicino s'è chiusa sbattendo, il fischiettio s'è fermato. Kel ha respirato, tornata al suo buio a tu per tu con se stessa, alla sua vergogna.

Domenica, la neve scendeva sempre. Il corpo di Kel sempre di una pesantezza che muscoli e ossa non avevano il diritto di avere. Maggie, di nuovo con le sue chiacchiere. Il meteo le forniva tutto il necessario: numero di alberi caduti, numero di scuole chiuse, numero di case allagate, guasti alla corrente elettrica, incidenti e auto carbonizzate, chiazze di ghiaccio nero. Numero di morti. Ha continuato durante una colazione a base di patatine al forno e uova strapazzate, durante una specie di vestizione simbolica, con Maggie che rimetteva la camicia sulla canottiera e sui leggings con cui aveva dormito, con Kel che aggiungeva calzini e cardigan al pigiama. Kel controllava le mail ogni due o tre secondi, aspettava che comparisse la comunicazione dal lavoro di chiusura causa neve. Aggiorna... niente. Aggiorna... niente. E vai che Maggie chiacchierava, Maggie – esperta nel fare salotto. Lo erano tutti i Martin. Sostenevano conversazioni senza impantanarsi in certi argomenti, come una corda del bucato sostiene un bel lenzuolo bianco senza che tocchi l'erba. Con Alex, Kel aveva aspettato, gli aveva lasciato riempire le loro vite di chiacchiere, e aveva dato qualche spintarella, piano piano, e aveva aspettato un altro po', perché giungesse l'ora di tirarlo giù, quel lenzuolo, farlo rotolare nel fango. Aveva aspettato che i Martin facessero onore a tutto quello che parevano promettere: una famiglia che non affogava nei suoi stessi silenzi, in cui ci si capiva a vicenda, ci si edificava a vicenda. Ma il lenzuolo era rimasto bianco, le parole erano rimaste chiacchiere. Quasi dieci anni insieme, e Kel non era proprio sicurissima di aver mai avuto una conversazione come si deve con lui.

La voce di Maggie ha pungolato il cervello di Kel stuzzicandone i tessuti molli. Erano sedute sul divano, si dividevano un sacchetto di tortilla chips, quando a un certo punto Kel s'è stufata.

«Cos'è successo me lo dirai mai?», ha chiesto, interrompendo Maggie mentre si domandava a voce alta se avrebbe smesso di nevicare prima dell'imbrunire. «O continuiamo a far finta che sei qui solo per stare con me?».

«Continuiamo a far finta che ieri sera non sei svenuta in corridoio? Continuiamo a far finta che non sei ricoperta di lividi?».

Kel ha sentito una smania di vecchi fastidi, la incitava a dare una rispostaccia. Era così che lei e Alex passavano sempre dal non parlare di niente al litigare tra le urla? S'è sforzata di calmarsi. «Guarda, non voglio trovare da ridire, sono solo preoccupata».

Maggie ha sospirato come se Kel fosse stata una seccatura, la rovina di un pomeriggio piacevolissimo. S'è lasciata scivolare giù dal divano e s'è messa per terra, dove una volta c'era il tappeto di Kel. S'è sdraiata, fissava il soffitto, poi ha spiegato, con un tono pragmatico strambo, che il suo uomo l'aveva lasciata da qualche mese, che per il dolore – lo stress di essere una mamma single – aveva ricominciato con gli antidolorifici, che ora gli antidolorifici costavano di più, che quand'era stata a corto di soldi era passata alla cara, vecchia ero in endovena, se n'era fatta troppa, era andata in overdose, era morta. I paramedici l'avevano trovata mezza morta, le avevano dato il Narcan, quindi stava «bene», astinenza a parte, che però ora era quasi passata – sarebbe scomparsa tra uno o due giorni.

Kel è rimasta colpita, prima di tutto, dalla convinzione di Maggie. Sapeva che sarebbe stata bene. Era morta, ma presto il suo corpo sarebbe tornato forte, senza strascichi nel sistema nervoso, senza domandarsi quando – *se* – sarebbe finita.

Maggie si passava la mano sullo stomaco, su e giù, fissava il soffitto come un bambino che cerca forme nelle nuvole. Non aveva l'aspetto di una che era morta. Era in forze. Alex in versione più bassa, più rotonda, cogli stessi occhi a fessura, la stessa risata sciocca. Kel ha provato a immaginarsi Maggie sdraiata proprio com'era ora, ma col cuore fermo, il sangue immobile. Un oggetto, per un istante.

«Com'è stato morire?».

«Cioè, boh. Mi sono solo addormentata».

Kel era così sfinita, aveva dormito così poco, che quasi quasi era gelosa. Perché lei non poteva morire, solo per un secondo, solo per finire nel buio assoluto. Nel nulla vero.

Un po' morta era, però, eh. Mrs Alexander Martin sicureccerto era deceduta. Perché questa non era certo vita, eh. Questo starsene a letto sveglia, a guardare il tempo passare lento, a guardare tutti gli altri che andavano avanti continuando il solito vivere. Cominciava a sentirsi come uno spirito che infestava la sua stessa vita.

Ha chiesto dov'era Lila, la figlia di Maggie. Maggie ha detto: «Oh, è da mamma», con una disinvoltura fasulla, poi ha cambiato argomento con così tanta maestria che Kel quasi non s'è accorta che avevano smesso di parlare della morte temporanea di Maggie e cominciato a parlare dell'abitudine che Mrs Martin aveva di decidere che tutti avevano un animale preferito e di comprare solo regali in cui compariva quell'animale per il resto della loro vita. Per parecchi anni, a Natale, Kel aveva ricevuto dosatori, pantofole, gioielli, muffole a tema gufo e un porta carta igienica a forma di gufo. E Kel non aveva un bel *niente* di preferito. Scoprire che le piaceva – preferiva, desiderava – il genere di sesso che avevano fatto lei e Garrett non era stata solo la prima volta che aveva capito cosa voleva in termini di sesso. Era stata la prima volta, Kel se n'era accorta ora, che aveva provato la sensazione di preferire una cosa a un'altra. Di volere qualcosa. Di essere diventata una persona in grado di dire, Be', io sono così e basta. Aveva sempre aspettato di vedere cosa volevano fare bere vedere sentire tutti gli altri, e poi aveva provato ad accontentarli. Magari per quello Alex non riusciva a capire perché s'era opposta al sesso quand'era tornato dalla guerra. Perché per lei non aveva mai fatto differenza. Era una tranquillona, lei. Le andava bene tutto, a lei. Non gliene fregava niente, a lei.

Le fregava di questa vita in America? La desiderava? Voleva allungare la mano verso Maggie, accarezzarle i capelli, tenerle la mano – qualsiasi cosa – per congratularsi del fatto che era la prima persona nella storia a smuoverle dentro qualcosa di vivo e vero usando solo il potere delle chiacchiere.

«Maggie, perché non sei con Lila? Perché non sei da mamma?».

Nel lungo, lunghissimo silenzio di Maggie, Kel ha pensato a Lila neonata con quei suoi capelli neri sparati, a quant'era piccina, nata diverse settimane prima del tempo. Nata nel tunnel del metadone. Il peso di quel corpo in miniatura tra le braccia di Kel, caldo, si dimenava, pieno. Sconvolgente quanto pesava, la forza di braccia e gambe.

Maggie aveva scoperto d'essere incinta quand'era andata a disintossicarsi per la quarta volta e le avevano fatto le prime analisi. I suoceri non volevano che Kel andasse a trovare Maggie senza essere accompagnata, temevano che quella miscredente di Kel provasse a convincerla che non doveva tenere la creatura. Kel ci aveva pensato, sì, al fatto che se fosse riuscita a stare sola con Maggie avrebbe potuto dirle che aveva delle alternative, dirle che non era sbagliato mettere se stessa al primo posto. Ma Kel era sempre sotto la sorveglianza di Alex, Alex senior e della donna che chiamava «mamma». Ora eccola qui, Maggie, tutta per Kel. Non più corrompibile. O non più degna di esser protetta.

Kel s'era sempre domandata se sua madre era stata allontanata dalla famiglia – se il silenzio su di loro derivava da quel genere di dolore. Aveva sempre desiderato che sua mamma la rendesse partecipe, sperava che un giorno si sarebbe lasciata sfuggire un dettaglio, così Kel poteva confortarla dicendo tipo, Affanculo loro, ci sono io.

Kel s'è chinata, sì, ha accarezzato i capelli a Maggie, sì. Ha detto: «Raccontami».

Maggie ha scosso la testa a lungo. Poi, con un tremolio nella voce, ha spiegato che il tipo con cui s'era bucata aveva chiamato i paramedici, poi era scappato. Quand'erano arrivati, Lila dormiva al piano di sopra, e l'unica persona che doveva badare a lei era fatta, non respirava. Gli assistenti sociali avevano preso Lila, l'avevano affidata alla mamma di Maggie, e Maggie non poteva più stare nella stessa casa.

«Ommerda», a Kel non era uscito altro.

«No, per favore. Per favore. Sono venuta qui perché secondo me eri l'unica persona che non mi avrebbe guardato come un cazzo di inutile pezzo di...». Bocca immobile, aperta. Un singhiozzo silenzioso le ha squassato tutto il corpo, l'ha scossa come una convulsione.

Anche Kel voleva piangere, ma non sapeva per chi – Maggie, o Lila, o sua mamma, o la Kel adolescente, o Kel Martin, o la Kel col corpo che non era più il suo. S'è messa per terra, s'è sdraiata accanto a Maggie. L'ha stretta. L'ha stretta finché si sono fermate le convulsioni. Finché il suo corpo non è rimasto immobile.

Dopo essere state sdraiate lì, in silenzio, per chissà quanto, Maggie ha detto, con un sussurro nasale: «Alex non mi parla. Dice che non mi perdona di aver messo in pericolo Lila».

E certo che non glielo perdonava, cazzo. Era l'ubriacone più moralista e convinto di sé che Kel avesse mai incontrato. Quando Maggie era entrata in travaglio prima del termine, Kel, Alex e suoceri erano partiti a razzo per Pittsfield. Quel giorno Alex aveva cominciato a bere alle dieci di mattina. Kel l'aveva visto in cucina, di là dalla porta schiusa, quando lui credeva di non esser sorvegliato. Aveva alzato un cartone di vino rosso sopra la testa e aveva aperto il rubinetto, se l'era fatto scorrere direttamente in bocca. Dopo, l'unica prova era lo spruzzo bordò-sangue sul piano della cucina, traccia rivelatrice dello sgocciolamento.

I dottori avevano dato a Maggie dei farmaci per arrestare le contrazioni, rallentare la progressione del travaglio finché Lila non fosse stata abbastanza grande per nascere. I farmaci la paralizzavano, dalle ginocchia al petto. Era confinata a letto, impossibilitata ad alzarsi per tutte le settimane che servivano alla bimba per crescere. I suoceri s'erano rifiutati d'ammettere che Alex era ubriaco, ma quando Kel s'era chinata per abbracciare Maggie, Maggie le aveva accostato la bocca all'orecchio e aveva detto: «Sei un angelo a sopportarlo». Col naso infilato nel collo di Maggie – Maggie che chissà come aveva un profumo di fiori, femminile, anche col camice d'ospedale, anche con la pipì che colava in un sacchetto –, Kel aveva sentito che quello era un momento sincero. Le due avevano finalmente tagliato corto con 'sta spavalderia di famiglia, affrontato le cose come stavano. Ma una volta che s'era sciolta dall'abbraccio, quando aveva cercato negli occhi di Maggie quella connessione, quella sincerità sincera, c'era un che di falso. Le parole di Maggie erano state troppo precise, una frase ritagliata a dovere da una raccolta di scene da un matrimonio. Kel *doveva* essere un angelo. Era suo dovere accettare di passare la vita a *sopportarlo*. È lì che Maggie aveva cominciato a sembrare non tanto la persona che Kel doveva salvare dalla famiglia, ma più la portavoce della famiglia, quella che le avrebbe ricordato con risolutezza che essere un «angelo» era il suo mestiere. Pure Maggie era impegnata a essere un angelo: immobilizzata, eroica, tollerava tutto quello che c'era da tollerare per mettere al mondo la vita.

Kel aveva il braccio addormentato e le pizzicava perché era rimasta stesa nella stessa posizione troppo a lungo. S'è trascinata di nuovo a sedere sul divano. Maggie al seguito.

«Alex sa essere un coglionazzo vero quando vuole», ha detto Kel.

Maggie ha inarcato un sopracciglio. Kel ha deciso di prenderlo come un segno d'incoraggiamento.

«Una volta mi sono storta la caviglia, no?», ha detto Kel, partendo con una storia che non s'era accorta di aver aspettato anni per raccontare – raccontare ora, raccontare in fretta, prima che finisse quel momento. «È successo qualche giorno prima di un ballo organizzato dall'esercito. Avevo la caviglia grossa tre volte più del normale, mai sentito un dolore così, ma Alex era convinto che non avevo niente». Kel andava in giro zoppicando, trascinando la gamba malandata, Alex parecchi passi avanti, le parlava forte da sopra la spalla. Se devi fare la zoppa, almeno cerca di essere convincente, piccola. La sera del ballo, un vicino aveva avuto pietà, le aveva prestato due stampelle. Aveva fatto la Long John Silver per tutta la sera coi tacchi e l'abito lungo, s'era sforzata di stare al passo con Alex, restando sempre indietro. Alla fine della serata, mentre andavano alla macchina, Alex era quindici metri avanti con un gruppo di soldati. «Oh, aspettala», aveva detto forte la moglie dell'ufficiale in comando. «Fa finta», aveva risposto forte Alex, senza rallentare.

Maggie ha scosso la testa. «Coglione».

Kel è rimasta fermissima, tentava di non reagire, tentava di non turbare il primissimo caso in cui un membro della famiglia Martin era d'accordo con lei sul fatto che un altro Martin era stato, in effetti, un po' una testa di cazzo. Kel non era pazza, dopo tutto.

Il loro matrimonio era stato duro, incasinato, magari addirittura sbagliato.

«Ti vuole bene, però», ha detto Kel. «Cambierà idea».

Cos'altro poteva dire? Era vero: Alex t'allontanava, ma non voleva che te ne andassi. Non aveva voluto che Kel se ne andasse. E Maggie la stessa possibilità che aveva avuto Kel non ce l'aveva, quella di provare la famiglia come un cardigan, vedere se le stava bene.

«Vedremo, dai». Maggie ha scrollato le spalle. Una scrollata eloquente – una scrollata dello Yorkshire.

Quando Maggie è andata in bagno a lavarsi la faccia, Kel ha sbloccato il telefono, cliccato sulla chat di gruppo sua, di Rach e Shaz, morta da tempo. *Mi spiace non essermi fatta sentire*, ha scritto. *Non sono stata bene*. Ha aggiunto tre emoji che vomitavano, poi: *Mi mancate*. Ha aperto la chat privata con Shaz: *Ah! Ora dovete far pace*. Ha copiato il messaggio, l'ha mandato a Rach.

Quella notte Kel e Maggie hanno dormito una di fronte all'altra, respirando l'una sull'altra, Maggie sprofondata nel sonno, Kel che passava dal sognare a scampoli al guardare i bulbi oculari di Maggie muoversi a scatti. S'è svegliata da un brandello di sonno agitato e ha trovato il sole che s'infilava fioco tra le tende, Maggie che le tendeva un tè. Aveva smesso di nevicare. Gli spazzaneve avevano ricavato un passaggio sul marciapiede lasciando due muri di ghiaccio granuloso che t'arrivavano al collo a destra e a sinistra. Giusto in tempo perché tutti si trascinassero al lavoro. Ecco finalmente l'e-mail nella posta in arrivo di Kel, oggetto: «RE: REGOLAMENTO CHIUSURA CAUSA NEVE». Non l'ha aperta.

Dopo colazione, Kel s'è sdraiata sul divano, accaldata per la fatica di digerire. Maggie s'è stretta le braccia attorno alle ginocchia, seduta sul pavimento senza tappeto, sorseggiava il tè. «Stai meglio?», ha detto, e, quando Kel ha scosso la testa: «È lo stress».

«Cosa?».

«Cioè, divorziare è pesante. Probabilmente sei solo depressa».

Depressa, sì, proprio quello. Se con «depressa» Maggie intendeva sotto una pressa, schiacciata da una mano gigante, invisibile.

Che potesse essere vero? Che la malattia potesse avercela in testa lei? Sembrava così fisica, così fuori dal suo controllo. Che potesse semplicemente *decidere* di rimettersi?

Maggie è balzata in piedi come presa dall'ispirazione. «C'è da farti uscire da questo appartamento». Ha portato le tazze in cucina, rovistato dentro gli sportelli, e un attimo dopo è ritornata, un sorrisone in faccia, con un rotolo di sacchi per l'immondizia neri in mano.

Kel non aveva l'energia per discutere. Ha lasciato che Maggie la vestisse, golf e giubbotto sopra il pigiama. Maggie le ha calcato un berretto in testa fin sulla fronte, l'ha calzata.

«Ce la fai ad arrivare alla porta?».

Kel ha annuito. Voleva spiegare che non si trattava di *farcela*; si trattava delle conseguenze, di quello che le sarebbe successo dopo, *se ce l'avesse fatta*. Pareva esserci un pedaggio per ogni sforzo, ogni attività andava pagata con giornate di sfinimento. Ma non aveva senso, ecco. I corpi non funzionano mica così.

Con fatica, hanno superato la porta d'ingresso, portato i piedi sugli scalini ghiacciati. Il freddo faceva lacrimare gli occhi a Kel. La luce bruciava, ma era bellissima, il sole rimbalzava scintillando vivace su tutto. Guardare richiedeva uno sforzo, ma era contenta di guardare – i ghiaccioli che pendevano dalle lampade dei lampioni, manubri di biciclette che facevano capolino dai banchi di neve. Macchine trasformate in una fila di minuscole dune di sabbia albine. Il tubo rotto che faceva scendere una cascata di ghiaccio lungo tutto il condominio accanto, dita di vetro smerigliato lunghe quattro piani, s'allungavano come stalattiti che s'erano formate da un giorno all'altro.

Maggie s'è inginocchiata, ha fatto cenno a Kel di salirle a cavalluccio sulla schiena. Come faceva Rach quand'erano ragazzine. Rach partiva a tutta velocità mentre Kel si teneva stretta al collo, faceva una volata di qualche metro, poi si fermava, volata, poi si fermava, poi cadevano, aggrovigliate, trafelate, euforiche. Kel non aveva colto il segnale di Maggie, ricordandosi che Rach era l'unica abbastanza forte da portarla senza inciampare, ricordandosi che i ragazzi che aveva avuto facevano i calcoli in base alla sua corporatura minuta, sottovalutavano il suo peso, faticavano con lei addosso, fingevano di non sentirsi sotto sforzo.

«Peso più di quanto sembra».

«Sono più forte di quanto sembra».

Era una cosa che avrebbe detto Alex, proprio prima di non riuscire a tirarla su. Aveva il vizio di dire «nato pronto» quando bastava dire «pronto».

Kel è salita in groppa a Maggie, ha incrociato le mani all'altezza della sua gola. Maggie avanzava salda, sicura, tra i due muri di ghiaccio, ha svoltato l'angolo e attraversato la strada diretta al parco.

In estate, nel parco c'era un pendio verde che portava a un vialetto, poi a un campo da baseball con un reticolato di quasi tre metri. Ora, il pendio innevato scendeva a cascata sul vialetto per finire in un nuovo banco di neve che arrivava fino alla punta del reticolato, creando una rampa di lancio. Magia – un trampolino di salto con gli sci improvvisato apparso proprio nel bel mezzo della città. Gli snowboarder scendevano sfrecciando, volavano sulla rampa, disegnavano archi stilosi col corpo sparato in aria, atterravano, ruzzolavano, e tornavano su a tutta velocità per ripartire. Kel s'è lasciata riempire dalle loro risate di una felicità riflessa, cercando di ricordarsi com'era quando il suo corpo mandava tutta quell'energia, quando aveva la fibra per salire e risalire una collina, con le gambe affondate nella neve fino alle ginocchia. Quando lo sfinimento non sapeva di morte ma di vita, le gambe erano doloranti di gioia perché attive, sangue che si dava da fare felice.

Maggie ha tirato su Kel per sistemarla meglio, ha salito il pendio, a corpo chino, tra i grugniti. Kel continuava a reprimere l'impulso di dire, Lascia, vai tranquilla. Sapeva di non dover provare a fare la salita da sola.

Arrivata in cima, Maggie ha messo giù Kel e s'è seduta sulla neve insieme a lei, il respiro affannoso. Maggie aveva ragione, era forte da spaccare i culi, e nello Yorkshire «da spaccare i culi» era il grado massimo per qualsiasi cosa.

L'aria era tagliente e bruciava, si portava via l'umido dalla gola di Kel. Cominciava ad abituarsi alla luce del sole, ne desiderava il calore sulle guance. Vedeva la bettola all'angolo, sembrava che avessero spalato la neve e fosse aperto. Il Silhouette, il suo rifugio ogni volta che aveva avuto bisogno di scappare dall'appartamento, scappare da Alex ubriaco e steso sul divano, che si liberava l'intestino dentro i pantaloni. Scappare dal peso del senso di colpa – perché Alex aveva bisogno di aiuto, aveva bisogno che lei gli desse molto più di quello che poteva dare.

Non si vedeva granché di Boston da lassù, tetti di condomini schierati in fila all'americana, assi di legno e mattoni che spuntavano dal bianco. Una città smorzata, resa immobile a forza. Un posto, uno come un altro.

Kel ha raccolto una manciata di neve, l'ha tutta pigiata tra i palmi a coppa. «Me ne devo tornare in Inghilterra».

Anche Maggie ne ha presa una manciata. «Ti firmerà le carte», ha detto. «Non è poi *così* coglione».

Hanno lanciato le loro palle di neve, le hanno perse di vista nel bagliore del sole.

«Non importa».

Quello che Kel poteva volere o non volere non faceva differenza ora. Che importava se al lavoro le davano altri cinquanta giorni da stare a casa a causa della neve? Il suo corpo s'era lasciato alle spalle la sua vecchia vita. Lo sapeva. Lo sentiva in ogni giuntura che scattava, in ogni nervo a fior di pelle.

Maggie ha srotolato due sacchi per l'immondizia, li ha stesi a terra. «Prima tu».

Kel s'è trascinata in avanti salendo sul suo sacco. Le dita nude e gelate si reggevano agli angoli del sacco, aveva le ginocchia al mento. Maggie ha spinto forte Kel sulla schiena. Il sacco è sfrecciato avanti di due centimetri, poi altri due, poi s'è fermato. A Kel dispiaceva che il piano di Maggie non stava funzionando, quel momento di gioia che aveva sperato di regalare a Kel mandato all'aria dalla fisica. Kel s'è girata per dire, Pazienza, non importa. Ha visto gli occhi giulivi di Maggie, il sorriso che s'allargava – poi la gravità ha strappato Kel alla presa dell'attrito ed è saettata giù.

Veloce – un veloce tremendo, che aumentava. Un gelo accecante in faccia, su per le gambe dei pantaloni, su per le maniche. Cielo, sole e strade saltavano mentre lei volava sopra solchi e gobbe. In caduta così rapida e libera che aveva paura di cosa sarebbe successo una volta arrivata in fondo. Come fermarsi? Il vento era così forte e Kel non si rendeva conto che quel fischio urlante veniva dalla sua bocca spalancata. Lasciava una scia di urletti da bimba. Vista appannata. Pelle frustata e canterina. Siamo così fortunate, ha pensato, in picchiata, il mondo striato di bianco. Così fortunate, cazzo.

Ma quanto dobbiamo volere

La prima volta sono andate al consultorio solo per dire di esserci state. Dodicenni, ci sono andate per i preservativi gratis. Un trio di migliori amiche, Kel, Shaz e Rach, lì per sentirsi chiedere dagli adulti se erano «sessualmente attive», e per sentirsi mentre rispondevano tutte «sì», bugia che le ha fatte scoppiare di gioia. Ci sono andate così qualcuno gli credeva. L'infermiera le ha coperte di preservativi omaggio, un caleidoscopio di preservativi, e loro han messo via quei buffi quadratini mollicci con l'involucro metallico nella tasca con la zip dello zaino di scuola. Si portavano dietro quei preservativi a mo' di talismani, uno per ogni colore. Li collezionavano e se li scambiavano come a dieci anni s'erano scambiate le figurine dei calciatori alla scuola dei piccoli. Aprivano l'involucro metallico, toccavano l'interno oleoso, annusavano quell'odore di gomma chiusa, provavano a immaginare che gusto aveva, si sfidavano a leccarlo. E potevano tirarne fuori uno – Ecco, vedi! – ogni volta che qualcuno a scuola le metteva alla prova, dicendo che mica ce l'avevano, i preservativi. Li distribuivano a tutti quelli che glieli chiedevano, ma sempre con un sospiro e una smorfia in faccia, come davanti a una gran seccatura.

A quattordici anni sono andate al consultorio per la roba seria: Dacci la pillola, facci la puntura, facci l'impianto. Lasciaci ficcare una spirale di rame nella cervice, lasciaci infilare una fiala di ormoni sotto la pelle. Bramavano pacchetti d'estrogeno crepitanti con sopra scritti i giorni della settimana. Accoglievano volentieri il dolore. Gemevano, dopo essersi messe la spirale si tenevano le mani sulla pancia per dieci giorni, le pugnalate all'addome non mollavano mai a prescindere da tutto l'ibuprofene che ingoiavano. Ci sguazzavano – ogni spasmo, ogni fitta, ogni ora a contorcersi a letto senza riuscire ad alzarsi. Si forgiavano nel dolore, nel tieni-duro, nello stringi-i-denti. Pillole che le gonfiavano, facevano bollire e poi esplodere le emozioni. Le rendevano tristi, tristi, arrabbiate senza motivo, eppure dicevano, Sì! Di più! Facci soffrire, facci sanguinare!

A sedici anni facevano il loro bel salto al consultorio per un test di gravidanza gratis ogni volta che una di loro aveva «strizza». Preservativo rotto, pillola dimenticata, ciclo in ritardo. I bisbigli prendevano il via durante una lezione noiosa: Ho un ritardo... Ci vieni al consultorio con me?

Sfoderavano la loro facce serie da gravidanza, s'organizzavano per andare in centro con l'autobus nel weekend. Annuivano solenni, si tenevano la mano, giuravano di esserci sempre l'una per l'altra, a prescindere. Ci andavano sempre insieme, tutte e tre, come sostegno morale, e per aumentare tensione emotiva e suspense. Cos'era la strizza senza un testimone? E cosa c'era di meglio di avere un testimone se non averne due?

Al di là di chi aveva la strizza, il rituale era sempre lo stesso: in centro con l'autobus, poi camminata fino al consultorio, quella con la strizza tracanna una bottiglietta di Lucozade durante il tragitto così è sicura di poter fare pipì su richiesta. Tiene la pipì finché scoppia. Al consultorio, si porta un bicchierino di plastica nell'unico bagno che c'è, chiude la porta a chiave, si tira giù le mutande. Se è la prima volta, resta sospesa sopra il water, tiene il bicchierino sotto di lei, si stupisce della velocità della sua pipì, di com'è diverso provare a orientare il flusso. La bibita che s'è bevuta esce urlando con un *psssssh* feroce e le bagna la mano che trema, le viene da chiedersi se ne vale la pena. Se è l'ennesima volta, la bibita le bagna la mano salda, le viene da chiedersi se ne vale la pena.

Nell'ambulatorio, coi mobili sistemati per creare un ambiente rilassato, poltrone mollicce attorno a un tavolino basso, infermiera e amiche aspettano, lei dà il bicchierino con la pipì all'infermiera, che lo piazza sul tavolino basso in mezzo. Guardano l'infermiera scoperchiare il bicchierino, la proprietaria della pipì sa anche troppo bene che il colore è giallo scuro, com'è torbida, com'è calda, con la plastica imperlata di condensa. Quanti pezzettini che fluttuano nel liquido. Pensa: Ma la pipì li deve avere, i pezzettini, o c'ho qualcosa io? La strisciolina del test entra come un cucchiaino; tutte aspettano. Due minuti di tensione mentre la pipì sta lì, all'aperto, come una tazza di tè fumante, stessa probabilità di colpirla e rovesciarla. Pensano tutte a cosa potrebbe succedere quando l'infermiera toglierà la strisciolina, ai modi in cui le loro vite potrebbero dividersi tra una volta e ora.

L'infermiera dice: «Andate ancora a scuola, quindi?».

Dicono in coro: «Sììì», e si zittiscono di nuovo, non hanno idea di come riprendere il filo del discorso e imbastire quattro chiacchiere.

L'infermiera dice: «Niente paura, probabilmente non è nulla», fa un sorriso cordiale.

Annuiscono.

«E se poi qualcosa *è*, avete tante opzioni».

«Sììì». Annuiscono e sorridono, gli occhi tutti fissi sull'oracolo che sa di ammoniaca.

Scaduto il tempo, l'infermiera tira fuori la strisciolina, la scuote e libera dalle gocce, la guarda a lungo. Poi sorride radiosa e dice: «L'avevo detto che non c'era da preoccuparsi».

E corrono fuori di lì, un tutt'uno di giubbotti e zaini e code di cavallo, un tutt'uno di sollievo e tristezza segreta ed esultanza, dirette in centro a consumare l'energia repressa, per guardare le vetrine e andare da Burger King e per la sigaretta sedute sulla panchina.

Una volta andava sempre così, prima che a Shaz si bloccasse il ciclo – ma non perché c'avesse un feto. La dieta aveva preso una brutta piega, una piega micidiale. L'hanno mandata in una clinica, ha perso tre mesi di scuola, tre mesi di preparazione in vista degli esami, tre mesi di battute che solo loro capivano e scemate da ubriache. Mentre lei non c'era, Rach e Kel si domandavano cosa s'erano perse *loro*. Segni premonitori, indizi che la loro amica del cuore stava male.

Quando a Shaz è ritornato il ciclo, quando ha preso abbastanza peso, è potuta tornare a scuola. Mentre lei non c'era, Rach e Kel s'erano trovate un gruppetto nuovo. I loro ragazzi erano migliori amici, suonavano insieme, fratelli di madri diverse, e Kel e Rach erano state assorbite dalla loro cricca. Ma certe cose sarebbero rimaste sacre, l'avevano promesso; certe cose, tipo il consultorio, sarebbero sempre state loro soltanto.

Un giorno, un paio di mesi prima di finire definitivamente la scuola, si sono fatte due ore di ginnastica, una delle poche lezioni che seguivano ancora tutte e tre insieme, visto che per le materie d'esame le avevano messe in gruppi diversi. In teoria avrebbero dovuto giocare a pallavolo, ma erano tutte nella stessa squadra e la prof stava uscendo di testa perché facevano del loro meglio per giocare a tutto tranne che a pallavolo. Anziché servire la palla sopra la rete, la facevano rotolare sotto come stessero giocando a bowling, esultavano quando schivava le dita di quelle dell'altra squadra, quando frisava il muro in fondo. Palleggiavano come a pallacanestro, si chinavano e la tiravano facendosela passare in mezzo alle gambe, se la infilavano sotto la t-shirt e si mettevano in posa con le loro pance gravide, la stringevano tra le ginocchia e saltellavano coi piedi a papera – ognuna delle tre faceva di tutto pur di far ridere le altre due. Non erano quelle che si comportavano peggio, però, anzi; solo le fenomene provavano a giocare secondo le regole giuste. Le fenomene non erano né sportive né niente; è che si impegnavano in tutto, quindi s'impegnavano a pallavolo. Le darkettone invece non erano nemmeno in campo; erano sedute sulle panche a guardarsi i peli. C'era in corso una gara a chi aveva i peli delle gambe e delle ascelle più lunghi, passavano tutte le ore di ginnastica a tirarsela, ognuna si vantava dei suoi stinchi irsuti, dei ciuffi sotto le ascelle, si sentivano superiori perché lo facevano apposta a esser brutte. Kel, Shaz e Rach prendevano in giro le darkettone a bassa voce tra di loro, le chiamavano obbrobri, maschiacci, puzzone, anche se tutte le invidiavano in segreto perché erano sicure di sé. Alla presenza delle darkettone, le loro gambe lisce sembravano spoglie e svestite anziché naturali e come si deve. Le loro ascelle nude, le loro passere tosate. Ma continuavano a radersi, continuavano a usare le pinzette, continuavano a fare la ceretta, continuavano a depilarsi, continuavano a riempirsi di schiuma puzzolente. E vai di pelle secca e arrossamenti e di peli corti e ispidi e di prurito. E vai di peli pubici che s'incarnivano e di ricrescita bruciante e di infezioni da candida ostinate. Perché chi sarebbero state se avessero rinunciato a tutto? Che tipo di mostri? Che schifo di bestie obbrobriose?

Dopo aver fermato una partita di troppo, mentre Kel, Rach e Shaz facevano capannello e spettegolavano, la prof ha giurato che alla prossima lezione le avrebbe separate, mettendole insieme alle darkettone e alle fenomene. Con la promessa di punirle con delle ore supplementari se non cominciavano a prendere le cose sul serio. Andata via sbuffando la prof, Kel ha fatto avvicinare Shaz e Rach e ha detto: «Ci venite al consultorio con me nel weekend?».

«Come no», ha detto Rach.

«Ovvio, cioè», ha detto Shaz.

Il sabato, eccole sull'autobus diretto in centro, ma Kel aveva troppa strizza di entrare al consultorio, non voleva vedersela col bicchierino della pipì. «Vai tranqui», diceva Rach. «Possiamo comprare casa una vicina all'altra», scherzava parlando di matrimoni doppi, battesimi doppi, giardino sul retro in comune, figli che crescevano come fratelli. Vite gemelle coi loro fidanzati che erano migliori amici.

«Sì», ha detto Shaz, «e quando schiattate, vi seppellisco pure vicino».

Hanno bighellonato in centro mentre Kel si faceva venire il coraggio, hanno fatto la spola tra Claire's Accessories e HMV. Si sono fermate fuori da Ann Summers, manichini nero lucido senza testa in vetrina con indosso ritagli fru fru rosa, mani di plastica su fianchi di plastica in una posa sfrontata. Si sfidavano a entrare.

Tra risolini soffocati, sono passate davanti a schiere di indumenti in raso e pizzo in poliestere, body che erano un velo, tanga sottili come filo interdentale. Armeggiavano con le grucce strada facendo, le facevano cigolare contro le aste, cercavano di tenere la faccia composta come fossero state signorine serie in cerca di una tenuta per il loro prossimo atto di seduzione. Sono andate a sbirciare la sezione vietata ai minori in fondo, gli espositori girati per creare una piccola tana di articoli illeciti, nascosta alla vista. Cartello all'entrata: «VM 18». Si sono prese a gomitatine, soffocavano risate, si sfidavano, insistevano, s'istigavano a vicenda. Essù! Prima tu! Hanno buttato un occhio alla commessa; era alla cassa con l'aria annoiata, guardava oltre la vetrina, come sapesse esattamente cosa stava per succedere e s'infischiasse di prendersi la briga di evitarlo. Hanno superato il cartello furtive, tendendo l'orecchio all'*Oi!* della commessa, che non è mai arrivato. Fissavano gli espositori. Lì, su fin sopra le loro teste, aggeggi di cui avevano solo sentito parlare, mai visti coi loro occhi. Manette pelose, fruste con l'estremità piumata, bende per gli occhi, burro al cioccolato per il corpo, flaconi di lubrificante alla banana. Scatole di biancheria intima commestibile, fatta con le stesse caramelle variopinte a forma di perline che mangiavano da bambine. Sapevano di gesso zuccherato, quelle caramelle, ma t'esaltavi perché erano infilate tutt'intorno a un cordino elastico che ti mettevi a mo' di collana, facevi finta di essere una signora tutta ingioiellata per davvero. Le caramelle le mordevi o le succhiavi una alla volta. Non le avevano mai viste a forma di reggiseno o tanga. Hanno provato a immaginarsi com'era volersele mangiare dopo che erano state nel culo di qualcuno, e a tutte è venuta un po' la nausea. Si domandavano se era una cosa che crescendo ti iniziava a piacere. Speravano di no. Ma di tutta 'sta roba, quanto dovevano volere?

Avevano tredici anni quando la prima ragazzina del loro giro aveva perso la verginità – al parco sulle altalene, dopo aver dato fondo a una bottiglia di sidro White Lightning. Quattordici all'ondata successiva di ragazze che finivano nel club delle ex vergini. Erano le tipe organizzate, che volevano eccellere a tutti i costi, quelle che s'erano segnate una data sul calendario sei mesi prima, gli servivano rose e pranzi a lume di candela e una musica di sottofondo e un paio di 'ste mutande firmate Ann Summers.

Kel e Shaz l'avevano persa senza fare tante storie, Kel nella landa desolata dietro il fish & chips una mattina che aveva marinato la scuola, Shaz con un amico di suo fratello. A sentire lei, Rach aveva perso il marchio di vergine col suo ragazzo, con cui stava ormai da quasi otto mesi. Era tutta un parlare di cuore a mille e goccioloni di sudore e cose da urlo, esperienze extracorporee, orgasmi multipli – che, è un fatto noto, nessun adolescente maschio è mai stato in grado di garantire. Diceva, Oooh, l'altra sera m'ha fatto arricciare le dita dei piedi! A sentire lei, il suo ragazzo pareva un mago del sesso capace di mandarla in estasi con un dito. Tutte le altre lo conoscevano come lo spilungone che era un anno avanti e che nessuna s'era mai filato fino all'anno scorso, quand'era diventato un metro e ottanta, aveva messo su una band e scoperto il deodorante. Secondo Kel e Shaz, le storielle di Rach facevano troppo televisione. Sì, cioè, la lasciavano cantare tutta quella solfa, ma saperlo lo sapevano: Rach non l'aveva mai fatto. Erano dispiaciute per lei, perché ora, quando davvero l'avesse fatto, non avrebbe potuto festeggiare con le sue amiche come voleva. La stessa cosa era successa col ciclo, s'erano raccontate bugie a vicenda dicendo che ce l'avevano. Quand'era arrivato davvero, però, altroché se avevano dovuto esultare in silenzio per quella piccola vittoria.

Sono passate al muro successivo nella tana proibita dell'Ann Summers strascicando i piedi. Una risata soffocata: sopra di loro torreggiava un muro di falli di plastica, grossi da far paura, strapieni di vene, con la punta a bulbo, con le palle rugose e raggrinzite. Palle che mai avrebbero voluto toccare in vita loro. Non si capacitavano di come si potesse desiderare un catafalco del genere anche solo *vicino* alla passera. Di silicone o di carne, la risposta era sempre No, grazie! 'Sti mastodonti pulsavano di vita propria, vibravano dentro la confezione, contro la linguetta da cui pendevano, come pronti a lanciarsi su Kel, Shaz e Rach.

«Ommerda!», hanno sussurrato, ma facendosi sentire. Li fissavano cogli occhi sgranati. Sono indietreggiate, portando ognuna con sé nel futuro l'immagine di quel muro di dildo. Pregavano tutte di non doversi più trovare davanti a certi orrori, che quegli orrori non venissero mai a cercarle, a stanarle nelle loro camere, chiedendo di entrare. Si sono concentrate sulla sezione vibratori, fallici e di taglie più clementi, con dei bei colori rassicuranti alla Barbie, viola acceso, rosa zucchero filato. E aggeggi più piccoli, più gradevoli e senza una forma particolare, che non promettevano altro se non un ronzio delicato. Hanno verificato i prezzi sul cartellino, rinunciato volentieri alla spesa, riappeso tutto.

«Non servono mica», ha detto Shaz. «Basta usare lo spazzolino elettrico».

Rach e Kel hanno fatto uno scatto col collo, incredule.

«Sì, buonanotte!», ha detto Kel.

«Ma che schifo!», ha detto Rach.

«Non c'avete mai provato, nessuna delle due?», Shaz s'è raddrizzata tutta, le spalle belle pari, petto in fuori, s'è imbaldanzita come faceva sempre quando trovava qualcosa su cui istruirle.

«Se lo usi per la passera, per i *denti* cosa usi, brutta pervertita?». Rach ha detto «denti» troppo forte. Hanno sbirciato oltre la parete divisoria: la testa della commessa ballonzolava di qua e di là, cercava di vedere dietro gli scaffali, vedere cosa stavano combinando.

Shaz ha abbassato la voce. «Per la bocca non usi mica la stessa testina, cretina».

Kel ha detto: «Mi sa che io passo, 'azie, piuttosto mi faccio ingravidare». La sua battuta ha toccato un tasto sbagliato, ricordando alle tre cos'erano venute a fare in centro, quale destino sarebbe toccato in sorte a Kel.

Rach voleva chiarezza. Voleva prendere l'affermazione di Shaz e strizzarla fino alla resa, vederla rantolare e vuotare il sacco. Lo faceva sempre quando Shaz azzardava una roba audace e Shaz non avrebbe mai fatto così con lei. Shaz e Kel erano gentili con Rach e le sue bugie sul sesso, pensavano che sarebbe stato antipatico smascherarla. Ma Rach trattava sempre Shaz come se Shaz fosse tosta come sembrava.

«Ma non è che fa male?», ha detto Rach. «Quelle setole girano velocissimissimo».

Shaz non aveva intenzione d'esser smentita. «Ti faccio vedere, se non mi credi».

«No, 'azie», ha detto Rach.

«Perché, sai che c'ho ragione?»

Kel ha letto la sfida negli occhi di Shaz, sapeva che sarebbe andata come andava sempre. Una volta che Shaz o Rach lanciavano il guanto, nessuna delle due lasciava perdere finché una non ne usciva vittoriosa.

La commessa ha detto: «'Sera, signore».
Sono scappate fuori dalla tana passandole davanti, in una fuga brusca tra gli scaffali, occhi a terra.

Alla fine, il bicchierino con la pisciatina di Kel era benigno. Tornando a casa si sono comprate dei doppi cheeseburger al bacon per festeggiare, tutte scoppiettanti di sollievo. Nessuna ammetteva – non l'ammettevano mai – che nel sollievo c'era sempre un fondo di delusione. Nessuna voleva un figlio in realtà, ma volevano tutte sapere com'era, 'sta roba estranea che ti cresceva dentro, la pancia che poi sporgeva, con tanto di tragedia, con tanto di *fama*. A scuola, quelle che avevano partorito le conoscevano tutti: partorito a tredici anni, partorito a quattordici. Avevano dovuto lasciare la scuola normale per un po', passare mesi in una scuola per giovani mamme. A volte smettevano proprio di andare a scuola, gli davano una casa popolare, e di loro non si avevano più notizie. A volte cambiavano scuola e venivano trasferite in quella di Rach, Kel e Shaz, dopo il parto, quindici anni e già una vita nuova. Quelle arrivavano sempre col loro bel bagaglio, ovvio. Con loro facevano il loro ingresso i sussurri, le voci su quella nuova, Jenna, e sul figlio che le cresceva sua mamma. Quindi, al di là del brivido segreto provato all'idea che i loro corpi si gonfiassero per via della tragedia più estrema, del pettegolezzo che metteva fine a tutti i pettegolezzi, conoscevano comunque fin troppo bene cosa implicava un destino del genere per affezionarsi troppo a quella fantasticheria.

Qualche settima dopo, a ginnastica – sempre con 'sta cazzo di pallavolo, sempre con 'sta rottura inutile –, Shaz ha servito col braccio floscio, poi ha preso da parte

Kel. Le avversarie si sono lanciate sgomitando sulla palla, che aveva mancato del tutto la rete, era rimbalzata finendo nel campo dei ragazzi.

Quando la prof le aveva separate, aveva messo Rach nell'altra squadra, con le fenomene. A Rach non piacevano, le fenomene, non dall'estate scorsa, dal pomeriggio che lei e Shaz s'erano messe a chiacchierare con la fenomena delle fenomene Allison Harris sull'autobus mentre andavano in centro, l'avevano invitata a bere qualcosa da Spoons. Allison aveva detto che aveva le prove dell'orchestra, quindi Shaz aveva detto: «Be', se più tardi hai voglia, ci restiamo tutta la sera». Allison aveva risposto: «Ci resterete tutta la vita». Rach aveva dovuto bloccare le braccia a Shaz lungo i fianchi per impedirle di strappare una brancata di capelli dalla coda di cavallo di Allison.

Mentre Kel e Shaz stavano lì a bisbigliare, Rach ignorava le fenomene che provavano a farla giocare; stava sotto rete con le braccia conserte, guardava cogli occhi torvi le altre due, aspettava che alzassero gli occhi così poteva dire a denti stretti, Cosa? Cosa c'è? Si sforzava di sentire cosa si dicevano, tra grida e eco dei ragazzi nell'altro campo, la prof che soffiava nel fischietto a raffica, ma non capiva.

Shaz stava chiedendo a Kel di accompagnarla al consultorio nel weekend, conversazione fatta d'un fiato mentre la prof era andata nell'altro campo. Aveva vomitato tutte le mattine quella settimana, ha detto. Secondo Kel non c'era da fare una tragedia. Per Shaz vomitare non era mica una novità. Shaz tremava, però, vestita in t-shirt bianca e shorts da ginnastica, le spalle ricurve, le braccia strette attorno alla pancia, a coprire là dove forse stava succedendo qualcosa, e Kel vedeva che aveva davvero paura.

«Non dirlo a Rach», ha detto Shaz.

«Perché?». A Kel non piaceva essere messa in mezzo, non le piaceva dover decidere a chi andava la sua lealtà.

«Non voglio che lo sa nessuno».

Botta: la palla ha colpito Shaz su un lato della testa. Kel e Shaz hanno alzato gli occhi e visto Rach, affannata come se avesse tirato qualche volta prima di riuscire a colpire nel segno.

«Cosa c'è?», Rach esigeva una risposta, negli occhi una lucentezza di ghiaccio.

Nonostante la ferocia di Rach, Kel ha mantenuto la promessa fatta a Shaz. Ha detto a Rach che Shaz aveva la nausea, tutto qui, tiggiuro. A Kel non piaceva mentire, ma era meglio di dire a Rach della cosa che non poteva sapere. Kel ha mantenuto la parola per tutta la settimana, anche se Shaz rischiava sempre di mandare tutto a rotoli prendendola da parte ogni due minuti, per dirle che il ciclo non arrivava ancora, che era sempre lì a vomitare, di com'era nervosa, di com'era spaventata. Kel si domandava se Shaz lo faceva davanti a Rach apposta. Nonostante tutto quel bisbigliare, Shaz non aveva detto chi poteva essere il padre. Quando si trattava del numero e della frequenza delle loro conquiste, la maggior parte delle ragazze esagerava. Shaz era l'unica a tagliare sui numeri, a voler essere considerata una scopatrice, ma non troppo. Si guardava bene, sempre, dal farsi bollare come zoccoletta. Il confine tra frigida e zoccola era una linea sottilissima, quasi invisibile. Tutte adattavano le storie che raccontavano nella speranza di danzare dal lato giusto. Se esisteva, il lato giusto. Erano avventuriere del sesso – non frigide, no, no, quello mai, non perbenino, non bimbette, ma nemmeno facilone, nemmeno zoccole.

Semplicemente ragazze a posto. Non potevano essere ragazze e basta?

Sabato, Kel e Shaz sedute in ambulatorio al consultorio, aspettavano che la strisciolina del test predicesse il futuro di Shaz. Kel aveva rifilato una frottola a Rach dicendo che non poteva uscire con lei e coi loro fidanzati – era d'accordo con sua mamma per fare una cosa, aveva detto, che era la bugia meno credibile che potesse inventarsi. Kel non faceva niente con sua mamma da quando aveva tredici anni ed erano andate a farsi il piercing all'ombelico insieme. L'incredulità di Rach era palpabile; Kel si sentiva ancora addosso la foga del suo sguardo, quegli occhi accusatori.

«Ma non v'ho già viste qui?», ha chiesto l'infermiera, col suo solito modo allegro.

Non sapevano se la domanda era consentita, ma hanno risposto col loro solito «Sììì», stavolta in un coro stranamente fievole, mancava una voce.

«Mi pareva infatti».

Kel e Shaz si sono domandate a che punto della cerimonia l'infermiera era in grado di capire che piega avrebbero preso le cose. Aspettare, sventolare, scrutare la striscia – dove finiva la messinscena? Ma non l'hanno chiesto; hanno fatto onore al rituale, aspettato il verdetto.

A metà attesa, Shaz è andata d'improvvisazione, ha iniziato a piangere piano, le spalle scosse. Kel ci ha messo un istante per capire che non stava ridacchiando. Le ha preso la mano.

«Ma stai tranquilla», ha detto l'infermiera. «Non fare così, su». Ha preso l'altra mano di Shaz, le ha massaggiato le dita. «Non sai ancora nemmeno la risposta».

Shaz ha annuito, s'è pulita il naso col bordo del palmo raccogliendo uno strascico lumacoso di moccio col mignolo. Non sapeva come dire a Kel che stavolta la sensazione era diversa. Di solito al consultorio ci andavano così, giusto per sicurezza. Ma c'era anche altro, eh. Ci andavano perché così sentivano di contar qualcosa, sentivano che una loro azione poteva avere delle conseguenze. Stavolta la sensazione non era quella. Stavolta Shaz sentiva di non valere niente. Non per la nausea, anche se andava messa in conto; non se lo sentiva più suo, il corpo, tipo che non ne aveva il controllo. Il ragazzo che s'era portata a letto manco le piaceva; è che era annoiata e ubriaca. E dalla sera della scopata lui non le aveva mandato manco un messaggio. Non ci voleva proprio pensare, 'sta cosa che stava succedendo non la voleva proprio.

L'infermiera ha tolto la strisciolina dal bicchierino e ha subito cambiato espressione. Lì hanno capito qual era la parte puramente ritualistica del procedimento. Sventolava e scrutava, hanno scoperto, solo scena. L'infermiera ha detto: «Non ti preoccupare, non t'agitare. Non dimenticarti che hai un sacco di opzioni».

Dopo, una volta che Kel e Shaz erano state risputate in strada, al sole, col centro città che attorno a loro andava avanti come niente fosse, Shaz ha preso Kel per una spalla, la clavicola stretta in una morsa.

«Non lo dire a nessuno».

«Non lo dico».

Shaz ha stretto di più. «Soprattutto non lo dire a Rach».

«Perché?».

Shaz non lo sapeva, il perché, solo che l'idea di farlo sapere a Rach scatenava accessi di nausea che con quella mattutina non avevano niente a che fare.

«Non glielo dire e basta, per favore».

Kel ha sospirato, ha esaminato le piastrelle per terra. Meditava sul fatto di tenere nascosto un segreto gargantuesco alla loro amica di sempre vita natural durante. «Evvabbene».

Una delle tante opzioni di Shaz era la pillola, quello che l'infermiera aveva chiamato «aborto farmacologico». Mentre l'infermiera illustrava le altre possibilità, Shaz aveva scosso la testa. Opzione due: fai crescere il bambino, poi lo dai via, così s'incaglia nel sistema e magari trova la felicità in un'altra famiglia o magari no. Opzione tre: lo ami e te ne occupi per sempre. «La pillola, per favore», aveva detto Shaz, come se stesse giocando a *Countdown* e avesse chiesto una vocale a Carol Vorderman. L'aveva beccato in tempo e l'aborto chirurgico non era necessario. Poteva anche prendere la seconda dose a casa. Aveva pure reclutato Kel, voleva la compagnia di un'amica. Un testimone per quando il rivestimento dell'utero si fosse sfaldato, e fosse arrivato il sangue, e il dolore.

Per tutta la settimana Rach ha tempestato Kel di domande chiedendo cos'aveva Shaz, e per tutta la settimana Kel ha risposto che non aveva niente, che Shaz era solo indisposta. Il weekend dopo, Shaz ha detto a Kel che ormai non sanguinava quasi più e non ne voleva più parlare. Voleva solo toglierselo dalla testa, sbronzarsi da non stare in piedi. Kel doveva fare da babysitter ai figli della vicina, quindi si sono ritrovate tutte in salotto dalla vicina, armate di bottiglie di vodka, Lambrini, schnapps alla pesca e tre litri di White Lightning. La procedura standard per una serata di babysitteraggio era questa: la babysitter di turno giocava coi bambini per un'ora, li metteva a letto, poi poteva cominciare la festa. Altro rituale destinato, così s'erano promesse, solo a loro tre.

Hanno messo su delle vecchie canzoni e ballato in salotto, evocando ricordi delle discoteche dove andavano da piccole. Hanno cantato-gridato *I want it that way* dei Backstreet Boys, le case dello stereo che gracchiavano. Hanno giocato a Cerchio di Fuoco con un mazzo di carte trovato nel cassetto delle cianfrusaglie in cucina, e Kel e Shaz erano demolite perché continuavano a dimenticarsi le regole. Rach aveva un talento per le regole anche quando si prendeva una ciucca enorme. Continuava a indicare le altre due e a dire, Ah! Bevi!

Dopo troppi cicchetti di vodka, Shaz ha abbandonato la partita, è andata verso il camino, studiava le foto di famiglia incorniciate sulla mensola. Ha indicato i ritratti da centro commerciale di uomini con la tipica barba anni Ottanta e donne coi capelli cotonati, ridacchiava e diceva: «Ma chi cazzo è 'sta gente?».

Kel ha detto: «La signora che vive qui dice che forse sa chi è mio papà». Il papà di Kel se n'era andato quando Kel era piccina; sua mamma non aveva mai detto una singola parola su di lui.

«È uno di 'sti soggetti?», ha detto Shaz.

«No», ha detto Kel, poi s'è alzata per guardare le foto, per vedere se trovava una traccia di sé negli occhi che la guardavano di rimando.

«Cioè, sa dov'è ora?», ha detto Rach.

«Non credo, no. Non erano mica amici».

«Be', gliel'hai chiesto?», ha detto Shaz.

Kel ha scrollato le spalle. No. Non aveva voluto approfondire, casomai poi la signora avesse detto, *Scherzavo*, oppure, *È morto*, oppure, *Scusa, gioia, avevo in mente qualcun altro*. Preferiva tenersi la piccola verità che le aveva regalato la signora: suo papà era esistito. Qualcuno lo conosceva.

«Ti sfido a chiederglielo», ha detto Shaz.

Rach s'è scolata fino all'ultima goccia il suo schnapps e gazzosa. «A chi va di farsi un'altra bevuta?».

Ogni volta che Rach s'alzava per fare pipì o prendere qualcosa dal frigo, Shaz cambiava espressione e passava dall'essere allegra all'essere a pezzi, occhi, bocca e guance tutti all'ingiù. Kel si stava innervosendo: a furia di far finta di stare bene, Shaz sembrava esausta, ma non si riusciva a convincerla a mettere al corrente Rach del segreto.

Shaz avrebbe potuto fare un gran bell'elenco dei motivi per cui non voleva che Rach lo sapesse. Poteva dire che Rach avrebbe fatto un milione di domande a cui Shaz non voleva rispondere. Che Rach insisteva sempre finché non aveva le sue risposte, non lasciava mai perdere niente. Che farlo sapere a Rach sarebbe stata una vergogna che l'avrebbe smangiata come il marciume che smangia la pelle. Poteva dire che quando le succedevano cose brutte sembrava che a Rach non importasse nulla; non la toccavano – come per quel ragazzo morto l'estate scorsa, preso in pieno da un treno. Era amico di Shaz, ma Rach non le aveva mica mai chiesto come stava, se era ancora triste; Rach non l'aveva mai nominato. Shaz poteva dire che anche dopo quattro anni e mezzo di amicizia ancora non era sicura di potersi sbottonare con Rach. O che aveva solo bisogno di qualcuno per cui recitare, qualcuno per cui fare la parte della persona normale, visto che di crollare non aveva nessuna intenzione.

«Potresti dirglielo», ha detto Kel mentre Rach era in cucina a riempirsi il bicchiere.

«Dirmi cosa?». Rach: nel vano della porta, le guance infiammate dall'oltraggio d'esser stata esclusa.

«Non stavamo parlando di te», ha detto Shaz, e ha dichiarato che parlavano del fatto che non voleva dire a sua mamma di esser stata messa di nuovo in isolamento a scuola perché aveva smadonnato contro l'insegnante di tecnica. (Non per colpa di Shaz, tra l'altro: l'aveva accusata di aver riso *di* lui quando in realtà lei stava ridendo *con* lui – aveva fatto una battuta scema e a Shaz era dispiaciuto quindi aveva fatto una risatina giusto per compiacerlo e lui l'aveva mandata fuori dall'aula).

Rach sapeva che era una stronzata ma non ha voluto insistere. Anzi, ha chiesto: «A chi va un'altra mano a Cerchio di Fuoco?».

Erano così sbronze che vedevano tutto offuscato. Sembrare normali era sempre più faticoso. A Donny, bere richiedeva due competenze opposte: bisognava imparare a buttar giù quantità sovrumane di alcol *e* a fare come niente fosse. Ecco cosa ti ci voleva, se dovevi farti conoscere come una capace di reggere l'alcol come un ragazzo. Kel, Rach e Shaz erano brave allieve; avevano passato anni ad affinare la tecnica.

Dopo il famigerato numero nei panni di Romeo e Giulietta per lo spettacolo a scuola, ogni volta che praticavano l'arte di star dritte da ubriache marce, Shaz e Kel arrivavano a un punto di saturazione alcolica tale che decidevano di recitare ancora la loro parte. Nello specifico, a loro piaceva riproporre la scena della pomiciata tra R e G. Hanno raggiunto quello stadio proprio nel bel mezzo della partita a Cerchio di Fuoco, quand'era il turno di Rach, hanno cominciato a rotolarsi sul tappeto, bocca a bocca, colpendo le carte e facendole scattar via di sghembo, hanno rovesciato la bottiglia di Lambrini aperta, che Rach ha dovuto salvare prima che rigurgitasse tutto sul tappeto. Rach ha provato a raggruppare le carte: «Un attimo, non abbiamo finito la partita!».

Vedendosi ignorata, ha alzato la bottiglia di Lambrini. «D'accordo, lo tracanno alla goccia. Pronte?».

Da lesboattrici impegnate quali erano, Kel e Shaz non hanno alzato gli occhi. Ognuna era assorbita dalla sensazione da borsa-dell'acqua-calda-sotto-le-lenzuola data dall'alcol e dal corpo dell'altra. Tutt'e due stupite dall'abilità e dalla grandezza perfetta della lingua dell'altra, di come le lingue si muovevano insieme in un ritmo impeccabile, tenere e curiose. Non come le bocche maldestre dei ragazzi, con quelle lingue grosse che facevano dentro e fuori a spintoni.

Il brutto dei ragazzi – le ragazze l'avevano imparato in anni di indagini – era che, secondo loro, tutte le parti del corpo andavano usate come si usa il cazzo. Lingua? Meglio fare dentro e fuori dalla bocca di lei come col cazzo. Dita? Meglio piantargliele dritte nella passera come col cazzo. Non era tutta colpa loro, però. Cosa si imparava in cinque anni di educazione civica e sessuale? Tutti i vari nomi della cannabis e come infilare un preservativo su una banana. Quando invece gli insegnanti avrebbero potuto spiegargli cosa fare col loro corpo. Come toccarsi e come toccare.

Kel e Shaz pomiciavano perché quei momenti erano così sereni da essere simili a una droga. I baci facevano svanire tutto – dolore, preoccupazione, rabbia – e loro si sentivano inghiottite da qualcosa, nascoste, il cervello pacifico e buio, libere dalla commedia che recitavano da tutta la vita.

Quella sera, Shaz ha baciato Kel così per una volta non si autocommiserava, così per una volta il suo corpo non si sentiva sbagliato. Ma non ce la faceva, non riusciva a cancellare tutto. Ha stretto Kel più forte a sé, l'ha baciata con più energia.

Rach s'è portata alle labbra la bottiglia pesante e a campana, ha inclinato la testa all'indietro così la bottiglia era capovolta, il perry dolce le scendeva in bocca a fiotti. La contrazione esperta della gola, al passo con la velocità del liquido. All'ultima sorsata, la bottiglia le è scivolata di mano, le è finita su un incisivo, ne ha scheggiato un angolo. «Ahh!», Rach s'è piazzata la mano sulla bocca.

I due sfortunati amanti erano ancora intrecciati, si sondavano i fianchi a vicenda con le dita. Con la mano sulla bocca, Rach s'è precipitata di sopra in bagno in cerca di uno specchio. Lo specchietto appoggiato sul davanzale interno della finestra ha mostrato a Rach due guance tinte di rosso scuro dal Lambrini, un paio di palpebre pigre socchiuse e una mano premuta sulla bocca come se avesse assistito a qualcosa d'inimmaginabile. I capelli, che s'era stirata prima di uscire di casa, si ribellavano, increspati in spire flosce. Ha tolto la mano, esaminato il dente. Un quarto d'incisivo non c'era più. Il resto stava appeso lì incompleto come il tassello solitario di un puzzle. Ha tirato indietro le labbra facendo la smorfia tipica dei bimbi quando sono troppo piccoli per sapere a che scopo si sorride, ma hanno imparato a imitare gli adulti. Se lo chiedevate a Rach, i bimbi facevano accapponare la pelle, altroché: quelle risate vuote, quei sorrisi larghi e insinceri.

L'indomani Rach avrebbe pianto per il dente scheggiato, lo sapeva. Avrebbe avuto un crollo al pensiero di andare a scuola senza averlo sistemato. Ma ora era troppo ubriaca per entrare in modalità tristezza, o vergogna, o rimpianto. Si sentiva la musica arrivare dal salotto al piano di sotto, un suono sordo e irreale. Ha fissato la sua faccia ingrandita finché ha visto se stessa – ha *davvero* visto se stessa –, come se la vita fosse stata un sogno da cui era appena uscita. Lei era Rach. *Lei* era Rach. Avrebbe sempre e solo avuto 'sta faccia, 'sto dente scheggiato, suo per sempre. «Tu», ha detto al suo riflesso, «sei Rach. Tu sei Rach. Rach, Rach, Rach». Ha detto il nome finché il suono ha perso ogni significato. Finalmente, ha pensato. Eccomi.

Uno spazzolino elettrico le ha fatto l'occhiolino in mezzo a tutta la serie di prodotti per l'igiene orale macchiati di dentifricio in esposizione sul davanzale. Ha premuto il pulsante. Lo spazzolino ha ronzato, la testina ruotava veloce. L'ha spento, se l'è infilato nella tasca dietro dei jeans, è scesa di sotto a tentoni.

Quand'è ritornata Rach, Kel era svenuta, sbronza o in trance che fosse. Shaz stava lì a colpire i pulsanti dello stereo della vicina per cambiare cd, *Money's too tight to mention* dei Simply Red andava a tutto volume. La compilation di Shaz, ogni brano rubato e masterizzato con amore, era finito durante la pomiciata con Kel, e il lettore era passato a uno dei cd della vicina, un cambio di tono stridente che rischiava di far passare la sbornia a tutte. Shaz non è riuscita a convincere il lettore ad accettare un altro dei suoi cd con le buone, quindi s'è accontentata della compilation *Storia del jazz* della vicina – tutto pur di non sentire la lagna di Mick Hucknall. Sassofoni in volata caotica si levavano sopra bassi frenetici. Shaz ha abbassato il volume così la musica non svegliava Kel. Rach ha spento la luce grande, ha acceso la lampada laterale.

«Oh, cioè, cos'è successo a Kel?».

«La conosci Kel», ha detto Shaz. «È una scarsona». Shaz ha passato la bottiglia di vodka a Rach, che ha bevuto a garganella, poi l'ha passata di nuovo a Shaz. Shaz ne ha bevuto un bel sorso. Non ci vedevano bene, ma loro due si vedevano, il mondo stringeva su di loro, un bel primo piano. Rach ha passato un dito sulla striscia rossa a chiazze che Shaz aveva sul polso.

«Allora sta guarendo, finalmente».

«A quanto pare», ha detto Shaz. Una volta quella cicatrice era una crosta che Shaz aveva il vizio di stuzzicarsi, la manteneva fresca, finché s'era infettata e non si rimarginava più. Alla clinica per i disturbi alimentari, le infermiere le avevano detto che stuzzicarsi le croste era una forma di autolesionismo, l'avevano costretta a non toccarsela finché non si fosse seccata. Ha avuto l'impulso di coprirsela tirando giù la manica della camicetta, come faceva quando qualcuno faceva domande. Ma il tocco morbido del dito di Rach, la sua delicatezza, le piacevano, quindi la manica della camicetta l'ha lasciata dov'era.

«Ti ricordi da Ann Summers?», ha detto Rach. «Dicevi che poi ci facevi vedere come usare lo spazzolino?».

Shaz ha annuito piano, cercava l'inghippo. «Sì...?».

«Be', su, dai». Rach ha cacciato fuori lo spazzolino che aveva in tasca con una mossa maldestra e l'ha alzato verso Shaz. Aveva sperato in una sequenza sciolta, figa, tipo cowboy che tira fuori la pistola dalla fondina, ma le dita rallentate dall'alcol erano andate a tentoni, avevano ritardato l'effetto sorpresa, mentre diceva «su» lo spazzolino era rimasto incastrato nell'orlo della tasca anziché comparire per magia nello spazio che le separava.

Rach non avrebbe saputo dire cosa voleva – se voleva davvero imparare, se voleva semplicemente costringere Shaz a mettere le carte in tavola. Se qualcos'altro.

Shaz non capiva cosa le stava chiedendo di preciso, se stava cercando di metterla alla prova o sedurla o sfidarla o insultarla. Era ubriaca a livelli da non riuscire più a interpretare l'espressione della gente, e sembrava pericoloso. Aveva imparato da piccola a interpretare l'espressione della gente, a capire cosa voleva *di preciso* da lei, e quanto le sarebbe costato.

Bluffavano a un passo da una soglia che la loro amicizia non aveva mai varcato.

«Ma sei sicura? Perché guarda che io lo faccio».

«Guarda che sennò non te lo chiederei».

«Togliti i pantaloni, allora».

«Toglìteli tu. Sei tu che devi farlo vedere a me, mica io».

«Ma guarda che se te lo faccio vedere, lo faccio io *a* te».

Quello che è successo dopo è andato quasi tutto perso, l'alcol ha cancellato buona parte del ricordo, lasciando a tutt'e due un residuo, un'impressione sfocata degli eventi: Kel svenuta sul divano, russava, loro stese sul tappeto della vicina, senza jeans. Shaz ha acceso lo spazzolino, ha infilato la testina sotto il tanga di Rach, le cercava in faccia una reazione. Al primo gemito, Shaz s'è fermata con lo spazzolino in quel punto finché Rach ha biascicato: «Troppo», e ha scansato la mano di Shaz. Shaz ha spento lo spazzolino, le ha tirato delicatamente giù il tanga fino alle ginocchia e messo la lingua nello stesso punto.

Rach non sapeva che suoni le stessero uscendo, da quale posto segreto stessero sgorgando. Una sensazione mai provata sbocciava dal punto dove Shaz leccava, poi si trasformava in ondate, ondate che si propagavano al torso, alle gambe, le scendevano a cascata in faccia. Ora il suo corpo era tutto un sentire, solcato quant'era lungo dalla sensazione di star bene.

Dopo essere rimasta stesa stordita sul tappeto per un po', pian piano Rach s'è ripresa. Ha messo Shaz con la schiena sul tappeto. L'ha baciata. Uscito fresco fresco dalle labbra di Shaz, Rach ha avuto il primo assaggio di se stessa – è rimasta sorpresa di scoprire che il gusto era uguale all'odore di quando si fa la punta alla matita. Ha ripetuto le mosse di Shaz, immergendo la bocca fra le gambe di Shaz, con la lingua dove secondo lei c'era il punto giusto, voleva dare quanto aveva ricevuto. Ha lavorato di lingua finché Shaz ha cominciato a gemere, fino allo spasmo, finché le ha toccato la testa per far capire a Rach che poteva fermarsi.

Fermarsi perché finalmente Shaz fluttuava, fermarsi perché era sfuggita a se stessa, perché aveva trovato un momento in cui lei non c'era più. Shaz era sdraiata, si rifiutava di sentire il bruciore del tappeto che sfregava e il freddo sulle gambe nude, voleva solo stare lì presa dalla sensazione di non esserci più finché il cervello glie-l'avesse lasciato fare.

Alla luce fioca della lampada laterale Rach non la vedeva, ma l'avrebbe scoperta il giorno dopo, guardandosi la faccia da doposbronza allo specchio, giusto un'ombra di un rosso brunastro attorno alla bocca, giusto un accenno di sangue.

Non ne hanno parlato né il giorno dopo, né quello dopo ancora. Shaz voleva parlare ma non sapeva come sollevare la questione, Rach voleva far finta che non fosse mai successo, e Kel aveva dormito per tutto il tempo. Rientrate a scuola, del segreto di Shaz Rach voleva parlare, sì, ha affrontato Kel appena salita sull'autobus il lunedì mattina.

«Di cosa parlava Shaz sabato sera quando non ero lì con voi?».

Questo prima di Cia', prima di Ehi, com'è.

«Chiediglielo tu».

«Quindi ammetti che qualcosa c'è». Rach tribolava perché voleva parlare senza che le si vedesse il dente scheggiato. Il labbro superiore stiracchiato a forza. La mano che scattava su per coprirlo.

Kel non ci poteva credere che Rach l'aveva già messa con le spalle al muro. Ha tirato fuori piegaciglia e specchietto, schiacciato le ciglia tra le due placche costringendole a disegnare una curva a L smaccata. Il mascara che s'era data prima s'era raggrumato tutto e ora le ciglia erano zampe di ragno dure e bitorzolute.

«Ci tengo pure io a Shaz, sai», ha detto Rach. «Voglio saperlo così le posso stare vicino, così posso...».

«*Va bene*. Almeno stai zitta. Ma non dirle che lo sai. *Per favore*». Kel ha detto a Rach quello che sapeva: test positivo, pillola al consultorio e altre due a casa, un po' di sangue, un po' di crampi, nessuna info sul potenziale padre, Shaz insisteva che stava bene, che ora l'aveva superato, voleva solo dimenticare.

Rach s'è zittita, e Kel pensava fosse lo zittirsi di una fame saziata. Sete di pettegolezzi spenta. Finché Rach ha detto: «Quella là farebbe di tutto per farsi notare».

«Cosa stai blaterando?».

«Be'». Rach s'è messa a braccia conserte. «C'ha sempre qualcosa, o no? Sempre tutto una tragedia. Se non muore di fame o non vomita anche l'anima o non la beccano a rubare nei negozi, allora conosce tutti quelli di Donny che muoiono o vanno in prigione, oppure deve farsi un test di gravidanza ogni cacchio di cinque secondi...».

«Era davvero incinta, Rach. Ho visto il test».

Rach ha alzato un sopracciglio scettico. Kel non era dell'umore di difendere né se stessa né Shaz. La vicina era tornata a casa e aveva sentito l'odore del Lambrini impregnato nel tappeto e chiamato la mamma di Kel, e ora Kel non poteva uscire di casa fino a data da destinarsi.

«Niente, non ce la fa», ha continuato Rach. «Deve essere sempre al centro dell'attenzione».

Kel è tornata alle sue ciglia, usava un paio di pinzette per separare i ciuffetti appiccicaticci.

«Se voleva essere al centro dell'attenzione, perché l'avrebbe detto solo a me?».

«Così potevate parlottare di qualcosa senza di me!».

«Non alzare la voce con me, bella, io non ho mica fatto niente!».

Quella rara manifestazione di rabbia ha scioccato Rach, che s'è zittita.

«Nel senso», ha continuato Rach abbassando i toni, «non le va giù che io e te abbiamo degli amici e il fidanzato – una *vita* – che non la include, quindi lo fa apposta così voi due avete il vostro piccolo segreto che non include me».

E, Rach l'ha pensato ma non l'ha detto, l'ha fatto apposta così io e lei abbiamo un segreto che non include Kel. Un segreto che poteva segnare la fine della storia tra Rach e il suo ragazzo, se lui l'avesse scoperto.

«Meglio se te la fai passare, Rach, perché Shaz non può sapere che te l'ho detto».

«Sì, sì», ha detto Rach. Ma non se la sarebbe fatta passare. Sarebbe andata in giro sbuffando tutto il giorno come una vaporiera.

Ha incassato cinque o sei «Oh ma cosa c'hai?» di alcune compagne, Shaz inclusa. Mentre sfollavano dalla loro aula dirette verso l'ultima lezione della giornata, Shaz ha raggiunto Rach, l'ha bloccata dietro lo stabile H – nel passaggio stretto tra il muro dell'edificio e il reticolato del campo da tennis dove nessuno giocava mai a tennis.

«Me lo dici cos'è che c'hai?».

«Niente, cosa blateri?».

«È tutto il giorno che sei strana con me».

«Ma no».

«Invece sì, lo sai, Rach, perché fai finta di no?».

«Sono solo presa male per il dente».

Non che non fosse vero. Con Shaz lì, Rach stava addirittura peggio, tipo che Shaz era l'ultima persona da cui voleva farsi vedere così ridicola e brutta.

«Quindi non mi hai scritto in tutto il weekend...», Shaz ha contato partendo dall'indice. «Non mi hai detto manco mezza parola per tutto il giorno...». È passata al medio. «E te ne vai in giro con 'sto muso che se ne sono accorti tutti...». Anulare. «E dovrei credere che non c'entra niente con sabato sera?».

«Sabato sera ero in coma. Non mi ricordo niente».

Shaz le ha visto la bugia in faccia e s'è sentita sporca. Il piccolo, sporco, segreto di Rach, proprio come era il piccolo, sporco, zitta-zitta, non-lo-dire, teniamocelo-per-noi di tutti. Ma una cazzo di persona al mondo che non si vergognava di essere stata con lei c'era?

Parole rotolavano in bocca a Shaz come biglie, pesanti, tintinnavano contro i denti. Parole furibonde, pungenti, da metter fine a un'amicizia. Parole con cui si sarebbe spaccata i molari se ci avesse dato un morso, con cui si sarebbe strozzata se avesse provato a inghiottire. S'è girata, s'è allontanata da Rach, la bocca piena fino a scoppiare.

Rach non si spiegava la rabbia torbida che aveva dentro, l'adrenalina che la strangolava, le bloccava la bocca. Non si spiegava perché tutto sembrava sbagliato e tutto era colpa di Shaz. Persino il dente scheggiato era colpa di Shaz. Persino questa sensazione strana che aveva – il pensiero fisso di sabato sera, come i pensieri continuavano a tornare al tocco del tappeto che le solleticava le cosce, alla lingua di Shaz, a quella bella sensazione che si spandeva. Il ripensare, il volerlo. *No*. Lei non voleva. Gliel'aveva *fatto volere* Shaz. Shaz la spingeva sempre oltre confini che non voleva superare. Chi era Rach ora? In chi l'aveva trasformata questa cosa?

Giorno di pallavolo, Rach di nuovo nell'altra squadra. S'è fatta insegnare le regole dalle fenomene. Ha provato a servire ammodo, a mandare la palla di là dalla rete battendo col pugno. La tirava in direzione di Shaz e Kel ogni volta che si mettevano a chiacchierare.

Quando sussultavano e si giravano a guardare, diceva: «Guardate che stiamo giocando».

Poi, negli spogliatoi, le ha prese da parte facendo segno di seguirla nelle docce in fondo, che non usava nessuno.

«Dovete accompagnarmi al consultorio sabato», ha detto.

«Per...?», ha chiesto Kel.

Rach ha alzato le sopracciglia. «Non mi vengono».

Kel e Shaz non sapevano cosa dire; sapevano che non era mai andata a letto con un ragazzo, ma quando si vantava delle sue imprese sessuali le avevano sempre dato corda.

«Io non posso, sono in punizione», ha detto Kel. Sabato pomeriggio sua mamma l'avrebbe fatta andare dalla vicina, a pulire il Lambrini che era colato sul tappeto.

«M'accompagni tu, allora?», ha chiesto Rach a Shaz.

«Non posso».

Le spalle di Shaz si sono incurvate, facevano da scudo al petto. Per un momento sembrava quella di una volta, prima della clinica per i disturbi alimentari: si rimpicciolivа, piano piano.

«Perché?».

«Non posso e basta».

Ha guardato Kel implorante, la pregava cogli occhi perché la aiutasse. Era troppo presto. Non ce la faceva ancora a tornarci.

«Aspetta la settimana prossima e t'accompagno io», ha detto Kel.

«No, ci devo andare sabato. E voglio sapere perché Shaz non mi accompagna quando io l'accompagno *sempre*».

Kel ha provato a lanciare uno sguardo d'avvertimento a Rach, e Shaz l'ha vista, e ha capito all'istante che Kel aveva raccontato quello che aveva promesso di non raccontare.

«Non ci credo, Kelly, cazzo». Mentre le mani di Kel la prendevano per il braccio per rassicurarla, Shaz s'è divincolata, l'ha spinta per passare e tornare negli spogliatoi, dov'erano rimaste a chiacchierare un capannello di darkettone e un capannello di fenomene.

«Ma io cos'ho fatto?», Kel arrivava dietro di lei, parlava forte, tant'è che le altre hanno alzato gli occhi.

Rach era al seguito, quella rabbia strana s'impadroniva di lei, dentro era tutta una foga, tutta un odio, una sensazione che aveva bisogno di una via d'uscita. «Eccola, sempre in mezzo come al solito». Rach ha commentato le azioni di Shaz: «Sì, vai via, su, sì, fai pure finta di non sentirmi – fai la vittima, sì, tutti dispiaciuti per Shaz, quando *per una volta* quella che chiede appoggio sono io».

Shaz s'è vestita in fretta, china come se così potesse

togliersi dalla traiettoria delle parole di Rach, come se così potesse proteggersi il cuore.

Dopodiché non si sono parlate per giorni. A ricreazione e a pranzo stavano ognuna in un gruppo diverso, e Rach e Kel si sedevano una in cima e l'altra in fondo all'autobus.

A ginnastica la settimana dopo 'sta rottura s'era già interrotta. Tempo e distanza avevano solo intensificato la loro ira. Avevano tutte chiesto le regole del gioco alle fenomene, imparato la differenza tra palla dentro e palla fuori, tra alzata e schiacciata. Facevano salti di continuo per schiacciare perché quella era l'azione più aggressiva, e s'esaltavano al tonfo della palla che colpiva il pavimento di là dalla rete. Ogni squadra chiamava la prof quando l'altra squadra rivendicava un punto mentre erano chiaramente in svantaggio. Avevano addirittura coinvolto le darkettone. Ma la prof aveva dato le ragazze per perse da tempo. Era rimasta nel campo dei ragazzi, arbitrava la loro, di partita, nel fischietto soffiava per le loro, di infrazioni.

Le ragazze si erano messe a arbitrarsi per conto loro.

«Era fuori!».

«Fuori un cazzo!».

«Hai toccato la rete!».

«Ma figurati!».

«Palla nostra!».

«È *nostra*, porcocazzo!».

Hanno perso il senso delle proporzioni. Importava solo vincere 'sta partita. Non esistevano amiche, scuola, esami, feste, non esistevano una Donny, uno Yorkshire del Sud, un'Inghilterra. Erano tutte assorbite dalla pallavolo, dal cranio alla tibia.

È finita 4 a 3 per la squadra di Rach, o 3 a 4 per quella di Kel e Shaz, a seconda di chi interpellavi. Stavano ancora lì a battibeccare di qua e di là dalla rete quando finalmente la prof se n'è accorta e ha gridato: «Andate a cambiarvi, per favore, signore». Si sono riversate negli spogliatoi accaldate, sudate, in collera. Sparse a grappoli tra panche e attaccapanni, gridavano a tre o quattro voci, puntandosi le dita in faccia.

Nel mezzo di quel botta e risposta furioso, Rach s'è avvicinata a Shaz. «Hai imbrogliato», ha detto, come non ci fosse stato peccato peggiore, piantandole un dito nel petto.

«Non toccarmi, cazzo», ha detto Shaz, e ha spinto Rach per le spalle. Rach l'ha spinta a sua volta. Shaz era quindici centimetri più bassa di Rach e pesava una ventina di chili in meno. Ha perso l'equilibrio, è caduta all'indietro sbattendo la testa contro i ganci dell'attaccapanni. Botta e ri-botta lancinante, dietro il cranio, due ganci di metallo che affondavano. Un colpo che s'irradiava in tutto il corpo: un dolore sordo, che echeggiava lungo il collo, nelle tempie. Sembrava che due zanne le avessero forato la cotenna, la fitta di quel morso le ha fatto salire le lacrime agli occhi, lacrime che manco per idea avrebbe lasciato scendere.

«M'ha spinto!». Shaz s'è appellata a tutta la stanza, guardava tutte le ragazze che c'erano intorno. Ansimava come avesse fatto una corsa.

«M'ha spinto per prima!».

«L'avete visto tutte, no? Quella yeti del cazzo m'ha spinto!».

Tutte, addirittura le fenomene, hanno avuto la classica reazione, visto che anche le fenomene erano ragazze di Donny. Hanno formato un cerchio attorno a Shaz e Rach, ripetuto in coro: «Rissa! Rissa! Rissa! Rissa! Rissa!».

«Dai, cacasotto», ha detto Shaz. «Se mi vuoi colpire, almeno impegnati».

Rach sentiva che la folla era affamata di spettacolo – «Rissa! Rissa! Rissa!» –, si sentiva spronata dalla sfida lanciata da Shaz. «Le imbroglione non le tocco, io», ha detto. «Non mi voglio mica insozzare le nocche».

«Quella che si inventa le cose *sei tu*, tesoro, non io».

«Assì, e che cose avrei inventato?».

Kel, che nel frattempo s'era fatta largo a spintoni tra la folla, è spuntata accanto al gomito di Shaz. «Lo sappiamo che non ci devi andare davvero al consultorio, Rach», ha detto.

«Ma cosa sapete, voi! Sono tre mesi che non mi viene il ciclo! C'ho la nausea mattutina! Solo perché non vado in giro a strombazzare come fa *quella*...».

La mano di Shaz s'è stretta a pugno, due nocche alzate come le aveva insegnato suo fratello, e ha colpito Rach sul naso.

All'inizio, Rach ha sentito l'impatto più con le orecchie, uno schiocco come di qualcuno che sbatte la tavoletta del water. Negli occhi un'esplosione di puntini argentati. Ha traballato, con la mano che scattava per reggersi all'attaccapanni. Poi è arrivato un dolore simile a un'ustione, simile a qualcosa di umido. Le si è spanso in faccia, aveva tutta la tremarella addosso.

Kel ha preso Shaz per le braccia, gliele ha bloccate dietro la schiena. Ma non serviva tenerla. Shaz aveva già visto il cremisi che inondava il labbro superiore di Rach, faceva *plop plop* sulla sua t-shirt bianca. Aveva già visto le lacrime che rigavano le guance di Rach. Era già dispiaciuta per tutto quello che non poteva cancellare.

Dopo – dopo che era suonata la campanella, dopo che darkettone e fenomene se n'erano andate, dopo che attorno a loro la scuola s'era svuotata – Kel, Rach e Shaz si erano sedute sulle panche, non si guardavano. Il naso di Rach gocciolava di rosso come stesse contando i secondi.

«Be', certo non parlo *io* per prima», aveva detto Kel.

Gli sguardi di Rach e Shaz si erano incrociati. Le bocche si erano contratte in un sorriso.

«Cosa?», aveva detto Kel. «No, no».

Rach e Shaz avevano riso.

«Non era una battuta!», aveva detto Kel. Poi s'era arresa e aveva riso con loro, anche se non capiva cosa ci fosse di divertente.

Rientrando a casa, sull'autobus Rach e Kel si sono sedute di nuovo vicine. Non erano tornate alla normalità – non c'era una normalità alla quale tornare, pareva – ma la rissa le aveva scosse tutte imponendo una tregua instabile. Il naso di Rach non era rotto. Il sangue s'era fermato dopo che Rach aveva tenuto premuta per qualche minuto la radice del naso, macchiando di rosso la carta igienica di cui s'era riempita la mano. Era arrabbiata con se stessa perché aveva pianto davanti a Shaz, ma era l'unica rabbia che le era rimasta dentro.

«Allooora», ha detto Rach a Kel, con una vocale lunga e crescente per far capire che stava per fare una domanda ipotetica. «Diciamo, no... diciamo che due ragazze si fanno un servizietto a vicenda, okay?».

«Okaaay?».

«È come dire che fanno sesso?».

«Perché lo chiedi?».

Rach ha scrollato le spalle e guardato fuori dal finestrino. «Che strano, eh. Cioè, se una ti fa un servizietto e non hai mai fatto sesso con un ragazzo, è come dire che hai perso la verginità?».

Kel ha scrollato le spalle: *Non ne ho idea.* Era un po' imbarazzata, non perché stavano parlando di sesso, ma perché non conosceva la risposta. Kel s'era data un sacco da fare tutta la vita per far pensare agli altri che sapeva tutto quello che c'era da sapere – testi delle canzoni, trama delle soap, nomi degli atti sessuali.

«Mi sa che vale solo se ti esce il sangue», ha detto Kel. Ci credeva anche se la prima volta a lei il sangue non era mica uscito. Era rimasta delusa, dopo, quando non aveva trovato nemmeno una goccia, nemmeno una traccia rossa da nessuna parte. Aveva pensato di essere difettosa, fatta male.

«Cioè, sei andata a letto con una?», ha chiesto Kel con un sogghigno. Non s'immaginava niente di più improbabile di Rach che andava con una ragazza, figuriamoci poi se tradiva il suo ragazzo con una. Rach sembrava sempre a disagio quando Shaz e Kel facevano un po' le lesboattrici.

Rach ha appoggiato la fronte al finestrino, le vibrazioni dell'autobus le scuotevano il cervello. «Non lo so», ha detto, con un filo di voce che quasi non si sentiva.

Ecco che non gliene sbatteva di nuovo più niente della pallavolo. Come fossero riemerse dopo essersi fatte una scorpacciata di qualche droga, non riconoscevano più il loro sé di prima. Ma chi *erano* quelle là che si sforzavano così di vincere? Da quand'è che davano così tanto peso a qualcosa?

Qualche settimana dopo, per quelli del secondo anno delle superiori è cominciato il periodo di studio a casa in vista degli esami. Shaz non vedeva quasi più Kel e Rach, che o erano impegnate a ripassare o uscivano coi loro ragazzi e gli amici dei loro ragazzi. Metà giugno, erano nel pieno degli esami, chiuse in casa a cercare di capire i verbi francesi e la distillazione frazionata e questo o quell'enigma di matematica che dovevano risolvere. Shaz si sentiva completamente persa, sicura che non avrebbe mai recuperato i tre mesi di scuola che aveva saltato mentre era in clinica, manco a provarci tutta la vita.

Fuori faceva più caldo e c'era più luce, erano tutte entusiaste per l'arrivo dell'estate e tristi per le estati già andate. Arrivata al punto da non riuscire più a guardare un triangolo isoscele senza aver voglia d'appallottolare il foglio con la simulazione dell'esame e ficcarselo in bocca, spappolarlo, ha messaggiato le altre due: nei campi c'erano di nuovo le balle di fieno, non è che avevano voglia di mettere insieme i soldi e prendere un po' di vodka e qualche birretta al volo, sborniarsi sulle balle di fieno come ai vecchi tempi? Le altre due hanno risposto subito: ne avevano. Cazzo se ne avevano.

Hanno riesumato le bici da rimesse e garage, raggiunto i campi sferragliando quella sera stessa, le cinghie degli zaini belle tese, appesantite dalle scorte. Assaporavano quel senso d'impudenza, l'essere in giro quando avrebbero dovuto ripassare. Era il momento dell'anno in cui la sera spaziava attorno a loro di un azzurro brillante, come non avesse nessuna intenzione di diventare notte. In cielo passavano nuvole rosee impalpabili, le facevano sentire sospese, come se il tempo si fosse fermato. Tra l'odore dolce di fieno e la prospettiva di ubriacarsi si sentivano tutte stordite, e intanto s'avvicinavano alle balle di fieno impilate, lì da sole al centro di un campo falciato come se le stessero aspettando. Hanno mollato le bici per terra, sono salite sulla prima fila di balle di fieno e si sono sedute in cerchio a gambe incrociate, gli steli che pungevano le cosce dai jeans. Hanno fatto cin-cin con le lattine e brindato alle «raga». Sorseggiavano, abbandonate ai ricordi. Ci venivano ogni estate qui. Da piccole per spettegolare e inventare coreografie; poi, dai quattordici anni, per ubriacarsi e guardare le stelle, per sentire che il mondo indietreggiava come una marea calante.

Shaz vedeva che il rossore sulle guance di Rach diventava più intenso, si domandava se forse non doveva provare di nuovo a parlarle della sera in cui s'erano perse insieme. Shaz voleva sapere se a Rach era piaciuto quant'era piaciuto a lei, se magari voleva anche rifarlo. Ma Rach strabordava d'energia, era tutta emozionata, nelle spalle aveva una sbruffoneria nuova, e una volta bevuto abbastanza, ha raccontato un po' di aneddoti piccanti: finalmente lei e il suo ragazzo l'avevano fatto. Ci ha ricamato su, ovvio, la farsa che lo facevano da sempre doveva stare in piedi, ma Kel e Shaz vedevano che era cambiata, sapevano che stavolta era vero.

«Un dolore bestiale, eh?», ha detto. «Mica te lo dice nessuno che male che fa». Sembrava estasiata da quel dolore. Sembrava più sicura di sé, come se i piedi avessero trovato la via stabile, piana, della certezza. Il dentista le aveva ricostruito il dente, quindi poteva parlare e sorridere in modo naturale. La parte ricostruita era di un colore così simile che l'attaccatura si vedeva appena. «Voleva ricominciare», ha detto, «ma io gli ho fatto Aspetta un attimino, bello, va' che mi prende fuoco tutto». Ha riso, una gran risata sciolta, e Shaz e Kel hanno riso con lei.

Vedendo Rach crogiolarsi in quel racconto, com'era felice di intrattenerle con aneddoti su quel sesso, Shaz s'è sentita come cancellata dagli atti, con uno scarabocchio, sostituita da qualcuno più meritevole. Era solo un brutto, deplorevole incidente di percorso.

S'è accorta, allora, che durante il periodo di studio a casa, ogni volta che aveva pensato a Rach, aveva pensato a lui – sperando che Rach l'avesse mollato, sperando che non fosse più innamorata. Sperando che Rach non ci andasse mai a letto, non lo rendesse mai quello che sarebbe passato alla storia come la persona con cui l'aveva fatto per la prima volta.

Rach s'è interrotta per bersi la sua bionda. Kel ha approfittato della pausa per raccontare a Shaz cos'era successo quand'era andata dalla vicina a pulire il Lambrini finito sul tappeto. All'epoca non aveva avuto occasione di parlarne: s'erano tutte tramutate in mostri della pallavolo.

Mentre Kel era inginocchiata per terra a raschiare con una spugnetta per i piatti insaponata quel pezzo di tappeto che avevano insozzato coi loro giochi alcolici, s'era ricordata della sfida lanciata da Shaz, s'era fatta coraggio per chiedere alla vicina se sapeva dove fosse suo papà ora. «Secondo lei, quand'hanno lasciato a casa i minatori forse s'è trasferito in America». Kel ha detto «America» come se le sillabe avessero dentro una magia.

«*In America?*», ha detto Shaz.

«Sì, quindi mi sa che forse ci vado anch'io».

«Eh? Ma a cercarlo?», Shaz ha riso. «Ma lo sai quant'è grossa?».

«Non a *cercarlo*, rimbambita, solo...». Kel ha scrollato le spalle. Non a *cercarlo*, ovvio. Non era mica tonta. Lo sapeva che non l'avrebbe trovato.

«Cioè, e come ci vai?», ha detto Shaz.

Kel ha scrollato di nuovo le spalle, come se non ci avesse pensato, quando in realtà ci aveva pensato un sacco. «Se vai all'università, ci sono dei programmi di studio all'estero, no?».

Kel non aveva mai parlato di università prima. Nessuna di loro ne aveva mai parlato. Anche se non l'avevano mai detto a voce alta, da un po' di tempo ormai tutte e tre avevano la sensazione che quella era una possibilità per Rach e Kel, ma non per Shaz. Secondo le mamme di Rach e Kel dovevano andarci. Secondo Shaz, sua mamma non s'aspettava che facesse niente di che.

«Ma cosa ti metti a parlare dell'università, fenomena che non sei altro», ha detto Rach. «Non abbiamo manco finito gli esami».

Ha fatto un sorriso rassicurante a Shaz, ma sapere che era un sorriso rassicurante – sapere che Rach cercava di essere gentile – in un certo senso ha fatto venire a Shaz la voglia di svanire nel buio che cresceva e non ritornare mai.

Quando Kel è saltata giù dalla balla di fieno e s'è avviata verso gli alberi in cerca di un posto dove fare una pisciatina, Shaz ha provato a sorridere a Rach e si è sentita arrossire. Si è sentita timorosa. Si sono girate, hanno appoggiato la schiena contro la seconda fila di balle di fieno, sedute con le gambe stese e i piedi flosci. Nello spazio tra loro ci stava quasi una persona. Guardavano fisso davanti a loro. Il limitare del campo stava svanendo nel crepuscolo.

Shaz s'è accesa una paglia, l'ha passata a Rach, se n'è accesa un'altra per sé. «Sono contenta per te», ha detto. «Che tra te e il tuo tipo va bene».

«Ti giuro, Shaz, non sono mai stata così felice».

Shaz s'è domandata se Rach sapeva che le sue parole sembravano ancora citazioni da commedia romantica. S'è avvicinata a Rach trascinandosi finché le loro ginocchia si sono toccate. Ha cinto Rach con un braccio. Rach non s'è né sporta né girata per abbracciarla anche lei; è rimasta dritta, rigida. Shaz ha appoggiato la testa sulla spalla di Rach, messa tutta storta, finché le è venuto il mal di collo, finché è stato ovvio che Rach si sarebbe fatta abbracciare, sì, ma non avrebbe abbracciato Shaz. Shaz s'è staccata, s'è ritirata verso il suo lato della balla di fieno, ha tracannato vodka a garganella cercando di scacciare il piccolo pianto che le zampillava nel petto. Lottava contro quella sensazione di polmoni svuotati, come se le avessero assestato un colpo alla spina dorsale e fosse rimasta senza fiato. S'è giurata che non avrebbe più permesso a Rach d'avere quel potere su di lei. Non l'avrebbe più permesso a nessuno.

Guardava Rach giocherellare con un filo di fieno, la guardava tirare boccate brevi, caute, provava a immaginarsela da grande. Comandina, buffa, con la ragione sempre dalla sua. Una brava insegnante, una brava mamma. Shaz provava a immaginarsi la sua piccola Kel che sfidava quei cattivoni degli Stati Uniti da sola, a migliaia di chilometri e parecchi pianeti di distanza. Non riusciva a immaginarsi com'era farsi venire idee grandi come l'America, credere di poter prendere e buttarsi in una vita nuova.

«A cosa pensi?», ha chiesto Rach.

Shaz ha tirato una lunga boccata, soffiato un pennacchio di fumo. «A niente, mi fa solo un sacco strano che la scuola è finita davvero».

Ma quant'era strano pensare che dopo l'estate Rach e Kel avrebbero studiato altri due anni in vista della maturità senza di lei. Che restava solo un'estate insieme prima che le vite di Rach e Kel diventassero per lo più fatte di quei due anni e degli amici con cui avrebbero studiato in quei due anni e di quegli stronzamici per la pelle dei loro ragazzi. Faceva strano che non fossero già più importanti l'una per l'altra com'erano prima.

Kel s'è issata di nuovo sulla balla di fieno, con un fiore viola dai petali ampi appollaiato dietro l'orecchio. In tasca ne aveva altri due, che ha teso a Shaz e Rach.

Ha detto: «Saliamo fino in cima».

Rach ha protestato dicendo che era troppo ubriaca e la catasta di balle di fieno era troppo alta, traballava troppo, sapeva troppo di trappola mortale.

«Fanculo». Shaz s'è bevuta un'altra sorsata di vodka. «Dai, Rach, non puoi far la gnoccolona *tutta* la vita».

«Sì, dai, Gnocco lesso», ha detto Kel, tra le risatine da ubriaca.

Rach ha alzato gli occhi al cielo, s'è alzata in piedi. Lei e Shaz si sono messe i fiori dietro l'orecchio, hanno lanciato le paglie nel buio. Si sono tutte infilate i jeans nei calzini, fissavano le balle di fieno che torreggiavano su di loro. Si sono ancorate alla seconda fila e si sono issate.

Resa dei conti

Ma se sai che una delle tue amiche storiche è sposata con uno stupratore, tu, a questa tua amica, glielo dici?

E se gliel'hai tenuto nascosto per quindici anni?

E se non gliel'hai detto quando aveva quindici anni, quando si erano appena messi insieme? Non gliel'hai detto quando stava per andare a vivere con lui nel bilocale sopra il fish & chips che sapeva d'olio da friggere e aceto di malto, né prima dell'anello di fidanzamento con l'ametista fatto come quello di Lady D, né prima dell'addio al nubilato a Blackpool – prima dei diademi, degli Jägerbomb, dei fischietti a forma di pisello –, prima del matrimonio, quando stava per comprare la bifamiliare di tre stanze con lui. Quando ormai s'era fissata di volere una vita con lui.

A voce alta la parola «stupro» non l'avevi mai pronunciata. Avevi appena cominciato a permetterti di pensarla. La tua ragazza, l'unica persona che lo sapeva, era da un po' che cercava di farti usare il termine giusto, di fartelo chiamare col suo nome, di farti smettere di credere che era un'altra roba, una roba più piccola, una roba con un altro nome. Non riuscivi a farti uscire la parola dalla bocca – e non ti passava manco per la testa di dirlo a Rach. Mica t'avrebbe ringraziato, eh. Figurati se voleva saperlo, e che cattiveria dirglielo ora.

Per anni non t'era servito farti 'ste domande, visto che tu e Rach vi parlavate appena. Ma quand'è tornata a casa Kel, rientrata dall'America per sempre, Rach s'è messa in testa di fare una rimpatriata. Per organizzare la rimpatriata ci sono volute due settimane, una chat di gruppo, una decina di ricerche su Google e almeno uno scambio di messaggi in privato, roba da presa per il culo, considerando che in ballo c'era solo una bevuta. Quand'è cominciata 'sta storia di organizzare eri seduta sul divano, col telefono a cinque centimetri dal naso, con la tivvù accesa per coprire il rumore di quella del vicino che si sentiva dal muro di qua – ha ottantacinque anni e è sordo e guarda *Countryfile* col volume a cento – e le urla degli sposini che si sentivano dal muro di là. Preferivi quando gli sposini si volevano morti, eh; meglio quello che sentirli tramare contro di te e contro la tua ragazza, macchinare per far sloggiare «'ste lesbiche del cazzo». Hai provato a bloccare tutto, a concentrarti sui discorsi che facevate nella chat di gruppo, che anni fa avete chiamato FEMINEM, come il gruppo rap tutto al femminile che avevate formato mentre facevate la coda per il pranzo quand'eravate in terza media.

FEMINEM

RACH
Allora raga non vedo l'ora di festeggiare IL RIENTRO DI KEL*!*
Ahah ce la siamo ripresa woohoo!
Io dico di farci il giro di tutti i pub dove andavamo a bere ai tempi.
Sarà una figata voi cosa dite.

KEL
(faccina che festeggia – faccina con l'occhiolino – faccina che vomita).

Ai tempi, quando ve ne andavate in giro con lo stesso ombretto glitterato che su Rach e Kel sembrava sempre perfetto ma a te s'infilava tutto tra le pieghe delle palpebre perché praticamente non ti si vedono. Facevate una scappata da Superdrug prima di cominciare coi pub, vi truccavate coi tester, vi mettevate in ghingheri gratis. Vi sentivate ribelli, libere, vi sembrava di vivere davvero, tipo che stripparsi e far serata in centro a Donny era l'apice della vita. Hai risposto premendo piano i tasti.

TU
Mezzi pub non ci sono neanche più.

RACH
Eh sì, pesa come il piombo, cerco solo di farmi venire in mente qualcosa di divertente da fare.

TU
Dico solo che ora tanti sono chiusi sprangati.

In centro a Donny ci sono più bar che centro città, eh, e una volta voi li giravate tutti. Anche se tanti hanno chiuso, il fegato di una trentenne mica ce la faceva a gestire tutte le tappe che proponeva Rach.

Mica non eri felice del rientro di Kel, oh. Era da quando se n'era andata che avevi una voglia matta di riaverla a casa. Kel non ha mai aggiornato i social come Rach, quindi non riuscivi a immaginartela, la sua esistenza di là dall'Atlantico. Era uno spazio bianco. Mai piaciuta a te, 'sta cosa che Kel sapeva tutto del tuo mondo – perché è sempre stato uguale, solo un po' peggiorato con la recessione e l'austerità e la Brexit –, ma che tu non sapevi niente del suo. E non riuscivi a sentirti emozionata al pensiero di rivedere Kel senza sentirti il vomito. Ora cosa sarebbe successo alla vostra amicizia? Potevate riprendere a bazzicarvi tutti i giorni? Facile restare amiche se vi vedete solo per darvi all'alcol ogni tot anni. Ora dovevate scoprire se l'amicizia avrebbe retto al tutti-i-giorni. E se dopo tre ore non sapevate più di cosa chiacchierare. Cosa cazzo ci avreste fatto col resto dell'eternità.

RACH
Vabbè però bisogna fare le cose ammodo, una serata in centro come si deve.
Perché per me sarà l'ultima serata alcolica per un po'...

Ha aggiunto i tre puntini così si capiva che doveva fare un annuncio.

KEL
Assì e come mai?

RACH
Vogliamo provare ad avere un bambino. (scimmietta che si copre gli occhi).

KEL
Ma dai! (faccine urlo-di-munch).

RACH
Follia eh? (faccina cogli occhi pazzi). *Avevamo detto di aspettare di avere un lavoro stabile e di aver messo da parte abbastanza per versare la caparra sulla casa e ormai ci stiamo da due anni quindi ora abbiamo deciso che è il momento.*

KEL
Oddio! Ma grande, Rach, sono davvero felice per te! (donna col pancione – donna col pancione – donna col pancione).
(fuochi d'artificio – fuochi d'artificio – fuochi d'artificio).

Kel ha mandato altre triplette di emoji, altri punti esclamativi, ma tu eri già saltata su dal divano, diretta in cucina. Hai sbattuto il telefono sul piano della cucina, fatto scattare l'interruttore del bollitore, lasciato cadere una bustina rotonda di Tetley nella tazza. Il milionesimo tè della giornata. Una volta bevevi tè per riempirti la pancia, così la smetteva di lagnarsi perché voleva il pane. Ti piaceva un sacco il bollitore che gorgogliava arrabbiato, il rumore riempiva la stanza e finivi per pensare che non sarebbe mai arrivato a ebollizione, poi – *clic*, strapiano, l'interruttore s'abbassava, l'acqua si calmava. Soddisfazione. Per un secondo.

Il tè l'hai sempre bevuto amaro perché lo zucchero non te lo sei mai concesso, no. Mai concesso dalla pubertà, ma dal gusto sentivi ancora che mancava. Troppo tesa per aspettare di lasciarlo raffreddare, hai bevuto un sorso troppo presto, ti sei ustionata la lingua. Sulla superficie rosa spugnosa sono spuntati dei bozzi. Hai smadonnato rivolta alla cucina vuota, alla lingua scuoiata, alla tazza che ti rovesciava il tè bollente sulle nocche.

Hai preso la vaschetta coi cubetti di ghiaccio dal ripiano in alto del freezer, che era tutto intasato di brina, che t'è toccato togliere col coltello del pane. È stato bello. Hai sbattuto la vaschetta sul piano della cucina finché è schizzato fuori un cubetto insieme a una pioggia di schegge di ghiaccio. È stato bello pure quello. Non c'è niente di meglio di un po' di violenza in cucina per sfogarsi. Ti sei passata il cubetto sulla lingua, cercando di lenire il dolore. Altro trucchetto dei tuoi, quello di succhiare cubetti di ghiaccio per tutto il giorno, fregare il cervello e fargli pensare che gli hai dato da mangiare. Hai cercato di non restare attaccata al passato, alla ragazzina che eri una volta, presa a combattere nella tua testa battaglie che nessuno conosceva. Hai provato a non ricordarti tutto quello che non eri mai riuscita a dire.

Ma un bambino? Rach ci faceva un *bambino* con quello là?

Nella chat di gruppo, Rach elencava i pub ancora aperti.

RACH
Ce ne sono sempre una marea, tipo Tut, Black Bull, Spoons, Leopard.

Il Leopard? Il cazzo di Leopard? Hai chiuso la chat. Il cubetto di ghiaccio s'è sciolto. Ne hai tirato fuori un altro a suon di colpi, hai succhiato. Perché provare a farti andare al Leopard? Sicuro lo sapeva che lavoravi lì quando – sono passati più di due anni, ormai – avevi perso il controllo, avevi tirato un boccale contro la band del marito di Rach. Lavoro perso, bandita dal Leopard a vita.

Secondo te a Rach il suo maritino aveva raccontato dove, quando, come – la sua versione, le aveva fatto di sicuro tutto un discorsetto dicendo che eri una troia pazza, fuori di testa. Secondo te era per quello che da lì in poi s'era comportata in modo strambo con te, così la distanza tra voi due era aumentata a ritmo più spedito, aveva rotto i rapporti apposta. La tua versione non l'avevi potuta raccontare né a Rach né a Kel, non senza dirgli perché avevi tirato il boccale. Avevi dovuto lasciar pensare alle tue migliori amiche che avevi perso la testa, aggredito uno senza un cazzo di motivo valido.

Sei passata alla chat privata con Kel.

'Sta menata del giro dei pub non la faccio, io.

Ma è giusto per berci qualcosa. Tu lasciala dire.

Ci sta che non vengo. Voi due andate. Tanto chissà se mi ci vuole.

Non fare la scema, devi venire. Senza di te non ha senso.

I tre puntini di Kel sono rimasti lì a balzellare per una vita, tipo che non sapeva come continuare a mettere in fila le parole.

Tu lasciala fare la rompiballe, almeno non ci tocca organizzare niente.

Di' a Rach di farsi i suoi piani, io mi faccio due bevute e prendo l'ultimo autobus.

Te lo sei detto a mo' di mantra: Due bevute e prendo l'ultimo autobus. Due bevute, ultimo autobus. Tanto non te ne potevi permettere più di due, e non potevi permetterti di ubriacarti quando c'era Rach. Non ti potevi fidare della tua lingua. Con troppi bicchieri in corpo, chissà cos'avresti detto.

Nelle settimane prima della rimpatriata, Rach ha inzeppato la chat FEMINEM facendo programmi, messaggiava tutte le volte che si ricordava un drink in particolare che ordinavate in un bar in particolare – *Dobbiamo andare al Biscuit Billy per un vodka Redbull! Dobbiamo andare al Boiler Rooms per un cicchetto di sambuca nera!* – e chiedendo *Ma dove si può andare a bere un cocktail decente*. Prima ancora di accorgerti che Rach t'aveva invischiato nella faccenda dei preparativi, eccoti lì a cercare «cocktail Doncaster» su Google. Hai smesso di scorrere i risultati quand'hai visto che in cima all'elenco dei «cocktail-bar a Doncaster» su Yelp c'erano quelli di Sheffield, città un po' più in là che è un posto vero, non uno che esiste solo perché a nessuno a parte Kel è mai venuto in mente di andarsene. E alla fine Donny l'ha rivoluta lo stesso, Kel.

Kel soffriva di una malattia, a quanto pareva. Aveva dovuto per forza lasciare il lavoro a Boston, tornare da sua mamma. Di cosa soffrisse non lo diceva. Speravi non di nostalgia. Speravi proprio che non avesse rinunciato alla sua vita laggiù perché le mancava girare con te.

La sera prima della rimpatriata, dopo un altro giorno di morte-da-micromanagement-da-chat-di-gruppo, quando la tua ragazza è tornata dal lavoro, già scoppiavi dalla voglia di sfogarti. Lavora in una casa di riposo a Thurnscoe, quindi rientra sempre a pezzi. 8 sterline e 50 l'ora, turni di tredici ore, aiuta le vecchie a lavarsi e a andare in bagno. L'hai baciata sulle labbra, fredde e screpolate per via del vento, le hai tolto il berretto, scompigliato i capelli ossigenati e col taglio mohawk, le hai appoggiato le mani calde sulle orecchie arrossate.

«Com'è, rompina?», ha detto, come al solito, cosa che detta da lei t'è sempre piaciuta un sacco ma che t'avrebbe fatto girare le palle detta da una qualsiasi altra persona. Ora la tua ragazza è praticamente tutta la tua vita. A parte Rach e Kel, le tue amiche o hanno fatto figli e sono sparite, o è venuto fuori che non erano proprio amiche, solo persone che lavoravano con te e odiavano le stesse cose – i turni la mattina presto, le tasse sballate, il responsabile – e una volta finito di lavorare insieme non c'era più niente da dire. Una volta tu e la tua ragazza andavate al gay bar in centro ogni quindici giorni, eravate diventate amicone di staff e habitué, finché poi ha chiuso. Ora festa grande vuol dire una puntata in centro una volta al mese o giù di lì, per andare al Taco Bell appena aperto dentro il Frenchgate.

Mentre tirava fuori la cena da una busta dell'ASDA – jalfrezi da fare al microonde, bottiglia di Irn-Bru – le hai fatto una testa così per 'sta stupida serata e gli stupidi programmi di Rach. Non sei stata zitta manco mentre lei scaldava le due porzioni di jalfrezi una alla volta nella loro vaschetta di plastica nera, alzavi la voce per coprire il ronzio del microonde. Non hai smesso neanche mentre mangiavate, manco quando ti sei spiaccicata un po' di salsa al curry sulla guancia e la tua ragazza ha scattato una foto per farti vedere che la chiazza era a forma di pisello, cosa che normalmente t'avrebbe fatto ridere, ma stavolta t'ha fatto sfoderare un'occhiataccia e dire: «Ti dispiace? Stavo parlando». Non sei stata zitta manco mentre vi guardavate la vostra serie scandinava, né mentre vi lavavate i denti insieme nel bagno stretto, tu seduta sul water, la tua ragazza in piedi al lavandino in boxer e reggiseno sportivo, il tricipite asciutto che scattava a ogni passata, e tu sempre lì a menarla: «Il problema di Rach è che deve sempre organizzare tutto lei, cazzo», mentre lo spazzolino elettrico ti si scatenava in bocca, la schiuma del dentifricio ti gocciava sulla maglietta del pigiama.

La tua ragazza ha sputato nel lavandino e ha detto: «Va bene, sei pronta per dirmi cosa t'ha fatto alterare davvero?». Sempre strabrava, la tua ragazza, a capire quando straparli di una cosa ma ti alteri per qualcos'altro. Piano piano ti stai abituando al fatto che lei trova sempre qualcosa da ridire, ma bruciava lo stesso. Prima di lei, nessun altro si è mai preso la briga di trovare da ridire sulle tue cacate. A parte Rach. Rach trova da ridire da quando avevate undici anni. Hai spento lo spazzolino. Sentivi lo stereo degli sposini con la canzone della rana pazza a tutto volume, canzone che mettevano due volte ogni ora, uno dei loro tanti piani geniali per sbarazzarsi di te.

Ti sei impegnata per calmare la testa. Una volta fermati tutti i tuoi pensieri stizzosi, hai detto alla tua ragazza che Rach aveva in programma di provare a avere un bambino. «Ma posso lasciarle fare un figlio con lui se non sa niente?».

La tua ragazza s'è accovacciata, ha appoggiato la fronte contro la tua, così magari i vostri due cervelli potevano affrontare il problema come un cervello unico. T'ha messo la mano a coppa dietro la nuca. Un brivido di calma lungo la schiena.

«Secondo te dirglielo è la cosa giusta?».

Hai scrollato le spalle, hai appoggiato la mano dietro la nuca di lei, lei fresca e salda contro il tuo palmo. Epperò come facevi a distruggere la vita a Rach, proprio quando aveva tutto quello che aveva sempre voluto? Cos'era più gentile – dirlo ora, o non dirlo mai?

«Secondo te Rach cosa vorrebbe da te?».

«Vallo a sapere».

«D'accordo, e tu? Hai bisogno di dirglielo per una questione tua?».

Hai provato a immaginartelo: non tenerti dentro il segreto, non averlo lì in mezzo tra te e le tue amiche. Che leggerezza sentiresti. Che libertà. E se Rach e Kel lo digeriscono – se ti credono, se dopo ti vogliono ancora bene –, allora sapresti che è un'amicizia vera, no? Sapresti che puoi contarci, no? Ma Rach impazzirebbe. Ti darebbe della bugiarda. Ti darebbe della troia odiosa. Manco ti guarderebbe più in faccia.

«C'è sempre Mexborough», ha detto la tua ragazza, alzandosi in piedi.

Una volta, quando c'era qualcosa che non volevate affrontare – bolletta del gas scaduta, prestiti che s'accumulavano, bevuta coi suoi – scherzavate parlando di fuggire in Messico, finché poi siete finite a scherzare parlando di fuggire a Mexborough, la cittadina dopo la vostra.

Le hai dato una frustatina sulla coscia con una salvietta per il viso, l'hai fatta ridere e t'ha dato una frustatina anche lei. Il tuo modo di ringraziarla perché t'aveva lasciato insistere con la tua solfa per tutta la sera, perché non esce mai dai gangheri quando parli troppo, troppo a lungo, della cosa sbagliata.

Sempre a metterla alla prova, eh, sempre lì a aspettare di vederla crollare. Abitudine che non riesci a perdere. Sei quasi sempre stata con gente che aveva un bel caratterino. Oppure era qualcosa che andava ancora più indietro, una roba che avevi assorbito nel grembo di tua mamma. Sempre lì lì per buttarsi nella mischia, quelli di Donny, eh?

Giorno della rimpatriata, per le cinque e un quarto aspettavi sulla panchina alla fermata dell'autobus, vicino alle saracinesche blu di China Kitchen, vicino alla finestra col pannello di compensato del centro dell'Esercito della Salvezza. Sul pannello c'era tutto un collage di volantini: incollati e grinzosi, spillati e svolazzanti, sbiaditi, lucidi, stracciati. T'è caduto l'occhio su un A4 rosa shocking. Era schizzato di pioggia e mezzo strappato, ma si leggevano ancora le lettere nere bombate: «15° ANNIVERSARIO DELLA MORTE DI SIMON BRACCIA-A-FRUSTA». Hai capito che era lì da mesi. L'avevi guardato una marea di volte senza vederlo.

Ti sei sentita come in balia del vento, tipo come stare al mare in piedi sull'orlo di una scogliera. Simon Braccia-a-frusta nella tomba da quindici anni e tu ti compativi perché ti tenevi dentro un segreto da tutto quel tempo. Eccerto che potevi continuare a tenertelo dentro. C'era di peggio. Sei rimasta con le dita aggrappate alla panchina finché quel senso di finire tra i fiotti in balia del vento non è svanito.

Eri contenta, in ogni caso, perché la tua è quel genere di città che ricorda i suoi morti. Contenta di non essere l'unica stronza che non ce la faceva a lasciare andare il passato.

Ti sei alzata dalla panchina per far sedere una ragazza perché spingeva un passeggino doppio con due bimbi dentro e sembrava a pezzi. Hai lanciato un'occhiataccia al tipo con la coppola in testa e il montone che manco aveva fatto finta di lasciarle il posto. T'è tornata in mente la volta che a undici anni t'eri infilata nel cinema per vedere *Titanic* con Kel e Rach – il pezzo dove affonda la nave, con tutti quei tizi che gridano «prima le donne e i bambini». Eri contenta di essere una ragazza, perché ti sarebbe sempre toccato per prima un posto sulle scialuppe di salvataggio. Secondo te essere una ragazza era più sicuro. Per quanto tempo c'hai creduto. Quanti anni c'hai messo prima di smettere di sentirti grata quando gli uomini dicevano «prima le signore», sorrisi melensi che nascondevano il loro vero significato, che la sicurezza te la davano loro, e loro te la toglievano.

Hai guardato il traffico sperando di veder spuntare il 219 da dietro l'angolo, non l'X19 che andava a tutto gas in Barnsley Road. Di solito speravi il contrario: il 219 ci mette quindici minuti in più, ti fa fare tutto uno zig-zag passando da Barnburgh, Harlington, High Melton, bei paesini di campagna con pub carini e case alte, poi passa dalle parti di Rach e Kel, prima di superare ansimando il North Bridge e entrare in città. Stasera non volevi essere troppo in anticipo, volevi essere in ritardo quanto bastava così Kel era già là, ma non tanto da far incazzare Rach.

Ovviamente l'X19 è arrivato per primo e le porte si sono aperte, sferragliavano, il motore sospirava. Hai aiutato la ragazza a caricare il passeggino sull'autobus, hai tenuto le mani tutte piene di bava ai suoi bimbi mentre metteva il passeggino nel portabagagli, poi sei salita al piano di sopra, ti sei seduta davanti così potevi vedere la strada che ti veniva incontro. Hai provato a tenere a bada i nervi, a non pensare al momento dell'incontro, al peso di quei primi secondi – al peso di dover sprizzare gioia. Il telefono ti vibrava senza sosta, quelle due si scambiavano aggiornamenti e informazioni sull'orario d'arrivo. Hai silenziato le notifiche di FEMINEM, nascosto il telefono nella borsa.

Un gruppo di adolescenti si sono stravaccate in fondo, si passavano un telefono, tutte urletti per un *meme* o un video su YouTube di quelli virali. Nei primi anni Duemila non c'erano mica, i *meme*. Praticamente non c'era manco internet. Ma quel male alla pancia te lo ricordavi, sì. Lo starnazzare era esattamente lo stesso. Una ragazzina stava dicendo alle altre quante calorie ci sono nella sborra – Sono più di mille, no, quindi meglio se la sputate se volete restare sulle mille calorie al giorno. Ti sei ricordata di quando avevi istruito Kel e Rach allo stesso modo, solo che nei primi anni Duemila era risaputo che un pompino ha le stesse calorie di un panino col prosciutto e il formaggio. All'epoca, secondo Kel tu sapevi tutto, ti guardava e diceva, Davveeero?, si fidava e ci credeva ciecamente, al di là di quello che sbrodolavi. Avresti fatto di tutto per rapire quello sguardo e portarlo con te. All'epoca cercavi di mangiare cinquecento calorie al giorno, ti odiavi tutte le volte che le superavi, tutte le volte che cedevi, t'abbuffavi con tre doppi cheeseburger col bacon del Burger King uno dietro l'altro.

Morivi dalla voglia di girarti, dire alle ragazzine di non essere così dure con loro stesse. Sì, perché tu avevi smesso di essere dura con te stessa, eh, buonanotte.

«Ha pochi grassi», hai detto, da sopra la spalla.

Le ciance delle ragazzine si sono fermate di scatto, tipo che si erano appena accorte di non essere da sole.

«Come?».

Ti sei girata: erano in sei, ti guardavano tutte con sospetto, erano così cariche di trucco che avevano tutte la stessa faccia – stesse sopracciglia spesse e folte, stesso contouring sulle guance, stesse labbra cariche. Volevi dare un abbraccio a tutte.

«Lo sperma ha pochi grassi, eh. Weight Watchers lo calcola a mezzo punto».

«Oooh», ha detto una, come rivolta a una vecchia con la demenza. «Già. 'Azie». A suon di occhiate e scrollate di spalle si sono dette *E quella chi cazzo è?* e *Cazzo ne so*, e sono tornate a insegnarsi a vicenda come fare sesso senza diventar grasse.

Ti sei girata, sorridevi tra te e te; manco tu ti saresti stata a sentire. Magari la battuta l'avevano capita, però, magari avevano capito che avevi provato a farle ridere, te lo auguravi. Ora il finestrino davanti era appannato, fuori tutto era sfocato. La strada grigia ti veniva incontro a mo' di galleria. I lampioni infiammavano il buio di nastri ambrati. Ora arrivava York Road. C'eri quasi.

E se a Kel e Rach non bastavi più? E se non riuscivi più a farle ridere? E se poi ridevano per finta alle tue battutacce? E se poi rivedendovi facevate tutte finta di piangere? Ti sei immaginata Kel che si faceva scendere le lacrime di felicità a forza. Il cuore t'è sgusciato via dalla gabbia toracica, t'è finito negli stivali.

Fermata sul North Bridge – dopo aver tenuto di nuovo la mano sbrodolata ai bimbi, dopo aver aiutato di nuovo la ragazza a scaricare il passeggino –, il vento ti scuoteva i capelli, ti respirava addosso umido e fresco. Sei passata davanti alla cattedrale – cattedrale che una volta era solo una chiesa, finché poi Donny non ha deciso di far domanda per diventare una *city*, cominciando a rinominare tutto. La chiesa è diventata «cattedrale», il Doncaster College è diventato «University Centre», ma poi l'amministrazione di Sua Maestà ha capito lo stratagemma. Hai scrutato nell'ombra della cattedrale per vedere se tra le tombe c'era un'accozzaglia di ragazzi sbronzi persi di White Lightning.

Certo che c'era – una stesa di facce pallide e cappellini da baseball sul vecchio muro dove una volta vi sedevate voi per finire sbronze perse, senza sapere che in realtà quel muro è l'unica roba rimasta di una fortificazione romana, senza sapere che è lì da duemila anni. Manco tu lo sapevi che Donny è così antica, mai pensato per un secondo che qualcuno s'era preso la briga d'invaderla. Stando alla piccola Shaz, quello lì era un muro, e basta. Spezzato, irregolare, con le erbacce che si facevano strada nella pietra sformata. Scommettevi che pure per 'sti ragazzi era solo un muro. Solo un posto dove sedersi, bere, sputare, fumare. Forse anche i soldati romani lo usavano per quello. Forse s'annoiavano come v'annoiavate voialtre.

Quando sei arrivata al Black Bull, Rach era al bancone da sola. Il Black Bull sarebbe il pub squallido da vecchi da dove Rach s'era impuntata di partire perché era da lì che partivate ai tempi della scuola. Non era cambiato: soliti sedili color malva strappati, solite decorazioni d'ottone inchiodate ai pannelli di mogano sui muri, soliti sgabelli occupati da habitué grigi, sgonfi, stagionati. Rach s'era tagliata i capelli, ora le arrivavano al mento, con delle schiariture delicate. Aveva un vestito nero abbastanza corto, coi lustrini, sembrava pronta per andare a una festa. Ti sei sentita sciatta, con quei jeans, quella camicetta che faceva i pallini. Rach t'ha salutato con la mano, il corpo scintillava.

Sul bancone aspettavano in fila tre cicchetti di tequila argentata, con una fetta di lime in equilibrio sull'orlo. Hai ricordato a te stessa: due bevute, autobus.

«Offro io!», ha detto Rach, facendo spaventare l'ottuagenario seduto tutto curvo a bersi la sua Guinness sullo sgabello dietro di lei. Ancora presto, erano solo le sei, quindi c'era più che altro gente che sbevazzava di giorno armata di buste della spesa, coi piatti sporchi rimasti lì da quando avevano mangiato. Rach t'ha abbracciato così forte che t'ha strattonato la coda. «Mi sei mancata tanto, tesoro», ha detto, con la bocca appiccicata alla tua cotenna tirata. Magari gliel'avresti detto anche tu, ma avevi tutti i suoi capelli in bocca, avevi la borsa infilata nelle costole. Magari saresti anche stata sincera, ma l'abbraccio era un tantino *troppo* forte e t'insospettiva. Magari ti saresti anche lasciata andare, avresti avuto una gran voglia di quell'intimità che Rach faceva finta di avere ancora con te strizzandoti così.

Tra i lustrini di Rach che ti grattavano la gola, lei che diceva cose parlando sopra la tua testa con una voce scema da rimpatriata e il suo profumo che conoscevi bene, dentro di te brontolava una fame d'intimità.

Rach ha mollato la presa, s'è girata per incrociare lo sguardo del barista. «Cosa prendi? Il primo giro lo offro io».

Il secondo, cioè. I cicchetti di tequila erano ancora sul bancone, coi goccioloni.

«A posto così, per me. Mi fermo solo per un paio di drink».

«Un bicchiere di Diesel?», ha chiesto Rach, ricordandosi di quello che bevevi a sedici anni, un mix di sidro, birra bionda e sciroppo al ribes nero, dolce e letale quanto bastava per appagare i gusti di un'adolescente. Erano anni che non ti veniva voglia di bertene uno. Ora non ne avevi voglia. Rach era agitata, gli occhi rimbalzavano tra te e il barista, ti faceva dei sorrisi inquieti ogni volta che incrociava il tuo sguardo. Non lo capivi mica, quel suo nervosismo, se era in ansia solo perché ci teneva a far andare bene la serata, o se era nervosa perché c'eri tu. Aveva paura che poi finivi per detonare. Allora ti sei convinta ancora di più che il suo maritino aveva sparlato di te, s'era inventato che eri proprio una svitata.

Non eri ancora riuscita a toglierti la giacca che già Rach faceva un segno al barista, ti metteva in mano un bicchiere di Diesel. I cicchetti aspettavano ancora. E ora ti toccava pagare il secondo giro, poi toccava a Kel, poi gira e rigira e ecco che per te cominciavano i guai.

«Niente cicchetto per me, sennò ci resto secca».

«Non devi guidare, vero?».

Rach lo sapeva che non avevi la macchina, mai avuta una in vita tua.

«Devo prendere l'ultimo autobus».

«Ma col cazzo che prendi l'ultimo autobus! Andiamo a fare quattro salti al Walkabout». Ha sculettato per darti un assaggio. Tu lo sapevi che ora il Walkabout è un negozio di vestiti, ma non gliel'hai fatto notare. Altrimenti poi avrebbe cambiato programma e v'avrebbe trascinato al Berlin's o al Courtyard, o – Dio te ne scampasse – al Flares, il bar a tema anni Settanta in Hall Gate dove adolescenti e pensionati bevono Reef al gusto tropicale in modalità priendiduepaghiuno e limonano sulle note di *Dancing queen*.

«Andiamo a casa in taxi», ha detto Rach.

«Per andare da me ci vuole un ventone».

«Non preoccuparti, in qualche modo facciamo».

Lo sapevi che «in qualche modo facciamo» voleva dire finire per decidere come dividere la spesa alle tre di notte, con Rach che davanti a casa sua usciva dal taxi barcollando, ti cacciava in mano un pugno di monete tutte sudate che coprivano a malapena la sua parte.

«È la prima sera di Kel in città», ha detto Rach; sì, perché quello bastava a farti comparire più soldi nel portafoglio come per magia. Ha alzato il bicchiere; avete brindato, hai provato a dire un «salute» squillante come il suo, poi hai bevuto troppi sorsi di quel tuo miscuglio viola nauseante, e ecco che mezzo bicchiere era già sparito e già te lo sentivi nelle ginocchia.

«Figurati se non arriva in ritardo», hai detto. «Cosa ci vuoi fare».

«Oh, mi fa diventare matta». Rach ha alzato gli occhi al cielo, sospirato – plateale, finta.

«Pure farti rispondere ai messaggi è un incubo ormai». Ci stavi prendendo gusto, ora che avevate trovato un terreno d'intesa. Potevi mettere giù il bicchiere, toglierti il giubbotto, respirare. «Non ti risponde per settimane, tu continui a chiedere se sta bene, e in risposta ti becchi solo tre cuoricini».

«Sì». Rach ha cambiato tono, ha distolto lo sguardo. «Pessima quasi quanto te».

Che cazzo vorrebbe dire, ti sarebbe piaciuto saperlo. Quella che non rispondeva più ai messaggi da anni era Rach, inventandosi che aveva troppo da fare per vederti. Era arrabbiata con te per cosa? No, eh – quattro chiacchiere alla buona e fine. Due bevute, ultimo autobus.

Quand'è entrata Kel, per prima cosa hai notato com'era minuta. Almeno dieci chili in meno rispetto all'ultima volta, e già non è che ne aveva d'avanzo. Era bella e malata. Nuove rughe le solcavano la pelle sotto gli occhi, cuscinetti soffici di chi non dorme. Volevi prenderle la faccia tra le mani e guardarla, goderti quella sua presenza surreale. Sembrava un'estranea che assomigliava tantissimo a una persona morta. Le davi tutte le età che aveva avuto: undici anni, quattordici, diciotto, ventitré – erano tutte lì, ma mescolate a qualcosa che non riconoscevi. Stessa cosa coi tuoi vecchi compagni di scuola che non vedevi quasi mai. Spuntati su Facebook dopo essere spariti nel nulla per quattordici anni e non sembravano trentenni o giù di lì; sembravano ragazzini con l'aggiunta di rughe e ciccia.

Kel ha sorriso, e eccola lì, la tua Kel, con le solite guance tonde di sempre. T'ha buttato le braccia al collo e l'hai abbracciata anche tu, c'era così poca Kel che ti sei spaventata – c'era più cappotto che corpo – e poi ecco che le lacrime t'incasinavano il mascara. Gli occhi di Kel sembravano umidi, ma sulle guance non è sceso nulla, e tu volevi pensare che stava tenendo a freno una gioia reale, ma mica osavi crederci.

Kel ha abbracciato Rach molto più a lungo, sembrava, molto più forte, dondolavano a destra e a sinistra, e non ce l'hai fatta a non sentirti come t'eri sempre sentita quando condividevano qualcosa di loro – la sensazione che non saresti mai riuscita a recuperare quei primi anni, Rach e Kel bambine, cresciute insieme sulla solita strada, amiche del cuore già prima d'incontrarti il primo giorno di scuola. Poteva passare tutto il tempo del mondo, ma sapevi che non c'era storia.

Rach ha accennato con la mano ai cicchetti di tequila disegnando un arco come a dire *Voilà!* T'è venuta in mente una recensione vista su Yelp mentre cercavi i cocktail bar, un tizio che inveiva contro il Premier Inn perché gli avevano detto che erano pieni finché non aveva chiesto di parlare col direttore. Aveva scritto: «*E viola!* Alla fine una stanza libera c'era». T'aveva fatto ridere, pensare a 'sto tizio infuriato duro che diceva nomi di strumenti a caso: *E trombone! Fagotto! Euphonium!* Volevi dirlo ora –

Viola! – ma non sapevi se detto da te faceva ridere. Se poi non ridevano, non sapevi se avresti retto.

Rach ha messo un bicchierino in mano a Kel e uno in mano a te.

«Evvivaaa», ha detto Kel. Ha fatto un gran sorriso, ma a te sembrava come quello delle maschere da teatro, ingessato e largo in modo assurdo.

«Vai di sbronza!», ha detto Rach.

Non potevi berti il cicchetto. Non potevi ridare i soldi a Rach, e ti toccava tornartene a casa da sola, e ora eri abbastanza grande da aver paura – da non voler essere un casino ambulante di braccia e gambe e liquore che inciampava a ogni passo, fatta di gomma, in cerca di un corpo da stringere. Una volta avresti insistito tu per la tequila, sì, insistito per leccare il sale sulla mano di qualcun altro – il flirt di turno, ragazzo o ragazza che fosse –, per farti leccare il sale sulla tua. Una volta secondo te era una roba sexy. Bene se poi ti ricordavi poco o niente di quel che avevi combinato. Finché te ne tornavi a casa con le dita delle mani e dei piedi intatte, per te era stata una serata super, cazzo. Come facevi a non morire, infilandoti in tutti quei casini, 'st'ambizione folle che la piccola Shaz aveva di prendere l'oblio a due mani e sguinzagliarlo a furia di scossoni, lasciare il suo corpo vulnerabile in centro, nei vicoli bui, nei taxi, in mezzo al nulla. Mica lo sapevi cosa andava cercando – se voleva distruggersi, o solo prendersi a botte di vita, di vivere, tutto quello su cui riusciva a metter le mani.

Quella ragazzina non era mica più te, ma le sue cicatrici decoravano ancora il tuo corpo. Il coprisedile del water rotto ti sfregiava ancora il palmo sinistro, la caduta dai tacchi alti sull'asfalto ce l'avevi ancora intrappolata nel legamento acciaccato del ginocchio destro. Il frego sul polso della sera che non potevi nominare. Si vedeva ancora la riga bianca sottilissima, tagliava la vena, così leggera che la vedevi solo tu.

«Allora, signore». Rach ha alzato il bicchierino. «Mandate giù questi, mandate giù quei bicchieri, poi si va di Old Castle, Vintage Rock Bar, Tut 'n' Shive» – li contava sulle dita – «Bailey's, Leopard...».

«Al Leopard non ci vengo», hai detto.

«Ma dobbiamo andare a berci un Tropical Sourz lemon», ha detto Rach.

Incredibile la quantità di rituali che avevate una volta, e Rach se li ricordava tutti. Le studiavi la faccia in cerca di un movente, un indizio di finta innocenza. Ma lo sapeva cosa ti stava chiedendo di fare? Che poi magari il buttafuori t'avrebbe mandato via in un tripudio d'infamia e lei ci sperava pure? Sono passati due anni; il posto ha cambiato gestione. Ma sapevi che non potevi sperare di non essere riconosciuta da qualcuno del personale.

«Me ne vado a casa prima».

«Non fare la gnoccolona, è la mia serata!».

«Sì, c'è da festeggiare», ha detto Kel. «Almeno una di noi diventerà finalmente adulta!». Kel s'era tutta imbellettata con una gioia così vivace, gli occhi erano accesi di così tanta felicità che volevi chiederle come stava davvero, che dolore nascondeva. A Rach glielo vedevi in faccia che era compiaciuta. Aveva fatto tutto ammodo, e ora aveva tutto quello che le era sempre spettato: casa, marito, tra poco figli.

«Ma non era la serata di Kel? Non sei ancora nemmeno incinta, vero?».

«*È* la serata di Kel. Pensavo solo che sareste state pure felici per me».

«Siamo felici per te», ha detto Kel. «Festeggiamo doppio». T'ha messo l'indice nella piega del gomito. «Possiamo festeggiare anche Rach, no?».

Hai messo la mano sul dito di Kel, a mo' di nido, hai sentito il calore dei vostri due corpi connessi e hai provato a cavare forza da lì.

Hai alzato il bicchierino: «Allo gnoccoletto che sta per spaccare mamma gnocca». L'hai detto con un tono impassibile – serio, non serio –, magari capivano che era una battuta, ci speravi.

Hanno alzato i loro cicchetti di tequila: «Alle gnocche che si spaccano!».

Hai brindato e leccato il sale e ingollato, sbattuto il bicchiere sul bancone per prima. Sei stata la prima a sentire la fetta di lime bruciare il palato.

Siete partite per fare il giro dei postacci del centro, cominciando da quelli dove una volta andavate il venerdì pomeriggio, quando tu studiavi per il diploma in Ristorazione e Rach e Kel studiavano per la maturità, loro due avevano le cravatte dell'uniforme al collo e le servivano lo stesso. Hai bevuto un bicchiere in tutti i locali finché hai cominciato a sentirti piena. A poco a poco vi siete fatte strada tra le vie coi denti radi, finestre coperte con le assi vicino a posti nuovi rimodernati apposta per sembrare *speakeasy* americani, ma che sparavano le stesse canzoni anni Novanta che una volta ballavate alle feste nel salone della parrocchia. C'era un'atmosfera di festa, i takeaway emanavano odori da lunapark, patatine e ali di pollo fritte e una roba tipo pastella ma dolce. Corpi dappertutto, passavate in mezzo a ragazze giovani e donne più grandi coi tacchi alti e le pettinature alte e le guance infardate, in ghingheri con l'abitino buono. Branchi di ragazzi che gridavano e si prendevano in giro tra loro, un affetto che da fuori sembrava crudeltà. Un ragazzo ha detto al suo amico, mentre camminavano mangiando dalle scatole di cartone: «Che culone!», e l'ha indicato – «One, one, one, one, un cazzo di culone!» –, poi l'ha abbracciato tutto sudato e gli ha dato un bacio sulla fronte rovesciando patatine sul marciapiede. I takeaway erano stipati di gente che esce di pomeriggio, gente in giro da mezzogiorno, mangiavano roba pesante per far spugna, preparavano gli stomaci al secondo round. Le strade erano stipate di nottambuli che provavano a mettersi in pari, in corsa verso la sbronza, sgassavano e si gasavano sempre di più. Ci avrebbero dato sotto fino al punto d'ebollizione, per poi traboccare, far scoppiare la rissa. Te lo sentivi, c'era quel fremito nell'aria.

In Silver Street avete provato con l'Aruba ma era chiuso sprangato. Vi ci siete fermate davanti, l'avete fissato, Rach e Kel che dicevano, Dai, proviamo da un'altra parte. Per un po' ci hai lavorato, lì all'Aruba, finché una notte dopo una bevuta a fine turno il capo ha allungato un po' le mani. Un vecchio magazzino mastodontico ristrutturato, finestre alte nascoste dal truciolato. All'epoca Silver Street era in subbuglio, ma quella sera c'era meno gente perché ora a Donny la movida s'è spostata qualche strada più in là. Quando ci lavoravi, il venerdì e il sabato sera alle sette la polizia l'aveva già sbarrata, Silver Street, parcheggiava furgoni antisommossa in cima e in fondo alla strada. Dentro, un gruppo di sbirri dall'aria annoiata, in attesa del carnaio. Avevano tolto l'insegna dell'Aruba – e a ripensarci, quel posto ha cambiato nome almeno cinque volte da quando ci lavoravi tu: Space, Che Bar, VDKA. La tua ragazza lo chiama ancora Revolution perché ai suoi tempi quello era. Sopra la toppa spoglia messa al posto di tutti 'sti nomi, sopra le finestre del primo piano, in lettere rosse, la scritta «ALFRED HALL LTD», e ecco che l'edificio era sempre stato solo un magazzino, ecco che balli e trangugiamenti e scopate nei bagni e vomitate negli orinatoi non c'erano mai stati, sembrava. Ecco che sotto il bar non c'era mai stata una cantina per le birre, ecco che il capo non t'aveva mai bloccata in un angolo, non t'aveva mai spinta contro il muro. Sembrava.

Rach v'ha portato in un bar nuovo in Priory Walk, ma al posto del bar c'era un kebabbaro, quindi siete andate da Spoons, lì vicino. Da Spoons la musica non c'era. Con quel silenzio ti sei accorta che ormai eri sull'ubriaco andante, ormai vedevi tutto fumoso e sfuggente, ormai biascicavi le parole. Non dovevate gridare per farvi sentire, ma niente colonna sonora voleva dire sentire di più la pressione di dover avere una conversazione decente. Rach ha annunciato che era di nuovo il suo turno di offrire da bere, ma le hai chiesto di non prenderti niente perché tanto dieci minuti e te ne andavi.

Mentre si faceva largo a gomitate nella tripla fila di gente al bancone, tu e Kel vi siete accaparrate gli ultimi divanetti liberi, uno di fronte all'altro con un tavolino nel mezzo, attaccati da un lato alla finestra. Di là dalla finestra, il vicolo tra Spoons e il kebabbaro, c'erano dei ragazzi che si riempivano la bocca di striscioline di carne.

Eri contenta di poter stare un attimo da sola con Kel. Vi siete sedute sullo stesso divanetto a due, ti sei appoggiata al suo braccio.

«Allora, stai bene?». L'hai guardata negli occhi per farti capire – con Rach faceva tutta la ridanciana, ma tu lo vedevi che era una finta. Qualcosa c'era.

«Sì, finora serata super, eh?».

«Ma non stavi male?». Le hai messo la mano sulle dita tozze, sulle unghie mangiucchiate. «Puoi essere te stessa con me, lo sai. Non serve a niente stare fuori se non te la senti».

Kel ti fissava, occhi scuri che indagavano nei tuoi come a caccia di una prova per capire che le stavi davvero dando il permesso di essere *se stessa*, di essere la versione di sé emersa negli anni che era stata via.

Rach s'è seduta sul divanetto di fronte interrompendo il contatto visivo tra te e Kel. Bottiglia di vino e tre bicchieri alla mano. A momenti le chiedevi perché cazzo aveva portato un bicchiere per te, ma ti sei trattenuta. Non volevi sembrare ingrata. Non volevi berlo quel rosé, anche se a sedici anni ve la bevevate *sempre* una bottiglia di rosé da Spoons. Te lo sentivi, altri due sorsi e poi eri spacciata.

«Favoloso, eh?», Rach ha messo bottiglia e bicchieri sul tavolino. «Non stiamo tutte insieme da un sacco eppure sembra ieri. Proprio come ai vecchi tempi, eh?».

Ti sei sentita il corpo teso, sembrava pompato d'aria. Ora che Rach aveva detto così, praticamente vi toccava fare come se fosse tutto uguale, come se gli anni non v'avessero plasmato e trasformato in figure spaiate che non s'incastravano più bene. Rach stava chiedendo a Kel di essere la solita Kel di sempre, dolce e rilassata e a disposizione. Stava chiedendo a te di essere la solita Shaz di sempre, Shaz la Festaiola, Shaz la Non-si-fanno-sconti, la Shaz Dai-coglioni-che-vi-sistemo-tutti-io.

Kel ha tolto la mano da sotto la tua. «Starò bene con qualche altro bicchiere in corpo», t'ha detto all'orecchio. «La pagherò domani, eh, ma...» – ha scrollato le spalle – «Fanculo!». Ecco che la sua voce era tutta di nuovo impiastrata di Donny, come quando tua nonna spalmava la margarina sul pane bianco. I suoni in *u* erano rotondi e bassi, un suono così grasso che lo potevi masticare. Ma si sentiva ancora la yankeeficazione nella piega che prendevano le vocali, le frasi finivano tutte all'insù.

Ogni volta che tornava, tornava diversa. Un po' meno come te, un po' più come loro. Faceva del suo meglio per nasconderlo, ma si sentiva, nel suo accento barcollante, da come a volte diceva «Che buffo», anziché ridere davvero, da come chiedeva alla gente che «lavoro faceva» anziché imparare a conoscerla. Da certi commenti che faceva su Donny la città non sembrava più la sua. Tipo qualche anno fa, rideva di un cartellone pubblicitario che aveva visto in stazione, una piscinetta di plastica con un enorme squalo disegnato. La didascalia diceva: «DONCASTER COLLEGE: SII UN PESCE GROSSO IN UNO STAGNO PICCOLO». Secondo Kel faceva sbellicare, ma tu non capivi cosa c'era da ridere. Stessa cosa col murale vicino alla tangenziale, «AMA, RESISTI, DONA, SPERA», fatto con la vernice a spruzzo e alto due piani. «Cos'è?», aveva detto Kel, con un sorrisetto. «Il "Vivi, Ridi, Ama" di Donny?». Sì, bella, avevi pensato tu, noi resistiamo senza vivere granché.

Rach ha riempito il bicchiere a tutte facendo un gesto ampio col braccio, come fosse champagne anziché spumante rosé brut Denbies, l'unico rosé sulla piazza, ora che da Spoons si rifiutano di servire alcol non inglese. Tutti quegli anni a bere lì senza sapere a chi davate i vostri soldi, finché il proprietario non s'è rivelato uno stronzo pro-Brexit. La Brexit è un'altra delle cose che t'eri ripromessa di non tirar fuori con Rach. Più facile guardarla negli occhi e *sospettarlo e basta*, che aveva votato per l'uscita.

Avete fatto toccare i bicchieri, cin-cin, vi siete versate in bocca il più squisito rosé di casa vostra.

Hai detto: «Bevo 'sto bicchiere e vado».

Rach ha fatto per controllare un orologio che non portava. «Pianti tutto prima delle dieci? Non è da te darsi per vinta».

«Kel non sta bene, dobbiamo portarla a letto».

«Sto bene, invece! Ho proprio voglia di andare a ballare, non ci vado da una vita».

«Quindi dopo Leopard?».

«Ma per...?», hai chiesto.

Il sorriso di Rach s'è irrigidito. «In ricordo dei vecchi tempi!».

Che illusa, eh, a pensare che magari Rach cercava di farti andare al Leopard così *avreste dovuto* parlare della sera che avevi lanciato il boccale? Che ingenua, eh, figurati se una parte di lei sapeva che la storia non finiva lì – figurati se voleva davvero farsi raccontare la verità da te, eh?

«Macchecazzo, facciamolo!», ha detto Kel. «Guarda, Shaz, se mi serve una guardia anti-divertimento ti faccio sapere, eh». Eccola – quella curva all'insù, l'America che trasformava le sue risposte in domande.

Ti sei bevuta il vino d'un fiato, cercavi di finire in fretta così potevi andare. Kel e Rach erano sempre più plateali e ridanciane, mentre parlavano si sbracciavano sempre di più, finché poi la mano di Kel è finita in volata sul cavallo dei pantaloni di un tizio che passava e lei ha dovuto dire: «Ops, scusa!».

Rach e Kel ridevano e si sono lanciate nel ma-te-lo-ricordi-quando: Ma te lo ricordi quando sei finita addosso a quel tizio al Walkabout e lui urlava che gli avevi fratturato il pisello? Me te lo ricordi quando quello ha rotto con te al Walkabout perché gli avevi ruttato in faccia? Ma te lo ricordi quando ti sei chiavata quello nei bagni al Walkabout e ti sei spaccata la testa contro la cassetta del water?

Agguantavano tutti i ma-te-lo-ricordi-quando che avevano sottomano. Per la paura del silenzio. Quand'eravate ragazzine non c'era mai silenzio – eravate sempre lì a intrecciare una rete di fili, v'interrompevate a vicenda con un Oh, tra l'altro, o un A proposito, o un Oh, mi sono dimenticata di dirti! Poi una tagliava un Tra l'altro con un altro Tra l'altro, e finivate per parlare di sei robe contemporaneamente passando da una all'altra, senza far mai cadere un discorso.

Sapevi già che Rach ha ristrutturato la cucina, delle feriucce col suo maritino sulla Costa del Sol. Sapevi già del tipo che Kel ha frequentato in America dopo che suo marito se n'era andato, al tipo piaceva schiaffeggiarla a letto ma «non in senso cattivo». Ora rivangavano nel passato. Solita trafila che facevate ogni volta che Kel veniva a trovarvi.

Com'è che non ti chiedevano mai se c'erano novità? Non lo sapevano che tempo una settimana e avresti iniziato un lavoro nuovo, uno come si deve – avresti assistito dei ragazzini con l'autismo. Ti è sempre piaciuta, l'idea di aiutare i ragazzini. Ma non ti saresti mai azzardata a pensare di aver le competenze se non era per la tua ragazza, t'ha spronato, ha creduto in te. Loro manco sapevano che hai la ragazza. Tutte le volte che dicevi che ti vedevi con una a Rach veniva uno strano tic, muoveva il naso a scatti come un coniglio finché non cambiavi argomento. Ma se ti vedevi con un ragazzo restava sempre lì a bocca aperta, tutta entusiasta. Altra cosa ancora che ti sentivi di non poterle dire.

Rach ha svuotato la bottiglia nei bicchieri dividendo per tre.

Tu hai alzato il tuo: «Menomale che porca puttana ci siamo ripresi il controllo, eh? M'ero rotta di bere champagne, io». Hai bevuto una lunga sorsata e hai sentito calare la pressione, la tensione s'è allentata un briciolo.

«Mi spiace se questo vino non ti soddisfa, Shaz». Rach l'ha detto col sorriso, tipo battuta bonaria.

«Ma no, volevo dire... grazie del vino, eh. Va' che scherzavo».

«A mie spese».

«La Brexit non è mica colpa tua, no?».

Vi siete fissate, il tavolino nel mezzo, nei vostri sguardi divampava qualcosa di intenso e complicato.

«La gente ha votato in base ai fatti forniti e ha creduto che fossero veri».

«Fatti? Vuoi dire le bugie a cui ha voluto credere».

«Nessuno sapeva cosa sarebbe successo, ora non ha senso prendersela con gli altri».

«Assì, quindi c'è gente che fa la fame, ma dobbiamo lo stesso fare tutti i carini?».

Basta, Shaz. Basta. Basta. L'alcol ti faceva ribattere e non riuscivi a frenarti. Dovevi darti una calmata, bere acqua. Hai guardato il telefono: dieci e un quarto. Ancora in tempo per l'ultimo autobus. Dovevi andartene a casa dalla tua ragazza, smaltire la sbornia, dormire così poi tutte le cose che t'eri ripromessa di non dire avrebbero smesso di ribollirti in bocca.

«Passiamo oltre, che dite?», ha detto Kel, e ha dirottato la conversazione sulle sue colleghe più giovani di Boston, che ha chiamato «Generazione Z», americane ricche sui vent'anni cresciute con idee nuove sul sesso e sul genere. «Hanno una marea di opzioni in più rispetto a noi, no?», ha detto Kel, intendendo tutte quelle più giovani di voi. «Ora sono tutte femministe».

Hai pensato a quelle ragazzine sull'autobus, le facce imbellettate e le informazioni sbagliate sul sesso, che facevano del loro meglio per crescere e diventare l'unica versione di loro stesse che credevano di poter diventare. Il femminismo aveva dato un'occhiata a Donny e pensato: *Mi sa che questa la salto*.

«Be', io non sono una cacchio di femminista», ha detto Rach. «Penso solo che dovremmo essere tutti uguali, capito cosa voglio dire?».

Un culo paffuto, color latte, s'è schiacciato contro il vetro dall'altra parte della finestra, a qualche centimetro dalla tua faccia. Una ragazzina era andata nel vicolo in cerca di un posto appartato dove pisciare, s'era calata le brache e appoggiata al vetro, che secondo lei era un muro.

«To'!». Hai indicato il sedere nudo che s'era appena infilato nel bel mezzo del vostro dibattito femminista.

«Ommerda!», ha detto Kel.

«Bussiamo alla finestra?», ha detto Rach.

L'aveva vista pure mezzo Spoons, la gente ridacchiava e indicava e diceva, Oi oi!

I ragazzi che erano dal kebabbaro dall'altro lato del vicolo se ne sono accorti, è partito uno scroscio di applausi. La ragazzina li ha guardati, con la pipì fumante attorno ai tacchi a spillo. Ha riso, gli ha fatto il saluto reale, ha finito di pisciare. S'è scrollata tutta per asciugarsi, s'è tirata su le brache, è tornata barcollando in strada per riprendere la sua serata, non aveva idea che dietro di lei un pub intero s'era appena goduto lo spettacolo. Non sapeva delle due stampe ovali che aveva lasciato sul vetro.

Voi eravate tutte lì a schiamazzare, tutte e tre ridevate di gusto.

Rach ha ripreso fiato per prima, è partita a raccontare un aneddoto di quando era all'università a Leeds, per fare uno dei tipici giri dei pub si passava da dove viveva lei. Avevano ristrutturato la casa in fondo alla schiera in appartamenti e lei abitava lì, dietro un muro di pietra alto due metri e mezzo. Una ragazza che faceva il giro dei pub s'era messa dietro il muro per pisciare quando Rach era tornata a casa e l'aveva trovata, con un rivolo di pipì che tagliava l'ingresso. «E io faccio: "Scusa, tesoro, cosa credi di fare?". E lei mi fa: "Levati dalle palle e tornatene a Londra!"».

«E tu cos'è che hai detto?», ha chiesto Kel.

«Le dico: "Guarda che sono di Donny, bella. E la prossima volta puoi entrare e usare il bagno, dimmelo che accendo il bollitore, cara!"». Rach e Kel hanno riso di nuovo, e tu volevi ridere con loro. Volevi essere tutta bella presa in una risata comune.

«Da non credere, 'sta cosa», hai detto. «Abbiamo appena visto una che per sbaglio ha mostrato le chiappe a un pub intero e sei riuscita a rigirare il discorso per trasformarlo in un aneddoto su di te, di quando eri all'università» – hai imitato la lunga *u* nasale che Rach aveva cominciato a usare per dire «università» dopo il primo semestre. Quasi tutti gli «amici» di università di Rach venivano da Londra o da una scuola privata o da tutt'e due. Una volta hai fatto serata con loro a Leeds ma non sopportavi la parlata, tutta burrosa e intasata come quando ti si pianta qualcosa nel naso. Non lo soffrivi quel modo che avevano di guardarti, come si guarda un pezzo di carne tigliosa che non va bene manco per darla ai cani. «Se non sento altri aneddoti sull'università in vita mia sto una bellezza».

Ommerda, che goduria dirlo. Ti sentivi la bocca a briglia sciolta, sbottonata. Il cuore all'impazzata.

Rach ha sbattuto le palpebre, ha scosso la testa manco le avessi infilato un dito nell'occhio.

Kel guardava lì in mezzo come in cerca delle parole per metterci una pezza, evitare a tutte di finire in una roba brutta e odiosa, di spingersi nell'irrecuperabile.

L'hai sentito, sì, che il vostro rapporto scivolava in territori nuovi, col *cic ciac* dei piedi in un pantano nuovo. Ecco che finalmente la vostra amicizia prendeva per una stradina mai presa prima, si lasciava la finzione alle spalle, andava avanti controvento a colpi di verità e nocche nude.

«O-oh!», Rach ha messo giù il bicchiere, ha stretto le dita attorno alle ginocchia. «Mi sono scordata di raccontarvi tutti i pettegolezzi dell'altra sera!». Aveva un sorrisone largo e strano, pareva in procinto di scodellare qualcosa di succulento che v'avrebbe fatto sbellicare. «L'altra settimana sono uscita con Louise per il suo compleanno, no?, e c'era tutta 'sta gente di scuola che non vedevo da una vita – Simmo e gli altri – e vi giuro, spettegola qua spettegola là, non volevo andare a casa. Mi sono fermata fuori fino alle cinque di mattina per sentirmeli tutti».

«Racconta un po'», ha detto Kel.

«Novità?», hai detto, sentendoti di nuovo in bilico su quella scogliera. T'eri aspettata una rispostaccia tagliente, tipo di sentirla dire che non era colpa sua se *tu* non eri andata all'università. Ma eccola lì, faceva finta di non averti sentito. Ti sei domandata se *davvero* avevi detto qualcosa.

«Sentite qui, no?, a Emma Smith…», Rach ha fatto una pausa a effetto, «hanno diagnosticato l'ADHD!». Ha fatto danzare su e giù le sopracciglia manco fosse stata la cosa più oscena nella storia. Hai aspettato il finale della battuta. Non è arrivato.

«Alle ragazze lo diagnosticano più tardi rispetto ai ragazzi», ha detto Kel. «Perché i sintomi sono diversi. Ho visto qualcosa su Instagram».

«Sì, lo so, pensavo solo che fosse interessante – vabbè, cos'altro mi hanno detto? Oooh!», la faccia di Rach s'è accesa di nuovo di gioia. «Ve la ricordate Loz?».

Non proprio, hai pensato. Questi erano quasi tutti alle elementari con Rach e Kel, e alla secondaria non li avevi mai conosciuti, e sicureccerto non ci parlavi dalla fine della scuola.

Kel ha detto: «Oh, sì, come sta?».

«Be', suo figlio – senti qui – per poco non diventa *cieco*». Di nuovo, Rach ha fatto una pausa così le sue parole potevano fare presa. Le sue parole sono rimaste sospese nell'aria intorno a te. «Ma ora sta bene. Vabbè, che storia, eh?».

L'hai capita, allora: Rach faceva il possibile per far andare avanti la serata. Era una cosa che voleva – magari ne aveva bisogno. Aveva bisogno di sentire che eravate vicine. Solo che non sapeva come fare. E non avrebbe mai saputo come mai non potevi dargliela, quella vicinanza, anche se volevi tanto.

«E – non ci credo, me l'ero dimenticato – Sean Gardiner è morto! Overdose!».

«Lo sapevamo già», ha detto Kel. «Simmo ha postato su Facebook una roba del tipo "Ciao, amico, ora sei con gli angeli" con una foto di Sean. L'hai visto, no, Shaz?».

«No».

La parte intontita di te s'è aperta, un buco, un piccolo cuscino di tristezza che saliva dalla nebbia della sbronza. Seany Gardiner sì che era alle elementari con te. L'avevi conosciuto molto prima di Rach e Kel.

«Avrei giurato che me l'avessi detto tu», ha detto Kel.

Rach ha riso. «Da pazzi, eh?».

«Era un amore...», ha detto Kel.

«E piaceva a tutte», ha detto Rach. «Sean Gardiner piaceva a tutte, poverino».

«Avrei giurato che me l'avessi detto tu di Sean, Shaz». Kel ti ha toccato la spalla. «Stai bene?».

«Perché ridi?», hai detto a Rach.

«È la mia risata nervosa. Sono solo agitata». Ha provato a controllarla, e non ci riusciva, risatine soffocate le tormentavano la bocca.

«Smettila di ridere, cazzo». Hai sbattuto il bicchiere di vino sul tavolo, ti sei messa la borsa a tracolla di scatto. «Muore un ragazzo e io ci tengo davvero e per te è solo un pettegolezzo, ti esalti facile, cazzo». Eri in piedi, le gambe flosce per via dell'alcol, zigzagavi tra i tavoli affollati, sbattevi contro sedie e ginocchia, diretta alla porta. Sei uscita in strada ignorando Kel che ti gridava dietro – «Dai, non facciamoci rovinare la serata». Ti sei incamminata a passo svelto in Priory Walk, sei passata accanto a Subway, accanto all'ex Walkabout chiuso e buio. Se ti sbrigavi, saresti riuscita a prendere l'autobus. Hai svoltato in Printing Office Street. Lì niente bar, niente takeaway. Solo manichini inquietanti illuminati dal basso che vigilavano in vetrina, echi di gente che urlava in lontananza, il battito distante di note basse. Rach e Kel affannate al seguito, i tacchi che picchiavano sul lastricato. Non ti serviva – dovevano lasciarti andare via, ecco cosa ti serviva, sennò avresti detto dell'altro. Sennò avresti distrutto proprio tutto.

Rach t'ha raggiunto per prima, le dita salde attorno al tuo polso, t'ha strattonato e ti sei fermata.

Sei sfuggita alla sua presa. «È chiaro che sto rovinando la serata a tutte, quindi fatemi andare via».

«Non stai rovinando niente», ha detto Kel. «La rovini se ora vai via».

«Ma era una bella serata, no? Perché devi sempre fare la tragica?».

«E tu perché vuoi farmi venire per forza al Leopard quando sai benissimo che non ci posso entrare?».

«Non ti voglio far venire per forza».

«Allora perché ti sei fissata che ci vuoi andare?».

«L'ho nominato a malapena, il cacchio di Leopard».

«Da quando stai con lui sei diversa».

Non era vero, l'hai capito dopo averlo detto. Ma era quasi una verità. Ne nascondeva una.

«Da quando sto con...?».

«Il tuo marito del cazzo».

«Ma stai scherzando?». Rach ha guardato Kel di sguincio, come a dire *Aiutami*. Kel faceva del suo meglio per mantenere un'espressione neutra.

Certo che non aveva senso per loro. Come facevi a essere ancora arrabbiata per una cosa successa da così tanto tempo?

Avevi bisogno di camminare. Hai camminato su e giù per la strada, tre passi avanti, giro, tre passi indietro, finché ti sei sentita che riuscivi a controllarti. Hai guardato negli occhi Rach. «Diciamocelo, tra di noi le cose non sono più le stesse da quand'è finita la scuola, e sono anni che praticamente non mi parli, e non ho mai capito cosa t'ho fatto di male, e sinceramente ci sono rimasta male, cazzo». Più vicino. Più vero.

«Non lo so cosa vuoi da me, Shaz. Con te ci ho provato e riprovato, davvero».

«E come?».

«Be', per esempio, l'anno scorso dopo che ci siamo incrociate in centro ti ho mandato un messaggio, ti ho chiesto di andare a bere qualcosa fuori, e tu non mi hai mai risposto. E sinceramente ci sono rimasta male, cazzo».

«Sì, ma quando ho *davvero* avuto bisogno di te non me l'hai mai mandato un cazzo di messaggio».

«Ossì, e cioè, quand'è che hai mai avuto bisogno di me? Quand'è che hai mai avuto bisogno di qualcuno?».

«Quand'ho perso il lavoro al Leopard, tanto per cominciare – quando m'hanno arrestato, quando t'ho chiamato dalla caserma, cazzo».

«Sì, hai chiamato nel cuore della notte, porco cane, e ti ho risposto lo stesso».

«E cosa mi hai detto?».

Rach ha scosso la testa come a dire che eri di un aspro da non credere.

«Scommetto che il tuo uomo t'ha fatto tutto il suo bel resoconto di quello che è successo quella sera. E scommetto che gli hai creduto sulla parola, cazzo».

«È mio marito, certo che gli ho creduto sulla parola».

«Senza prenderti la briga di sentire la mia campana».

«Ma cioè, cos'hai da dire? Hai aggredito il migliore amico di mio marito. La quantità di litigi che ci sono in casa nostra ogni volta che ti nomino. Mio marito si sente *tradito*, Shaz, perché non ho tagliato definitivamente i ponti con te. Sei fortunata che ti rivolga ancora la parola».

«Oh, be', porca troia, non m'ero accorta di dover essere *grata* perché ti sei abbassata a parlarmi, cazzo». Ora le parole t'uscivano strozzate. Avevi la saliva sul mento. «Ma vuoi davvero parlare di 'sta roba? Perché se sei pronta tu sono pronta io, tesoro».

«Di cosa mi stai minacciando?».

«Ma chi cazzo ti minaccia. Ti dico, non vuoi saperlo cos'è successo davvero».

«D'accordo, forza», ha detto una voce dal basso. Kel era seduta sul cordolo del marciapiede con le braccia strette attorno alle ginocchia, a occhi chiusi. «Voi due siete le uniche amiche che mi sono rimaste, quindi è meglio se vi sfogate ora». Non avevi mai sentito parlare così Kel, non l'avevi mai vista prendere in mano la situazione. «Dico davvero. Sedetevi, cazzo».

Tu e Rach vi siete lasciate cadere con un tonfo sul cemento ai due lati di Kel.

«Quindi ci dici cos'hai tu?», le hai chiesto. «Se dobbiamo parlare fuori dai denti. Ci dici perché sei tornata qui con noialtre stronze?».

Kel ha tenuto gli occhi chiusi, la faccia seria. «Non sto cercando di nascondervi niente, solo che...». Naso e occhi erano tutti una grinza, vicini al pianto. Lo sentivi, nei meandri di Kel c'erano fiumi sotterranei, di rabbia o paura o dolore senza fondo. Ora era sotto controllo; la faccia s'è spianata. «Guardate, vi dico cos'ho io se voi due la risolvete. D'accordo?».

Fissavate tutte il nero dell'asfalto, studiavate macchie di benzina e spazzatura sparpagliata.

«D'accordo», ha cominciato Kel, a mo' di giudice. «Rach, cosa dice tuo marito?».

«Sarò sincera, non ne voglio parlare, voglio solo andare avanti».

«Secondo te non è giusto che Shaz ci faccia sentire la sua campana?».

«Rach non la vuol sentire, la mia campana».

«Guarda che sono qui, eh».

«Lo so, ma ti assicuro che non vuoi... non mi perdoneresti mai».

«Questo spetta a me deciderlo».

Hai scosso la testa. Da dove cominciare? Hai ripensato a quel boccale di vetro con le fossette, al peso nella tua mano, la curva del manico, il rilievo del bordo sotto il pollice. Un riflesso mentre si staccava dalle tue dita, volava sopra le teste, attraversava il pub. Le ginocchia del frontman che cedevano, il botto del corpo sul palco, il sangue che stillava dall'attaccatura dei capelli. Il marito di Rach scrutava nel buio, cercava te, le dita ferme sulla tastiera del basso. Lo sdegno ingigantito dalle luci sul palco, la faccia spigoli d'ambra e buio.

E tutto il prima, tutti quegli anni che te l'eri tenuto dentro, provando a farci i conti da sola. Tutte quelle vecchie sensazioni che avevi provato a distruggere, tutto quello che poi avevi provato a lasciare andare quand'avevi incontrato la tua ragazza e con la vostra piccola vita insieme avevi sentito che magari un giorno avresti potuto esser felice.

«Fanculo». Se ora non lo dicevi a Rach, avresti continuato a esplodere, a inveire contro ogni suo singolo errore, punendola manco ti ci avesse costretto lei, al silenzio, come se per tutti quegli anni la mano sulla bocca te l'avesse tenuta lei, mentre ti mancava l'aria. Sei uscita dal tuo corpo, ti sei guardata da lontano, rannicchiata sul marciapiede ferito dalla luce di un lampione, e ora che avevi cominciato non ce la facevi a impedirti di fare quello che avevi giurato di non fare mai, sembrava. «Ve lo ricordate quel giorno, l'estate dopo la prima superiore, eravamo in giardino da me a prendere il sole e ubriacarci, e sono arrivati i ragazzi?».

Le altre due hanno annuito: *Sì, forse, mi pare di sì.*

E certo che il giorno esatto non se lo ricordavano. E perché mai? Avevate quindici anni; quell'estate era tutta inglobata in un tripudio di sole velato di vodka. Hai ricordato a Kel e Rach i dettagli che s'erano dimenticate, dettagli che s'erano aggrappati a te senza mai mollare la presa: avevano tutti voglia di barbecue, ma non c'era abbastanza da mangiare, quindi voi tre avevate giocato a sasso-carta-forbice per decidere chi andava coi ragazzi a comprare panini e salsicce, e tu avevi perso, forbice contro il sasso di Rach. Tu e i ragazzi avevate lasciato Rach e Kel in giardino, e via in missione.

«Siamo finiti al campo».

«Mi vuoi dire che sei andata a letto con mio marito?», ha detto Rach.

«Ti voglio dire che m'ha stuprato. Lui e il suo migliore amico».

Eccola, la parola che non avevi mai detto. Uscita dalle labbra e entrata nel mondo. L'avevi partorita. Sei tornata nella tua carne, col battito scatenato, nel tuo cervello risuonava la parola, lo shock di sentirla detta con la tua voce.

Kel ha guardato l'asfalto. Rach ha dato un calcio a un pacchetto di Quavers che era lì a sporcarsi nella cunetta. Ha riso, solo un *ah*, ha perforato il silenzio come la punta di una matita piantata nella carta.

«Non ti va proprio giù che sia felice? È per quello?».

«Sei felice?».

«T'ho appena detto che vogliamo provare ad avere un bambino». Ha riso di nuovo. «In questi anni a un certo punto mi sono stufata di tollerare le tue stronzate, Shannon, stufata davvero, cazzo. Ma chissà come non ho mai pensato che potessi essere così vendicativa».

Dentro di te una forza, una muraglia, un muro. Tipo rumore bianco che cresceva.

«Be', ora te l'ho detto. Facci quello che ti pare». Ti sei alzata, sei andata in fretta verso la stazione degli autobus, una furia in Printing Office Street. Avevi perso l'ultimo autobus, quindi non lo sapevi dove stavi andando. Non qui, via da qui.

«Potevamo starti vicino», ha detto forte Kel alle tue spalle. Hai continuato a camminare, provavi a non ascoltare. Non potevi permetterti di pensare a come sarebbe stato, poter parlare con Kel, a come sarebbe stato diverso se solo lei l'avesse saputo.

«Se è vero, perché non ce l'hai detto all'epoca?».

Ti sei fermata. Hai appoggiato i gomiti su un bidone con le ruote parcheggiato sul marciapiede, intrecciato le dita dietro il collo. Kel aveva appena detto *se* è vero?

Quando ci avevi provato davvero a dirlo a Kel, ubriaca, mentre ti fumavi una sigarettina di nascosto dietro la sala cerimonie al matrimonio di Rach, Kel aveva solo scrollato le spalle, detto una roba tipo, Io t'ho vista sballata, ti vanno bene tutti. Poi era di nuovo sparita in America, lasciandoti lì con le sue parole che ti giravano a spirale tra i pensieri, si torcevano tutte come ciocche di capelli intorno a un elastico. Avevi anche provato a mettere in guardia Rach, all'inizio, a convincerla che meritava di meglio, che doveva trovarsi uno migliore. Ma chi la fermava, Rach, quando aveva un piano? Il suo primo vero ragazzo, il primo amore. Il ragazzo che aveva scelto per perdere la verginità. Non ti sentiva mica con tutto quel ronzio di felicità, con tutta la determinazione che ci metteva per far andare la sua vita secondo i termini.

«Non ce l'ha detto perché non è successo, cazzo». Rach parlava come davanti a un unico spettatore, Kel, ma alzava la voce così era sicura di farsi sentire. «Vuole solo creare casini come al solito, cazzo».

Ti sei girata di nuovo verso di loro, la sagoma di Rach nell'ombra – s'era alzata, era appoggiata al muro –, Kel ancora accovacciata sul marciapiede sotto il lampione, le spalle curve.

«Se è vero perché non ce l'hai detto? Perché ci hai lasciato cazzeggiare con loro?».

Se è vero. *Se* è vero. Il tuo cervello ripeteva le parole di Kel come un cd che salta.

Rach ha detto: «Però non è vero, cazzo, eh?».

Vattene via. Via dal cazzo. A casa dalla tua ragazza e vai avanti.

Ma Kel ti guardava, le ginocchia contro il petto, sembrava troppo giovane, troppo vecchia, troppo magra, troppo persa, troppo a pezzi. Spettro della Kel undicenne, che ti guardava ancora in cerca di una risposta.

Ti sei lasciata cadere e ti sei seduta sul marciapiede, vicino a Kel, con la testa penzoloni tra le ginocchia, hai preso fiato. Poi hai raccontato tutto quello che t'eri portata dentro per anni, ogni parola che non avevi mai detto, ognuna un macigno, mentre t'usciva dalla bocca t'alleggerivi. Gli hai raccontato dei ricordi storpiati dall'alcol che avevi di quella sera – troppo ubriaca, ora lo sai, per acconsentire – e del giorno dopo, quando il futuro marito di Rach e il suo amico erano passati da casa tua, giurando che poi se dicevi cos'avevate fatto t'avrebbero odiato tutti. Soprattutto Rach, l'avevano giurato. Rach poi t'avrebbe odiato *per davvero*. Secondo te, così avevi pensato all'epoca e poi per anni, volevano proteggerti, evitarti di perdere le amiche, di venire bollata come zoccola.

Hai raccontato che eri andata da sola al consultorio a fare il tampone per l'HIV o qualche altra malattia, il test di gravidanza, e che, anni dopo, i ragazzi avevano suonato al Leopard. Tu, al buio, sgomberavi i tavoli. Loro sul palco, illuminati, a cantare una canzone divertente su una zoccoletta che s'erano fatti nella posizione della Torre Eiffel tra i cereali.

Mentre parlavi guardavi Rach, la vedevi lì al limite del tuo campo visivo. Diventava di marmo, schiena rigida, braccia conserte, sguardo vitreo. Quand'hai finito è calato il silenzio. Nessuna s'è mossa, nessuna è corsa a riempire il vuoto. Non avevi peso, levitavi. Hai pensato che magari saresti rimasta così leggera per sempre, così vuota, così aperta, al di là del dopo.

Senza parlare, Rach s'è mossa, s'è seduta vicino a Kel, dall'altro lato. Kel ha infilato un braccio sotto quello di Rach e l'altro sotto il tuo, v'ha connesso, gomito a gomito. Voi tre siete rimaste sedute lì per un po', una lunga catena.

Alla fine, Rach ha detto: «Mi dispiace aver spettegolato sulla morte di Sean Gardiner. Non sapevo che lo conoscessi così bene».

Hai aspettato di sentirla dire qualcos'altro, così poi da lì avresti capito cosa pensava, se ti credeva, se ti odiava, se le avevi rovinato o salvato la vita.

«Fa niente, non te l'avevo mai detto».

«Com'era da piccolo?».

T'eri preparata a un torrente d'insulti, a esser chiamata bugiarda, a sentirla giurare che non t'avrebbe più parlato. Non t'eri preparata a sentirla cambiare argomento come quando si parla del meteo. Ma che roba era? Ma la rabbia doveva ancora arrivare, Rach era lì che friggeva?

«Com'era?». Hai scosso di nuovo la testa, cercavi un aneddoto capace di descrivere Seany in due parole. «Penultimo anno delle elementari, no?, festa nel salone della parrocchia, un ragazzino m'aveva promesso un lento, poi ha deciso che non gli andava. I suoi amici cercavano di convincerlo a tenermi per mano, ma lui niente. Io sto per piangere, no?, perché, da come fa, ha schifo anche solo a toccarmi, sembra. Vabbè, alla fine con me ci ha ballato Seany, eh già. Così almeno non ero triste». Avevate ballato sulle note di *Words* dei Boyzone, il tuo primo lento con un maschio. E *tin!*, eccoti in testa l'intro del pezzo al piano. Non lo sentivi da vent'anni, ma eri sicura di riuscire a cantare tutti i versi. «Erano gli anni Novanta, eh, Seany aveva la tendina bionda, dolcezza. Secondo me assomigliava a Nick Carter dei Backstreet Boys».

Kel e Rach hanno cantato, all'unisono: «*Backstreet's back, alright!*».

Non era una roba divertentissima, ma avete riso tutte. L'eco è rimbalzata contro i vetri dell'ex Walkabout, v'ha attraversato veloce come una carica elettrica, unendovi. Vi siete riempite i polmoni e avete riso il doppio, come se ridendo abbastanza forte aveste potuto cancellare tutto il brutto. Avete riso così tanto che vi siete dimenticate di cosa, avete riso solo per ridere, solo per il suono, solo per sentir male alla pancia, solo per perdere il respiro.

Quando finalmente avete smesso, col respiro affannoso, hai ripreso l'aneddoto, decisa a finire, a rendere giustizia a Seany. «A metà della canzone, no?, ha inclinato la testa da un lato, io l'ho inclinata dall'altro, e ci siamo baciati. Non abbiamo proprio pomiciato, eh – niente lingua –, solo un bacio con la bocca aperta. Secondo me, sapevamo come si faceva da fuori, ma non quello che doveva succedere dentro». Da lì, eravate stati «fidanzato e fidanzata» per un po'. Il martedì pomeriggio andavi a lezione di *line dance* nel salone della parrocchia e Seany bighellonava lì davanti, aspettava finché non facevi la pausa. Sgusciavi fuori, lo baciavi con la bocca aperta, v'avvicinavate al rallentatore, le teste storte. Facevate pratica, provavate a imparare le mosse. Seany si portava sempre il suo coltellino. Ti piaceva tirare stoccate all'aria, far finta di minacciare i tuoi nemici. Avevi dovuto smettere di andare a quelle lezioni di ballo quand'era uscita un'altra ragazzina, t'aveva beccato con un maschio e col coltello e aveva detto che l'avrebbe detto all'insegnante di danza, quindi la stoccata avevi fatto per tirarla a lei. Non volevi minacciarla di morte; è che ti eri lasciata prendere dal potere che ti dava il coltello, e da Seany, da come ti faceva sentire speciale.

Provare a mettere a fuoco il suo viso – il sorriso timido, le lentiggini – ti riempiva di musica, di quella canzone da lento che ora sembrava grandiosa, nobile, rendeva grandiosi e nobili pure i tuoi ricordi: quel salone, quelle luci da discoteca, quel tavolo poggiato sui cavalletti con le ciotole di Wotsits al formaggio, bottiglie rosso acido di bibite gassate. Le tue braccia attorno al collo di Seany, il sudore che ungeva la pelle dove vi toccavate, voi che dondolavate di qua e di là come fanno i ragazzini, quando sembrano intenti a buttarsi in mare a vicenda, strapiano.

Con tutta 'sta roba dentro, non sembrava giusto starsene sedute lì sul cordolo del marciapiede in una strada buia. Hai detto: «Dov'è che fanno ancora il karaoke qui in centro?».

Certo che Rach lo sapeva. Aveva quindici piani di riserva perché magari avreste finito gli argomenti e vi sarebbe servito un diversivo, o perché magari vi sarebbe venuta voglia di darvi ai bagordi.

Vi siete fatte di nuovo largo nella calca – più scalmanata, più fitta, inciampava e rovesciava roba passando da un bar all'altro – fino al clamore di Bradford Row, nuovo cuore pulsante della movida in città, galleria pedonale una volta deserta diventata punto di ritrovo, diventata terreno di scontro tra impianti stereo che fanno vibrare i polmoni, diventata una creatura multi-corpo che si dimena. Passo passo siete arrivate al Social, il nuovo bar per gli alternativi, si vedeva dai bagni allagati e dal pavimento tutto sporco di birra appiccicosa. Postazione del dj in un angolo, testi delle canzoni proiettati sullo schermo sopra il palco, sotto la luce una donna di mezza età che cantava a squarciagola *Total eclipse of the heart.* Altri avventori strizzati sulle panche, si riversavano in pista, avventori che Rach continuava a definire «un miscuglio di gente strana forte», ragazze strafemminili con la loro abbronzatura spray e le extension alle ciglia, nuova generazione di ragazzi *indie* coi capelli vaporosi e il broncio da rockstar, gente androgina col mullet e i piercing e maglie con stampe vistose, mamme di mezza età, papà di mezza età, una nonna con l'eyeliner con tanto di codina, una drag queen con una parrucca turchese torreggiante. Tutti oscillavano a tempo di musica, cantavano, acchiappavano manciate d'aria con fare melodrammatico.

Già che avevi ancora dentro quella sensazione, già che avevi ancora l'ardire, sei andata dritta in consolle e hai fatto la tua richiesta, poi hai preso lo Jägerbomb che t'ha teso Rach, hai mandato giù quella roba insulsa ammaccata che sapeva di sciroppo per la tosse, sbattuto il bicchiere sul bancone. Il dj t'ha chiamato. Hai preso il microfono, poi eccoti sul palco, e l'intro al piano che prima ti girava in testa ora riempiva tutto il pub. C'era chi sventolava accendini. Sentivi Rach e Kel che t'applaudivano – Vai, bella! – quindi hai seguito le parole sullo schermo mentre passavano da bianche a gialle, e avevi ragione, sì che te li ricordavi tutti, i versi, il testo messo via dentro di te, in un posto buio e polveroso che t'eri dimenticata, rimasto lì paziente, in attesa di servirti. La tua voce usciva dalle casse anziché dal tuo corpo – proveniva da te e non ci potevi credere; eri *tu* a fare quel suono; era *te* che ascoltava quella gente. Sapevi che quella voce aliena era tua solo perché ti sentivi vibrare in gola le note basse.

E la tua sì che era vita – una *vita* vera, Shaz – Seany contava, tu contavi, e al ritornello hai dato tutta te stessa. «*This world has lost its glory*», l'hai cantato a squarciagola, e avevano ragione, vero, i Boyzone? Quella era una verità nuda e cruda. Quand'è che lo splendore del mondo s'era perso? L'avevi ritrovato; lo splendore l'avevi ritrovato lì, in quel momento, nel bel mezzo del centro città un sabato sera, per le strade urlanti di pestaggi a sangue e gioia da sbronza, nel fetore, nel puzzo di kebab e birra, nel piscio e nel vomito e negli sputi per terra.

Tanta roba per la *ballad* di una boyband anni Novanta che manco cambia tonalità, ma tant'è. La musica è finita, t'ha riportato in te. Hai sorriso imbarazzata davanti alla calca impazzita, sei corsa al bancone, Rach e Kel t'applaudivano: «Grande!». Rach ha offerto un altro giro di cicchetti – «No, guarda, offro io».

Le cercavi negli occhi la rabbia che secondo te sarebbe sicuramente arrivata, ma Rach sembrava proprio una donna che si godeva la sua bella serata con le amiche. Nessuna preoccupazione, nessuna paura per il futuro, nessuna furia, nessun dolore.

Il dj è passato dal karaoke a una serie di classici pop-rock. La pista s'è riempita, tutti che ballavano sulle note di *Let's dance* di Bowie, *Kiss* di Prince. Tutti felici, rilassati, prima un *two-step* stretti nella loro cerchia di amici, poi si giravano a ballare un ritornello con chi non conoscevano, cercavano un contatto visivo, sorridevano, cantavano insieme. Rach voleva ballare, ma Kel era appoggiata a peso morto sul bancone, col sorriso così forzato che pareva più una smorfia, la fatica le chiudeva pian piano le palpebre.

«Vuoi andare a casa?», ha chiesto Rach a Kel.

«Col cazzo! Voglio ballare! Solo che...». Ha dato da intendere che se la sarebbe cavata lì al bancone da sola, che tu e Rach dovevate andare a ballare senza di lei.

«Figurati se ti lasciamo qui», ha detto Rach. «Un secondo». Poi eccola che partiva, faceva il giro della pista, in cerca di qualcosa, 'sta ragazza aveva sempre un piano.

Hai messo un braccio attorno alle spalle di Kel, la bocca all'orecchio. «Non mi sono mica dimenticata, sai. Se non ci dici cos'hai, come facciamo a aiutarti?».

«Lo so, lo so. Prima per favore balliamo? Per Rach?».

Rach è ritornata con uno sgabello. Ha portato Kel in pista, l'ha fatta sedere sullo sgabello a bordo pista. Tu e Rach scuotevate le spalle vicino a lei, Kel cercava di unirsi a voi. All'inizio si fermava tutte le volte che secondo lei tu e Rach non la guardavate, lasciava cadere le braccia, crollava addosso allo schienale dello sgabello, finché poi hanno messo *Don't stop me now* dei Queen e la musica le è entrata dentro. Poi ha ballato da seduta come non s'è mai visto nessuno ballare da seduto, agitava le braccia a ritmo. T'aspettavi un sacco d'occhiatacce, ma chi sorrideva le sorrideva, ballava con lei come se non avesse niente di strano.

Con le note di *Common people* è partita una scarica d'energia che ha preso tutta la calca. Se lo Yorkshire del Sud ha un inno nazionale, è questa canzone. Tutto il pub s'è riversato in pista, braccia al collo e in vita, gomitate in faccia e in fondo alla schiena, tutti col respiro in fermento, tutti che cantavano tutte le parole. L'euforia v'ha travolto tutti, te e Kel e Rach e tutti 'sti estranei ubriachi e sudati che s'abbracciavano come in famiglia. Un tipo ha preso lo sgabello di Kel, con lei sempre seduta sopra, e l'ha trascinato al centro della pista, s'è inginocchiato, le ha cantato una serenata. Kel ha sorriso, un sorriso di quelli belli larghi, ha chiuso gli occhi, mulinava le braccia sopra la testa, e per la prima volta in tutta la serata sembrava sentirsi viva. Ecco il climax della terza strofa, e tutti si sono messi a saltare su e giù, a urlare le parole: *How it feels to live your life*... Rach t'ha tirato a sé, t'ha messo il braccio attorno alle spalle... *With no meaning or control*... le tenevi una mano sul fianco, l'altra faceva su e giù in aria stretta a pugno... *And with nowhere left to go*... ora niente limiti, niente confini tra di voi... *You are amazed that they exist*... tu corri, sollevati, stringiti, tieniti, respira, grida, salta.

Le tre passate, tu e Kel vi siete fatte portare dal kebabbaro da Rach, poi avete di nuovo messo il culo al freddo sul marciapiede, le chiappe addormentate, tanto che ti sembrava di avere il coccige nudo sul cemento. Vi scofanavate hamburger e patatine fritte col formaggio aggredendo i contenitori di polistirolo che avevate in grembo, vi si sentiva maciullare il cibo. Il tuo corpo aveva fame di quell'untume pesante. Ti sei permessa di mangiare, mangiare in fretta, mangiare facendo casino, col succo dell'hamburger che ti gocciolava rosa sulle dita.

Ora avevi tanta voglia di ogni angolino che la tua ragazza aveva in corpo, le ginocchia piegate e rincantucciate dietro le tue, volevi solo essere a casa accoccolata con lei. Volevi svegliarti in tempo per prepararle pane abbrustolito e fagioli prima del suo turno al lavoro.

«Un giorno della prossima settimana andiamo da Taco Bell?», hai detto. «Ne hanno appena aperto uno al Frenchgate». A Kel poteva andare una roba americana, pensavi, magari l'idea di un Taco Bell a Donny la colpiva pure.

«Oddio, no, ma davvero?», ha detto Kel. «Tutte le volte che torno, l'Inghilterra è sempre più americana. Taco Bell è proprio una porcheria. In America un burrito con formaggio e doppio manzo viene ottantanove centesimi». Ha dato un altro morso al suo hamburger. «Niente dovrebbe costare così poco», ha detto, con la bocca piena di carne e pane.

«Oh, stazzitta con 'sta cacchio di America, tu», ha detto Rach, anche se in tutta la sera Kel non l'aveva praticamente nominata. «Lascia che la gente si goda il suo Taco Bell. Io adoro Taco Bell». Rach t'ha lanciato un'occhiata, come a farti capire che eravate nella stessa squadra.

Ti sei sentita scema, allora, per aver fatto tutta quella scena per Seany, per esserti fatta prendere dalla canzone dei Boyzone, per aver cantato in pubblico, maccheccazzo. Non lo vedevi da più di dieci anni, quello. Morto da sei mesi e tu manco lo sapevi. Non ce l'avevi neanche su Facebook.

Ma non t'eri intristita perché avevi perso Seany, eh. Era per la ragazzina che ondeggiava con lui alla festa. La piccola Shaz, col suo papà che non era morto, che non si stava lasciando morire di fame, che non era mai svenuta in un angolo in discoteca né s'era mai svegliata col vomito sulle lenzuola né era mai stata con un ragazzo che si divertiva a prenderla a schiaffi. A lei non avevano mai tirato giù i pantaloni in pubblico, il suo capo non l'aveva mai palpeggiata, lei non aveva mai fatto una sfilza infinita di lavori di merda per una paga di merda, lei non era mai stata violentata in un campo.

Kel s'è leccata le dita unte, t'ha appoggiato la testa sulla spalla.

«Sul serio», hai detto, «'sta serata ti ha buttato giù? Ti senti peggio?».

«Per ora sono a posto. Con l'alcol sento meno, mi dà energia». Il suo cranio ti premeva sulla clavicola. S'è spostata, s'è abbandonata ancora di più su di te. «Non volevo dirvelo perché volevo solo che passassimo tutte una bella serata. Ma credo che non riuscirò ad alzarmi dal letto per il resto della settimana. Magari due. Quando sto male male, non ho nemmeno la forza di alzarmi per andare in bagno. Mi sembra di avere qualcuno che mi tiene giù, mi blocca a letto. Mi tocca stare sdraiata lì al buio, aspettare che passi».

«Ommerda, Kel», ha detto Rach. «Vieni qui». S'è pulita le mani sulle cosce, s'è messa i piedi di Kel in grembo, così ora Kel era raggomitolata un po' su di te e un po' su Rach. Rach le accarezzava la gamba. Tu le accarezzavi i capelli.

Dall'altra parte della strada è scoppiata una rissa, tra quelli in coda per il taxi, una zuffa tra due tizi vecchi e pelati con la tuta da ginnastica. Uno ha preso e fracassato una bottiglia di birra in testa all'altro. La coda è esplosa: un gruppo di ragazze coi tacchi e abiti bodycon accovacciate a controllare come stava il ferito, che era accasciato contro il muro con la cotenna sanguinante; dei ragazzi più giovani se la sono presa col tizio che aveva sferrato il colpo, è finito in un cerchio di pugni volanti. Altri ragazzi provavano a fermare quelli che pestavano il vecchio, tanto che alla fine erano tutti presi a cercare di schivare e assestare pugni, spintoni, testate, calci. Le ragazze che non erano lì col tipo che sanguinava stavano ai margini del campo di battaglia e gridavano, Eddai oh, ora cadiamo nel ridicolo, ora non si scherza più.

Siete rimaste a guardare finché avete sentito la sirena dell'ambulanza, capito che il tipo che sanguinava era a posto.

«Da quanto stai così male?», hai chiesto.

Kel ha chiuso gli occhi. «Mesi. È stata davvero dura in America da sola. Non volevo dirvi che non stavo bene perché lo so che non volevate che ci andassi».

Rach t'ha guardato da sopra la testa di Kel. «Ragazza», ha detto, «ma chi ti ferma a te quando vuoi fare qualcosa?».

«Eravamo contente di esserci sbarazzate di te», hai detto.

Kel ha fatto un risolino, anche se ora piangeva, lacrime di mascara le rigavano le guance. «Non so cos'è successo. Dopo il divorzio stavo bene – quand'è finita è stato un sollievo. Poi ho preso l'influenza o una roba del genere, sono stata a letto per qualche settimana, e da lì non mi sono più ripresa. Mi sento come se dentro di me ci fosse un rubinetto rimasto aperto e colasse tutta l'energia che ho».

«Dal dottore ci sei andata?», hai chiesto.

«Il dottore dice che non sono malata. Dice che devo solo innamorarmi di nuovo. Ma lui non è dentro di me, no? Dentro di me ci sono io, e mi sento spersa, come se non avessi il controllo del mio corpo. Mi sembra di sparire davanti a tutti, e nessuno vede quello che succede. Nessuno lo capisce. Nessuno mi crede».

Aveva ragione, tu non lo capivi. Non avevi mai sentito di una persona che si becca l'influenza e poi non si riprende mai. Ma la storia dell'invisibile *la capivi*. La storia dell'affogare all'asciutto mentre tutti gli altri continuavano a respirare la capivi.

«Noi ti crediamo», hai detto.

«Certo che ti crediamo, cazzo». Rach l'ha detto con così tanto calore, così tanto amore, che l'hai guardata, ti sei permessa di sperare che magari anche lei ti guardava, di sperare che magari si riferiva anche un po' a te.

Rach aveva gli occhi bassi, guardava le sue mani che accarezzavano le gambe di Kel, affettuosa e concentrata come una madre. Ha tenuto gli occhi lì, pareva decisa a non alzarli, decisa a non sentire che i tuoi occhi aspettavano i suoi.

All'inizio, hai pensato di esserti svegliata per via della tivvù del vicino, già con quel cazzo di *Countryfile*, come a dire che non avevi sentito la sveglia della tua ragazza – non le avevi potuto preparare la colazione e darle un bacio. Ma sotto i violoncelli *doom* della sigla di *Countryfile*, sotto la parlata fighetta dei presentatori, si faceva largo un altro rumore. Bussavano alla porta. Un tizio che consegnava un pacco, forse. O gli sposini che provavano una tattica nuova per farti uscire di testa. Ti sei girata e ti sei messa dal lato dove dorme la tua ragazza, che era fresco ma aveva ancora il suo odore, ti sei messa il suo cuscino sulla testa, così magari poi chi bussava l'avrebbe piantata, eddai oh, e se ne sarebbe andato via. Un doposbornia così non ti capitava da anni. Il mangiare e il bere della sera prima ti sferzavano e strisciavano dentro. Alzarti ora voleva dire andare subito a vomitare.

Chi bussava ha continuato a bussare.

«Maccheccazzo, togliti dalle palle», hai gridato nel materasso. Niente, non ha dissuaso chissà chi c'era alla porta. Magari la tua ragazza s'era di nuovo scordata le chiavi. Ti sei trascinata piano all'indietro, verso il fondo del letto e sei scesa, tirandoti dietro il piumino, te lo sei buttato sulle spalle a mo' di mantello, avvolgendoti nel profumo della tua ragazza. In bagno hai vomitato, hai tirato lo sciacquone, poi hai sceso le scale arrancando fino alla porta.

Hai aperto e trovato il solito paesaggio: gente che passeggiava col cane, brusio del traffico in strada, la schiera di case di fronte, la stradina che portava alla schiera dietro, il sole che stavolta lo faceva davvero un tentativo mezzo decente di spuntare tra nuvole e foschia – t'è toccato strizzare gli occhi e ripararti con la mano – e Rach. Rach ancora col vestito coi lustrini addosso. Ora il caschettino in piega era tutto sbrindellato, tormentato, il mascara una serie di patacche grigie sotto gli occhi. Aveva le scarpe infangate, i collant smagliati. Sapeva di alcol stantio e fumo e letame.

«Cioè, dormi tra le frasche?».

«Mi fai entrare?».

Hai esitato, pensato ai lumaconi in cucina, all'invasione di muffa nera sul muro in salotto, al cemento crepato del cortile sul retro, alle finestre ancora senza tende, ai mobili di terza mano – sì, perché casa tua ha la stessa identica grandezza e forma della casa popolare dove sei cresciuta. Con l'unica differenza che questa non è mica più una casa popolare, no. Ora c'è un proprietario e il suo passatempo preferito è aumentarti l'affitto.

Hai fatto un passo indietro, hai tenuto aperta la porta. Hai fatto sedere Rach sul divano, sei andata di nuovo a vomitare, poi hai preparato due tazze di tè e le hai portate in salotto, sempre col tuo piumino-mantello addosso.

«Biscotti non ne abbiamo».

«Fa niente, non riesco a mangiare».

Hai appoggiato i tè sul tavolino, ti sei seduta vicino a Rach. Fissava la sua tazza con l'aria di chi si aspetta di vederla saltare per ritrovarsi il tè bollente in faccia.

«Com'è che sai dove abito?».

«T'ho sentita dare l'indirizzo al tassista».

Il tassista aveva lasciato Rach fuori da casa sua per poi farsi gli undici chilometri per riportare te a casa tua, manciata di monete sudate di Rach alla mano.

Rach t'ha detto che andato via il taxi era rimasta a guardare una vita la porta di casa, era tipo paralizzata, intorno alla casa c'era come un campo di forze che lei non riusciva a penetrare. Era andata via a piedi, nel nero della notte, poi nel grigio-azzurro dell'alba. «Ho provato a tagliare per i campi e mi sono persa più o meno cinque volte, poi sono rimasta una vita a guardare la tua cacchio di porta, accovacciata in quella stradina come una sciroccata».

«Hai tagliato per i campi coi tacchi alti ai piedi?».

«Nessuno dice che è stata un'ideona». Rach s'è lasciata andare appoggiandosi allo schienale del divano, sembrava sfinita, tutti i metri di quegli undici chilometri le erano arrivati di colpo tra capo e collo, sembrava. «Cosa dovrei fare? Come faccio ad andare a casa e comportarmi normalmente?».

Tenevi gli occhi sulla cappa del camino, col focolare murato da un po'. Non ti era venuto in mente che se distruggevi l'idea che Rach aveva della sua vita poi ti sarebbe toccato aiutarla a cavare un senso dai pezzi. Perché era compito tuo? Perché non andare da Kel? Che poi Kel sarà stata a letto, chiusa in casa per giorni, settimane. Non voleva dire che toccava a te, però. Potevi permetterti di dirle che stava chiedendo troppo.

Di là dal muro s'è sentita la canzone della rana pazza messa a palla, ha soffocato quei fighetti di *Countryfile*.

«Scusa», hai detto, alzando la voce per coprire il rumore. «Ci sono i vicini che provano a darci fastidio per farci andare via. Secondo loro le lesbiche sono allergiche agli anfibi animati col pisello floscio».

Alla parola «lesbiche» Rach ha fatto una smorfia – pareva un'onta, quella parola. Non t'eri mai definita così in sua presenza. A momenti non ti definivi così manco nella tua testa.

«Sigarettina?», ha chiesto Rach.

Hai annuito, anche se sapevi che così la situazione doposbornia sarebbe migliorata per cinque secondi, per poi andare a rotoli. Tutto pur di uscire dal salotto, scappare da quei rumori da spappola-testa. Hai fatto strada a Rach in cucina, siete uscite nel cortile spoglio sul retro, tutt'e due armate dei vostri tè intonsi. Hai dato una spolverata a due sedie di plastica. Lo steccato è abbastanza alto e i figli degli sposini che cercavano d'ammazzarsi lì accanto non si vedevano, ma si sentivano gli strilli e i borbottii e gli Eddai oh.

Rach t'ha passato paglia e accendino e ve ne siete accesa una a testa. Hai assaporato la botta di nicotina, poi il fumo t'ha stuzzicato la pancia e t'ha fatto salire in gola un sapore acido di nausea. Non vedevi fumare Rach da quando aveva sedici anni, ma dava tre tirate forti prima di soffiare fuori il fumo.

«Mi ricordo quella canzone».

«Siamo sempre tutti qui a cercare di dimenticarcela», hai detto, perché secondo te intendeva quella della rana pazza, che aveva girato in testa a tutti in loop per tutta l'estate del 2003. Estate, ci ripensavi ora, che avevate tutte finito la scuola, avevate cominciato a prendere direzioni diverse.

«Non quella, demente. Quella che hanno scritto su di te». Ha dato un altro tiro, scrollato la cenere sul cemento. «Li ho visti suonare quella canzone del cazzo in ogni schifo di pub dello Yorkshire del Sud. Una volta ho chiesto a mio marito di chi parlava il testo. Mi ha riso in faccia e detto: "Nessuno, non fare la scema, è solo una canzone". E lo sapevo che era una bugia. Lo sapevo, cazzo. Gliel'ho visto in faccia. Ma non volevo saperlo, no. Non volevo insistere».

Fumava in silenzio. Un uccellino ha flirtato con un palo dello steccato, saliva e scendeva svolazzando, il petto giallo gonfio una chiazza accesa sullo sfondo grigio del cemento.

«Ero così sicura di non divorziare mai, io. Pensavo che non si dovesse fare altro se non scegliere bene alla prima. Pensavo che la gente non ci si mettesse d'impegno». Rach s'è sporta in avanti, s'è premuta le dita contro la fronte. Il sole è sparito dietro alle nuvole, e il cortile è diventato freddo e buio. «Mi sono fatta i miei piani così tanto tempo fa, eh – mutuo, figli e tutto quanto. Tutti 'sti anni con quest'obiettivo in mente. Non mi sono mai fermata una volta per chiedermi se è quello che voglio. Cioè, ma figli io ne voglio?».

«Be'», hai fatto un cenno con la testa verso il cortile dei vicini, «quel *tutto quanto* là farebbe passare la voglia a chiunque».

Rach è rimasta lì curva, si fissava i piedi coperti solo dalle calze.

«Era meglio se non te lo dicevo?».

È rimasta così zitta e così ferma così a lungo, sembrava in preghiera col collo chinato, la testa appoggiata alle dita, che secondo te poteva anche restare così per sempre, una statua in preghiera nel cortile. Magari non avresti dovuto chiedere. Era troppo.

Rach ha spento la cicca per terra, s'è drizzata, se n'è accesa subito un'altra. «Quindi quella che ho visto uscire prima è la tua ragazza, vero?».

«Andava al lavoro, sì».

«Non ho mai pensato che saresti finita con una ragazza». Rach ha sorriso, ma era un sorriso stentato. C'era un tremore. «Pensavo solo...», la voce s'è spenta.

«... che mi piaceva darla a chiunque mi capitava sottomano?».

«No, cogliona». Ha sorriso come si deve. «Ho solo... Non so cosa pensavo». Era una vita che non ti guardava, ma sembrava un non guardare diverso rispetto a quello della sera, tipo che invece di escludere te, era lei che provava a tenersi qualcosa dentro.

«Ci capisci qualcosa della faccenda di Kel?», hai chiesto.

«Niente. Pare che abbia bisogno di aiuto, però, eh. Cioè, a prescindere dal nostro rapporto».

Hai annuito. «Dobbiamo starle vicino».

Ti sei domandata se Kel avrebbe pensato che ne era valsa la pena poi, i giorni dopo, lì intrappolata nel suo corpo, a letto, al buio, a ascoltare il cuore che le batteva nelle orecchie come un martello pneumatico. Se poi si sarebbe pentita d'essersi trascinata in giro per Donny con voialtre stronze per la milionesima volta.

«Vuoi che lo lasci?».

Ci hai pensato su un momento, cercavi di capire cosa ti stava chiedendo davvero: ti sentiresti meglio se..., aggiusterebbe le cose se..., potremmo essere di nuovo amiche se..., o un altro se, un passato di cui sperava di poter ritrovare la strada con te – un futuro di cui già cercava di avere un assaggio.

Tra le tue dita una colonna di cenere in equilibrio sul filtro della sigaretta. Hai lasciato cadere il mozzicone a terra, poi t'è dispiaciuto perché la tua ragazza avrebbe trovato casino, sei scappata dentro, hai preso paletta e scopetta.

«Non serve fare niente», hai detto, accovacciandoti sul cemento. «Se vuoi restare con lui, resta con lui».

Mentre eri inginocchiata per terra, a spazzare cenere e mozziconi, a sporcare il piumino, Rach ha detto: «Sei felice con la tua ragazza, quindi?».

Ti sei messa accovacciata, hai posato la paletta.

Non sei mai stata così al sicuro come con la tua ragazza; eppure, a volte, la vostra vita insieme è sembrata troppo pericolante per fidarsi. Se litigate, se vi lasciate, svanisce tutto. Torneresti a dormire sul divano di tua sorella, più lontana che mai dall'unica cosa che hai sempre voluto. Una porta tutta tua, che puoi chiudere a chiave dietro di te, una stanza dove non entra nessuno se non col tuo permesso.

«Penso di sì, a dire il vero».

O almeno eri pronta a permetterti di provarci.

«Sono felice per te». Si vedeva che Rach diceva sul serio, ma nella voce c'era comunque una nota triste. «Perché avevo così fretta d'essere normale? Di avere tutto quello che dovevo avere?».

«Pensi d'esser normale?».

«Stazzitta tu». Rach ha riso, t'ha aiutato a alzarti, t'ha preso la paletta di mano, l'ha svuotata nel bidone. Siete rientrate, avete mollato i tè che non avevate bevuto in cucina, nel lavello.

«Davvero, però», hai detto, «ecco cosa mi è piaciuto di te fin da subito. Te ne fregavi di quello che pensava la gente già quando avevamo undici anni, tu facevi il tuo e basta».

«Cacchio, potevi dirmelo. Ho passato quasi tutta la vita a cercare di assomigliare di più a te».

«E perché cazzo t'è venuto in mente?».

Nel vano delle scale, Rach s'è infilata le scarpe imbrattate di fango. «Pensavo che sapessi il fatto tuo». T'ha guardato con un sorriso sfacciato che ne ha fatto spuntare uno anche a te.

Hai tenuto aperta la porta. Rach è uscita nel giorno, poi s'è girata verso di te.

«No, comunque. Non era meglio se non me lo dicevi».

Non t'ha fatto sentire bene come pensavi. Non ti sei sentita leggera né per aria né come una botta di zucchero dentro né senza un peso né libera.

«Ti ricordi cosa mi hai detto? Quando ti ho chiamato dalla caserma?», hai chiesto.

Dimenticartelo? Tu? Mai. *Shaz*, ti aveva detto, *ti meriti quello che avrai.* Intendeva dal punto di vista legale, eh, ma all'epoca avevi sentito altri sottintesi, l'avevi sentita scaricare la colpa di tutto lo schifo che t'era capitato sulle tue spalle. Quante volte t'eri immaginata di sbattergliele in faccia queste parole, risputargliele addosso, farla sentire piccola come ti aveva fatto sentire lei.

Dalla faccia di Rach capivi che non se lo ricordava, che le sue parole non s'erano tatuate nella sua memoria come nella tua. Non c'era traccia di colpa o rimorso in lei; semplicemente ti guardava agitata, il naso con quel tic conigliesco, come a supplicarti di non dirle più di quello che riusciva a sopportare.

Ha fatto uno o due passi indietro, verso la strada. «Ti scrivo più tardi, va bene, tesoro?», ha detto, piegando la testa di lato, gli occhi speranzosi, aspettava.

Ti sei rimessa il piumino attorno alle spalle, sostenevi lo sguardo di Rach.

Eri felice con la tua ragazza, sì. Ma non potevi sopravvivere contando solo su di lei. Avevi bisogno di amiche intorno, amiche che conoscevano la te piccola, la te illesa. Capaci di ri-raccontare le tue storie, i tuoi colpi di testa, i tuoi fiaschi totali. Avevi bisogno di abbracciare, ridere, spettegolare, ballare. Dire, Ma ve lo ricordate quando e Ma non è andata così! Vabbè, com'è è, e litigare per dettagli insignificanti, perché ricordavate male, per tutti i vostri chi-dove-cosa. Avevi bisogno di sentirti piena, di sentire che avevi tutta una storia tua, tutta una vita.

Hai annuito: sì, ti poteva scrivere.

Rach t'ha messo le braccia attorno al collo, allora, t'ha fatto cadere il tuo piumino-mantello. Ecco subito il freddo attorno alle gambe. S'aggrappava, strizzava, s'aggrappava, strizzava di nuovo. Ti domandavi cosa stava cercando di dire, che parole voleva metterti in corpo strizzandoti. L'hai strizzata anche tu, l'hai stretta più forte che potevi. Hai sentito che ti lasciavi andare. Ne avevi una gran voglia.

Non lo fare, Shaz, ti sei detta, guardando sopra la sua spalla, in strada. Non chiedere né a lei, né a te, né a nessuno cosa sarebbe successo se fossi riuscita a raccontarglielo prima – quell'anno, quell'estate, quella sera. Come potevano essere diverse le vostre vite. Non chiedere chi sarebbe potuta diventare Rach se se lo fosse concesso, chi sareste potute diventare tutte se v'avessero dato il permesso di crescere e diventare chiunque sareste diventate. Non lo fare. Non puoi impazzire con un e-se del genere.

Mentre Rach attraversava goffa la strada, prendeva per la stradina, ti sei appoggiata al telaio della porta, la brezza t'accarezzava mani, naso, caviglie. Il sole si riversava di nuovo sopra le nuvole, un raggio t'ha solcato la faccia, t'ha fatto fare una smorfia, t'ha fatto sentire cotta, affogata in un giallo intenso. Ti brontolava la pancia, aveva fame di roba pesante, sale, grassi. Ma non eri pronta a entrare e a prepararti la colazione. Hai guardato la gente passare – vecchiaccia col cappellino antipioggia, ragazza minuta che succhiava un ghiacciolo – e le macchine sfrecciare, i finestrini baluginavano come ricordi, come belle idee, come una scarica elettrica nel tuo cervello.

Ringraziamenti

Il Gatecrasher One viene definito «alla Gehry» in *Sheffield* di Ruth Harman e John Minnis. Stacey Sampson ha riferito su *Vice* che dopo l'incendio al Gatecrasher i residenti di tutte le zone della città sentivano in bocca il sapore del fumo. Mi sono imbattuta nella massima «Non si può infilare un ago che si muove» leggendo il libro illuminante e terribile di Elinor Cleghorn, *Unwell Women: Misdiagnosis and Myth in a Man-Made World*. Si riferisce all'affermazione attribuita a Robert Lawson-Tait, ginecologo inglese vissuto nell'Ottocento: «Nessun uomo può compiere atti delinquenziali verso una donna in possesso delle sue facoltà senza il suo consenso [perché] non si può infilare un ago che si muove». «Scuoti una briglia sulla tomba di un uomo dello Yorkshire e lui resusciterà e ruberà un cavallo» è uno dei deliziosi adagi sulla gente dello Yorkshire riportati in *The Great North Road: The Old Mail Road to Scotland* di Charles G. Harper. *Savage Courtship* è un romanzo di Susan Napier. Kel ricorda un verso tratto da *Beasley Street* di John Cooper Clarke. Le canzoni citate sono *Children of the night* dei Nakatomi, *Are you ready to fly* dei Dune, *Cheeky song (touch my bum)* delle Cheeky Girls, *Words* dei Boyzone e *Common people* dei Pulp.

Grazie infinite al mio agente Henry Dunow per aver scommesso su di me quando questo libro aveva preso forma solo in parte e per aver visto un valore nelle prodezze adolescenziali di tre ragazzine provenienti da una ex città mineraria più che sconosciuta. Grazie dell'entusiasmo, dell'acume, della gentilezza e della competenza senza pari e di essermi stato vicino in questo percorso. Grazie infinite anche a Elizabeth McCracken, per la tua straordinaria saggezza, per avermi fatto da guida e per la tua generosità. Non so dove sarebbe questo libro – né dove sarei io – se non ti avessimo avuta come mentore.

Grazie a Veronique Baxter di essersi battuta per questo libro nel Regno Unito ed essersi assicurata che trovasse la sua casa, e a Emily Hayward-Whitlock di essersi occupata dei diritti cinematografici in maniera magistrale. Alle mie editor negli Stati Uniti e nel Regno Unito, Caroline Zancan della Holt e Rose Tomaszewska della Chatto, e ai team di entrambe le case editrici, per aver accolto le mie ragazze di Donny e portato il libro a essere la versione migliore di se stesso con tanta competenza.

Alle pubblicazioni che per prime hanno dato una casa ad alcuni dei racconti da cui sarebbe nato questo romanzo: *Granta*, *Solstice Literary Magazine* ed *Everywhere Stories: Short Fiction from a Small Planet, Volume III*.

Alle istituzioni che donando tempo, spazio, insegnamenti e denaro mi hanno reso possibile scrivere questo libro: il GrubStreet Center for Creative Writing, la Wellspring House, la Bread Loaf Writers' Conference, l'Anderson Center, il Tin House Summer Workshop, la Hedgebrook, la Ragdale Foundation, la Prairie Schooner. Presso la University of Texas a Austin: il New Writers Project; il dipartimento di anglistica; il BIES; il Michener Center for Writers.

Ai miei studenti di scrittura creativa del GrubStreet e della University of Texas a Austin; ai miei sodali camerieri della Bread Loaf, edizione 2017; ai miei coinquilini dell'Anderson Center; ai miei sodali della Hedgebrook e della Ragdale; e al Team Nana, gli amici del workshop di Tin House del 2022.

Agli insegnanti e ai mentori il cui impatto vive in tutto ciò che scrivo: Daniel A. Hoyt e la dottoressa Katherine Karlin della Kansas State University, Michelle Hoover del Novel Incubator Program del GrubStreet, il dottor James Smith del Boston College, Stacey D'Erasmo della Bread Loaf, Nana Kwame Adjei-Brenyah di Tin House e a tutti i brillanti membri della facoltà presso la quale mi sono formata alla University of Texas a Austin e al Michener Center, inclusi Lisa Olstein, Chad Bennett, Laura van den Berg, Paul Yoon, Mitchell S. Jackson, Molly Antopol, Deb Olen Unferth e Bret Anthony Johnston. Edward Carey, grazie: credendo in questo libro mi hai aiutato a credere.

Ai miei fratelli del New Writers Project/Michener Master of Fine Arts: Rob Macaisa Colgate, Gabrielle Grace Hogan, Annie Robertson, Molly Williams, Zack Schlosberg, Emeline Atwood, Rickey Fayne, Alejandro Puyana e Brittani Sonnenberg, Shaina Frazier, Maryan Nagy Captan, Willie Fitzgerald, Laurel O. Faye, Bismarck Martinez, David Grivette, Brynne Jones, Stephanie Macias Gibson, Carrie Wilson, Justin Bui, Felipe Bomeny, Megan Kamalei Kakimoto, Jackson Holbert, Hedjie Choi, Beverly Chigozie Chukwu, Lauren Aliza Green e tutta la banda. Grazie delle bevute post-workshop al Crown & Anchor e al Posse East, delle serate di scrittura all'Epoch e al Cherrywood, dei messaggini per assicurarvi che fosse tutto a posto, delle ore passate al Parlor, delle feste in giardino. Grazie ad Avigayl Sharp per avermi offerto un porto sicuro nel momento del bisogno. Ad Amanda Bestor-Siegal e alla mia Congrega,

Ellaree Yeagley e Juan Fernando Villagómez: non c'è Texas senza di voi.

Alla mia famiglia di Boston: i miei sodali del Boston College – Lauren Bell, Nikki Siclare, Hannah Taylor, Sara e Kelly Danver, Brooke Nusbaum, Steph Haines, Matt Messer; a Chris Boucher e alla rivista *Post Road* per il mio esordio nel mondo dell'editoria; a Mary Cotton e al team dell'inverno 2014-15 da Newtonville Books e a tutti al GrubStreet, inclusi Shilpi Suneja, Cara Wood, Deborah Good, Bonnie Walch, Kathleen Gibson, Kim Libby, Shuchi Saraswat, Dariel Suarez, Sean Van Deuren, Shubha Sunder, Jenny Xu, Desmond Hall, E. Dolores Johnson, Alysia Abbott, Jennifer de Leon, Adam Stumacher, Rachel Barenbaum, Bob Fernandes, Louise Berliner, Andrea Meyer, Kelly Ford, Alex Marzano-Lesnevich, Lisa Borders, Steve Almond, Chip Cheek, Christopher Castellani, Sonya Larson, Lauren Smith, Lauren Rheaume, Hanna Katz, Eve Bridburg, tra i tanti. A Stacy Mattingly; Eson Kim e Damon Avent; Sharissa Jones, Daniel Medwed, Mili e Clem: per tutta la gioia delle nostre conversazioni, per avermi sempre dato un supporto e per avermi sopportato, per avermi tenuto in piedi durante periodi duri. Ad Alison Murphy, di tutto, e per ultime ma non da meno per le cicche del lunedì sera in Boylston Street.

Niente grazie al virus di Epstein-Barr. Fanculo a te.

Ai miei insegnanti di musica, Mr e Mrs Moore, John Ellis – Membro dell'Ordine dell'Impero Britannico –, Kate Ashwood e Kristina James, e ai molti musicisti e direttori d'orchestra insieme ai quali ho suonato alla Ridgewood School, al William Appleby Music Centre e alla Doncaster Youth Jazz Association: grazie per il vostro impegno nel far crescere e nel sostenere le istituzioni che rendono accessibile la musica ai ragazzini di Donny.

Grazie, sempre, ai ragazzi e alle ragazze di Donny che sono stati artefici della mia infanzia e, annaspando, sono diventati adulti insieme a me, inclusi Lucy (& the Rounds!), Helen, Tilley, Dav, Mel, Tom K, Welsh, Squiff, Afro e molti altri; ai miei compagni di band, Leigh, Peo, Luke, Danny, Mathew, Jussey, Bri e Gooey. A Christopher, il fior fiore di Bolton. Agli HERCKS, la mia cricca: Harri (e Dave!), Em, Rachi, Charles e Mo: finché sono sobria, vi voglio dire che vi voglio bene e sono grata del fatto che siamo rimasti uniti per tutto questo tempo. Mille grazie alla moglie, Thirsty Hirsty, per avermi portato a far serata in centro per la prima volta e accompagnato durante parecchie «indagini» alcoliche da allora. I tuoi sacrifici non sono dimenticati.

In memoria di Sean Towers, Neil Gardiner e Peter Butler.

Merci à Jacques pour les montagnes et la mer.

Ai miei nonni: Betty, per la tua saggezza; John, per la tua eccentricità, per le storie che hai sempre raccontato e per avermi regalato il mio primo dizionario; Marj, per il tuo affetto; e Ben, per il tuo interesse per la storia locale, che mi ha insegnato il valore delle persone e dei luoghi attorno a me.

Alla mia famiglia, per avermi dato la libertà di scegliere la mia strada. Un grazie speciale a Ed perché ha trovato un nome per Simon Braccia-a-frusta e perché è la persona più divertente che conosca.

Indice

Noi bei pezzi di carne

Questo volume è stato stampato
su carta Arena Ivory Smooth
delle Cartiere Fedrigoni
nel mese di aprile 2025

Stampa: Officine Grafiche soc. coop., Palermo

Legatura: LE.I.MA. s.r.l., Palermo

Il contesto

1 Buket Uzuner. Ada d'ambra
2 Roberto Bolaño. I detective selvaggi
3 Jaime Bayly. Non dirlo a nessuno
4 Alicia Giménez-Bartlett. Una stanza tutta per gli altri
5 Anna Kazumi Stahl. Fiori di un solo giorno
6 Alicia Giménez-Bartlett. Vita sentimentale di un camionista
7 Mercè Rodoreda. La morte e la primavera
8 Sergio Bianchi. La gamba del Felice
9 François Vallejo. Madame Angeloso
10 Pietro Grossi. Pugni
11 Jaime Bayly. L'uragano ha il tuo nome
12 Francesco Recami. L'errore di Platini
13 Alicia Giménez-Bartlett. Segreta Penelope
14 Roberto Bolaño-A. G. Porta. Consigli di un discepolo di Jim Morrison a un fanatico di Joyce
15 Francesco Recami. Il correttore di bozze
16 Marijane Meaker. Highsmith. Una storia d'amore degli anni Cinquanta
17 Nino Vetri. Le ultime ore dei miei occhiali
18 Pietro Grossi. L'acchito
19 Alicia Giménez-Bartlett. Giorni d'amore e inganno
20 François Vallejo. Il barone e il guardacaccia
21 Francesco Recami. Il superstizioso
22 Maria Attanasio, Giosuè Calaciura, Davide Camarrone, Santo Piazzese, Gaetano Savatteri, Lilia Zaouali. Il sogno e l'approdo. Racconti di stranieri in Sicilia
23 Andrea Camilleri, Ugo Cornia, Laura Pariani, Ermanno Rea, Francesco Recami, Fabio Stassi. Articolo 1. Racconti sul lavoro
24 Francesco Recami. Prenditi cura di me
25 Nino Vetri. Lume Lume
26 Jaime Bayly. La canaglia sentimentale

27 Alicia Giménez-Bartlett. Dove nessuno ti troverà
28 Tayeb Salih. La stagione della migrazione a Nord
29 Alicia Giménez-Bartlett. Exit
30 Sylvain Tesson. Nelle foreste siberiane
31 Martin Suter. Il talento del cuoco
32 Bi Feiyu. I maestri di tuina
33 Fabio Stassi. L'ultimo ballo di Charlot
34 Marco Balzano. Pronti a tutte le partenze
35 Clara Usón. La figlia
36 Furukawa Hideo. Belka
37 Tayeb Salih. Le nozze di al-Zain
38 Maria Attanasio. Il condominio di Via della Notte
39 Giosuè Calaciura. Bambini e altri animali
40 Sheila Heti. La persona ideale, come dovrebbe essere?
41 Alain Claude Sulzer. Il concerto
42 Ella Berthoud, Susan Elderkin. Curarsi con i libri. Rimedi letterari per ogni malanno
43 Kyung-sook Shin. Io ci sarò
44 John Jeremiah Sullivan. Americani
45 Xu Zechen. Correndo attraverso Pechino
46 Fabio Stassi. Come un respiro interrotto
47 Benjamin Alire Sáenz. Tutto inizia e finisce al Kentucky Club
48 Yasmina Khadra. Gli angeli muoiono delle nostre ferite
49 Mia Couto. La confessione della leonessa
50 Iván Repila. Il bambino che rubò il cavallo di Attila
51 Radhika Jha. Confessioni di una vittima dello shopping
52 Bi Feiyu. Le tre sorelle
53 Marco Balzano. L'ultimo arrivato
54 Pietro Leveratto. Con la musica. Note e storie per la vita quotidiana
55 Luisa Adorno, Maria Attanasio, Andrea Camilleri, Luciano Canfora, Francesco M. Cataluccio, Alicia Giménez-Bartlett, Ben Lerner, Marco Malvaldi, Andrea Molesini, Salvatore Silvano Nigro, Laura Pariani, Benjamin Alire Sáenz, Leonardo Sciascia, Fabio Stassi, Sylvain Tesson, Sergio Valzania, Piero Violante. Almanacco 2014-2015
56 Francesco Recami. Piccola enciclopedia delle ossessioni
57 Ben Lerner. Nel mondo a venire
58 Alejandro Zambra. I miei documenti
59 Yasmina Khadra. Cosa aspettano le scimmie a diventare uomini
60 Sylvain Tesson. Abbandonarsi a vivere

61 Mia Couto. L'altro lato del mondo
62 Yasmina Khadra. L'ultima notte del Rais
63 Theodore Zeldin. Ventotto domande per affrontare il futuro. Un nuovo modo per ricordare il passato e immaginare l'avvenire
64 Jung-myung Lee. La guardia, il poeta e l'investigatore
65 Martin Suter. Montecristo
66 Alicia Giménez-Bartlett. Uomini nudi
67 Maria Rosaria Valentini. Magnifica
68 Clara Usón. Valori
69 Gigi Riva. L'ultimo rigore di Faruk. Una storia di calcio e di guerra
70 Alain Claude Sulzer. Post scriptum
71 Jenny Erpenbeck. Voci del verbo andare
72 Sylvain Tesson. Beresina. In sidecar con Napoleone
73 Roberto Alajmo. Carne mia
74 Hanya Yanagihara. Una vita come tante
75 Christophe Boltanski. Il nascondiglio
76 Sergio del Molino. Nell'ora violetta
77 Giosuè Calaciura. Borgo Vecchio
78 Ben Lerner. Odiare la poesia
79 Davide Enia. Appunti per un naufragio
80 Yasmina Khadra. Dio non abita all'Avana
81 Samar Yazbek. Passaggi in Siria
82 Marc Fernandez. Onde confidenziali
83 Ella Berthoud, Susan Elderkin. Crescere con i libri. Rimedi letterari per mantenere i bambini sani, saggi e felici
84 Peter Heine. Delizie d'Oriente. Una storia della cultura gastronomica
85 Maria Rosaria Valentini. Il tempo di Andrea
86 Furukawa Hideo. Tokyo Soundtrack
87 Roberto Alajmo. L'estate del '78
88 Sylvain Tesson. Sentieri neri
89 Chen He. A modo nostro
90 Martin Suter. Creature luminose
91 Alejandro Zambra. Storie di alberi e bonsai
92 Robert Menasse. La capitale
93 Yasmina Khadra. Khalil
94 Simona Baldelli. Vicolo dell'Immaginario
95 Masha Gessen. Il futuro è storia
96 Scott Spencer. Una nave di carta
97 Clara Usón. L'assassino timido

98 Sheila Heti. Maternità
99 Samar Yazbek. Diciannove donne
100 Giorgio Fontana. Prima di noi
101 Ivana Bodrožić. Hotel Tito
102 Philippe Jaenada. Lo strano caso di Henri Girard
103 Sergio del Molino. La Spagna vuota
104 Mazen Maarouf. Barzellette per miliziani
105 David Lopez. Il feudo
106 Pezzi da museo. Ventidue collezioni straordinarie nel racconto di grandi scrittori
107 Maxim Biller. Sei valigie
108 Pajtim Statovci. Le transizioni
109 Ben Lerner. Topeka School
110 John Lanchester. Il muro
111 Sylvain Tesson. La pantera delle nevi
112 Eliane Brum. Le vite che nessuno vede. Appunti dal Brasile che insorge
113 Angelo Carotenuto. Le canaglie
114 Furukawa Hideo. Una lenta nave per la Cina. Murakami RMX
115 Giosuè Calaciura. Io sono Gesù
116 Ingrid Seyman. La piccola conformista
117 Max Porter. Lanny
118 Mia Couto. L'universo in un granello di sabbia
119 Simona Baldelli. Alfonsina e la strada
120 Alejandro Zambra. Poeta cileno
121 Francesco Recami. L'educazione sentimentale di Eugenio Licitra. L'Alfasud
122 Pajtim Statovci. Gli invisibili
123 Bernardo Zannoni. I miei stupidi intenti
124 Jill Abramson. Mercanti di verità. Il business delle notizie e la grande guerra dell'informazione
125 Fabio Stassi. Mastro Geppetto
126 Matthew Baker. Perché l'America
127 Mattia Corrente. La fuga di Anna
128 Sarah Hall. L'arte di bruciare
129 Carlos Fonseca. Museo animale
130 Masha Gessen. L'uomo senza volto. L'improbabile ascesa di Vladimir Putin
131 Scott Spencer. Un oceano senza sponde
132 Jung-myung Lee. Buio in sala